KB271038

한·중·일 공통漢字 808字

문학박사 陳泰夏

明文堂

漢字는 韓·中·日 和合의 礎石(초석)

최근 韓·中·日 3국의 대표 학자들이 한 자리에 모여, 漢字의 사용 빈도수를 조사하여 共通漢字를 선정한 것은 有史以來 처음 있는 일로, 3국의 友誼를 돈독히 할 수 있을 뿐만 아니라, EU(유럽연합)에 대하여 앞으로 AU(아시아연합)를 결성하는 데도 礎石이 될 수 있을 것이다.

우리나라 중앙일보(한국)가 신화사(중국)·일본경제신문(일본)과 공동 주최한 韓·中·日 30人會에서 약 3년의 협의를 거쳐 韓·中·日 공통상용한자 800자를 먼저 정하였다.

이는 3국간의 과거사·영토 갈등이 심화되고 있는 중에 이를 책정함으로써 아시아의 공유가치를 확산하고, 세 나라 미래세대의 교류를 보다 활성화하자는 인식에서 이루어졌기 때문에 더욱 뜻이 있다.

李御寧 전 문화부장관은 "800자 공통한자의 선정은 3국의 미래세대에 공유가치를 전달하는 첫 단계로 아시아의 지혜 기반이 될 것"이라고 하였고, 후쿠다 야스오(福田康夫) 전 일본 총리는 "한·중·일이 공통의 말을 갖는다는 것은 상호 이해를 하는 데 절대적으로 중요하다"고 강조하였으며, 紀寶成(기보성) 前 人民大(인민대) 총장은 "한자는 이미 3000여 년의 역사가 있고, 한·중·일 역사문화유산을 기록하고 있으며, 동시에 3국 문화의 주요 연결체"라고 분석하였다.

韓·中·日 共通漢字의 선정에 대하여 이어령 교수는 다음과 같이 재삼 강조하였다.

"진태하(인제대) 석좌교수가 마련한 500자 상용한자를 바탕으로 우리가 제안했고, 일본의 안과 중국의 안을 합쳐 800자가 된 것이다. 이건 미래 지향적인 프로젝트다. 앞으로는 아이콘의 시대다. 지금은 인터넷상에서 영어가 80% 이상 사용된다. 그런데 갈수록 漢字文化圈 사람이 압도적으로 많아진다. 2040~2050년에는 각국 국제공항에 '아웃(OUT)' '인(IN)' 식의 영어뿐만 아니라 '출(出)' '입(入)' 하는 식의 漢字로도 표기가 되리라 본다. 한자 자체를 하나의 그래픽 미디어로 끌어들였을 때 표현이 굉장히 풍부해진다. 그동안 우리는 서구 중심의 영어·프랑스어·독일어를 열심히 배웠다. 앞으로는 그에 못지않게 한자가 중요해진다. 그래서 한자는 미래의 문화자원, 문화자본이 되는 것이다."(중앙일보)

한·중·일 공통한자의 선정 기획 단계부터 주도적으로 참여한 필자가 808字를 25項으로 구분하여 202句의 사자성구로 엮고, 매자마다 字源풀이를 덧붙여 재미있는 학습을 꾀하였다.

앞으로 3국의 젊은이들이 열심히 學習하여 平和로운 한자문화권을 이룩하여 弘益人間의 정신으로 전 세계 인류에 기여하기를 바라는 마음으로 최선을 다하여 이 책을 엮었다.

끝으로 이 책을 엮음에 日語로 번역을 도와준 在日僑胞인 朴曜子 여사와 기획과 교정을 적극 도와 준 俞章根, 金治弘, 田光培 諸位와 간행해 주신 金東求 사장님께 충심으로 감사하는 바이다.

三弗聽軒에서　陳 泰 夏 謹識

목차

【六書(육서)】

1. 象形字(상형자) : 형태대로 그리기

　例 : 山(뫼 산) 산의 모양을 그린 것.

2. 指事字(지사자) : 일정한 형태가 없는 것을 가리키어 나타낸 글자

　例 : 上 · 下

3. 會意字(회의자) : 뜻과 뜻을 더한 글자

　例 : 林(수풀 림) : 나무가 모여 있음을 나타낸 것.

4. 形聲字(형성자) : 뜻과 소리를 더한 글자

　例 : 想(생각할 상) ＝ 相(음 부분)＋心(뜻 부분)

5. 轉注字(전주자) : 같은 뜻으로 돌려 쓰는 용법

　例 : 刻(새길 각)과 契(새길 계). 逾(넘을 유)와 踰(넘을 유).

6. 假借字(가차자) : 글자의 음을 빌어서 쓰는 용법

　例 : 美利堅(미리견), 英格蘭(영격란), 美國, 英國.

【書體(서체)의 變遷(변천)】

1. 甲骨文(갑골문)

龜甲(귀갑)과 짐승의 뼈에 새긴 殷代(은대)의 문자. 河南省(하남성)의 殷墟(은허)에서 많이 발견되었음.

2. 金文(금문) · 鐘鼎文(종정문)

'鐘鼎文(종정문)'이라고 칭한 것은 주로 周代(주대)의 鐘이나 鼎에 주조한 글자

라 하여 붙여진 명칭으로 오늘날은 일반적으로 ‘金文’이라고 칭한다. ‘金文’의 시대적 한계는 殷, 周, 秦, 漢代까지의 청동기상의 문자를 말한다.

3. 大篆(대전)

西周(서주)후기에 쓰였던 字體(자체)로서 小篆(소전) 이전의 글자이다.

4. 小篆(소전)

秦始皇(진시황)이 칠국을 통일(B.C. 221)하고서 李斯(이사)와 趙高(조고)로 하여금 종래의 서체인 ‘大篆’의 자획을 정리하여 자형을 통일한 것이다.

5. 隸書(예서)

秦(진)나라가 칠국을 통일한 뒤 옥사가 많이 일어나 업무처리가 복잡하여지자 번잡한 篆書體(전서체)를 간략히 만들어 쓴 서체이다.

6. 楷書(해서)

‘楷書(해서)’체는 漢代에 만들어져, 魏晉(위진) 이후에 성행되어 오늘에 이른 것이다. 楷書(해서)를 ‘眞書(진서), 正書(정서)’라고도 칭한 것은 곧 字體가 方正하고 筆劃(필획)이 平直하여 모범의 서체라는 뜻으로 쓰인 것이다.

7. 行書(행서)

‘行書(행서)’는 楷書(해서)의 변체로서 곧 해서와 초서의 중간체로서 붓으로 쓸 때는 오늘날까지 일반적으로 널리 통행되고 있는 서체이다.

8. 草書(초서)

‘草書(초서)’는 行書(행서)가 더욱 速筆體(속필체)로 발전한 것이라고 할 수 있다. 그러나 이미 漢代(한대) 초에 ‘章草(장초)’에서 시작하여 ‘今草(금초)’를 거쳐 唐(당)에 이르러 ‘狂草(광초)’로 발전하였다.

東方文字 1

001	韓中日國 한 중 일 국	▶ 韓·中·日 三國이 韓·中·日 三国が
002	共通漢字 공 통 한 자	▶ 共同으로 使用하는 漢字 共同で使用する漢字
003	合意約定 합 의 약 정	▶ 合意하여 808字를 選定한 것은 合意して808字を選定したことは
004	史上初事 사 상 초 사	▶ 역사상 처음 있는 일이다. 歴史上初めてのことだ
005	文化交流 문 화 교 류	▶ 상호 文化 交流는 물론 相互文化交流はもちろん
006	經商增進 경 상 증 진	▶ 經濟와 商業의 增進도 經濟と商業の增進も
007	以後更便 이 후 갱 편	▶ 앞으로 더욱 편리할 것이며 これから更に便利になれば
008	人性著善 인 성 저 선	▶ 人性은 뚜렷이 改善될 것이다. 人性は明らかに改善できる

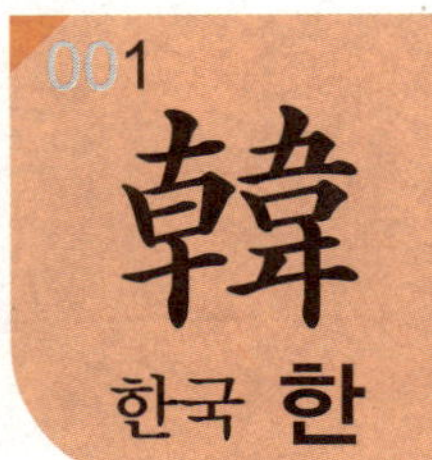

001 韓 한국 **한**

字源풀이

'해돋을 간(倝)'과 '에울 위(韋)'의 形聲字(형성자)로, 본래 '우물 난간'의 뜻이라지만, 해돋는 쪽에 둘러싸인(韋) 아름다운 '한국'을 뜻한다. 원래 우리말의 '한'을 한자로 적은 것이다.

🌀 자형 변천

갑골문	금문	전서	예서	해서
	𩵋	韓	韓	韓

🌀 나라별 비교

중국 간체자	韩 hán	일본 약자	韓 かん

【부수자】韋

【영　문】short for the Republic of Korea

【활용단어】

- 한류(韓流): 1990년대 말부터 아시아에서 일기 시작한 한국 대중문화의 열풍.
- 한반도(韓半島): '우리나라'를 지형적(地形的)으로 일컫는 말.
- 한약방(韓藥房): 한약을 파는 약국.

002 中 가운데 **중**

字源풀이

본래 광장 한가운데 깃발을 꽂아 놓은 것을 본떠 '가운데'라는 뜻을 나타낸 글자이다.

🌀 자형 변천

갑골문	금문	전서	예서	해서

🌀 나라별 비교

중국 간체자	中 zhōng, zhòng	일본 약자	中 ちゅう

【부수자】丨

【영　문】middle, among, between

【활용단어】

- 규중(閨中): 부녀자가 거처하는 곳.
- 기중(忌中): 상중(喪中)의 뜻으로, 초상(初喪) 때에 일컫는 말.
- 낭중지추(囊中之錐): 주머니 속에 든 송곳이라는 뜻으로, 감추려 해도 저절로 드러나게 되는 것을 일컫는 말.

※ '中'자는 고대 씨족사회에 있어서 어떠한 대회가 있을 때는 광장 한가운데 그 씨족을 상징하는 깃발을 세워 사방의 사람들이 모여들게 한 데서, '𠦝, 㐀, 中'의 형태로 한가운데서 깃발이 날림을 그리어 '가운데'를 뜻하게 되었고, 해서체의 '中'자가 된 것이다.

003

日

날 일

해에는 옛날부터 다리가 셋 달린 금까마귀가 살고 있어 날개를 펼 때 금빛이 반사되어 햇빛이 반짝인다는 전설에 따라, 둥근 해를 그리고 그 속에 금까마귀를 표시한 글자이다.

자형 변천

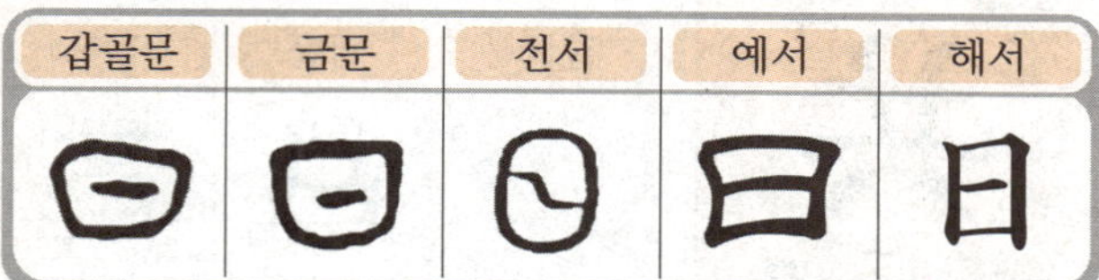

갑골문	금문	전서	예서	해서

나라별 비교

중국 간체자	日 ri	일본 약자	日 じつ·にち

【부수자】 日

【영 문】 sun, day, daily

【활용단어】
- 일몰(日沒): 해넘이. 해가 짐.
- 격일(隔日): 하루를 거르거나 하루씩 거름.
- 일취월장(日就月將): 날마다 달마다 성장하고 발전함.

※ 甲骨文에서부터 '⊖ → ⊖ → 日'의 형태로 해의 내부에 '·, 乙' 또는 '一'의 표시를 한 것은 東夷族의 전설에 해에는 '日中有金鳥' 곧 다리가 셋 달린 금까마귀(三足鳥)가 있어서 날개를 펴면, 날개의 금빛이 반사하여 해가 밝게 빛나는 것이라고 전하여 태양의 외곽을 '○'와 같이 표시하고, 그 안에 금까마귀를 '·, 乙'의 형태로, 곧 새 을(乙)자를 표시했던 것인데, 해서체의 '日'자가 된 것이다.

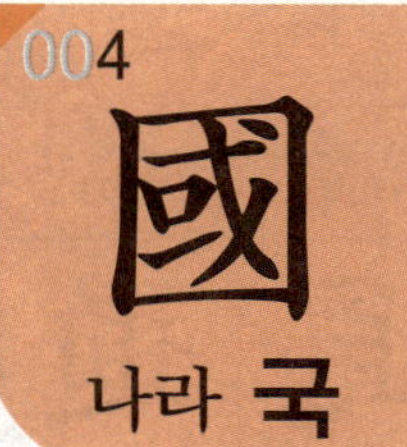

004

國

나라 국

'國'자의 本字인 '或'이 甲骨文(갑골문)에 '吒, 吂, 吁', 金文에 '或, 㦻, 㦿' 등의 자형으로, 창으로 성을 지키는 것으로써 나라의 뜻을 나타낸 會意字(회의자)이다.

자형 변천

갑골문	금문	전서	예서	해서

나라별 비교

중국 간체자	国 guo	일본 약자	国 コク·くに

【부수자】 □

【영 문】 nation, country, nation-state

【활용단어】
- 국군(國軍): 나라의 군대(軍隊). 대한민국(大韓民國)의 군대.
- 국수(國讐): 국수(國讐). 나라의 원수(怨讐).
- 경국지색(傾國之色): 나라를 기울일 만한 여자라는 뜻으로, 첫눈에 반할 만큼 매우 아름다운 여자.

※ 뒤에 '或'이 '혹은, 어떤'의 뜻으로 전의 되자, '或'에 영토의 뜻을 가진 '□(에울 위)'를 더하여 다시 '國'자를 만들었다.

005 共 한가지 공

字源풀이

'𢀌, 𠬞, 𦱵 𦱷'의 자형으로서 양손으로 물건을 받들어 드리는 동작을 나타낸 會意字(회의자)이다.

자형 변천

갑골문	금문	전서	예서	해서
	𠬞	𦱷	共	共

나라별 비교

중국 간체자	共 gòng	일본 약자	共 きょう

【부수자】 八

【영　문】 common, same

【활용단어】

- 공조(共助): (어떤 사람이나 단체가 다른 사람이나 단체와) 어떤 일을 이루기 위해 서로 돕는 것.
- 불공대천(不共戴天): 한 하늘 아래서는 같이 살 수가 없는 원수(怨讐)라는 뜻으로, 원한(怨恨)이 깊이 사무친 원수를 이르는 말.

※ 뒤에 '共'이 '함께, 한가지'의 뜻으로 전의되자 '供(바칠 공)', '拱(두 손 맞잡을 공)' 등의 자형으로 累增字(누증자)가 만들어졌다.

---

006 通 통할 통

字源풀이

'쉬엄쉬엄 갈 착(辶)'과 '골목길 용(甬)'의 形聲字로, '甬'은 '涌(샘솟을 용:湧)'의 省體(생체)로서 물이 거침없이 솟듯이 장애 없이 '통행하다'의 뜻이다.

자형 변천

갑골문	금문	전서	예서	해서
	㣙	誦	通	通

나라별 비교

중국 간체자	通 tōng, tǒng	일본 약자	通 せい

【부수자】 辶

【영　문】 move, reach, through

【활용단어】

- 공통(共通): 여럿 사이에 다 같이 있거나 관계됨.
- 통역(通譯): (서로 통하지 않는 양쪽의 말을) 번역하여 그 뜻을 전함.
- 고집불통(固執不通): 고집이 세어 조금도 변통성이 없음.

007

漢
한수 **한**

‘물 수(氵)’와 ‘찰흙
근(堇)’의 形聲字(형
성자)로, 본래 강
이름으로 쓰인 글자
인데, 뒤에 國名(국
명)이 되었다.

🌀 자형 변천

갑골문	금문	전서	예서	해서
	漢	漢	漢	漢

🌀 나라별 비교

중국 간체자	汉 hàn	일본 약자	漢 かん

【부수자】 氵

【영 문】 of the Han Dynasty, fellow

【활용단어】

- 한적(漢籍): 한문 서적. 한서(漢書).
- 은한(銀漢): 은하수.
- 한강투석(漢江投石): 한강에 돌 던지기라는 뜻으로 지나치게 미미하여 전혀 효과가 없음을 비유.

008

字
글자 **자**

‘집 면(宀)’과 ‘아들
자(子)’의 會意字(회
의자)이다. 원래는
‘집(宀) 안에서 아이
(子)를 낳다’라는 뜻
이었으나, 뒤에 ‘글
자’의 뜻으로 쓰였다.

🌀 자형 변천

갑골문	금문	전서	예서	해서
	字	字	字	字

🌀 나라별 비교

중국 간체자	字 zì	일본 약자	字 じ

【부수자】 子

【영 문】 word, character, letter

【활용단어】

- 자원(字源): 글자의 만들어진 근원.
- 벽자(僻字): 흔히 쓰이지 않는 괴벽한 글자.
- 식자우환(識字憂患): 글자를 아는 것이 도리어 근심을 사게 된다는 말.

009

合
합할 **합**

字源풀이

甲骨文(갑골문)에 '合, 合', 금문에 '合'의 자형으로서 뚜껑이 있는 밥그릇의 모양을 그린 象形字(상형자)이다. 뒤에 '합할 합'의 뜻으로 전의되자, '皿(그릇 명)' 자를 더하여 '盒(밥그릇 합)' 자를 또 만들었다.

자형 변천

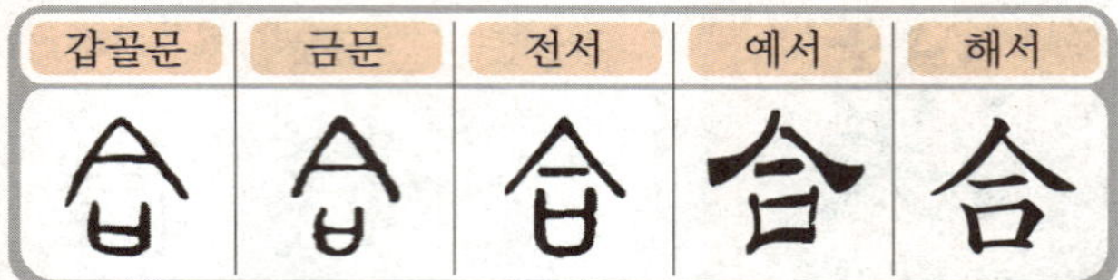

갑골문	금문	전서	예서	해서
合	合	合	合	合

나라별 비교

중국 간체자	合 hé, gě	일본 약자	合 かっ・がっ・ごう

〖부수자〗 口

〖영 문〗 combine, gather, collect

〖활용단어〗
- 합격(合格): 시험이나 조건에 맞아서 뽑힘.
- 결합(結合): 둘 이상이 서로 관계를 맺고 합치어 하나가 됨.
- 오합지중(烏合之衆): 까마귀 떼와 같이 조직도 훈련도 없이 모인 무리.

※ '合'은 10분의 1升(되 승)의 뜻으로도 전의되었는데, 中國에서는 '꺼'로 발음하고, 우리나라에서는 '홉'이라고 일컫는다.

010

意
뜻 **의**

字源풀이

소리(音)를 듣고 마음(心)으로 뜻(意)을 안다고 하여 생긴 會意字(회의자)로, 마음(心)의 소리(音)가, 곧 뜻(意)이라고 해석하기도 한다.

자형 변천

갑골문	금문	전서	예서	해서
		意	意	意

나라별 비교

중국 간체자	意 yì	일본 약자	意 い

〖부수자〗 心

〖영 문〗 thought, idea, meaning

〖활용단어〗
- 유의(留意): 마음에 둠. 잊지 않고 새겨 둠. 유념(留念).
- 적의(敵意): 적대시하는 마음. 해를 끼치려는 마음.
- 의미심장(意味深長): 말이나 글의 뜻이 매우 깊음.

011

約
언약 약

字源풀이

본래는 '絲'의 자형으로 끈(糸)으로 사람(人)을 묶다의 뜻이었는데, 뒤에 '約'의 자형으로 변하였다.

자형 변천

갑골문	금문	전서	예서	해서
		約	約	約

나라별 비교

중국 간체자	约 yuē, yāo	일본 약자	約 やく

〔부수자〕 糸
〔영 문〕 promise

〔활용단어〕
- 약속(約束): 언약(言約)하여 정함. 서로 언약(言約)한 내용.
- 절약(節約): 아끼어 씀.
- 백년가약(百年佳約): 백 년을 두고 하는 아름다운 언약(言約)이라는 뜻으로, 부부(夫婦)가 되겠다는 약속(約束).

012

定
정할 정

字源풀이

'집 면(宀)'과 '바를 정(正)'의 形聲字(형성자)로, 집은 사각이 발라야 거처하기가 안전하므로 본래 '안전하다'의 뜻이었는데, 뒤에 '정하다'의 뜻이 되었다.

자형 변천

갑골문	금문	전서	예서	해서
	宧	宧	定	定

나라별 비교

중국 간체자	定 dìng	일본 약자	定 じょう・てい

〔부수자〕 宀
〔영 문〕 to decide, to fix, to settle, definite

〔활용단어〕
- 가정(假定): 사실이 아니거나 분명하지 않은 것을 사실인 것처럼 인정함.
- 정기(定期): 일정하게 정하여진 시기나 기한.
- 회자정리(會者定離): 만나면 반드시 헤어지게 마련임.

013 史 사기 **사**

字源풀이

'볏(史)'자는 '가운데 중(中)'에 '오른손 우 (⋎→又)'를 합친 글자로, 中(중)은 '바름'을 나타낸다. 손(又)에 붓을 들어 사실을 바르게(中) '기록하는 사람' 또는 그 기록인 '歷史(역사)'를 뜻한다.

자형 변천

갑골문	금문	전서	예서	해서
볏	볏	볏	史	史

나라별 비교

중국 간체자	史 shǐ	일본 약자	史 し

【부수자】 口
【영　문】 history, annals

【활용단어】
- 사관(史觀): 역사적 현상을 전적으로 파악하여 이것을 해석하는 입장.
- 여사(女史): 결혼한 여자를 높여 이르는 말.
- 경사자집(經史子集): 중국의 옛 서적 중에서 '경서(經書)', '사서(史書)', '제자(諸子)', '시문집(詩文集)'의 네 가지 종류를 통틀어 일컫는 말.

---

014 上 위 **상**

字源풀이

'위'는 일정한 모양을 본뜰 수 없으므로 먼저 기준이 되는 선을 긋고, 그 선의 위를 가리키어, 곧 '二→丄'의 형태로 나타냈던 것인데, 뒤에 '仁→上(윗 상)'의 형태로 변하였다.

자형 변천

갑골문	금문	전서	예서	해서
二	二	上	上	上

나라별 비교

중국 간체자	上 shàng, shǎng, shàng	일본 약자	上 しょう・じょう

【부수자】 一
【영　문】 above, upper, up

【활용단어】
- 영상(零上): 0℃ 이상을 이르는 말.
- 외관상(外觀上): 겉으로 나타나는 면.
- 금상첨화(錦上添花): 비단위에 꽃을 더한다는 뜻으로, 좋은 일에 또 좋은 일이 더하여짐을 이르는 말.

015 初 처음 초

갑골문	금문	전서	예서	해서

字源풀이

옷(衤)을 만들 때는 먼저 가위나 칼(刀)로 옷감을 재단한다는 데서 '처음'의 뜻이다.

나라별 비교

중국 간체자	初 chū
일본 약자	初 しょ

〖부수자〗 刀

〖영 문〗 first, original, junior, early

〖활용단어〗
- 초면(初面): 처음으로 대하여 봄.
- 자초(自初): '처음부터'의 뜻.
- 수구초심(首邱初心): 여우가 죽을 때 고향 쪽으로 머리를 둔다는 뜻으로, 고향을 생각하는 마음을 말함.

016 事 일 사

자형 변천

갑골문	금문	전서	예서	해서

字源풀이

金文(금문)에 '事'의 자형으로 볼 때, 깃발을 걸고 어떤 일을 취급한 데서 '일'의 뜻으로 쓰였다.

나라별 비교

중국 간체자	事 shì
일본 약자	事 じ·ず

〖부수자〗 亅

〖영 문〗 affair, matter, business, job

〖활용단어〗
- 사연(事緣): 일의 앞 뒤 사정(事情)과 까닭.
- 예사(例事): 보통으로 흔히 있는 일.
- 호사다마(好事多魔): 좋은 일에는 방해(妨害)가 되는 일이 많음.

017 文 글월 문

字源풀이

본래 사람의 가슴에 문신한 모양을 象形하여 '𡴋, 𡶥, 𡴋'의 형태로 그리어 '무늬'의 뜻으로 쓴 것인데, 楷書體(해서체)의 '文'자가 된 것이다.

자형 변천

갑골문	금문	전서	예서	해서
𡴋	𡶥	文	文	文

나라별 비교

중국 간체자	文 wén	일본 약자	文 ぶん・もん

【부수자】 文

【영 문】 literature, culture

【활용단어】
- 문구(文句): 글의 구절(句節). 글귀.
- 감상문(感想文): 어떤 사물의 현상을 보거나 겪고서 느낀 생각을 적은 글.
- 문방사우(文房四友): 종이·붓·먹·벼루의 네 가지 문방구(文房具).

※ 뒤에 부득이 무늬를 뜻하는 글자를 '紋(무늬 문)'과 같이 다시 만들었다.

---

018 化 될 화

字源풀이

金文(금문)에 '𣎆'의 자형으로, '사람 인(亻)'에 거꾸로 된 사람(匕)을 합한 글자로, '교화하다'에서 '변화하다', '죽다', '되다'의 뜻이 되었다.

자형 변천

갑골문	금문	전서	예서	해서
𣎆	𣎆	化	化	化

나라별 비교

중국 간체자	化 huà, huā	일본 약자	化 か・け

【부수자】 匕

【영 문】 to change, to convert

【활용단어】
- 화장(化粧): 얼굴을 곱게 꾸밈.
- 감화(感化): 좋은 영향을 받아 감동되어 마음이 변화함.
- 우화등선(羽化登仙): 날개가 돋아 신선(神仙)이 되어 하늘에 오른다는 뜻으로, 술이 거나하게 취하여 기분이 좋음.

019 交 사귈 교

字源풀이

甲骨文(갑골문)에 '𡥈'의 자형으로, 사람이 다리를 꼬고 서 있는 모양에서 '섞이다', '바뀌다'의 뜻이다.

자형 변천

갑골문	금문	전서	예서	해서
交	交	交	交	交

나라별 비교

중국 간체자	일본 약자
交 jiāo	交 こう

【부수자】 亠
【영 문】 submit, intersect

【활용단어】

- 교감(交感): 서로 맞대어 느낌.
- 수교(修交): 나라와 나라 사이에 교제(交際)를 맺음.
- 수어지교(水魚之交): 물과 물고기의 사귐이란 뜻으로, 임금과 신하 또는 부부 사이처럼 매우 친밀한 관계를 이르는 말.

020 流 흐를 류

字源풀이

'물 수(水)'와 '깃발 류(㐬: 旒와 同字)'의 形聲字(형성자)로, 깃발이 날리듯이 물(水)이 '흐르다'의 뜻이다.

자형 변천

갑골문	금문	전서	예서	해서
		流	流	流

나라별 비교

중국 간체자	일본 약자
流 liú	流 りゅう, る

【부수자】 氵
【영 문】 flow

【활용단어】

- 격류(激流): 몹시 세차게 흐르는 물.
- 유동(流動): 흘러 움직임. 이리저리 옮김.
- 유언비어(流言蜚語): 근거 없는 좋지 못한 말.

經
글 경

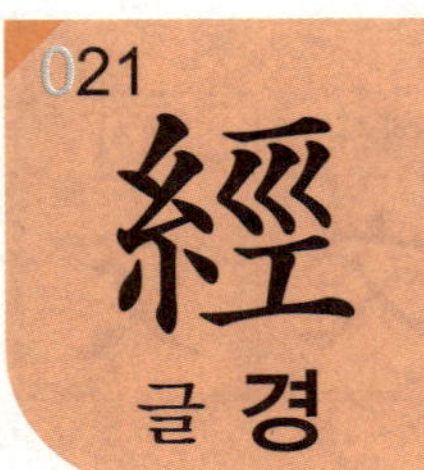

字源풀이

'실 사(糸)'와 '물줄기 경(巠)'의 形聲字(형성자)로, 물줄기(巠)가 흐르듯이 베를 짜는 '날실'이 길게 뻗쳐 있음을 나타낸 글자인데, '글'의 뜻이 되었다.

자형 변천

갑골문	금문	전서	예서	해서
	巠	經	經	經

나라별 비교

중국 간체자	经 jīng, jìng	일본 약자	経 きょう, きん, けい

【부수자】 糸

【영 문】 Chinese classics of Confucianism, a sutra, a Buddhist scripture

【활용단어】

- 경영(經營): 규모를 정하고 기초를 세워 일을 해 나감. 계획을 세워 사업을 해 나감.
- 정경(政經): 정치(政治)와 경제(經濟).
- 경세제민(經世濟民): 세사(世事)를 잘 다스려 도탄(塗炭)에 빠진 백성을 구함. 경국제세(經國濟世)라고도 함. (준말) 경제(經濟).

商
장사 상

字源풀이

'商' 자는 甲骨文(갑골문)에 '啇'의 형태로 본래 청동기의 모양을 본떠서 商나라의 명칭으로 쓰인 것이다. '장사'란 뜻은 '商' 나라가 망한 뒤 유민들이 행상을 한 데서 전의된 뜻이다.

자형 변천

갑골문	금문	전서	예서	해서
商	商	商	商	商

나라별 비교

중국 간체자	商 shāng	일본 약자	商 しょう

【부수자】 口

【영 문】 trade, business, merchant

【활용단어】

- 잡화상(雜貨商): 일상 필수품 따위 여러 가지 물품(物品)을 파는 장사, 또는 그 장수.
- 화상(華商): 중국인(中國人) 장수.
- 통상(通商): 외국과 교통(交通)하여 서로 상업(商業)을 영위(營爲)함.

023 增 더할 증

字源풀이

'흙 토(土)'와 '거듭 증(曾)'의 形聲字(형성자)로, 흙을 더하여 '북돋우다'의 뜻이다.

자형 변천

갑골문	금문	전서	예서	해서

나라별 비교

중국 간체자	增 zēng

일본 약자	增 ぞう

〖부수자〗 土

〖영 문〗 to add to,
to increase,
to grow,
to enlarge

〖활용단어〗

- 급증(急增): 갑자기 늘거나 늘림.
- 증감(增減): 늘고 줆. 늘림과 줄임.
- 연증세가(年增歲加): 해마다 더하여 감.

024 進 나아갈 진

字源풀이

새(隹:새 추)가 뛰어(辶: 쉬엄쉬엄 갈 착) 가다가 날아가는 것처럼 앞으로 나간다는 뜻에서 '올라가다', '나아가다'의 뜻이다.

자형 변천

갑골문	금문	전서	예서	해서

나라별 비교

중국 간체자	进 jìn

일본 약자	進 しん

〖부수자〗 辶

〖영 문〗 to go ahead,
to move forward,
to proceed

〖활용단어〗

- 매진(邁進): 힘써 나아감. 씩씩하게 나아감.
- 진격(進擊): 앞으로 나아가서 침.
- 진퇴유곡(進退幽谷): 앞으로 나아갈 수도 뒤로 물러설 수도 없이 꼼짝할 수 없는 궁지에 빠짐.

以
써 이

字源풀이

본래 밭 가는 '보습'의 모양을 본뜬 것인데, '~로써'의 뜻으로 쓰이게 되어 다시 '耜(보습 사)' 자를 만들었다.

자형 변천

갑골문	금문	전서	예서	해서
᠔	᠔	᠙	以	以

나라별 비교

중국 간체자	以 / yǐ	일본 약자	以 / い

〖부수자〗 人

〖영 문〗 by means of, because of

〖활용단어〗
- 이왕(以往): 그동안. 이전.
- 소이(所以): 까닭.
- 이열치열(以熱治熱): 열(熱)은 열로써 다스림.

後
뒤 후

字源풀이

'자축거릴 척(彳)'에 '작을 요(幺)'와 '천천히 걸을 쇠(夊)'를 합한 글자로, 작게(幺) 천천히(夊) 걸어가니(彳) 뒤떨어진다는 데서 '뒤지다'의 뜻이다.

자형 변천

갑골문	금문	전서	예서	해서
	後	後	後	後

나라별 비교

중국 간체자	后 / hòu	일본 약자	後 / こう・ご

〖부수자〗 彳

〖영 문〗 behind, afterwards

〖활용단어〗
- 후배(後輩): 늦게 시작하여 학문이나 덕행이나, 경험이나 나이가 자기보다 뒤진 무리. 같은 학교를 나중에 나온 사람.
- 금후(今後): 지금으로부터 뒤.
- 우후죽순(雨後竹筍): 비가 온 뒤에 솟는 죽순이라는 뜻.

027

更

고칠 **경**
다시 **갱**

字源풀이

小篆體(소전체)에 ''의 자형으로 보면, '丙'(炳과 同字)과 '攴'(칠 복)의 形聲字(형성자)로, 불꽃처럼 밝은 방향으로 '변혁시키다', '고치다'의 뜻이다.

자형 변천

갑골문	금문	전서	예서	해서

나라별 비교

중국 간체자	更 gēng, gèng	일본 약자	更 こう

〖부수자〗 日

〖영 문〗 change, alter, more

〖활용단어〗

- 경질(更迭): 어떤 직위(職位)의 사람을 바꾸어 다른 사람을 임명(任命)함.
- 변경(變更): 바꾸어 고침.
- 해현경장(解弦更張): 거문고의 줄을 바꾸어 맨다라는 뜻으로, 느슨해진 것을 긴장(緊張)하도록 다시 고치거나 사회적(社會的), 정치적(政治的)으로 제도(制度)를 개혁(改革)하는 것을 말함.

028

便

편할 **편**
똥오줌 **변**

字源풀이

'사람 인(亻)'에 '고칠 경(更)'을 합한 글자로, 사람(亻)은 불편한 점이 있으면 다시 고쳐서(更) '편리하게 하다'의 뜻이다. '변'으로도 발음된다.

자형 변천

갑골문	금문	전서	예서	해서

나라별 비교

중국 간체자	便 biàn, bián, pián	일본 약자	便 びん・べん

〖부수자〗 人

〖영 문〗 expedient, handy, plain

〖활용단어〗

- 편의(便宜): 형편이 좋음. 이용하는 데 편리하고 마땅함. 그때그때에 적응한 처치(處置), 또는 특별한 조치(措置).
- 남편(男便): 아내의 배우자. 혼인하여 사는 남자를, 그 아내를 기준으로 일컫는 말.
- 임시방편(臨時方便): 필요에 따라 그때그때 정해 일을 쉽고 편리하게 치를 수 있는 수단.

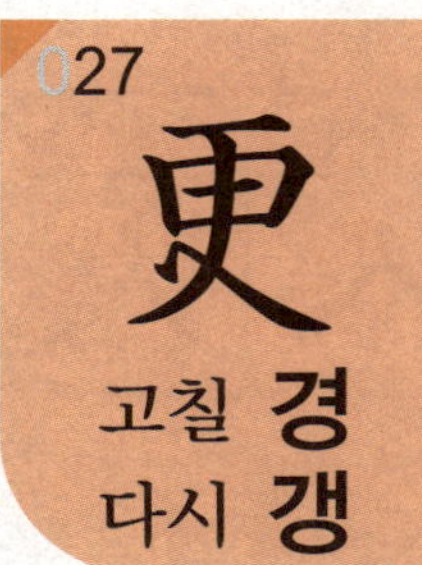

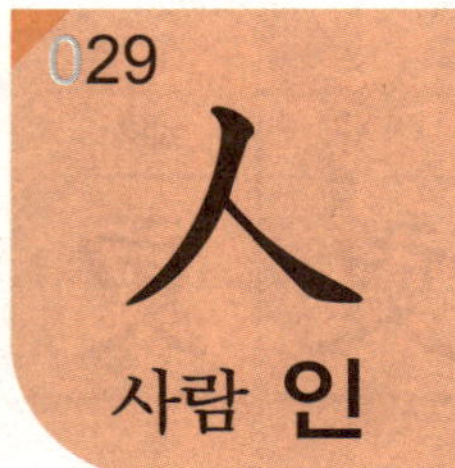

029

人
사람 **인**

字源풀이

남자 어른의 옆모습을 象形하여 '〉, 〉, 几'과 같이 그린 것인데, 楷書體(해서체)의 '人'이 된 것이다.

⟡ 자형 변천

갑골문	금문	전서	예서	해서
〉	〉	几	人	人

⟡ 나라별 비교

중국 간체자	人 rén	일본 약자	人 じん · にん

〖부수자〗 人
〖영 문〗 people, person

〖활용단어〗
- 인가(人家): 사람이 사는 집.
- 위인(偉人): 뛰어나고 위대한 사람.
- 가인박명(佳人薄命): 여자의 용모가 너무 아름다우면 운명이 기박(奇薄)하고 명이 짧다는 말.

※ '人'은 본래 '女'의 대칭자로서 남자의 뜻으로 쓰인 것인데, 뒤에 사람의 뜻으로 전의되자 '男(사내 남)'자를 또 만들었다.

030

性
성품 **성**

字源풀이

'마음 심(忄)'과 '날 생(生)'의 형성자로, 사람이 태어날 때(生)부터 가지고 있는 마음(忄)이 '성품'이라는 뜻이다.

⟡ 자형 변천

갑골문	금문	전서	예서	해서
		性	性	性

⟡ 나라별 비교

중국 간체자	性 xìng	일본 약자	性 しょう · せい

〖부수자〗 心
〖영 문〗 nature, sex

〖활용단어〗
- 성급(性急): 성격이 급함.
- 특성(特性): 그것에만 있는 특수한 성질(性質).
- 본연지성(本然之性): 사람이 본디부터 가지고 있는 심성이란 뜻으로, 지극히 착하고 조금도 사리사욕(私利私慾)이 없는 천부 자연(自然)의 심성.

031

著
나타날 저
붙을 착

'풀 초(++)'와 '놈 자(者)'의 형성자로, 늘 볼 수 있는 풀(艸)과 같이 눈에 잘 보인다는 뜻이다. 옷을 입다의 뜻일 때는 '착(着)'으로 발음된다.

자형 변천

갑골문	금문	전서	예서	해서
		嵩	著	著

나라별 비교

중국 간체자	著 zhù, zhuó	일본 약자	著 ちゃく·ちょ

〖부수자〗 ++

〖영 문〗 apparent, obvious, to write, to author, writings, wear

〖활용단어〗
- 저자(著者): 책을 지은 사람.
- 현저(顯著): 뚜렷이 심하게 드러남. 드러나서 두드러짐.
- 입이저심(入耳著心): 귀로 들어온 것을 마음속에 붙인다라는 뜻으로, 들은 것을 마음속에 간직하여 잊지 않음.

※ p.169 '者'항 참조

032

善
착할 선

'善'의 본자는 '譱'자로서 '양 양(羊)'에 '다투어 말할 경(誩)'을 합한 글자로, 양(羊)처럼 따뜻하고 부드럽게 말(言)하는 사람은 '착하다', '선하다'의 뜻이다.

자형 변천

갑골문	금문	전서	예서	해서
	譱	譱	善	善

나라별 비교

중국 간체자	善 shàn	일본 약자	善 ぜん

〖부수자〗 口

〖영 문〗 good, goodness

〖활용단어〗
- 선용(善用): 알맞게 잘 씀. 올바르게 씀. 좋게 씀.
- 개선(改善): 잘못을 고쳐 좋게 함.
- 권선징악(勸善懲惡): 착한 행실을 권장하고 악한 행실을 징계함.

【反哺之孝】
반 포 지 효

어미에게 되먹이는 까마귀의 효성이라는 뜻으로, 어버이의 은혜에 대한 자식의 지극한 효도를 이르는 말.

反(돌이킬 반)　哺(먹일 포)　之(조사 지)　孝(효도 효)

● 李密(이밀, 224~287)의 『陳情表(진정표)』에 나오는 말이다. 李密은 晉武帝(진무제)가 자신에게 높은 관직을 내리지만 늙으신 할머니를 봉양하기 위해 관직을 사양한다. 武帝는 李密의 관직 사양을 不事二君(불사이군)의 심정이라고 크게 화내면서 서릿발같은 명령을 내린다. 그러자 李密은 자신을 까마귀에 비유하면서 "까마귀가 어미새의 은혜에 보답하려는 마음으로 조모가 돌아가시는 날까지만 봉양하게 해 주십시오.〔(烏鳥私情(오조사정), 願乞終養(원걸종양)〕"라고 하였다.

明나라 말기의 박물학자 李時珍(이시진, 1518~1593)의 『本草綱目(본초강목)』에 까마귀 습성에 대한 다음과 같은 내용이 실려 있다. 까마귀는 부화한 지 60일 동안은 어미가 새끼에게 먹이를 물어다 주지만 이후 새끼가 다 자라면 먹이 사냥에 힘이 부친 어미를 먹여 살린다고 한다.

그리하여 이 까마귀를 慈烏(인자한 까마귀) 또는 反哺鳥(반포조)라 한다. 곧 까마귀가 어미를 되먹이는 습성을 反哺라고 하는데 이는 극진한 효도를 의미하기도 한다. 이런 연유로 反哺之孝(반포지효)는 어버이의 은혜에 대한 자식의 지극한 효도를 뜻한다. 비슷한 말로 斑衣之戲(반의지희), 斑衣戲(반의희), 綵衣以娛親(채의이오친)이 있다.

東夷思想 **2**

009 **仁義禮信**
　　인　의　예　신
仁·義·禮·信은
仁·義·禮·信は

010 **東方精神**
　　동　방　정　신
東方의 근본 思想이다.
東方の根本思想だ

011 **常施至樂**
　　상　시　지　락
항상 베푸는 것을 가장 즐거워하고
常に施すのは最も楽しくて

012 **放下利他**
　　방　하　이　타
慾心을 버리고 남을 이롭게 하며
慾心を捨てて他を利して

013 **敬老保兒**
　　경　로　보　아
老人을 공경하고 아이들을 보호하고
老人を敬い子供を保護し

014 **不爭領土**
　　부　쟁　영　토
領土를 다투지 않는다면
領土を争わなければ

015 **五洋六陸**
　　오　양　육　륙
오대양 육대륙 모두
五大洋 六大陸全て

016 **和平世界**
　　화　평　세　계
평화로운 세상이 될 것이다.
平和な世界となることだ

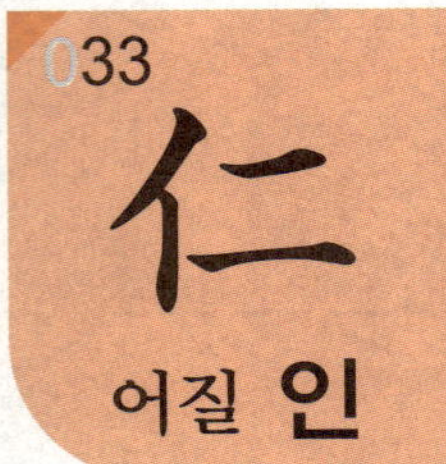

033 仁 어질 인

字源풀이

'사람 인(亻)'에 '두 이(二)'를 합한 글자로, 사람과 사람이 친하게 지낸다는 의미에서 '어질다'의 뜻이다.

자형 변천

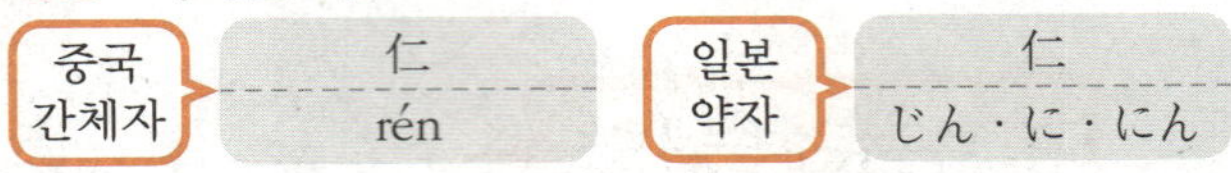

갑골문	금문	전서	예서	해서

나라별 비교

중국 간체자	仁 rén	일본 약자	仁 じん・に・にん

【부수자】 人

【영 문】 mercy, benevolence, humanity, kindness

【활용단어】

- 관인(寬仁): 마음이 너그럽고 어짊.
- 인후(仁厚): 마음이 어질고 무던함.
- 살신성인(殺身成仁): 몸을 죽여 인(仁)을 이룸, 곧 옳은 일을 위하여 자기 몸을 희생함.

034 義 옳을 의

字源풀이

甲骨文에 '𦍌, 義, 𦍋', 金文에 '𦍙, 義, 𦍔' 등의 자형으로, '我(𢦔)'형의 창을 가지고 '羊(𦍌)'을 잡는 동작을 나타낸 會意字(회의자)이다.

자형 변천

갑골문	금문	전서	예서	해서

나라별 비교

중국 간체자	义 yì	일본 약자	義 ギ

【부수자】 羊

【영 문】 right conduct, righteousness

【활용단어】

- 의거(義擧): 정의를 위하여 거사(擧事)함. 또는 그런 거사.
- 예의(禮義): 예절과 의리.
- 군신유의(君臣有義): 임금과 신하 사이에 의리가 있어야 함.

※ '義' 자가 처음부터 '옳다'의 뜻으로 만들어진 것이 아니라, 신에게 祭를 지낼 때 祭物을 바치는 것은 마땅한 일이므로 '義'(희생할 의)의 뜻이 '옳을 의'로 전의되자, '牛'를 더하여 '犧'(희생할 희)자를 또 만들었다. 특히 大祭에는 소(牛)를 바쳤기 때문에 '牛'자를 더한 것이다.(許愼의 說에 때라 '義'의 본래 字義를 자신의 威儀를 나타낸 것이라고 본 것은 '我'를 창으로 보지 않고, 뒤에 전의된 '나'의 뜻으로 보고 잘못 풀이한 것이다.)

禮
예도 례

字源풀이

'볼 시(示)'와 '두터울 례(豊)'의 形聲字(형성자)로, 사당에 제사를 올리는 데는 근엄한 예를 갖춘다는 데서 '예절', '예도'의 뜻이다.

자형 변천

갑골문	금문	전서	예서	해서
豐	豐	禮	禮	禮

나라별 비교

중국 간체자	礼 lǐ	일본 약자	礼 らい·れい

【부수자】 示

【영　문】 present, propriety

【활용단어】
- 결례(缺禮): 예를 갖추지 못함.
- 하례(賀禮): 축하하는 예식(禮式).
- 극기복례(克己復禮): 욕망(慾望)이나 삿된 마음 등을 자기 자신의 의지력(意志力)으로 억제하고 예의에 어그러지지 않도록 함.

信
믿을 신

字源풀이

'사람 인(人)'과 '말씀 언(言)'의 會意字(회의자)로, 사람(人)이 하는 말(言)은 신뢰할 수 있어야 한다는 데서 '믿음'의 뜻이다.

자형 변천

갑골문	금문	전서	예서	해서
		信	信	信

나라별 비교

중국 간체자	信 xìn	일본 약자	信 しん

【부수자】 人

【영　문】 honesty, truthfulness, trust

【활용단어】
- 과신(過信): 지나치게 믿음.
- 배신(背信): 신의를 저버림.
- 신용대출(信用貸出): 채무자를 믿고, 담보나 보증없이 돈이나 물건을 빌려주는 것.

037 東

동녘 **동**

字源풀이

'날 일(日)'에 '나무 목(木)'을 합한 글자로, 아침 해(日)가 동쪽 하늘에 떠서 나뭇가지(木)에 걸쳐 있다는 데서 '동쪽'의 뜻이다.

자형 변천

갑골문	금문	전서	예서	해서

나라별 비교

중국 간체자	东 dōng

일본 약자	東 とう

〖부수자〗 木

〖영　문〗 east

〖활용단어〗

- 동학(東學): 서학(西學)인 천주교에 반대하여 최제우(崔濟愚)가 창도(唱導)한 종교.
- 해동(海東): 우리나라의 별칭(別稱).
- 동가식서가숙(東家食西家宿): 동쪽 집에서 먹고, 서쪽 집에서 잔다는 뜻.

※ 甲骨文의 자형(東)으로 보면, 원래 물건을 담아 묶은 '자루'의 모양을 그린 것인데, '동녘'의 뜻으로 假借되었다는 설도 있다.

038 方

모 **방**

字源풀이

甲骨文(갑골문)에 '方'의 자형으로, 본래 '쟁기'의 모양을 본뜬 글자인데, 뒤에 '모서리', '사방' 등의 뜻으로 쓰였다.

자형 변천

갑골문	금문	전서	예서	해서

나라별 비교

중국 간체자	方 fāng

일본 약자	方 ほう

〖부수자〗 方

〖영　문〗 place, square, area

〖활용단어〗

- 방위(方位): 사방의 위치.
- 마방진(魔方陣): 자연수를 정사각형 모양으로 배열하여 가로나 세로나 대각선으로나 그 합친 수가 모두 같아지게 한 것.
- 서방정토(西方淨土): 서쪽으로 십만 억 국토를 지나서 있는 아미타불(阿彌陀佛)의 세계.

039 精 정할 정

字源풀이

'쌀 미(米)'와 '푸를 청(靑)'의 형성자로 쌀 중에서 좋은 것만을 고르다의 뜻이다. 뒤에 쌀을 찧다, 마음의 뜻으로도 쓰인다.

자형 변천

갑골문	금문	전서	예서	해서
		精	精	精

나라별 비교

중국 간체자	精 jīng	일본 약자	精 しょう・せい

【부수자】 米

【영 문】 energy, spirits, semen, sharp

【활용단어】
- 정교(精巧): 정밀(精密)하고 교묘(巧妙)함.
- 수정(受精): 암수의 생식(生殖) 세포(細胞)가 서로 하나로 합치는 현상.
- 박이부정(博而不精): 여러 방면으로 널리 아나 정통(精通)하지 못함. 널리 알되 능숙하거나 정밀하지 못함.

040 神 귀신 신

字源풀이

'보일 시(示)'와 '펼 신(申)'의 形聲字로, '申'은 본래 'ㅌㅋ'의 형태로 '번개'의 모양을 그린 글자인데, 번개는 신의 조화로 보아 신을 뜻하는 '보일 시(示)'를 더하여 '신'의 뜻으로 쓰였다.

자형 변천

갑골문	금문	전서	예서	해서
	祁	褌	神	神

나라별 비교

중국 간체자	神 shén	일본 약자	神 しん・じん

【부수자】 示

【영 문】 god, soul, mind, spirit

【활용단어】
- 신령(神靈): 풍습(風習)으로 섬기는 모든 신. 신통(神通)하고 영묘(靈妙)함.
- 정신(精神): 마음이나 생각, 또는 영혼(靈魂). 신사(神思). 성령(聖靈).
- 신출귀몰(神出鬼沒): 귀신처럼 자유자재로 나타나기도 하고, 숨기도 한다는 뜻.

常
떳떳할 상

字源풀이

'수건 건(巾)'과 '오히려 상(尙)'의 形聲字(형성자)로, 본의는 수건(巾)처럼 긴 깃발(旗)의 뜻이었는데, 뒤에 '항상', '떳떳하다'의 뜻이 되었다.

자형 변천

갑골문	금문	전서	예서	해서
	尙	常	常	常

나라별 비교

중국 간체자	일본 약자
常 cháng	常 じょう

【부수자】 巾

【영 문】 common, normal, long

【활용단어】

- 경상(經常): 정상 상태로 계속하여 변동이 없음.
- 상근(常勤): 날마다 출근하여 근무함.
- 병가상사(兵家常事): 이기고 지는 일은 전쟁에서 흔히 있는 일이라는 뜻으로, '한 번의 실패에 절망하지 말라는 뜻'으로 쓰는 말.

施
베풀 시

字源풀이

'깃발 언(㫃)'과 '어조사 야(也:본래 그릇 이)'의 形聲字(형성자)로, 넘실거리는 깃발의 모양에서 '전하다', '베풀다'라는 뜻이 되었다.

자형 변천

갑골문	금문	전서	예서	해서
施		施	施	施

나라별 비교

중국 간체자	일본 약자
施 shī	施 し · せ

【부수자】 方

【영 문】 act, to do, bestow

【활용단어】

- 실시(實施): 실지로 시행함.
- 시상(施賞): 상장이나 상품 또는 상금을 줌.
- 시주걸립(施主乞粒): 중들이 집집이 문앞에 시주와 전곡(錢穀)을 얻기 위하여 하는 걸립.

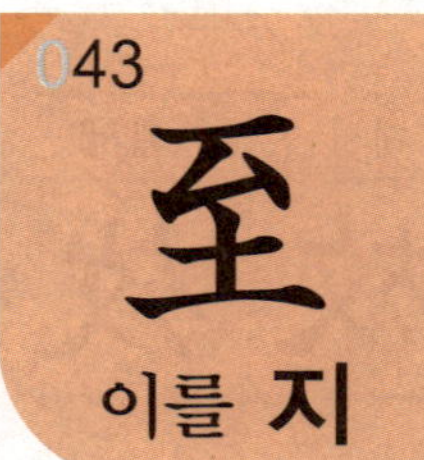

043

至
이르를 지

字源풀이

'이르다(도달하다)'
는 화살(矢)을 멀리
쏘아 땅(一)에 이른
것을 나타내어 '⤦,
⤧'의 형태로 그렸
던 것인데, 楷書體
(해서체)의 '至'가
된 것이다.

자형 변천

갑골문	금문	전서	예서	해서
豸	豸	豸	至	至

나라별 비교

중국 간체자	至 zhì	일본 약자	至 し

〖부수자〗 至
〖영 문〗 arrive, reach

〖활용단어〗
- 지순(至純): 더할 나위 없이 순결함.
- 하지(夏至): 24절기의 하나. 해가 하지선에 이르면, 북반구(北半球)에서는 낮이 가장 길고, 밤이 가장 짧음.
- 지성감천(至誠感天): 지극한 정성에 하늘이 감동함.

044

樂
풍류 악, 즐길 락
좋아할 요

字源풀이

나무로 만든 악기걸
이를 뜻한 '木(나무
목)'에, 악기와 악기
의 수식을 뜻하는
'絲'의 부호를 더하
여 '⤦, 樂, 樂'과
같이 만든 글자인데,
楷書體(해서체)의
'樂' 자가 된 것이다.

자형 변천

갑골문	금문	전서	예서	해서
樂	樂	樂	樂	樂

나라별 비교

중국 간체자	乐 lè, yào, yuè	일본 약자	楽 がく・らく

〖부수자〗 木
〖영 문〗 content, enjoyable, pleasing

〖활용단어〗
- 고락(苦樂): 괴로움과 즐거움, 감고.
- 음악(音樂): 음을 일정한 방법에 의하여 조화 결합시켜 미감(美感)을 일으키게 하는 예술.
- 요산요수(樂山樂水): 산을 즐기고 물을 즐김. 곧 산수의 경치를 좋아함.

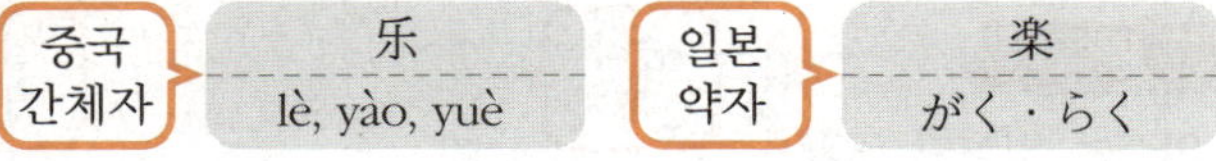

※ 좋은 음악을 듣고 즐겁지 않은 사람이 없으니, 뒤에 '즐겁다'는 뜻의 '樂(즐거울 락)'으로도 쓰이게 되었고, 좋은 음악은 누구나 좋아하니, '좋아한다'는 뜻의 '樂(좋아할 요)'로도 쓰이게 되었다.

045

放
놓을 방

字源풀이

'칠 복(攵)'과 '모서리 방(方)'의 形聲字(형성자)이다. 옛날에 신하가 죄를 지으면 먼 지방(方)으로 쫓아내다(放逐)의 뜻이었는데, '놓다'의 뜻으로도 쓰인다.

🌀 자형 변천

갑골문	금문	전서	예서	해서
	𢼄	放	放	放

🌀 나라별 비교

중국 간체자	일본 약자
放 fàng	放 ほう

【부수자】攵

【영 문】release, free, loosen, relax

【활용단어】

- 개방(開放): 터놓거나 열어 놓음. 자유로이 드나들 수 있게 함.
- 방언(放言): 어떤 지방이나 계층에서만 국한되어 쓰이는 언어.
- 동족방뇨(凍足放尿): 언 발에 오줌 누기란 뜻으로, 어떠한 사물이 한때의 도움이 될 뿐 바로 효력이 없어짐을 일컫는 말.

046

下
아래 하

字源풀이

아래는 일정한 모양을 본뜰 수 없으므로 먼저 기준이 되는 선을 긋고, 그 선의 아래를 가리키어 '⸗ → 丅'의 형태로 나타낸 것인데, 뒤에 '下 → 下' 자로 된 것이다.

🌀 자형 변천

갑골문	금문	전서	예서	해서
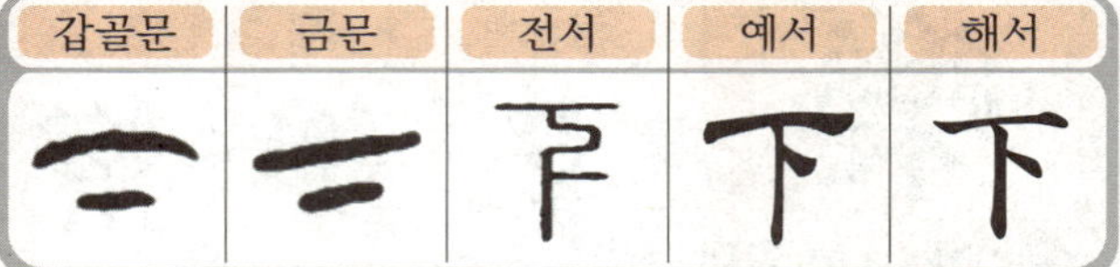			下	下

🌀 나라별 비교

중국 간체자	일본 약자
下 xià	下 か・げ

【부수자】一

【영 문】below, under, lower

【활용단어】

- 귀하(貴下): 상대방을 높여 일컫는 말.
- 하문(下問): 윗사람이 아랫사람에게 물음.
- 등하불명(燈下不明): '등잔 밑이 어둡다'는 뜻으로 '가까이 있는 것이 오히려 알아내기가 어려움'을 이르는 말.

047 利 이할 리

字源풀이

'벼 화(禾)'에 '칼 도(刂)'를 합한 글자로, 본래는 날카로운 보습으로 곡식(禾)을 경작하다의 뜻이었는데, '이롭다', '날카롭다'의 뜻으로 쓰인다.

자형 변천

갑골문	금문	전서	예서	해서
利	利	利	利	利

나라별 비교

중국 간체자	利 lì	일본 약자	利 り

【부수자】 刂

【영 문】 profit, benefit, gain

【활용단어】
- 이태리(伊太利): 이탈리아(Italia).
- 이상가리(利上加利): 이자(利子)에 이자를 더 함.
- 이신순리(以身殉利): 이익(利益)을 위하여 목숨을 버림.

048 他 다를 타

字源풀이

'사람 인(人)'과 '어조사 야(也)'의 形聲字(형성자)이다. 본래 '뱀'의 象形字(상형자)인 '它'(타)가 '佗'로, 다시 '他'로 변형된 것이다. '물건을 등에 지다'의 뜻이었는데, '다르다'의 뜻이 되었다.

자형 변천

갑골문	금문	전서	예서	해서
		他	他	他

나라별 비교

중국 간체자	他 tā	일본 약자	他 た

【부수자】 人

【영 문】 other, another

【활용단어】
- 기타(其他): 그 밖. 그 밖의 것.
- 타율(他律): 다른 규율. 자기의 뜻대로 결정하여 한 것이 아니라 남의 강박·구속 따위에 따라 통제되는 일.
- 타산지석(他山之石): 다른 사람의 하찮은 말이나 행동도 자기의 수양에 도움이 된다는 말.

049

敬
공경 경

金文(금문)에 '敬'의 자형으로, '羊'의 省體(생체) '艹', '包'의 省體 '勹', '口(입 구)', '攴(칠 복)'의 合體字(합체자)로 스스로 게으르지 않고 근신하도록 하는 행위에서 '공경하다'의 뜻이 되었다.

🌀 자형 변천

갑골문	금문	전서	예서	해서
	敬	敬	敬	敬

🌀 나라별 비교

중국 간체자	敬 jìng	일본 약자	敬 きょう, けい

【부수자】攵

【영　문】respect, honor

【활용단어】

- 경로(敬老): 노인을 공경함.
- 존경(尊敬): 존중히 여겨 공경함.
- 경천애인(敬天愛人): 하늘을 공경하고 사람을 사랑함.

050

老
늙을 로

노인의 긴 머리털에 허리를 굽혀 지팡이를 짚고 있는 모습을 象形하여 '老, 老, 老'와 같이 그린 것인데, 楷書體(해서체)의 '老'로서 '늙다'의 뜻이다.

🌀 자형 변천

갑골문	금문	전서	예서	해서
老	老	老	老	老

🌀 나라별 비교

중국 간체자	老 lǎo	일본 약자	老 ろう

【부수자】老

【영　문】old, aged

【활용단어】

- 기로(耆老): 예순 살 이상의 노인.
- 노구(老軀): 늙은 몸.
- 백년해로(百年偕老): 부부가 화합하여 함께 늙도록 살아감.

※ 옛날에는 머리털을 자르는 것은 불효라 하여, 평생 머리를 길렀기 때문에 노인은 자연히 머리털이 길었음을 강조한 것이다.

051

保
보전할 **보**

甲骨文(갑골문)에 '' 의 자형으로, 어른(亻)이 아기(孚)를 업고 保護(보호)하는 모습에서 '보호하다'의 뜻이다.

자형 변천

갑골문	금문	전서	예서	해서
𤱡	𠈃	保	保	保

나라별 비교

중국 간체자	保 bǎo	일본 약자	保 ほ

【부수자】 人

【영　문】 guard, shelter, protect

【활용단어】

- 보석(保釋): 보증금을 받거나 보증인을 세우게 하고, 형사피고인을 한때 구류에서 풀어 줌.
- 확보(確保): 확실히 지님. 확실히 보증함.
- 보신지책(保身之策): 한 몸을 보전하는 꾀.

052

兒
아이 **아**

字源풀이

어린아이의 정수리가 굳지 않은 상태를 본뜬 상형자이다.

자형 변천

갑골문	금문	전서	예서	해서
𠿮	兒	兒	兒	兒

나라별 비교

중국 간체자	儿 ér, ní	일본 약자	児 じ・に

【부수자】 儿

【영　문】 child, baby, son

【활용단어】

- 아해(兒孩): 아이.
- 고아(孤兒): 부모를 여의어 몸 붙일 곳이 없는 아이.
- 열혈남아(熱血男兒): 열정의 피가 끓는 사내.

053 不 아닐 부/불

字源풀이

본래 새가 하늘로 날아가 보이지 않음을 '示, 不, 不, 示'의 형태로 나타낸 것인데, 부정사로서 '不(아닐 불)'자로 쓰이게 된 것이다. 꽃의 받침을 그린 것으로 보는 이도 있다.

자형 변천

갑골문	금문	전서	예서	해서
示	不	禾	不	不

나라별 비교

중국 간체자	일본 약자
不 bù	不 ふ·ぶ

【부수자】一

【영 문】no, not, negative

【활용단어】

- 부단(不斷): 끊임이 없는 것. 결단성이 없는 것.
- 불후(不朽): 썩지 아니함이라는 뜻으로 영원토록 변하거나 없어지지 아니함이라는 말.
- 과유불급(過猶不及): 정도를 지나침은 미치지 못한 것과 같음.

054 爭 다툴 쟁

字源풀이

甲骨文(갑골문)에 '爭'의 자형으로, 두 사람이 물건을 서로 빼앗는 상태를 나타내어 '다투다'의 뜻으로 쓰였다.

자형 변천

갑골문	금문	전서	예서	해서
爭		爭	爭	爭

나라별 비교

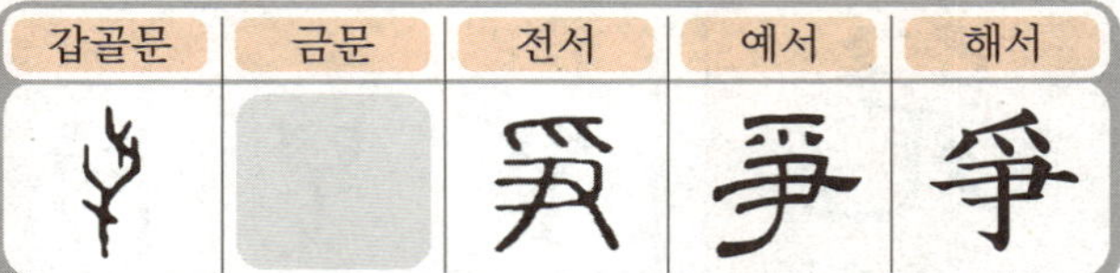

중국 간체자	일본 약자
争 zhēng	争 そう

【부수자】爪

【영 문】fight, argue, quarrel

【활용단어】

- 경쟁(競爭): 서로 이기거나 앞서려고 다툼.
- 쟁탈전(爭奪戰): 서로 다투어서 빼앗는 싸움.
- 골육상쟁(骨肉相爭): 가까운 혈족끼리 서로 싸움.

領
거느릴 령

字源풀이

'머리 혈(頁)'과 '하여금 령(令)'의 形聲字(형성자)로, 본의는 '목'의 뜻이었는데, 뒤에 '거느리다'의 뜻이 되었다.

🌀 자형 변천

갑골문	금문	전서	예서	해서
		領	領	領

🌀 나라별 비교

중국 간체자	일본 약자
领 líng	領 りょう, れい

〖부수자〗頁
〖영 문〗neck, collar, lead

〖활용단어〗
- 영역(領域): 어떤 나라의 주권이 미치는 범위. 영토, 영해, 영공으로 이루어짐.
- 수령(首領): 한 당파(黨派)나 모임의 우두머리.
- 요령부득(要領不得): 사물의 주요한 부분을 잡을 수 없다는 뜻으로, 말이나 글의 요령을 잡을 수 없음을 이르는 말.

土
흙 토

字源풀이

밭을 갈아 흙덩이가 일어나 있는 모양을 '𡉡, 𡈽, 𡈽, 土'와 같이 그린 것인데, 楷書體(해서체)의 '土'자가 된 것이다. 토지신을 모시던 제단의 형태를 그린 것으로도 풀이한다.

🌀 자형 변천

갑골문	금문	전서	예서	해서
𠄟	𠄟	土	土	土

🌀 나라별 비교

중국 간체자	일본 약자
土 tǔ	土 と・ど

〖부수자〗土
〖영 문〗earth, land, local

〖활용단어〗
- 토질(土質): 땅의 성질. 흙의 성질.
- 국토(國土): 나라의 영토(領土).
- 권토중래(捲土重來): 흙먼지를 날리며 다시 온다는 뜻으로, 한 번 실패에 굴하지 않고 몇 번이고 다시 일어남.

057 五 다섯 오

본래는 '르'와 같이 표시했던 것인데, '二'와 '三'이 겹쳐 쓰일 때와를 구별하기 위하여, 본래 5개의 산가지를 겹쳐 놓은 모양이 '多→X →Ｚ→五'와 같이 점점 변하여 楷書體(해서체)의 '五'자가 된 것이다.

자형 변천

갑골문	금문	전서	예서	해서
X	X	X	五	五

나라별 비교

중국 간체자	五 wǔ	일본 약자	五 ご

【부수자】 二
【영 문】 five, fifth

【활용단어】

- 오열(五列): 적 내부에 침투하여, 모략·파괴·간첩 활동을 하는 비밀 요원을 이름.
- 중오(重五): 음력 5월 5일, 곧 중오절(重五節).
- 오장육부(五臟六腑): 내장(內臟)의 총칭. 오장과 육부를 분노 따위의 심리 상태가 일어나는 몸 안의 곳으로서 이르는 말.

058 洋 큰바다 양

'물 수(氵)'와 '양 양(羊)'의 形聲字(형성자)로, 본래는 중국 山東省(산동성)에 있는 江 (강)이름이었는데, 뒤에 큰 바다의 뜻이 되었다.

자형 변천

갑골문	금문	전서	예서	해서

나라별 비교

중국 간체자	洋 yáng	일본 약자	洋 よう

【부수자】 氵
【영 문】 ocean

【활용단어】

- 양옥(洋屋): 서양식으로 지은 집.
- 해양(海洋): 넓은 바다, 지구의 거죽에 큰 넓이로 짠물이 많이 괴어 있는 곳.
- 전도양양(前途洋洋): 앞길이나 앞날이 크게 열리어 희망이 있음.

059 六 여섯 **륙**

字源풀이

본래 들에 임시로 지어 놓은 간단한 집의 형태를 象形하여 '介, 介, 介'과 같이 그린 象形字(상형자) 인데, 뒤에 이 글자가 숫 자의 여섯을 뜻하는 글자 로 대치되어 楷書體(해서 체)의 '六'자로 쓰이게 된 假借字(가차자)이다.

자형 변천

갑골문	금문	전서	예서	해서
介	介	兴	六	六

나라별 비교

중국 간체자	六 liù, lù	일본 약자	六 りく・ろく

【부수자】 八
【영 문】 six

【활용단어】

- 망륙(望六): 예순 살을 바라본다는 뜻에서, 사람의 나이 '쉰한 살'을 이르는 말.
- 사육신(死六臣): 조선 세조 때, 단종(端宗) 의 복위(復位)를 꾀하다가 잡혀 죽은 여섯 충신.
- 오장육부(五臟六腑): 내장을 통틀어 일컫는 말.

060 陸 뭍 **륙**

字源풀이

'언덕 부(阝:阜)'와 '언덕 륙(坴)'의 形 聲字(형성자)로, 높고 평평한 '땅'을 뜻한 다.

자형 변천

갑골문	금문	전서	예서	해서
陸	陸	陸	陸	陸

나라별 비교

중국 간체자	陆 lù, liù	일본 약자	陸 りく・ろく

【부수자】 阝
【영 문】 land

【활용단어】

- 육군(陸軍): 육상에서의 전투를 맡은 군대.
- 대륙(大陸): 지역이 넓은 육지.
- 추주어륙(推舟於陸): 뭍에서 배를 민다는 뜻으로, 고집으로 무리하게 밀고 나가려 고 함을 이르는 말.

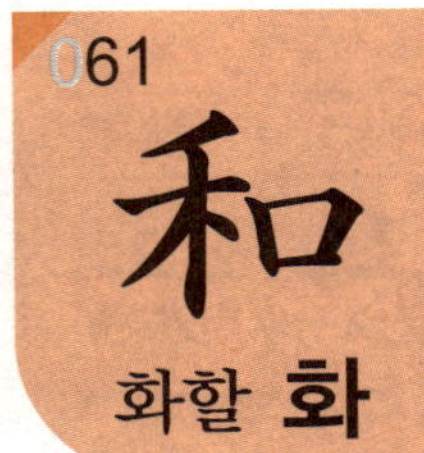

061 和 화할 **화**

字源풀이

'벼 화(禾)'와 '입 구(口)'의 形聲字(형성자)로, 서로 심성이 잘 맞아 '화목하다'의 뜻으로 쓰였다.

자형 변천

갑골문	금문	전서	예서	해서
	秈	咊	和	和

나라별 비교

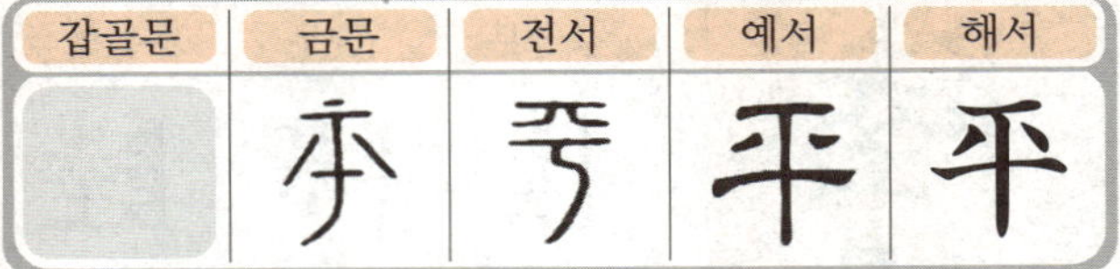

중국 간체자	和 hé, huó, huò	일본 약자	和 お·か·わ

〖부수자〗 口
〖영 문〗 harmony, peace

〖활용단어〗
- 화목(和睦): 서로 뜻이 맞고 정다움.
- 평화(平和): 평온하고 화목함. 전쟁이 없이 세상이 평온함.
- 부화뇌동(附和雷同): 제 주견이 없이 남이 하는 대로 그저 무턱대고 따라함.

---

062 平 평평할 **평**

字源풀이

金文(금문)에 '禾', 小篆(소전)에 '쭈'의 자형으로, 말할 때 입김이 똑바로 나감을 나타낸 글자로서 '평평하다'의 뜻이다.

자형 변천

갑골문	금문	전서	예서	해서
	禾	쭈	平	平

나라별 비교

중국 간체자	平 píng	일본 약자	平 ひょう·びょう·へい

〖부수자〗 干
〖영 문〗 control, regulate, tie

〖활용단어〗
- 평화(平和): 평온하고 화목함. 화합하고 안온함. 전쟁이 없이 세상이 평온함.
- 평행선(平行線): 같은 평면상에 있는, 둘 또는 그 이상의 서로 평행한 직선. 평행 직선.
- 공평무사(公平無私): 공평하고 사사로움이 없음.

063 世 인간 세

字源풀이

본래 나무의 줄기에 잎이 많음을 나타낸 것인데, 잎이 많음의 뜻에서 한 세대의 뜻으로 바뀌고, 부모 자식 간의 한 세대는 대개 삼십 년이 되므로 뒤에 '삼십'의 뜻으로 쓰이어 楷書體(해서체)의 '卅' 자가 된 것이다.

자형 변천

갑골문	금문	전서	예서	해서
				世

나라별 비교

중국 간체자	世 shì

일본 약자	世 せ·せい

〖부수자〗 一
〖영 문〗 world, age

〖활용단어〗
- 세속(世俗): 세상에 흔히 있는 풍속(風俗).
- 현세(現世): 현재의 세상.
- 격세지감(隔世之感): 아주 바뀌어 딴 세상 또는 딴 세대와 같이 많은 변화가 있었음을 비유하는 말.

064 界 지경 계

字源풀이

'밭 전(田)'과 '끼일 개(介)'의 形聲字(형성자)로, 밭(田) 사이에 끼어(介)있는 길이 경계(境界)라는 뜻이다.

자형 변천

갑골문	금문	전서	예서	해서
		畍	界	界

나라별 비교

중국 간체자	界 jiè

일본 약자	界 かい

〖부수자〗 田
〖영 문〗 a world, a kingdom, a group, a community

〖활용단어〗
- 한계(限界): 땅의 경계(境界). 사물의 정해 놓은 범위.
- 금융계(金融界): 금융업자(金融業者)들이 활동하는 사회. 금융시장(金融市場).
- 연화세계(蓮花世界): 아미타불(阿彌陀佛)의 극락정토(極樂淨土)가 있는 세계. 지극히 안락하고 아무 걱정이 없다고 하는 곳.

伯俞泣杖
백 유 읍 장

늙고 쇠약해진 어머니의 모습을 보며 슬퍼했다는 중국의 고사에서 유래한 말로, 어버이에 대한 지극한 효심을 일컫는 한자성어.

伯(맏 백)　俞(그러할 유)　泣(울 읍)　杖(지팡이 장)

● 중국 漢나라 때의 효자로 유명한 韓伯俞(한백유)와 관련된 고사에서 유래한 말로, '백유가 매를 맞으며 운다' 는 뜻이다. '백유의 효도' 라는 뜻에서 伯俞之孝(백유지효), 伯俞之泣(백유지읍)이라고도 한다. 前漢(전한) 말에 劉向(유향)이 편집한 설화집 『說苑(설원)』 建本篇(건본편)에 나온다.

　"백유가 잘못을 저질러 그 어머니가 매질을 하자, 백유가 울었다. 어머니가 '다른 날(지난 날)에 매를 들 때는 일찍이 운 적이 없었거늘, 지금 우는 까닭은 무엇이냐' 고 물었다. 백유가 '전에 죄를 지어 매를 맞을 때는 언제나 그 매가 아팠는데, 지금은 어머니의 힘이 모자라 능히 저를 아프게 하지 못합니다. 이런 까닭으로 울었습니다' 하고 대답하였다."

　백유는 부모가 늙지 않았을 때는 매질이 아무리 매섭고 아파도 자식을 걱정해 때리는 부모의 마음을 헤아려 자신의 얼굴에 변화를 드러내지 않았다. 그러나 부모가 늙고 쇠약해져 매를 들었을 때는 때리는 힘이 없어 전혀 아프지 않았는데, 부모의 늙음이 안타깝고 못내 서러워 자신도 모르게 눈물이 흘러 내렸던 것이다.

和睦家庭 3

017	**傳習秀俗** 전 습 수 속	전통 습관과 빼어난 風俗을 伝統習慣と秀でた風俗が
018	**持久引承** 지 구 인 승	영구히 이어 가고 永遠と続いていく
019	**父母均安** 부 모 균 안	부모님을 편안히 모시고 父母を安らかにお世話し
020	**兄弟姉妹** 형 제 자 매	형제와 자매 그리고 兄弟と姉妹 そして
021	**祖孫同堂** 조 손 동 당	할아버지와 손자가 한 집에서 祖父と孫が一つの家で
022	**歡談笑聲** 환 담 소 성	즐겁게 이야기 하고 웃으니 楽しく話して 笑って
023	**喜色充滿** 희 색 충 만	기쁜 빛이 얼굴에 가득하고 喜ばしい輝きが顔に満ち
024	**家庭活氣** 가 정 활 기	가정은 활기가 넘친다. 家庭は活気にあふれる

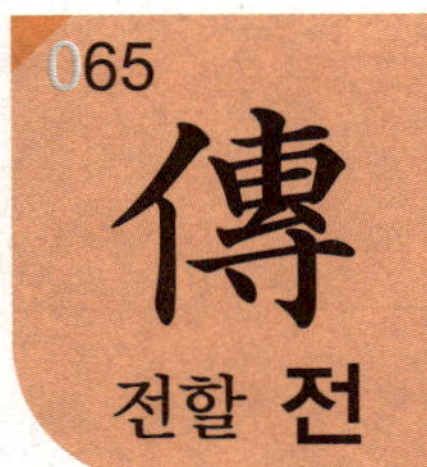

傳
전할 **전**

字源풀이

‘사람 인(亻)’과 ‘오로지 전(專)’의 形聲字(형성자)로, 빨리 가는 역마를 타고 문서(專)를 전한 데서 ‘전하다’의 뜻이다. ‘專’(오로지 전)은 옛날 관청의 문서를 뜻한다.

🌀 자형 변천

갑골문	금문	전서	예서	해서
				傳

🌀 나라별 비교

중국 간체자	传 chuán, zhuàn	일본 약자	伝 てん・でん

【부수자】 人

【영 문】 preach, summon

【활용단어】

- 전승(傳承): 물려주어서 이어 나감.
- 선전(宣傳): 어떤 사물·사상·주의를 많은 사람에게 깨우치는 일.
- 부전자전(父傳子傳): 대대로 아버지가 아들에게 전함.

066

習
익힐 **습**

字源풀이

본래는 ‘깃 우(羽)’에 ‘날 일(日)’을 합한 글자로, 매일 쉬지 않고 나는 것을 습득한다는 뜻에서 ‘익히다’의 뜻이 된 것이다. 뒤에 ‘日’이 ‘白’자로 변하였다.

🌀 자형 변천

갑골문	금문	전서	예서	해서
				習

🌀 나라별 비교

중국 간체자	习 xí	일본 약자	習 しゅう

【부수자】 羽

【영 문】 learn, habit, custom, practice

【활용단어】

- 습관(習慣): 여러 번 되풀이함으로써 저절로 익고 굳어진 행동.
- 견습(見習): 남이 하는 일을 직접 보면서 익힘.
- 폐풍악습(弊風惡習): 폐해가 되는 나쁜 풍습.

067 秀 빼어날 수

갑골문	금문	전서	예서	해서

나라별 비교

중국 간체자	秀 xiù	일본 약자	秀 しゅう

字源풀이

金文(금문)에 '秀'의 형태로 사람이 벼이삭을 지고 있는 것으로 '벼이삭'을 뜻한 것인데, '빼어나다'의 뜻으로 변하였다.

【부수자】禾

【영 문】excellent, brilliant

【활용단어】
- 규수(閨秀): 남의 집 처녀를 점잖게 이르는 말. 재주와 학문이 빼어난 부녀자. 미혼녀.
- 우수(優秀): 여럿 가운데 아주 뛰어남.
- 진수(珍秀): 진귀하고도 빼어남.

068 俗 풍속 속

자형 변천

갑골문	금문	전서	예서	해서

나라별 비교

중국 간체자	俗 sú	일본 약자	俗 ぞく

字源풀이

'사람 인(人)'과 '골 곡(谷)'의 形聲字(형성자)로, 한 고을(谷)에 사는 사람(人)은 습속이 같다는 뜻에서 '풍속'의 뜻이다.

【부수자】人

【영 문】customs or customary, vulgar

【활용단어】
- 민속(民俗): 민간의 풍속.
- 속담(俗談): 예부터 민간에서 생겨 전해 오는 쉬운 격언.
- 미풍양속(美風良俗): 아름답고 좋은 풍속(風俗)이나 기풍(氣風).

持
가질 지

字源풀이

'손 수(扌)'와 '모실 시(寺)'의 形聲字(형성자)이지만, 본래는 손(寸)에 무엇(土)을 가지고 있는 모습을 나타낸 글자 '시(㞢→寺)'자가 '모실 시(寺)', '절 새(寺)'로 전의되자, 손 수(扌)자가 추가되었다.

자형 변천

갑골문	금문	전서	예서	해서
		持	持	持

나라별 비교

중국 간체자	持 chí	일본 약자	持 じ

【부수자】 扌
【영 문】 to hold, grasp, maintain, keep

【활용단어】
- 지참(持參): (물건이나 돈 같은 것을) 가지고 감, 가지고 옴.
- 지지(支持): 개인이나 단체 등의 주의·정책 등에 찬동하여 도와서 힘을 쓰는 것.
- 근근부지(僅僅扶持): 겨우겨우 배겨 나가거나 겨우겨우 견뎌 나감.

久
오랠 구

字源풀이

사람의 다리를 뒤에서 끈으로 잡아 당겨 앞으로 빨리 갈 수 없는 모양에서 시간이 오래 걸림을 가리키어 '⺂'와 같이 쓴 것인데, 楷書體(해서체)의 '久(오랠 구)'가 된 것이다.

자형 변천

갑골문	금문	전서	예서	해서
		⺂	久	久

나라별 비교

중국 간체자	久 jiǔ	일본 약자	久 きゅう, く

【부수자】 丿
【영 문】 long

【활용단어】
- 장구(長久): 길고 오램.
- 유구(悠久): 연대(年代)가 길고 오램.
- 구근(久勤): 어떤 일에 오랫동안 힘써 옴. 한 직장(職場)에 오래 근무(勤務)함.

071 引 끌 인

字源풀이

활(弓)의 시위를 끌어 당겨 직선(丨)이 된 상태로서 당기다의 뜻이다.

자형 변천

갑골문	금문	전서	예서	해서
	弓	引	引	引

나라별 비교

중국 간체자	引 yǐn	일본 약자	引 いん

〖부수자〗 弓

〖영 문〗 guide, pull

〖활용단어〗

- 인상(引上): 끌어 올림. 물건값을 올림.
- 할인(割引): 일정한 값에서 얼마를 덜어냄. 어음에 적힌 금액에서 만기일까지의 길미를 떼어 버린 금액으로 어음을 사는 일.
- 아전인수(我田引水): 자기 논에만 물을 끌어넣는다는 뜻으로, 자기의 이익을 먼저 생각하고 행동함. 또는 억지로 자기에게 이롭도록 꾀함을 이르는 말.

072 承 이을 승

字源풀이

본래 '𠬞' 의 자형으로 '丞'(승)의 重文(중문)이다. '丞' 은 두 손으로 함정에 빠진 사람을 구하다의 뜻으로, 承은 손(扌), 부절(卩) 廾(받들 공)의 형성자로 받들다, 잇다의 뜻이다.

자형 변천

갑골문	금문	전서	예서	해서
				承

나라별 비교

중국 간체자	承 chéng	일본 약자	承 しょう

〖부수자〗 手

〖영 문〗 contain, support, to bear

〖활용단어〗

- 승낙(承諾): 청하는 바를 들어 줌. 청약(請約)을 받아들이어 계약을 성립시키는 의사 표시.
- 계승(繼承): 조상이나 전임자의 뒤를 이어받음.
- 계계승승(繼繼承承): 대대로 이어받아 내려옴. 자손 대대로 이어감.

073 父 아버지 부

字源풀이

아버지가 손(ㅋ)에 매(｜)를 들고 자식의 잘못을 꾸짖는 모습을 象形(상형)하여 'ㅋ, ㅋ, ㅋ'와 같이 그린 것인데, 楷書體(해서체)의 '父'가 된 것이다. 돌도끼를 손에 잡은 것으로 풀이하는 이도 있다.

자형 변천

갑골문	금문	전서	예서	해서

나라별 비교

중국 간체자	일본 약자
父 fù, fū	父 ふ, ちち

〖부수자〗父
〖영 문〗father

〖활용단어〗
- 부형(父兄): 아버지와 형.
- 부전자전(父傳子傳): 대대로 아버지가 아들에게 전함.
- 부모구존(父母俱存): 부모가 모두 살아 계심.

074 母 어머니 모

字源풀이

'女(ㅋ)'자에 젖을 뜻하는 2점을 찍어 'ㅋ'와 같이 나타낸 것인데, 楷書體(해서체)의 '母'가 된 것이다. 이때의 두 점 '‥'은 단독으로 글자를 이루지 못하는 부호이다.

자형 변천

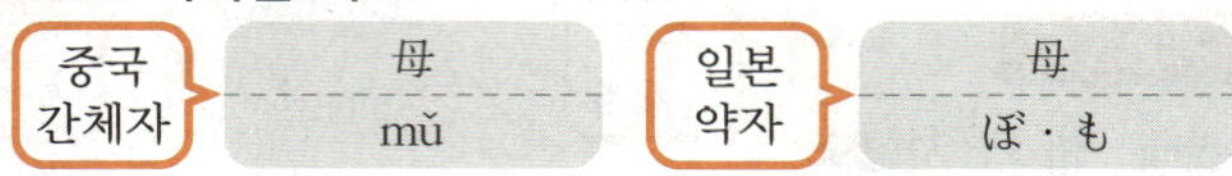

갑골문	금문	전서	예서	해서

나라별 비교

중국 간체자	일본 약자
母 mǔ	母 ぼ・も

〖부수자〗母
〖영 문〗mother, female

〖활용단어〗
- 조모(祖母): 할머니.
- 백모(伯母): 큰어머니.
- 항공모함(航空母艦): 항공기를 싣고 다니면서 뜨고 내리게 할 수 있는 설비를 갖춘 큰 군함.

※ 따라서 '母'는 會意字가 아니라 역시 象形字이다.

075

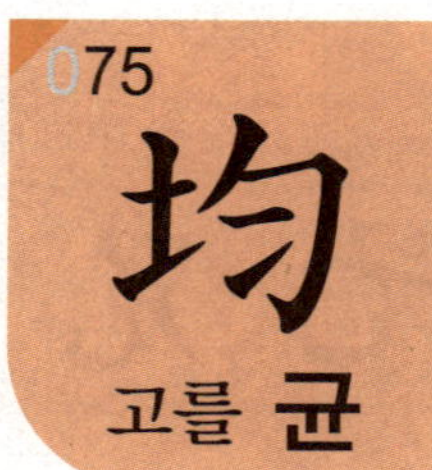

均
고를 균

字源풀이

'均'자는 '土'와 '匀'의 形聲字(형성자)로, 土는 흙덩이(⦿)의 象形이며, '二'와 '勹(쌀 포)'로 구성된 '匀(적을 균)'은 '고루 나누다'는 뜻에서 '땅을 평평히 하다', '고르다'의 뜻이다.

☁ 자형 변천

갑골문	금문	전서	예서	해서
	匀	均	均	均

☁ 나라별 비교

중국 간체자	均 jūn, jùn, yùn	일본 약자	均 きん

〖부수자〗 土

〖영　문〗 equal, level

〖활용단어〗

- 균등(均等): 수량이나 상태 따위가 차별 없이 고름.
- 불균형(不均衡): 균형이 잡혀 있지 않음.
- 삼균주의(三均主義): 조소앙(趙素昻)이 독립운동의 기본방략 및 조국건설의 지침으로 삼기 위하여 체계화한 민족주의적 정치사상.

076

安
편안 안

字源풀이

'집 면(宀)'에 '계집 녀(女)'를 합한 글자로, 여자(女)가 집(宀) 안에 있을 때 가장 '편안하다'는 뜻이다.

☁ 자형 변천

갑골문	금문	전서	예서	해서

☁ 나라별 비교

중국 간체자	安 ān	일본 약자	安 あん

〖부수자〗 宀

〖영　문〗 safe, secure

〖활용단어〗

- 안가품(安價品): 값싼 물품(物品).
- 안가낙업(安家樂業): 편안히 살면서 생업을 즐김.
- 안강(安康): 평안하고 건강함.

077 兄 맏 형

자형 변천

갑골문	금문	전서	예서	해서
𡴂	兄	兄	兄	兄

나라별 비교

중국 간체자	兄 xiōng	일본 약자	兄 ケイ, キョウ, あに

【부수자】儿
【영　문】elder brother

【활용단어】
- 인형(仁兄): 벗에 대한 높임말, 친구끼리 상대편을 대접하여 부르는 인칭 대명사.

※ '𡴂, 𡕰'의 자형에서 '兄'자로 된 것인데, '口'와 '人'의 會意字(회의자)로 본다. 甲骨文(갑골문)에서 '빌다'의 뜻을 나타낸 '𥛱→祝(빌 축)'자와 '𡴂→兄'자를 분명히 구별하여 썼다. 형과 아우를 구별하여 象形(상형)할 수 있는 특징은 형이 아우보다 머리가 크다는 점에서 '口'의 모양은 '입 구'자가 아니라, 큰 머리를 강조하여 '兄'자를 상형했음을 알 수 있다. 우리말에 형을 가리키어 "대가리 큰 놈이 참아라."하는 말로도 엿볼 수 있다.

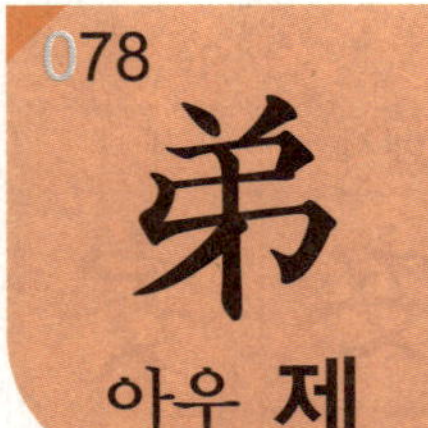

078 弟 아우 제

자형 변천

갑골문	금문	전서	예서	해서
弟	弟	弟	弟	弟

나라별 비교

중국 간체자	弟 dì	일본 약자	弟 だい・てい・で

【부수자】弓
【영　문】a younger brother, a junior

【활용단어】
- 사제(師弟): 스승과 제자.
- 의제(義弟): 의리로 맺은 아우.
- 호형호제(呼兄呼弟): 썩 가까운 벗의 사이에 형이니 아우니 하고 서로 부름.

※ '弟, 弟'의 자형에서 '弟(아우 제)'자로 된 것으로 보면, 주살(화살의 오늬에 줄을 매어 쏘는 화살)은 반드시 화살대에 줄을 감을 때 次第(차제), 곧 순서가 있어야 하므로 맏형 다음에 낳는 여러 동생들은 첫째, 둘째, 셋째 등과 같이 순서에 따라 구별되므로 '弟'자가 아우의 뜻으로 쓰인 것이다.

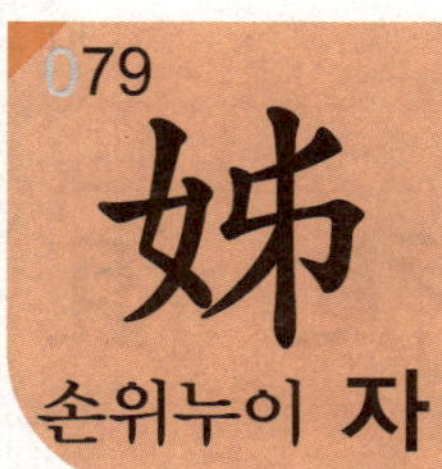

079 姉 손위누이 자

字源풀이

'女'와 '帚'의 形聲字(형성자)로, '帚'자는 발음을 나타내어 '누이'의 뜻으로 쓰였다. '姉'는 '秭'의 속자이다.

자형 변천

갑골문	금문	전서	예서	해서
	姉	姉	姉	姉

나라별 비교

중국 간체자	姉 zǐ

일본 약자	姉 し, あね

【부수자】 女

【영　문】 elder sister

【활용단어】

- 자매(姉妹): 손위 누이와 손아래 누이. 여자끼리의 형제.
- 자형(姉兄): 손위 누이의 남편.
- 형제자매(兄弟姉妹): 형제와 자매.

080 妹 손아랫누이 매

字源풀이

'계집 녀(女)'와 '아닐 미(未)'의 形聲字(형성자)로, 철이 나지 않은(未) 여자(女) 아이라는 데서 '손아래 누이'의 뜻으로 쓰였다.

자형 변천

갑골문	금문	전서	예서	해서
妹	妹	妹	妹	妹

나라별 비교

중국 간체자	妹 mèi

일본 약자	妹 まい

【부수자】 女

【영　문】 younger sister

【활용단어】

- 매제(妹弟): 손아래의 누이. 손아랫누이의 남편.
- 남매(男妹): 오누이.
- 자매결연(姉妹結緣): 자매의 관계를 맺는 일.

081 祖 할아버지 조

字源풀이

甲骨文(갑골문)에 ‘且, 且, 且’, 金文(금문)에 ‘且, 且, 且’ 등의 자형으로서 祖上의 神을 모신 사당, 또는 제사를 지낼 때 제물을 올리는 도마 모양을 그린 象形字(상형자)이다.

자형 변천

갑골문	금문	전서	예서	해서

나라별 비교

중국 간체자	祖 / zǔ	일본 약자	祖 / そ

〖부수자〗 示

〖영　문〗 ancestors, forebears

〖활용단어〗

- 조국(祖國): 조상(祖上) 적부터 살던 나라. 자기가 난 나라, 또는 외국에 있으면서 자기나라를 가리켜 이름.
- 원조(元祖): 첫 대의 조상. 어떤 일을 시작한 사람.
- 경신숭조(敬神崇祖): 신을 공경하고 조상을 숭배(崇拜)함.

※ 뒤에 ‘또, 만약’의 뜻으로 전의되자, 전국시대에 이르러 神의 뜻을 나타내는 ‘示(보일 시)’를 더하여 ‘祖(할아비 조)’자를 또 만들었다. ‘且(且)’를 남자의 성기로 보는 이도 있으나 옳지 않다.

082 孫 손자 손

字源풀이

甲骨文(갑골문)에 ‘孫’의 형태로서 아들(子)에서 아들로 실(糸→糸)처럼 이어지는(系: 이을 계) 것이 ‘손자’라는 뜻이다.

자형 변천

갑골문	금문	전서	예서	해서

나라별 비교

중국 간체자	孙 / sūn	일본 약자	孫 / そん

〖부수자〗 子

〖영　문〗 grandchild

〖활용단어〗

- 손부(孫婦): 손자며느리, 손자의 아내.
- 자손(子孫): 아들과 손자, 또는 후손(後孫).
- 대대손손(代代孫孫): 대대로 이어오는 자손.

083 同 한가지 동

字源풀이

金文(금문)에 '凡'의 형태로, 곧 '凡(무릇 범)'과 'ㅁ(입 구)'의 合體字(합체자)인데, '뜻을 하나로 모으다'의 뜻에서 '한가지'의 뜻으로 쓰였다.

자형 변천

갑골문	금문	전서	예서	해서
㠯	㠯	同	同	同

나라별 비교

중국 간체자	同 tóng, tòng	일본 약자	同 どう

【부수자】 口
【영 문】 same, equal, together, agree

【활용단어】

- 동갑(同甲): 같은 나이. 나이가 같은 사람.
- 일동(一同): 어느 모임, 단체에 든 사람의 모두.
- 표리부동(表裏不同): 겉과 속이 같지 않음 이란 뜻으로, 마음이 음충맞아서 겉과 속 이 다름.

---

084 堂 집 당

字源풀이

'흙 토(土)'와 '오히 려 상(尙)'의 形聲字(형성자)로, '堂'은 높은 곳에 남향한 중앙의 가장 큰 집 을 일컫는다.

자형 변천

갑골문	금문	전서	예서	해서
	尙	堂	堂	堂

나라별 비교

중국 간체자	堂 táng	일본 약자	堂 どう

【부수자】 土
【영 문】 hall, office, recepting room

【활용단어】

- 옥당(玉堂): 홍문관의 부제학, 교리, 부교 리, 수찬, 부수찬을 통틀어 일컫는 말.
- 성황당(城隍堂): 마을을 지키는 혼령(魂靈) 을 모신 집.
- 당구풍월(堂狗風月): 무식한 자도 유식한 자와 같이 있으면 다소 유식해진다는 뜻.

歡
기쁠 환

字源풀이

기쁠 때는 입을 크게 벌리고 소리를 쳐서 기뻐하므로 '하품할 흠(欠)'에 즐거움의 뜻을 가진 '황새 관(雚)' 자를 더하여 形聲字(형성자)를 만들었다.

자형 변천

갑골문	금문	전서	예서	해서
		歡	歡	歡

나라별 비교

중국 간체자	일본 약자
欢 huān	歓 かん

〖부수자〗 欠
〖영 문〗 pleased, glad, pleasures, joy

〖활용단어〗
- 환락(歡樂): 기쁘고 즐거움, 또는 기뻐하고 즐거워함.
- 환성(歡聲): 기뻐서 외치는 소리.
- 환호작약(歡呼雀躍): 기뻐서 소리치며 날뜀.

談
말씀 담

字源풀이

'말씀 언(言)'에 '맑을 담(淡)'의 'ⅰ'를 생략하여 합친 形聲字(형성자)로서, 물처럼 맑은 '말'이라는 뜻이다.

자형 변천

갑골문	금문	전서	예서	해서
		談	談	談

나라별 비교

중국 간체자	일본 약자
谈 tán	談 だん

〖부수자〗 言
〖영 문〗 talk, converse

〖활용단어〗
- 담론(談論): 담화(談話)와 의론(議論), 또는 담화하고 의론함.
- 혼담(婚談): 혼인을 정하기 위하여 오가는 말.
- 가담항설(街談巷說): 길거리나 항간에 떠도는 소문.

087 笑 웃음 소

字源풀이

'죽(竹)'과 '구부릴
요(夭)'의 形聲字(형
성자)로, 바람에 흔
들리는 대나무의 소
리가 흡사 웃는 소
리와 비슷하여 '웃
음'의 뜻이 되었다.

자형 변천

갑골문	금문	전서	예서	해서
		笑	芙	笑

나라별 비교

중국 간체자	笑 xiào

일본 약자	笑 ショウ, わら-う, え-む

【부수자】 竹
【영 문】 smile, laugh, giggle, snicker

【활용단어】
- 소화(笑話): 상스럽지 않은 우스운 이야기.
- 조소(嘲笑): 조롱(嘲弄)하여 비웃는 웃음.
- 파안대소(破顏大笑): 얼굴이 찢어지도록 크게 웃는다는 뜻으로, 즐거운 표정으로 한바탕 크게 웃음을 이르는 말.

※ 웃을 때는 대나무가 바람이 불면 굽히듯이 사람도 허리를 굽히기 때문에 '夭'자를 취하였다.

088 聲 소리 성

字源풀이

'경쇠 경(殸→磬)'
과 '귀 이(耳)'의 形
聲字(형성자)로, 악
기(声)를 채로 치거
나 손으로 퉁길(殳)
때, 귀(耳)로 들리는
'소리'를 뜻한다.

자형 변천

갑골문	금문	전서	예서	해서
庐		聲	聲	聲

나라별 비교

중국 간체자	声 shēng

일본 약자	声 しょう・せい

【부수자】 耳
【영 문】 sound, voice

【활용단어】
- 성악(聲樂): 사람의 목소리에 의한, 또는 목소리를 중심한 음악.
- 언성(言聲): 말하는 소리.
- 이구동성(異口同聲): 입은 다르지만 하는 말은 같다는 뜻으로, 여러 사람의 말이 한결같음을 이르는 말.

089 喜 기쁠 희

字源풀이

‘악기 세울 주(효)’에 ‘입 구(口)’를 합한 글자로, 북(효) 치고 입(口)으로 노래를 부르니, 즐겁다는 데서 ‘기쁘다’, ‘즐겁다’의 뜻이다.

갑골문	금문	전서	예서	해서
喜	喜	喜	喜	喜

나라별 비교

중국 간체자	喜 xǐ	일본 약자	喜 きょう・こう

〖부수자〗 口
〖영　문〗 joy, like, happy, delightful

〖활용단어〗
- 비희(悲喜): 슬픔과 기쁨.
- 희소식(喜消息): 기쁜 소식.
- 만면희색(滿面喜色): 얼굴에 가득히 나타나는 기쁜 빛.

---

090 色 빛 색

字源풀이

‘사람 인(人)’과 ‘마디 절(節)’의 옛글자인 ‘卩(병부 절)’을 합한 글자(色)로, 사람(人)의 마음은 얼굴에 그대로 나타난다는 顔色(안색)의 뜻에서 ‘빛’의 뜻으로 쓰였다.

자형 변천

갑골문	금문	전서	예서	해서
		色	色	色

나라별 비교

중국 간체자	色 sè, shǎi	일본 약자	色 しき・しょく

〖부수자〗 色
〖영　문〗 color, tint

〖활용단어〗
- 색채(色彩): 빛깔.
- 윤색(潤色): 글, 채료(彩料)를 가하여 꾸밈.
- 색즉시공(色卽是空): 색에 의하여 표현된 현상은 평등 무차별한 공(空), 곧 실상(實相)과 상즉(相卽)하여 둘이 없다는 뜻.

充
채울 충

字源풀이

사람 인의 古字(儿)와 '기를 육(育)'의 省字(云)의 회의자로, 어린이의 몸이 점점 자라다의 뜻이 었는데, 뒤에 가득차다의 뜻이 되었다.

자형 변천

갑골문	금문	전서	예서	해서
		充	充	充

나라별 비교

중국 간체자	充 chōng	일본 약자	充 じゅう

【부수자】儿
【영　문】full, fill

【활용단어】
- 확충(擴充): 넓히어 충실하게 채움.
- 충실(充實): 몸이 굳세어서 튼튼함. 속이 꽉 차서 실속이 있음. 내용·설비 등이 알참.
- 한우충동(汗牛充棟): 수레에 실어 운반하면 소가 땀을 흘리게 되고, 쌓아올리면 들보에 닿을 정도의 양이라는 뜻으로, 장서(藏書)가 많음을 이르는 말.

滿
찰 만

字源풀이

'물 수(氵)'와 '평평할 만(㒼)'의 形聲字(형성자)로, 그릇에 물이 가득 차 평평하다에서 '차다'의 뜻이다.

자형 변천

갑골문	금문	전서	예서	해서
		滿	滿	滿

나라별 비교

중국 간체자	满 mǎn	일본 약자	満 まん

【부수자】氵
【영　문】full, filled, plentiful

【활용단어】
- 간만(干滿): 간조(干潮)와 만조(滿潮).
- 만발(滿發): 꽃이 활짝 다 핌.
- 득의만면(得意滿面): 뜻한 바를 이루어 기쁜 표정이 얼굴에 가득함.

093 家 집 가

字源풀이

'宀(집 면)'과 '豕(돼지 시)'의 合體字(합체자)이다. 뱀이 많던 시대에 뱀만 보면 잡아먹는 돼지를 집 밑에 기르면 편안히 살 수 있었으므로 집 안에 사람이 아닌 돼지를 그리어(㝩→家) '집'의 뜻을 나타낸 것이다.

자형 변천

갑골문	금문	전서	예서	해서
宀	宀	家	家	家

나라별 비교

중국 간체자	家 jiā, gū, jiá, jiè	일본 약자	家 カ, ケ, いえ, や

【부수자】 宀

【영　문】 house, home, residence family

【활용단어】

- 가축(家畜): 오랜 세월에 걸쳐 사람에게 길들여져 집에서 기르는 짐승.
- 외가(外家): 어머니의 친정, 외갓집.
- 백가쟁명(百家爭鳴): 여러 사람이 서로 자기 주장을 내세우는 일.

094 庭 뜰 정

字源풀이

'집 엄(广)'과 '조정 정(廷)'의 형성자로, 신하들이 왕 앞에 도열하여 정무를 듣던 조정(廷)의 마당을 뜻하였으나, 뒤에 일반 '뜰'을 뜻하게 되었다.

자형 변천

갑골문	금문	전서	예서	해서
	廷	庭	庭	庭

나라별 비교

중국 간체자	庭 tíng	일본 약자	庭 てい

【부수자】 广

【영　문】 hall, yard, the imperial court, a court of justice

【활용단어】

- 정원(庭園): 집안에 있는 뜰. 미관(美觀), 위락(慰樂) 또는 실용을 목적으로 수목(樹木)을 심거나 그밖에 특별히 설계한 땅. 주로 집채의 둘레, 교회, 절 등의 경내에 만듦.
- 과정지훈(過庭之訓): 뜰에서 가르친다는 뜻으로, 아버지가 자식에게 사람의 도리를 가르치는 것을 말함.

095 活 살 활

갑골문	금문	전서	예서	해서
		活	活	活

나라별 비교

중국 간체자	일본 약자
活 huó	活 かつ

[부수자] 氵
[영 문] live, survise

[字源풀이]

‘물 수(氵)’와 ‘혀 설(舌)’의 形聲字(형성자)로 되어 있으나, 본래는 ‘湉’의 자형으로서 물이 콸콸 흐르는 소리를 나타낸 글자인데, ‘살다’의 뜻으로 쓰였다.(𦧈:입 막을 괄)

[활용단어]
- 활계(活計): 살아 나갈 방도.
- 활극(活劇): 싸움, 도망, 모험 따위를 주로 하여 연출한 영화나 연극.
- 활기(活氣): 활발한 기운이나 기개(氣概).

096 氣 기운 기

자형 변천

갑골문	금문	전서	예서	해서
		氣	㷒	氣

나라별 비교

중국 간체자	일본 약자
气 qì	気 き, け

[부수자] 气
[영 문] air, gas, breath, spirit

[字源풀이]

小篆(소전)에 ‘㿝’의 자형으로, 곧 손님에게 대접하는 쌀의 뜻으로 만든 글자인데, 뒤에 ‘기운 기’의 뜻으로 쓰이게 되자, ‘食’을 가하여 ‘餼’(보낼 희)자를 또 만들었다.

[활용단어]
- 기구(氣球): 공기가 새지 않는 큰 주머니에 공기보다 가벼운 수소나 헬륨 따위를 넣어서 공중에 높이 띄우는 물건.
- 객기(客氣): 쓸데없이 부리는 혈기.
- 기운생동(氣韻生動): 기품이 넘쳐 있음.

琴瑟之樂
금 슬 지 락

부부사이의 다정하고 화목한 즐거움.

琴(거문고 금)　瑟(거문고 슬)　之(어조사 지)　樂(즐길 락)

●琴(금)은 보통 거문고, 瑟(슬)은 큰 거문고를 뜻하는데 夫婦(부부)의 정이 두터운 것을 금슬이 좋다고 하여 琴瑟相和(금슬상화)라 한다. 유래는 『詩經(시경)』에서 비롯된다. 小雅 常潟篇(소아 상사편)에, "처자가 마음이 맞는 것이 거문고를 켜는 것과 같고, 형제가 화합하여 화락하고 또 즐겁다."라는 구절이 있는데, 이 경우의 妻子(처자)는 가족의 뜻도 되고 아내의 뜻도 된다. 또한 『詩經』 關雎篇(관저편)에는, "窈窕淑女 琴瑟友之〔(요조숙녀 금슬우지) 요조숙녀는 금슬로써 벗한다〕"라고 하여 얌전한 처녀를 아내로 맞아 거문고를 켜며 사이좋게 지낸다는 뜻에서 비롯되었다.

097 春 봄 춘

본래 따뜻한 햇볕을 받아 풀 싹이 나는 모양을 본뜬 글자이다. 뒤에 자음을 나타내기 위하여 '屯(둔)' 자를 더하여 '春' 자로 변하였다.

자형 변천

갑골문	금문	전서	예서	해서

나라별 비교

중국 간체자	일본 약자
春 chūn	春 しゅん

【부수자】 日
【영　문】 spring, alive

【활용단어】
- 춘경기(春耕期): 봄갈이할 때. 봄갈이할 시기.
- 신춘(新春): 새해, 신년. 새봄.
- 이팔청춘(二八靑春): 열 여섯 살 전후의 젊은이. 젊은 나이.

※ 본래 甲骨文(갑골문)에 '草, 艸, 萅'과 같이 표현되어 있는데, 이것은 곧 따뜻한 햇볕(日)에 풀·나무의 싹(木)이 나는 봄의 정경을 나타내고, 글자의 소리를 표시한 '屯[屯: 진칠 둔, '純(순)'의 本字임]을 더하여 이미 소리를 겸한 會意字(회의자)를 만들었다. 金文(금문)에서 '艸', 小篆(소전)에서 '萅'의 형태로 변하여 楷書體(해서체)의 '春' 자가 된 것이다.

098 夏 여름 하

본래 화려하게 꾸민 귀족, 곧 대인의 모습을 象形(상형)하여 '夏, 夏, 夏'의 형태로 그리어 '크다'의 뜻으로 쓰인 것인데, 생물이 크는 것은 여름철이기 때문에 뒤에 '여름'이라는 뜻으로 변하여 楷書體(해서체)의 '夏' 자가 된 것이다.

자형 변천

갑골문	금문	전서	예서	해서

나라별 비교

중국 간체자	일본 약자
夏 xià	夏 か·げ

【부수자】 夂
【영　문】 summer, big, spacious

【활용단어】
- 하계(夏季): 여름철.
- 성하(盛夏): 한여름.
- 성하염열(盛夏炎熱): 한여름의 몹시 심한 더위.

099 秋 가을 추

字源풀이

본래 甲骨文(갑골문)에서 메뚜기의 모양을 본떠 '蕘, 龡'의 형태로 그린 것인데, 가을의 뜻으로 쓰인 것은 가을철에는 메뚜기를 불(山)에 구워 먹기 때문에 '가을'의 뜻으로 쓰였다. 金文(금문)에 '秌', 小篆(소전)에 '炊' 의 형태로 甲骨文의 형태와는 전연 달라졌다.

자형 변천

갑골문	금문	전서	예서	해서
蕘	秋	炊	秋	秋

나라별 비교

중국 간체자	秋 qīu

일본 약자	秋 しゅう

【부수자】 禾
【영 문】 autumn, fall, time

【활용단어】
- 추상(秋霜): 가을의 찬 서리. 두려운 위엄이나 엄한 형벌의 비유.
- 만추(晚秋): 늦가을.
- 천추만대(千秋萬代): 몇천 년의 긴 세월.

※ 곧 벼이삭이 익어 늘어져 있는 모양(禾→禾)에 '火(불 화)'자를 더하여 '秋(가을 추)'자를 만든 것은 메뚜기는 벼에 붙어살기 때문이다. 다시 말해서 '秋'는 약자라고 할 수 있다.

---

100 冬 겨울 동

字源풀이

본래 끈을 맺은 끝을 象形(상형)하여 '𠕋, 𠕋, 夂'의 형태로 그린 것인데, 겨울철은 사계절의 마지막으로서 눈·서리가 끝날 때까지 일컬으므로 楷書體(해서체)의 '冬'자로 쓰이게 되었다.

자형 변천

갑골문	금문	전서	예서	해서
𠕋	𠕋	寒	冬	冬

나라별 비교

중국 간체자	冬 dōng

일본 약자	冬 トウ, ふゆ

【부수자】 冫
【영 문】 winter, 11th lunar month

【활용단어】
- 동백(冬柏): 동백나무의 열매. 동백나무.
- 난동(暖冬): 평균기온보다 높아 따뜻한 겨울.
- 하로동선(夏爐冬扇): (여름의 화로와 겨울의 부채라는 말로) 철에 맞지 않는 물건의 비유.

※ 뒤에 부득이 끝을 뜻하는 '終(마칠 종)'자를 다시 만들었다.

101

四
넉 사

字源풀이

'四'는 甲骨文(갑골문)에 '亖'와 같이 썼는데, 金文(금문)에 와서 '𦉭, 𦉭'와 같이 변하여, 楷書體(해서체)의 '四(넉 사)'자가 된 것이다. '四(사)'자는 사방을 뜻하는 '囗'의 형태 속에 분별을 뜻하는 '儿, 八'의 부호로써 사방이 나뉨을 나타낸 글자이다.

자형 변천

갑골문	금문	전서	예서	해서
亖	亖	四	四	四

나라별 비교

중국 간체자	四 sì	일본 약자	四 し

〚부수자〛 囗

〚영 문〛 four, fourth, all around

〚활용단어〛

- 사성(四聲): 주로 한자 소리의 높낮이와 장단(長短), 강약(强弱)에 따라 나눈 운(韻)의 네 가지 유형.
- 사군자(四君子): 매화·난초·국화·대나무를 일컫는 말.
- 사고무친(四顧無親): 의지할 만한 사람이 도무지 없다는 말.

102

季
계절 계

字源풀이

'벼 화(禾)'와 '아들 자(子)'의 會意字(회의자)로, 어린 벼의 뜻이었는데, 여러 아들 중 막내의 뜻으로 전의되었다.

자형 변천

갑골문	금문	전서	예서	해서

나라별 비교

중국 간체자	季 jì	일본 약자	季 き

〚부수자〛 子

〚영 문〛 season

〚활용단어〛

- 계추(季秋): 음력 구월(九月)의 별칭. 늦가을.
- 하계(夏季): 여름철.
- 계맹지간(季孟之間): 계씨(季氏)와 맹씨(孟氏) 사이에 해당하는 대우를 하라는 뜻으로, 상대편을 보아서 적절하게 접대하라는 말.

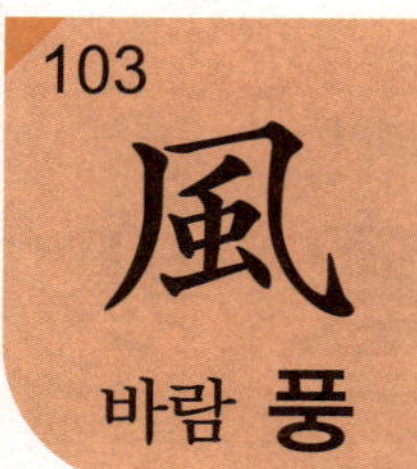

103 風 바람 풍

字源풀이

발음요소의 '凡(무릇 범)'과 '虫(벌레 충)'의 形聲字(형성자)로, 바람이 불면 벌레가 생긴다는 데서 '바람'의 뜻이 되었다.

자형 변천

갑골문	금문	전서	예서	해서
풍		풍	風	風

나라별 비교

중국 간체자 → 风 fēng

일본 약자 → 風 ふ・ふう

【부수자】風

【영 문】wind, gust

【활용단어】
- 풍광(風光): 경치. 사람의 용모와 품격.
- 열풍(熱風): 뜨거운 바람. 사막 따위에서 여름에 부는 뜨겁고 마른 바람.
- 평지풍파(平地風波): 평온한 자리에서 뜻밖에 일어나는 거친 다툼질.

104 光 빛 광

字源풀이

甲骨文(갑골문)에 光의 자형으로 여자가 聖火(성화)를 이고 신전에 바치는 모습을 본뜬 것인데, '빛'의 뜻으로 변하였다.

자형 변천

갑골문	금문	전서	예서	해서
광	광	광	光	光

나라별 비교

중국 간체자 → 光 guāng

일본 약자 → 光 こう

【부수자】儿

【영 문】light, beam, gloss

【활용단어】
- 광음(光陰): 해와 달이라는 뜻으로, 흘러가는 시간, 세월, 때.
- 관광(觀光): 다른 지방이나 나라의 명승(名勝)·고적(古蹟)과 풍속(風俗) 등을 돌아다니며 구경하는 것.
- 광명정대(光明正大): 언행(言行)이 떳떳하고 정당(正當)함.

105 寒 찰 한

字源풀이

小篆(소전)에 '㝛'의 자형으로 사람이 집(宀)안에 풀더미(茻)를 가리고 추위(仌→冫: 얼음 빙)를 피한다는 데서 '차다', '춥다'의 뜻이다.

자형 변천

갑골문	금문	전서	예서	해서
		寒	寒	寒

나라별 비교

중국 간체자	寒 hán	일본 약자	寒 かん

【부수자】 宀

【영 문】 cold, chilly, poor

【활용단어】

- 한미(寒微): 구차하고 지체가 변변하지 못함.
- 방한복(防寒服): 추위를 막기 위해서 입는 옷.
- 순망치한(脣亡齒寒): 입술이 없으면 이가 시리다는 뜻으로, 가까운 사이에 있는 하나가 망하면 다른 한편도 그 영향을 받아 온전하기 어려움을 이르는 말.

---

106 暖 따뜻할 난

字源풀이

'날 일(日)'과 '당길 원(爰)'의 形聲字(형성자)로, 햇빛은 만물을 따뜻하게 하고, 따뜻한 것은 사람들을 이끌기 때문에 '당길 원(爰)'을 취하였다.

자형 변천

갑골문	금문	전서	예서	해서
		暖	暖	暖

나라별 비교

중국 간체자	暖 nuǎn	일본 약자	暖 だん

【부수자】 日

【영 문】 warm

【활용단어】

- 난방(暖房): 따뜻한 방. 방을 따뜻하게 하는 것.
- 온난(溫暖): 날씨가 따뜻함.
- 포식난의(飽食暖衣): 배부르게 먹고 옷을 따뜻하게 입음.

暑
더울 서

字源풀이

'날 일(日)'에 '삶을 자(煮)'를 생략하여 합한 形聲字(형성자)로, '덥다'의 뜻을 나타낸 글자이다.

자형 변천

갑골문	금문	전서	예서	해서
		暑	暑	暑

나라별 비교

중국 간체자	暑 shǔ

일본 약자	暑 しょ

【부수자】 日
【영　문】 hot, heat

【활용단어】
- 피서(避暑): 더위를 피함.
- 혹서(酷暑): 몹시 혹독한 더위.
- 서습지기(暑濕之氣): 더운 기운과 습기.

凉
서늘할 량
성 량

字源풀이

'얼음 빙(冫)'에 '높을 경(京)'을 합한 글자로, 물가(冫)에 있는 높은(京) 언덕은 바람이 잘 통해서 시원하다는 데서 '서늘하다'의 뜻이다.

자형 변천

갑골문	금문	전서	예서	해서
		凉	凉	凉

나라별 비교

중국 간체자	凉 liáng, liàng

일본 약자	凉 りょう

【부수자】 冫
【영　문】 cool, chilly

【활용단어】
- 황량(荒凉): 황폐(荒廢)하여 거칠고 쓸쓸함.
- 납량(納凉): 여름에 더위를 피하여 서늘함을 맛봄.
- 염량세태(炎凉世態): 뜨거웠다가 차가워지는 세태(世態)라는 뜻으로, 권세(權勢)가 있을 때에는 아첨(阿諂)하여 쫓고, 권세가 떨어지면 푸대접하는 세속(世俗)의 형편.

109 住 살 주

갑골문	금문	전서	예서	해서
		住	住	住

나라별 비교

중국 간체자	住 zhù	일본 약자	住 じゅう

【부수자】人

【영　문】to dwell, inhabit, live

字源풀이

‘사람 인(亻)’과 ‘주인 주(主)’의 形聲字(형성자)로, ‘主’는 본래 등잔의 심지의 뜻이지만 끊다의 뜻도 있으므로 사람이 ‘머물다’의 뜻이다.

활용단어

- 주소(住所): 사는 곳. 실질적인 생활의 근거가 되는 곳.
- 상주(常住): 늘 거주하고 있음.
- 영외거주(營外居住): 병영 바깥에 나가서 먹고 자는 생활.

---

110 居 살 거

자형 변천

갑골문	금문	전서	예서	해서
	居	居	居	居

나라별 비교

중국 간체자	居 jū	일본 약자	居 きょ

【부수자】尸

【영　문】live, dwell

字源풀이

사람(𠂆→尸)이 굽혀 있는 모습의 象形字(상형자)인 ‘몸 시(尸)’와 ‘옛 고(古)’의 形聲字(형성자)로, 다리를 펴고 앉다의 뜻에서 ‘살다’의 뜻으로 쓰인다.

활용단어

- 거주(居住): 일정한 곳에 자리를 잡고 머물러 삶.
- 객거(客居): 타향에서 거주함.
- 거안사위(居安思危): 평안할 때에도 위험과 곤란이 닥칠 것을 생각하며 잊지말고 미리 대비해야 함.

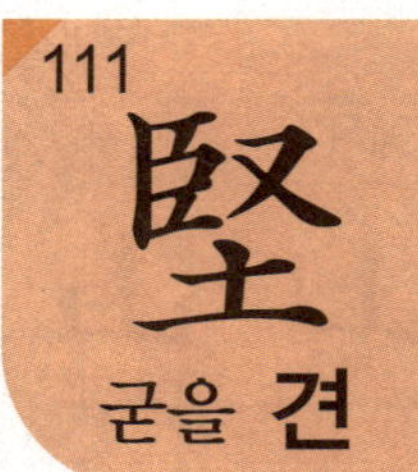

111 堅 굳을 견

字源풀이

'흙 토(土)'와 '어질 간(臤)'의 形聲字(형성자)로, 땅(土)의 굳음을 뜻한다.

자형 변천

갑골문	금문	전서	예서	해서
		堅	堅	堅

나라별 비교

중국 간체자	坚 jiān	일본 약자	堅 けん

【부수자】 土
【영 문】 solid, steady

【활용단어】
- 견고(堅固): 굳세고 단단함.
- 중견(中堅): 어떤 단체나 사회에서 중심이 되어 활동하거나 중요한 구실을 하는 사람.
- 견갑이병(堅甲利兵): 견고(堅固)한 갑옷(甲—)과 날카로운 병기(兵器)란 뜻으로, 강한 군대를 이르는 말.

112 美 아름다울 미

字源풀이

'양 양(羊)'과 '큰 대(大)'의 合體字(합체자)로, 양(羊)이 크면 살지면서도 그 고기가 가장 맛이 있다는 데서 '달다'의 뜻이었는데, 뒤에 '아름답다'의 뜻이 되었다.

자형 변천

갑골문	금문	전서	예서	해서
美	美	美	美	美

나라별 비교

중국 간체자	美 měi	일본 약자	美 び・み

【부수자】 羊
【영 문】 beautiful, pretty, fine

【활용단어】
- 구미(歐美): 유럽 주와 아메리카 주.
- 미담(美談): 아름다운 행실의 이야기.
- 미인박명(美人薄命): 미인은 흔히 불행하거나 병약하여 요절(夭折)하는 일이 많다는 말.

113

山

메 **산**

字源풀이

산봉우리의 모양을 그대로 象形(상형) 하여 '⛰, ⛰, ⛰'과 같이 그린 것인데, 楷書體(해서체)의 '山'이 된 것이다.

🌀 자형 변천

갑골문	금문	전서	예서	해서
山	山	山	山	山

🌀 나라별 비교

중국 간체자	山 shān	일본 약자	山 さん・せん

【부수자】山
【영　문】mountain, hill

【활용단어】

- 광산(鑛山): 광물을 캐내는 곳.
- 당산(堂山): 토지나 부락의 수호신이 있다는 마을 근처의 산이나 언덕.
- 금수강산(錦繡江山): 비단에 수를 놓은 것 같은 강산이라는 뜻으로, 자연이 매우 아름다운 땅이나 나라.

114

河

물 **하**

字源풀이

'물 수(氵)'와 '옳을 가(可)'의 擬聲字(의성자)로서 形聲字(형성자)이다. 본래 '河' 자는 '황하'를 가리키는 고유명사였는데, 뒤에 보통명사로 쓰였다.

🌀 자형 변천

갑골문	금문	전서	예서	해서
𠃌	河	河	河	河

🌀 나라별 비교

중국 간체자	河 hé	일본 약자	河 か・が

【부수자】氵
【영　문】river, streams

【활용단어】

- 하구(河口): 강물이 큰 강이나 호수 또는 바다로 흘러 들어가는 어귀.
- 운하(運河): 육지를 파서 배가 다닐 수 있게 만든 수로(水路).
- 현하구변(懸河口辨): 거침없이 흐르는 물처럼 능숙하게 잘하는 말.

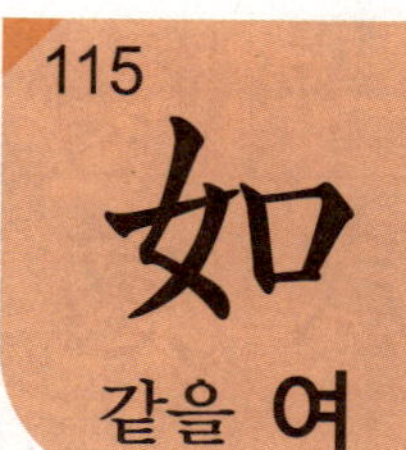

115 如 같을 여

가부장의 명령(口)에 순종하는 여자(女)의 모습에서 명령과 같이 행하다의 뜻이 되고, '같다'의 뜻이 되었다고 하지만, 여자(女)의 입(口)은 동서고금이 같다는데서 '같다'의 뜻이 된 것으로 보는 것이 타당하다.

자형 변천

갑골문	금문	전서	예서	해서

나라별 비교

중국 간체자 → 如 rú

일본 약자 → 如 じょ・にょ

【부수자】 女

【영　문】 like, as, if, equal

【활용단어】
- 생불일여(生佛一如): 중생(衆生)과 제불(諸佛)이 성리(性理)에 있어서 서로 다름이 없다는 뜻.
- 여간(如干): 얼마 되지 아니함. 보통으로. 조금.
- 여견심폐(如見心肺): 남의 마음속을 꿰뚫어 보듯이 훤히 앎.

---

116 畫 그림 화

'畫'자는 甲骨文(갑골문)에 '', 금문에 '盡, 畫, 畫' 등의 자형으로서 밭두둑을 쌓아 구별하듯이 붓을 손에 잡고(聿) 가로 세로 금을 그어 '긋다'의 뜻을 나타낸 會意字(회의자)이다.

자형 변천

갑골문	금문	전서	예서	해서

나라별 비교

중국 간체자 → 画 huà

일본 약자 → 画 え・かく・が

【부수자】 田

【영　문】 picture, drawing

【활용단어】
- 화보(畫報): 여러 가지 일을 그림으로 그리거나 사진을 찍어 발행한 책자 또는 인쇄물.
- 화사첨족(畫蛇添足): 쓸데없이 군짓을 하다가 도리어 실패함을 비유한 말.

※ 뒤에 '畫'(그을 획)이 '그림'의 뜻으로 전의되자, 'リ'(칼 도)를 더하여 '劃'(그을 획)자를 또 만들었다.(글자의 획을 '字劃'이 아니라, '字畫'으로 쓰는 것으로도 '畫'의 본래 뜻이 '긋다'임을 알 수 있다.)

117 感 느낌 감

字源풀이

'마음 심(心)'과 '다 함(咸)'의 形聲字(형성자)이다. 남을 마음으로 동감하게 하려면 서로 마음이 일치하여(咸) '느끼다'의 뜻이다.

자형 변천

갑골문	금문	전서	예서	해서
		感	感	感

나라별 비교

중국 간체자	感 / gǎn	일본 약자	感 / かん

[부수자] 心
[영 문] feeling, sensation, sense

[활용단어]

- 감사(感謝): 고마움. 고맙게 여김. 고맙게 여기고 사례(謝禮)함.
- 공감(共感): 남의 의견이나 논설(論說) 따위에 대하여 자기도 똑같이 느낌. 남의 기쁨과 슬픔에 대하여 자기도 같은 감정을 가짐.
- 격세지감(隔世之感): 아주 바뀐 다른 세상이 된 것 같은 느낌 또는 딴 세대와 같이 많은 변화가 있었음을 비유(比喩·譬喩)하는 말.

118 謝 사례할 사

字源풀이

'말씀 언(言)'과 '쏠 사(射)'의 形聲字(형성자)로, 본의는 화살이 줄을 떠나듯이 '이별을 고하고 떠나다'의 뜻이었는데, 뒤에 '사례하다'의 뜻이 되었다.

자형 변천

갑골문	금문	전서	예서	해서
		謝	謝	謝

나라별 비교

중국 간체자	谢 / xiè	일본 약자	謝 / しゃ

[부수자] 言
[영 문] thank, decline

[활용단어]

- 사과(謝過): 자기의 잘못에 대해 상대방에게 용서를 비는 것.
- 치사(致謝): 고맙고 감사하다는 뜻을 표시함.
- 백배사죄(百拜謝罪): 거듭 절을 하며 잘못한 일에 대해 용서를 빎.

119 天 하늘 천

字源풀이

본래 사람의 이마, 곧 머리를 가리키어 '𠆢, 大, 禿, 禿, 兂'의 형태로 만든 것인데, 뒤에 사람의 머리 위가 곧 넓은 하늘임을 뜻하여 楷書體(해서체)의 '天(하늘 천)' 자가 된 것이다.

자형 변천

갑골문	금문	전서	예서	해서

나라별 비교

중국 간체자	天 tiān	일본 약자	天 てん

〖부수자〗 大

〖영 문〗 sky, heaven

〖활용단어〗

- 의기충천(意氣衝天): 득의(得意)한 마음이 하늘을 찌를 듯이 솟아오름.
- 이관규천(以管窺天): 대롱을 통해 하늘을 봄이란 뜻으로, 우물안 개구리.
- 천고마비(天高馬肥): 하늘이 높고 말이 살찐다는 뜻으로, 오곡백과가 무르익는 가을이 썩 좋은 절기(節氣)임을 일컫는 말.

※ 부득이 다시 이마를 뜻하는 글자로 '頂(정수리 정)', '顚(이마 전)', '題(이마 제)' 자를 만들었다.

120 恩 은혜 은

字源풀이

'인할 인(因)'과 '마음 심(心)'의 形聲字(형성자)로, 진심으로 우러나는 마음(心)에서 도와줌으로 인해(因) 보답한다는 의미로 '은혜'라는 뜻이다.

자형 변천

갑골문	금문	전서	예서	해서
		恩	恩	恩

나라별 비교

중국 간체자	恩 ēn	일본 약자	恩 おん

〖부수자〗 心

〖영 문〗 favor, grace, mercy

〖활용단어〗

- 은총(恩寵): 높은 이에게서 받는 특별한 사랑.
- 배은(背恩): 남의 은혜를 저버림.
- 결초보은(結草報恩): 풀을 묶어서 은혜를 갚는다는 뜻으로, 죽은 뒤에라도 은혜를 잊지 않고 갚음을 이르는 말.

121 深 깊을 심

字源풀이

'물 수(水)'와 '깊을 심(罙)'의 形聲字(형성자)로, 본래는 水名(수명)이었는데, 뒤에 '깊다'의 뜻으로 쓰였다.

자형 변천

갑골문	금문	전서	예서	해서
		冞	深	深

나라별 비교

중국 간체자	일본 약자
深 shēn	深 しん

【부수자】氵
【영 문】 deep, depth

【활용단어】

- 심려(深慮): 깊이 생각함, 또는 그러한 생각.
- 심도(深度): '깊은 정도'의 뜻으로 '깊은 도리를 깨침'을 일컫는 말.
- 심사숙고(深思熟考): 깊이 생각하고, 곧 신중을 기하여 곰곰이 생각함.

122 思 생각 사

字源풀이

마음(心)먹은 바를 두뇌(囟)로 '생각한다'는 뜻이다. 지금은 '田'자의 형태로 쓰고 있으나, 본래는 '囟'의 자형으로서 '정수리 신'자이다.

자형 변천

갑골문	금문	전서	예서	해서
		思	思	思

나라별 비교

중국 간체자	일본 약자
思 sī, sāi	思 し

【부수자】心
【영 문】 consider, memory, think

【활용단어】

- 의사(意思): (무엇을 하려고 하는) 생각이나 마음.
- 사고(思考): 생각하고 궁리함. 사유(思惟).
- 고심초사(苦心焦思): 애써 생각함.

123 厚 두터울 후

字源풀이

'厚'자의 甲骨文(갑골문) '𠂤'은 '石(돌석)'과 '高(높을고)'의 省體(생체)의 合體字(합체자)로, 바위가 높으면 반드시 두텁기 때문에 '두텁다'의 뜻이 되었다.

자형 변천

갑골문	금문	전서	예서	해서
𠂤	𠂤	厚	厚	厚

나라별 비교

중국 간체자	厚 hòu	일본 약자	厚 こう

[부수자] 厂

[영 문] thick, deep friendship

[활용단어]
- 후의(厚誼): 두터운 정의.
- 관후(寬厚): 너그럽고 후함.
- 상후하박(上厚下薄): 윗사람에게 후하고, 아랫사람에게 박함.

---

124 考 생각할 고

字源풀이

'耂'와 '丂'(巧의 古字로 자음은 '교')의 합자로 '老'와 통하여 쓰이던 轉注字(전주자)이다. '살필 고'는 뒤에 변한 뜻이다.

자형 변천

갑골문	금문	전서	예서	해서
考	考	考	考	考

나라별 비교

중국 간체자	考 kǎo	일본 약자	考 こう

[부수자] 老

[영 문] study, test

[활용단어]
- 고려(考慮): 깊이 생각하여 헤아림.
- 재고(再考): 문제시 한 번 자세하게 생각함.
- 좌사우고(左思右考): 이렇게도 저렇게도 생각해 보고 헤아림.

125 尊 높을 존

字源풀이

甲骨文(갑골문)에 '尊, 尊', 金文(금문)에 '尊, 尊, 尊' 등의 자형으로서 두 손으로 받쳐 들고 가는 '술항아리'를 나타낸 會意字(회의자)이다.

자형 변천

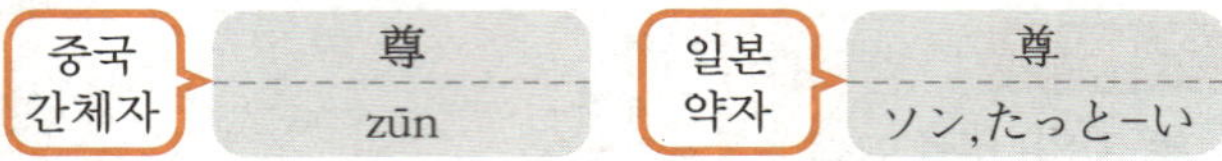

갑골문	금문	전서	예서	해서

나라별 비교

중국 간체자	尊 zūn	일본 약자	尊 ソン, たっと―い

【부수자】 寸

【영 문】 respect, revere, venerate; honor

【활용단어】

- 극존칭(極尊稱): 아주 높여 일컫는 말.
- 존중(尊重): 높여서 중히 여김.
- 존비귀천(尊卑貴賤): 지위·신분 따위의 높고 낮음과 귀하고 천함.

※ 신에게 바치는 술항아리를 들고 갈 때는 존경하는 마음이 있어야 하므로 '존경할 존, 높을 존'의 뜻으로 전의되자, '木'자를 더하여 '樽'(술항아리 준)자를 또 만들었다.

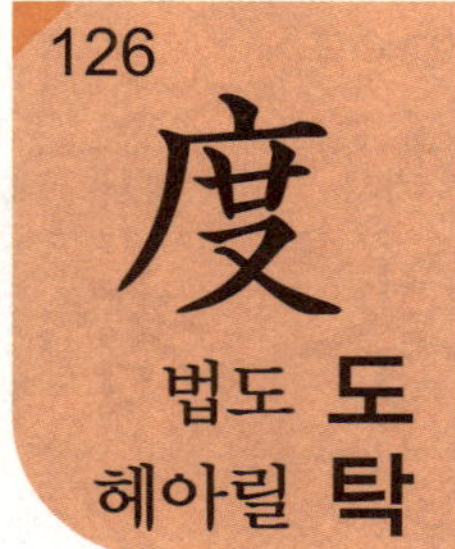

126 度 법도 도 / 헤아릴 탁

字源풀이

'무리 서(庶)'에 '또 우(又)'를 합한 글자로, 여러 사람(庶)을 다스리는 법의 뜻이다. '又'는 본래 손(ㅋ)의 뜻으로, 周代(주대)에는 길이를 재는 표준이었다.

자형 변천

갑골문	금문	전서	예서	해서
		度	度	度

나라별 비교

중국 간체자	度 dù, duó	일본 약자	度 たく, と, ど

【부수자】 广

【영 문】 degree, manner

【활용단어】

- 도량(度量): 너그러운 마음과 깊은 생각. 일을 알고 잘 다루는 품성(稟性).
- 태도(態度): 속의 뜻이 드러나 보이는 겉모양. 몸을 가지는 모양. 스타일. 몸가짐.
- 허도세월(虛度歲月): 세월을 헛되이 보냄.
- 촌탁(忖度): 남의 마음을 미루어 헤아림.

127 守 지킬 **수**

字源풀이

'집 면(宀)'에 '법도 촌(寸)'을 합한 글자로, 官府(관부)의 법도를 준수하여 맡은 일을 수행한다는 뜻에서 뒤에 '다스리다', '지키다'의 뜻으로 쓰였다.

자형 변천

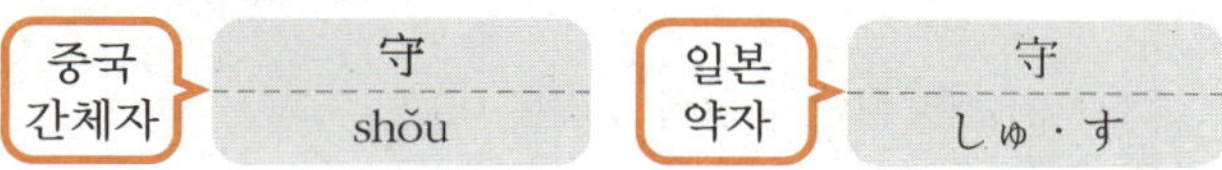

갑골문	금문	전서	예서	해서
	宋	宋	守	守

나라별 비교

중국 간체자	守 shǒu	일본 약자	守 しゅ・す

【부수자】 宀
【영 문】 guard, protect, defend

【활용단어】

- 수구(守舊): 진보적인 것을 따르지 않고 옛부터 내려오는 관습을 따름.
- 엄수(嚴守): 엄하게 지킴. 어기지 않고 꼭 지킴.
- 독수공방(獨守空房): 빈방에서 혼자 잠이란 뜻으로, 부부가 서로 별거하여 여자가 남편 없이 혼자 지냄을 뜻함.

128 則 법칙 **칙** 곧 **즉**

字源풀이

'조개 패(貝)'에 '칼 도(刂)'를 합한 글자로, 재물(貝)을 나누는(刂) 데는 差等(차등)을 정하여 나눈다는 뜻에서 발전하여 사람이 좇아야 할 '법칙'이란 뜻이다.

자형 변천

갑골문	금문	전서	예서	해서
	鼎刂	駅刂	則	則

나라별 비교

중국 간체자	则 zé	일본 약자	則 そく

【부수자】 刂
【영 문】 law, rule

【활용단어】

- 규칙(規則): 정해 놓은 규범이나 원칙.
- 벌칙(罰則): 규율을 위반한 행위에 대해 처벌을 정해 놓은 규칙.
- 수즉다욕(壽則多辱): 오래 살면 욕됨이 많다는 뜻으로, 오래 살수록 고생이나 망신이 많음을 이르는 말.

〔糟糠之妻〕
조 강 지 처

가난한 살림을 함께 꾸려온 아내.

糟(술재강 조) 糠(겨 강) 之(어조사 지) 妻(아내 처)

● 前漢(전한)을 찬탈한 王莽(왕망)을 멸하고 劉氏(유씨) 천하를 再興(재흥)한 後漢 光武帝(후한 광무제) 때의 일이다. 建元(건원) 2년(26), 당시 監察(감찰)을 맡아보던 大司空(대사공, 御史大夫) 宋弘(송홍)은 온후한 사람이었으나 강직한 인물이기도 했다.

어느 날, 光武帝는 미망인이 된 누나인 湖陽公主(호양공주)를 불러 신하 중 누구를 마음에 두고 있는지 그 의중을 떠보았다. 그 결과 湖陽公主는 당당한 풍채와 덕성을 지닌 宋弘에게 호감을 갖고 있다는 것을 알았다. 그 후 光武帝는 湖陽公主를 병풍 뒤에 앉혀 놓고 宋弘과 이런저런 이야기를 나누던 끝에 이런 질문을 했다.

"흔히들 고귀해지면 (천할 때의) 친구를 바꾸고, 부유해지면 (가난할 때의) 아내를 버린다고 하던데 人之常情(인지상정) 아니겠소?"

그러자 宋弘은 이렇게 대답했다.

"폐하, 황공하오나 신은 '가난하고 천할 때의 친구는 잊지 말아야 하며〔貧賤之交 不可忘(빈천지교 불가망)〕, 술재강과 겨로 끼니를 이을 만큼 구차할 때 함께 고생하던 아내는 버리지 말아야 한다〔糟糠之妻 不下堂(조강지처 불하당)〕'고 들었사온데 이것은 사람의 도리라고 생각되나이다."

이 말을 들은 광무제와 호양 공주는 크게 실망했다고 한다.

033 **南北分半**
남 북 분 반
▶ 나라가 남북으로 분단된 것은
国が南北に分断されたことは

034 **昨今最哀**
작 금 최 애
▶ 근대에 가장 슬픈 일이다.
近代において最も悲しいことだ

035 **兩族協力**
양 족 협 력
▶ 양측 우리 民族은 서로 努力하여
両方わが民族はお互い努力して

036 **早速統一**
조 속 통 일
▶ 조속히 統一해야 할 것이다.
速やかに統一しなければならない

037 **弱肉強食**
약 육 강 식
▶ 强國이 弱小國을 침략하는 일은
強国が弱小国を侵略することは

038 **絶對防止**
절 대 방 지
▶ 절대로 막아야 한다.
絶對に防ぎ止めなければならない

039 **有備無患**
유 비 무 환
▶ 미리 어려움에 대비하는 것이
前もって困難に備えることは

040 **可退危難**
가 퇴 위 난
▶ 危難을 막는 상책이다.
危難を防ぐ上策だ

南
남녘 남

字源풀이

甲骨文(갑골문)에 '\[圖\]'의 자형으로, 남쪽으로 향한 천막의 모양을 본떠 '남쪽'의 뜻을 나타낸 글자이다.

자형 변천

갑골문	금문	전서	예서	해서
圖	圖	圖	圖	南

나라별 비교

중국 간체자	南 nán	일본 약자	南 な, なん

〖부수자〗 十
〖영 문〗 south

〖활용단어〗
- 남국(南國): 남쪽 나라.
- 호남(湖南): '전라남도, 전라북도'를 일컫는 말.
- 남가일몽(南柯一夢): 남쪽 가지에서의 꿈이란 뜻으로, 덧없는 꿈이나 한때의 헛된 부귀(富貴) 영화(榮華)를 이르는 말.

北
북녘 북 / 질 배

字源풀이

'北'은 甲骨文(갑골문)에 '圖, 圖, 圖', 金文(금문)에 '圖, 圖, 圖' 등의 자형으로, 두 사람이 등을 대고 서 있는 모습을 그리어 '등'의 뜻을 나타낸 會意字(회의자)이다. 후에 뒤쪽 곧 '북쪽'의 뜻으로 전의 되자, '北'에 '肉→月'을 더하여 다시 '背(등 배)'자를 만들었다.

자형 변천

갑골문	금문	전서	예서	해서
圖	圖	圖	圖	北

나라별 비교

중국 간체자	北 běi, bó, bè	일본 약자	北 ホク, きた

〖부수자〗 匕
〖영 문〗 north; northern; northward

〖활용단어〗
- 북구(北歐): '북구라파' 즉 북유럽의 준말.
- 패배(敗北): 싸움에 지고 달아남.
- 북창삼우(北窓三友): 백거이(白居易)의 시에서 유래한 말로 거문고와 술 및 시를 두고 이르는 말.

※ 싸움에 지고 등을 보이고 달아나는 뜻의 '敗北'를 '패북'이라 하지 않고 '패배'라고 읽는 것으로도 '北'이 본래 '등'의 뜻이었음을 알 수 있다.

131

分
나눌 **분**

字源풀이

'여덟 팔(八)'에 '칼 도(刀)'를 합한 글자로, 물건을 칼(刀)로 잘라(八) 나눈다는 의미로 '나누다', '분별하다'의 뜻이다.

자형 변천

갑골문	금문	전서	예서	해서
				分

나라별 비교

중국 간체자 → 分 fēn, fèn

일본 약자 → 分 ふん・ぶ・ぶん

〖부수자〗 刀

〖영 문〗 divide, part, share

〖활용단어〗

- 분할(分割): 나누어 쪼갬.
- 신분(身分): 개인의 사회적인 지위 또는 계급.
- 안분지족(安分知足): 자기 분수에 만족하여 다른 데 마음을 두지 아니함.

132

半
반 **반**

字源풀이

金文(금문)에 '半'의 형태로, 소(牛)를 반으로 나눈다(八:分 즉 '나누다'의 뜻이 있음)는 의미로 만들어진 글자이다.

자형 변천

갑골문	금문	전서	예서	해서
	半	半	半	半

나라별 비교

중국 간체자 → 半 bàn

일본 약자 → 半 はん

〖부수자〗 十

〖영 문〗 half, in the middle

〖활용단어〗

- 반월(半月): 반달. 조각달.
- 전반(前半): 앞부분의 절반.
- 반신반의(半信半疑): 반은 믿고, 반은 의심함. 믿으면서도 한편으로는 의심함.

133

昨
어제 작

字源풀이

'날 일(日)'과 '언듯 사(乍)'의 形聲字(형성자)이다. 잠시의 뜻을 가진 '乍'를 취하여 잠시 전 '어제'의 뜻이 되었다.

자형 변천

갑골문	금문	전서	예서	해서
		昨	昨	昨

나라별 비교

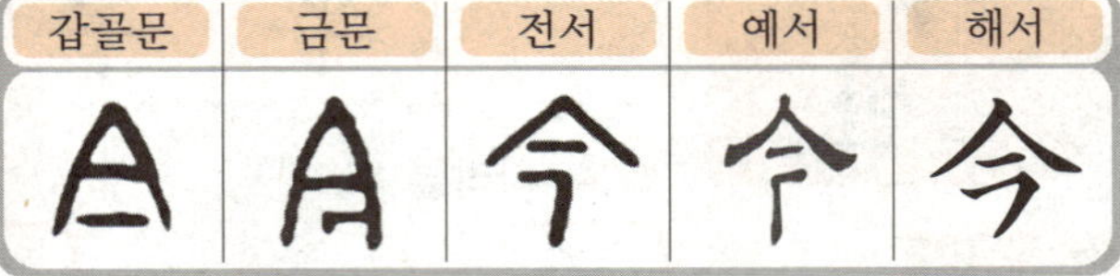

〖부수자〗日

〖영 문〗yesterday, lately, past

〖활용단어〗
- 작금(昨今): 어제와 오늘. 요사이.
- 작년(昨年): 지난해.
- 작취미성(昨醉未醒): 어제 마신 술이 아직껏 깨지 않음.

134

今
이제 금

字源풀이

'今'자는 甲骨文(갑골문)에 'A'의 형태로, 본래 입안에 음식물을 물고 있는 상태를 본떠 '지금'의 뜻을 나타낸 것이다.

자형 변천

갑골문	금문	전서	예서	해서
A	A	今	今	今

나라별 비교

〖부수자〗人

〖영 문〗present, modern, now, recent

〖활용단어〗
- 고금(古今): 옛날과 지금.
- 지금(只今): 이제. 지금.
- 고금천지(古今天地): 옛적부터 이제에 이르기까지의 온 세상.

最
가장 **최**

字源풀이

어려운 일을 무릅쓰고(曰: 모자 모, 冒(무릅쓸 모)를 생략한 것) 취(取)해야 최고의 경지에 이를 수 있다는 뜻에서 뒤에 '가장'의 뜻으로 쓰이게 되었다. '最'와 같이 '曰'을 '日(가로 왈)'로 써서는 안 된다.

자형 변천

갑골문	금문	전서	예서	해서
		最	最	最

나라별 비교

중국 간체자	最 zuì	일본 약자	最 さい

〖부수자〗 曰

〖영 문〗 most, extreme

〖활용단어〗

- 최고(最古): 가장 오래 됨.
- 공최(功最): 가장 큰 공로(功勞).
- 최혜국(最惠國): 통상(通商) 항해 조약을 체결한 나라 중에서 가장 유리한 취급을 받는 나라.

哀
슬플 **애**

字源풀이

'옷 의(衣)'와 '입 구(口)'의 회의자로, 슬프다의 뜻이다. 매우 슬플 때는 옷깃으로 입을 가리며 울기 때문이다.

자형 변천

갑골문	금문	전서	예서	해서
	哀	哀	哀	哀

나라별 비교

중국 간체자	哀 āi	일본 약자	哀 あい

〖부수자〗 口

〖영 문〗 sad, sorrowful

〖활용단어〗

- 애환(哀歡): 슬픔과 기쁨.
- 비애(悲哀): 슬픔과 설움. 슬퍼하고 서러워 함.
- 희로애락(喜怒哀樂): 기쁨과 노여움, 슬픔과 즐거움이라는 뜻으로, 곧 사람의 여러 가지 감정을 이르는 말.

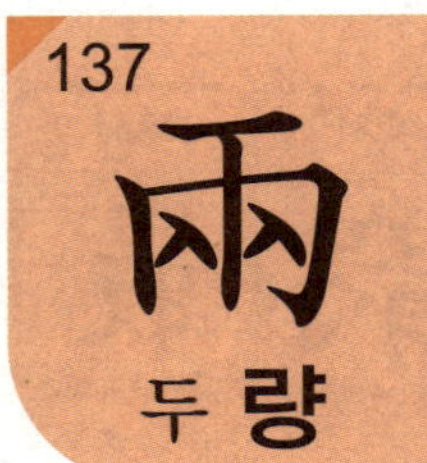

137 兩 두 **량**

字源풀이

저울추 두 개가 나란히 매달려 있는 모양을 본뜬 상형자로, 둘, 한쌍을 뜻한다. 兩은 무게의 단위이며, 10 錢(돈)을 1兩(한 냥)이라 한다. 뒤에 돈의 단위에도 쓰고, 또 둘, 쌍으로 쓰인다.

자형 변천

갑골문	금문	전서	예서	해서
	兩	兩	兩	兩

나라별 비교

중국 간체자	两 liǎng	일본 약자	両 りょう

〖부수자〗 入

〖영 문〗 two, pair, couple, both

〖활용단어〗
- 양측(兩側): 양쪽의 옆면.
- 건량(乾兩): 꿰미에 백 문마다 짚으로 매듭을 지어놓은 표(標).
- 일거양득(一擧兩得): 한 번 들어 둘을 얻음. 한 가지의 일로 두 가지의 이익을 보는 것.

---

138 族 겨레 **족**

字源풀이

표적으로 세워 놓은 깃발(㫃) 아래 화살(矢)이 집중되는 뜻으로써, '겨레', '민족'을 뜻한다.

자형 변천

갑골문	금문	전서	예서	해서
族	族	族	族	族

나라별 비교

중국 간체자	族 zú	일본 약자	族 ぞく

〖부수자〗 方

〖영 문〗 family, relative

〖활용단어〗
- 족장(族長): 일족의 어른이나 우두머리 되는 사람
- 유족(遺族): 죽은 사람의 뒤에 남은 가족.
- 백의민족(白衣民族): 예로부터 흰옷을 숭상(崇尙)하여 즐겨 입은 한민족(韓民族)을 이르는 말.

協
화협할 협

字源풀이

'힘 합할 협(劦)'과 '열 십(十)'의 형성자로, 여러(十) 사람이 힘을 모아 화합하다의 뜻이다.

자형 변천

갑골문	금문	전서	예서	해서
		協	協	協

나라별 비교

중국 간체자	协 xié	일본 약자	協 きょう

〖부수자〗 十

〖영 문〗 harmony, to coordinate, to assist

〖활용단어〗
- 협의(協議): 여러 사람이 모여 서로 의논함.
- 타협(妥協): 두 편이 서로 좋도록 양보하여 협의함.
- 동심협력(同心協力): 마음을 같이 하여 힘을 내어 서로 도움.

力
힘 력

字源풀이

힘 쓸 때 팔의 모양을 象形(상형)하여 'ㄣ, ㇕, 㝔'와 같이 그린 것인데, 楷書體(해서체)의 '力'자가 된 것이다.

자형 변천

갑골문	금문	전서	예서	해서
	㇕	㝔	力	力

나라별 비교

중국 간체자	力 lì	일본 약자	力 りき, りょく

〖부수자〗 力

〖영 문〗 force, power

〖활용단어〗
- 노력(努力): 무엇을 이루려고 마음과 몸을 써서 들이는 힘. 무엇을 이루려고 애를 쓰고 힘을 들임.
- 노력(勞力): 힘을 들이어 일함, 또는 그 힘.
- 무실역행(務實力行): 참되고 실속 있도록 힘써 실행함.

141 早 일찍 조

字源풀이

金文(금문)에 '우'의 형태로 해가 지평선의 풀 위로 솟아 오르는 모양을 본떠 '일찍'의 뜻으로 썼다.

자형 변천

갑골문	금문	전서	예서	해서
	우	옹	早	早

나라별 비교

중국 간체자	早 zǎo	일본 약자	早 さっ·そう

【부수자】日
【영 문】early, soon, beforehand

【활용단어】
- 조퇴(早退): 정각 이전에 물러감.
- 조급(早急): 매우 급함.
- 시기상조(時機尙早): 때가 아직 덜 되어서 그 기회에는 이름.

142 速 빠를 속

字源풀이

'쉬엄쉬엄 갈 착(辶)'과 '묶을 속(束)'의 形聲字(형성자)로, '束'은 묶어서 긴박하게 하므로 두 발을 긴박하게 움직여 '빨리 간다'는 뜻이다.

자형 변천

갑골문	금문	전서	예서	해서
	속	速	速	速

나라별 비교

중국 간체자	速 sù	일본 약자	速 そく

【부수자】辶
【영 문】quick, speed, prompt

【활용단어】
- 속공(速攻): 아주 빠르게 쳐들어감. 몹시 빠른 공격.
- 졸속(拙速): 지나치게 서둘러 함으로써 그 결과나 성과가 바람직하지 못함을 이르는 말.
- 속전속결(速戰速決): 싸움을 오래 끌지 않고 빨리 싸워 이기고 짐의 판가름을 빨리 냄.

143

統
거느릴 **통**

'실 사(糸)'와 '채울 충(充)'의 形聲字(형성자)이다. 명주실을 뽑을 때 여러 고치의 실마리들이 한 줄기로 모여 이끌린다는 데서 '거느리다'의 뜻으로도 쓰인다.

🌀 자형 변천

갑골문	금문	전서	예서	해서
		統	統	統

🌀 나라별 비교

중국 간체자	统 tǒng	일본 약자	統 とう

〖부수자〗 糸
〖영 문〗 control, unite

〖활용단어〗

- 통계(統計): 한데 몰아서 계산함. 수집된 자료를 정리하여 그 내용을 특징짓는 수치를 산정해서 자료가 나타내고 있는 내용을 알고자 하는 일.
- 계통(系統): 서로 관련되어 있는 부분들의 동일된 조직.
- 신탁통치(信託統治): 국제 연합의 신탁을 받은 나라가 일정한 지역을 통치하는 것.

144

一
한 **일**

수를 헤아리던 산대의 하나를 가로 놓은 것을 가리킨 글자이다.

🌀 자형 변천

갑골문	금문	전서	예서	해서

🌀 나라별 비교

중국 간체자	一 yī	일본 약자	一 イチ

〖부수자〗 一
〖영 문〗 one, a, an, alone

〖활용단어〗

- 일인(一人): 한 사람, 또는 한 명.
- 만일(萬一): 있을지도 모르는 뜻밖의 경우.
- 일엽편주(一葉片舟): 한 조각의 작은 배.

145 弱 약할 약

'弓(활 궁)'은 부드럽고 얇은 나무의 휘어진 모양이고, 'ㅅ→彡(터럭 삼)'은 가는 털이므로 '약함'을 뜻하고, 약한 것은 홀로 설 수 없으므로 두 개를 겹쳐 '약하다'의 뜻을 나타낸 指事字(지사자)이다.

자형 변천

갑골문	금문	전서	예서	해서
		弱	弱	弱

나라별 비교

중국 간체자	弱 ruò	일본 약자	弱 じゃく・にゃく

【부수자】弓

【영　문】weak, fragile

【활용단어】

- 약관(弱冠): 남자가 스무 살에 관례(冠禮)를 한다는 데서, 남자의 스무 살 된 때를 일컫는 말.
- 유약(柔弱): 부드럽고 약함.
- 억강부약(抑强扶弱): 강자(强者)를 누르고 약자(弱者)를 도와줌.

146 肉 고기 육

小篆(소전)에 '肉'의 자형으로, 고깃덩어리의 근육을 본뜬 글자이다. 부수자로 쓰일 때는 '月(고기 육)'의 형태로 쓰인다.

자형 변천

갑골문	금문	전서	예서	해서
刀		肉	宍	肉

나라별 비교

중국 간체자	肉 ròu	일본 약자	肉 にく

【부수자】肉

【영　문】meat of animals, flesh

【활용단어】

- 육감(肉感): 육체에서 풍기는 느낌. 특히 성적(性的)인 느낌.
- 제육(猪肉): 돼지고기.
- 어동육서(魚東肉西): 제사(祭祀)상을 차릴 때에 어찬은 동쪽에, 육찬은 서쪽에 놓음.

147 强 강할 강

字源풀이

'넓을 홍(弘)'과 '벌레 충(虫)'의 形聲字(형성자)로, 본래는 검은색의 쌀벌레의 뜻이지만, 뒤에 '강하다'의 뜻으로 쓰였다.

자형 변천

갑골문	금문	전서	예서	해서
		强	强	强

나라별 비교

중국 간체자	强 qiáng, jiàng, qiǎng	일본 약자	强 きょう, ごう

〖부수자〗 弓

〖영 문〗 strong, powerful, vigorous, better, violent

〖활용단어〗

- 강공(强攻): 세찬 공격.
- 열강(列强): 국제적으로 큰 역할을 맡은 강대한 몇몇 나라.
- 자강불식(自强不息): 스스로 힘을 쓰고 가다듬어 쉬지 아니함.

148 食 밥 식

字源풀이

甲骨文(갑골문)에 '𠊊'의 자형으로, 밥그릇에 따뜻한 밥이 담겨 있고, 뚜껑이 있는 모양을 본뜬 글자이다.

자형 변천

갑골문	금문	전서	예서	해서
𠊊	𠊊	食	食	食

나라별 비교

중국 간체자	食 shí, sì, yì	일본 약자	食 しょく・じき

〖부수자〗 食

〖영 문〗 eat, food, meal

〖활용단어〗

- 배식(配食): 군대, 단체 같은 곳에서 식사를 분배함.
- 식도락(食道樂): 여러 가지 음식을 두루 맛보는 것을 즐거움으로 삼는 일.
- 삼순구식(三旬九食): 삼십 일 동안 아홉 끼니밖에 먹지 못한다는 뜻으로, 몹시 가난함을 이르는 말.

149 絶 끊을 절

字源풀이

甲骨文(갑골문)에 '絶'의 형태로, 실(糸)의 매듭(巴)을 칼(刀)로 '끊는다.'는 뜻의 글자이다.

자형 변천

갑골문	금문	전서	예서	해서

나라별 비교

중국 간체자	绝 jué	일본 약자	絶 ぜつ

[부수자] 糸
[영　문] cut

[활용단어]

- 절대(絶對): 상대하여 견줄 만한 다른 것이 없음. 아무런 제약(制約)이나 구속(拘束)을 받지 않음.
- 근절(根絶): 다시 생환(生還)할 수 없게 아주 뿌리째 끊어 없애 버림.
- 백아절현(伯牙絶絃): 백아가 거문고 줄을 끊어 버렸다는 뜻으로, 자기를 알아주는 절친(切親)한 벗, 즉 지기지우(知己之友)의 죽음을 슬퍼함을 이르는 말.

150 對 대할 대

字源풀이

본래 '對'의 자형으로 손(又→寸)에 홀(丵: 業의 省字)을 들고 임금의 명을 받아 쓴데서 대하다의 뜻이 되었다. 여러 설이 있다.

자형 변천

갑골문	금문	전서	예서	해서

나라별 비교

중국 간체자	对 duì	일본 약자	对 たい, つい

[부수자] 寸
[영　문] right, correct, parallel

[활용단어]

- 대결(對決): 양자가 맞서서 우열을 판가름함.
- 상대(相對): 서로 마주 대함, 또는 그 대상. 서로 겨루거나 맞섬.
- 괄목상대(刮目相對): 눈을 비비고 다시 보며 상대를 대한다는 뜻으로, 다른 사람의 학식이나 업적이 크게 진보(進步)한 것을 말함.

151 防 막을 **방**

字源풀이

'언덕 부(阜→阝)'와 '방위 방(方)'의 形聲字(형성자)로, 물이 흐르는 언덕(阝)의 한쪽 방향(方)을 막아 둑을 쌓아서 '막다'의 뜻이다.

🌀 자형 변천

갑골문	금문	전서	예서	해서
		防	防	防

🌀 나라별 비교

중국 간체자	防 fáng

일본 약자	防 ほう・ぼう

【부수자】 阝
【영 문】 defend, prevent

【활용단어】

- 방공(防空): 적 비행기의 공격에 대한 방비.
- 소방(消防): 화재를 예방하고 불 난 것을 끔.
- 중구난방(衆口難防): 많은 사람들이 함부로 떠들어대는 것은 감당하기 어려우니, 행동을 조심해야 함을 이르는 말.

152 止 그칠 **지**

字源풀이

'止'자는 甲骨文(갑골문)에 '𢓨'의 형태로, 땅 위에 서 있는 발의 모습을 본뜬 것인데, 뒤에 '그치다'로 전의되었다.

🌀 자형 변천

갑골문	금문	전서	예서	해서
𢓨	止	止	止	止

🌀 나라별 비교

중국 간체자	止 zhǐ

일본 약자	止 し

【부수자】 止
【영 문】 stop, desist

【활용단어】

- 저지(沮止): 막아서 못 하게 함.
- 지양(止揚): 대립·모순 관계에 있는 두 명제나 개념이 서로 관련하여 그 대립이나 모순을 다시 한층 높은 단계로 조화·통일하여 나가는 일.
- 명경지수(明鏡止水): 맑은 거울과 움직이지 않는 물. 잡념과 가식과 허욕이 없이 아주 맑고 깨끗한 마음.

153 有 있을 유

字源풀이

‘오른손 우(ㅈ→ナ)’에 ‘고기 육(肉)’을 합한 글자로, 고기를 손에 쥐고 있는 모습을 그려 ‘있다’, ‘가지다’의 뜻이다.

자형 변천

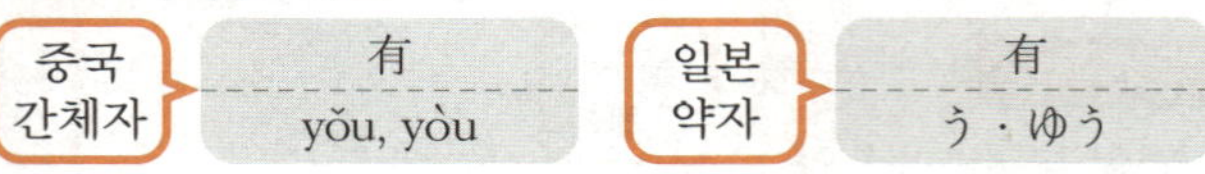

갑골문	금문	전서	예서	해서

나라별 비교

중국 간체자	有 yǒu, yòu	일본 약자	有 う・ゆう

【부수자】 月

【영　문】 to have, exist, there is

【활용단어】

- 유식(有識): 지식이 있음.
- 전유(專有): 오로지 혼자 소유함.
- 언중유골(言中有骨): 말 속에 뼈가 있다는 뜻으로, 예사로운 표현 속에 만만치 않은 뜻이 들어 있음.

---

154 備 갖출 비

字源풀이

甲骨文(갑골문)에 ‘備’의 자형으로, 본래는 화살을 담아두는 통의 象形字(상형자)였다. 뒤에 사람 인(亻)자와 갖출 비(葡)의 形聲字(형성자)로 변하였다.

자형 변천

갑골문	금문	전서	예서	해서

나라별 비교

중국 간체자	备 bèi	일본 약자	備 び

【부수자】 人

【영　문】 perfection, to get, ready

【활용단어】

- 비고(備考): 어떤 내용에 참고가 될 만한 사항을 보태어 적는 것.
- 장비(裝備): 비품이나 부속품 따위를 장치(裝置)하는 일.
- 재덕겸비(才德兼備): 재주와 덕행(德行)을 다 갖춤.

※ ‘葡’는 ‘쓸 용(用)’과 ‘진실로 구(苟)’의 省體(생체)인 ‘芍’의 合體字(합체자)로 ‘갖추다’의 뜻이다. ‘備’는 ‘葡’의 累增字(누증자)이다.

155 無 없을 무

字源풀이

甲骨文(갑골문)에서 사람이 두 손에 깃털장식을 들고 춤추는 모습을 象形(소전)하여 '𣥂, 𣥂'의 형태로 그린 것인데, 金文(금문)에서 '𣥂', 小篆(소전)에서 '𣥂'의 형태로 변하여 楷書體(해서체)의 '無'자가 된 것이다.

자형 변천

갑골문	금문	전서	예서	해서

나라별 비교

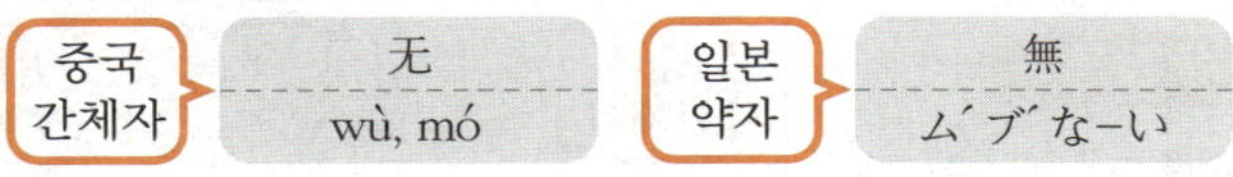

중국 간체자	일본 약자
无 wù, mó	無 ム´ ブ なーい

〖부수자〗 火
〖영 문〗 negative, no, not, lack, have no

〖활용단어〗
- 무료(無料): 공짜. 값이나 요금이 필요 없음.
- 전무(全無): 전혀 없음. 아주 없음.
- 고립무원(孤立無援): 외톨이가 되어 도움을 받을 데가 없음.

※ 뒤에 부득이 '춤추다'의 뜻으로 '舞(춤출 무)'자를 다시 만들었다. (뒤섞여 춤 출 때는 지위, 신분이나 남녀노소 구별이 없다는 데서 '없다'의 뜻으로 변한 것이다.)

156 患 근심 환

字源풀이

'꿸 천〔串: 毌(꿸 관)의 古字〕'과 '마음 심(心)'의 合體字(합체자)로, 마음을 걱정하는 생각으로 꿰뚫었을 때 '근심하게' 된다는 뜻이다.

자형 변천

갑골문	금문	전서	예서	해서
		患	患	患

나라별 비교

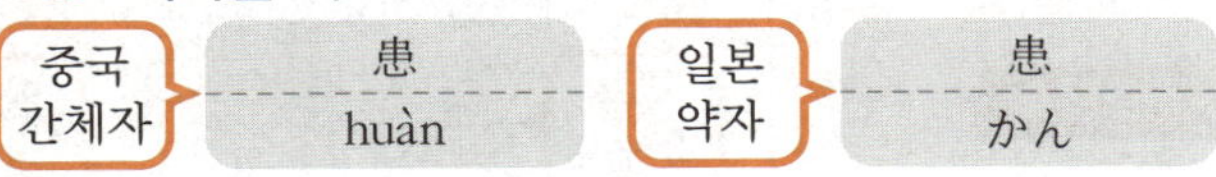

중국 간체자	일본 약자
患 huàn	患 かん

〖부수자〗 心
〖영 문〗 worry, peril, trouble

〖활용단어〗
- 환난(患難): 근심과 걱정.
- 병환(病患): 병, 질병. 어른의 병의 높임말.
- 내우외환(內憂外患): 내부에서 일어나는 근심과 외부로부터 받는 근심이란 뜻.

157

可
옳을 가

字源풀이

甲骨文(갑골문)에 '可', 小篆體(소전체)에 '可' 의 자형으로 볼 때, 입 구(口)와 '丂'의 合體字 (합체자)이다. '丂'는 허파의 공기를 내보낼 때의 소리를 가리킨 指 事字(지사자)로 '찬동' 의 뜻이다.

자형 변천

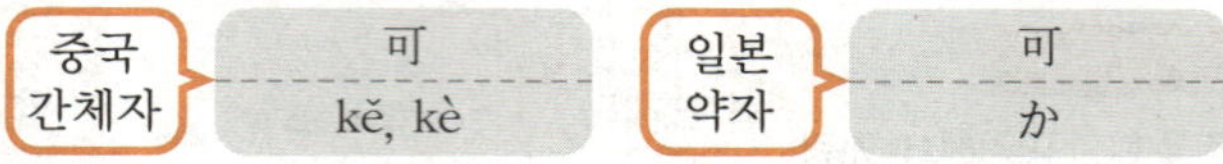

갑골문	금문	전서	예서	해서
㞷	可	可	可	可

나라별 비교

중국 간체자	可 kě, kè	일본 약자	可 か

【부수자】 口

【영 문】 may, can, - able; possibly

【활용단어】

- 가능(可能): 할 수 있음. 될 수 있음. 사유 (思惟) 상(上) 모순이 없음.
- 인가(認可): 인정하여 허락함. 어떤 행위의 법률 상의 효과를 발생시키는 행정 처분.
- 등화가친(燈火可親): 등불을 가까이 할 수 있다는 뜻으로, 가을 밤은 시원하고 상쾌 하므로 등불을 가까이 하여 글 읽기에 좋 음을 이르는 말.

158

退
물러갈 퇴

字源풀이

'쉬엄쉬엄 갈 착(辶)' 에 '그칠 간(艮)'을 합친 글자로, 하던 일을 그치고(艮) 간 다(辶)는 데서 '물러 가다'의 뜻이다.

자형 변천

갑골문	금문	전서	예서	해서
㞷	退	退	退	退

나라별 비교

중국 간체자	退 tuì	일본 약자	退 たい

【부수자】 辶

【영 문】 step back, retreat withdraw

【활용단어】

- 격퇴(擊退): 적군을 쳐서 물리침.
- 후퇴(後退): 뒤로 물러남.
- 진퇴양난(進退兩難): 이러지도 저 러지도 못함.

危
위태할 위

字源풀이

小篆(소전)에 '危'의 자형으로 사람(夕=人)이 절벽(厂: 언덕 한) 위에, 또 아래에 사람(㔾)이 서 있는 것은 '위태롭다'는 뜻이다.

자형 변천

갑골문	금문	전서	예서	해서

나라별 비교

중국 간체자	危 wēi	일본 약자	危 キ

【부수자】厄

【영　문】danger, dangerous

【활용단어】

- 안위(安危): 편안함과 위태함.
- 위독(危篤): 병세가 아주 중하여 생명이 위태로움.
- 견위치명(見危致命): 나라가 위태함을 보고 제 몸을 나라에 바침.

難
어려울 난

字源풀이

'새 추(隹)'와 '탄식할 탄(嘆)'의 省體(생체)인 '堇'의 形聲字(형성자)로, 원래 '금빛 날개의 새'의 뜻이었는데, '어렵다'는 뜻이 되었다.

자형 변천

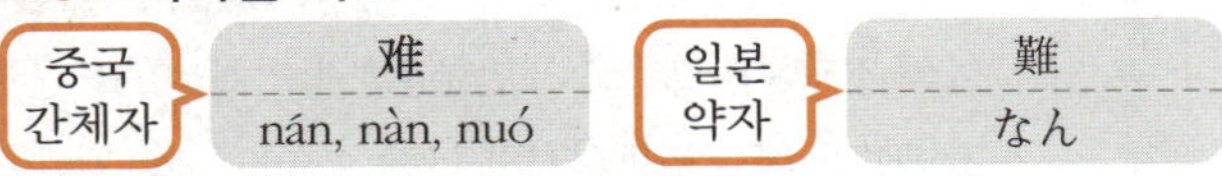

갑골문	금문	전서	예서	해서

나라별 비교

중국 간체자	难 nán, nàn, nuó	일본 약자	難 なん

【부수자】隹

【영　문】difficult, hard

【활용단어】

- 난치병(難治病): 고치기 어려운 병.
- 간난(艱難): 몹시 힘들고 어려움.
- 난공불락(難攻不落): 공격하기가 어려워 함락되지 아니함.

[格物致知]

격 물 치 지

事物의 理致를 구명하여 自己의 知識을 確固하게 함.

格(이를 격)　物(만물 물)　致(이를 치)　知(알 지)

●四書(사서)의 하나인 『大學(대학)』은 유교의 教義(교의)를 간결하게 체계적으로 서술한 책으로서 그 내용은 三綱領〔삼강령, 明明德(명명덕), 新民(신민), 止於至善(지어지선)〕, 八條目〔팔조목, 格物(격물), 致知(치지), 誠意(성의), 正心(정심), 修身(수신), 齊家(제가), 治國(치국), 平天下(평천하)〕으로 요약된다.

八條目 중 여섯 조목에 대해서는 『大學』에 해설이 나와 있으나 '格物(격물)', '致知(치지)'의 두 조목에 대해서는 해설이 없다. 그래서 宋代(송대) 이후 유학자들 사이에 그 해석을 둘러싸고 여러 설이 나와 유교 사상의 근본 문제 중의 하나로 논쟁의 표적이 되어 왔다. 그중 대표적인 것으로는 송나라 朱子〔주자(朱熹, 1130~1200)〕의 설과 明(명)나라 王陽明〔왕양명(王守仁, 1472~1528)〕의 설을 들을 수 있다.

① 朱子의 설 : 萬物(만물)은 모두 한 그루의 나무와 한 포기의 풀에 이르기까지 각각 '理'를 갖추고 있다. '理'를 하나하나 窮究(궁구, 속속들이 깊이 연구함)해 나가면 어느 땐가는 豁然(활연, 환하게 터진 모양)히 만물의 겉과 속, 그리고 세밀함〔精〕과 거침〔粗〕을 명확히 알 수가 있다.

② 王陽明의 설 : 格物의 '物'이란 事이다. '事'란 어버이를 섬긴다던가 임금을 섬긴다던가 하는 마음의 움직임, 곧 뜻이 있는 곳을 말한다. '事'라고 한 이상에는 거기에 마음이 있고, 마음밖에는 '物'도 없고 '理'도 없다. 그러므로 格物의 '格'이란 '바로잡는다'라고 읽어야 하며 '事'를 바로잡고 마음을 바로잡는 것이 '格物'이다. 악을 떠나 마음을 바로잡음으로써 사람은 마음속에 선천적으로 갖추어진 良知(양지)를 명확히 할 수가 있다. 이것이 知를 이루는〔致〕 것이며 '致知'이다.

禮儀生活 6

| 041 | 出告反面
출 곡 반 면 | ▶ | 외출시는 여쭙고 돌아와서는 뵈오며
外出時は伺い戻っては挨拶 |

041 **出告反面** 출 곡 반 면
▶ 외출시는 여쭙고 돌아와서는 뵈오며
外出時は伺い戻っては挨拶

042 **朝夕孝養** 조 석 효 양
▶ 아침 저녁 孝誠으로 부모님을 봉양하여
朝に夕に誠をつくして父母につかえ

043 **仰請茶飯** 앙 청 다 반
▶ 차와 음식을 정성껏 올리고
茶や食べ物は誠意を込めて

044 **車內讓席** 차 내 양 석
▶ 車를 타면 어른들에게 자리를 양보한다.
車中では お年寄りに席を讓る

045 **迎接訪客** 영 접 방 객
▶ 찾아온 손님을 기꺼이 맞이하고
訪ねて来る客は快く迎え

046 **扶步拜送** 부 보 배 송
▶ 문밖까지 나와 전송한다.
門まで出て見送りする

047 **固誠助友** 고 성 조 우
▶ 진실로 정성껏 친구를 돕고
真に誠意を込めて友を助け

048 **益壽忘欲** 익 수 망 욕
▶ 늙을수록 욕심을 버린다.
年を取るほどに欲心を捨てる

161

出
날 출

사람의 발이 문(또는 동굴) 밖으로 향하여 나가는 모양을 가리키어 ''의 형태로 나타낸 것인데, 楷書體(해서체)의 '出'자가 된 것이다.

✿ 자형 변천

갑골문	금문	전서	예서	해서

✿ 나라별 비교

중국 간체자	出 chū	일본 약자	出 しゅつ・すい

【부수자】 凵

【영　문】 go out, come out

【활용단어】

- 일출(日出): 해가 돋음. 해돋이.
- 제출(提出): 문안(文案)이나 의견·법안 등을 내어놓음.
- 적출(摘出): (수술 따위로) 속에 들어 있는 것을 끄집어내거나 몸의 일부를 도려냄. (부정이나 결점 따위를) 들추어냄.

162

告
고할 고
청할 곡

'소 우(牛)'에 '입 구(口)'를 합한 글자로, 소는 비록 입으로 말은 못하나 뿔로 대신하여 의사를 전한다는 뜻에서 '알리다'의 뜻으로 쓰인다.

✿ 자형 변천

갑골문	금문	전서	예서	해서

✿ 나라별 비교

중국 간체자	告 gào	일본 약자	告 こく

【부수자】 口

【영　문】 tell, inform

【활용단어】

- 고발(告發): 범죄자가 아닌 사람이 수사(搜査) 기관(機關)에 범죄 사실을 신고하여 처벌을 요구하는 행위.
- 경고(警告): 주의하라고 경계하여 알림.
- 이실직고(以實直告): 사실 그대로 고함.

163

反
돌이킬 **반**

甲骨文(갑골문)에 '辶'의 형태로, 본래 깃털 따위를 손으로 잡아서 반대로 뒤집는 모양을 본뜬 글자로, '돌이키다'의 뜻으로 쓰였다.

자형 변천

갑골문	금문	전서	예서	해서
反	反	反	反	反

나라별 비교

중국 간체자	反 fǎn	일본 약자	反 たん·はん·ほん

〖부수자〗又
〖영 문〗contrary, return

〖활용단어〗
- 반기(反旗): 반대의 뜻을 나타내는 행동이나 표시.
- 여반장(如反掌): 일이 손바닥 뒤집듯이 아주 쉬움을 이르는 말.
- 이율배반(二律背反): 서로 모순되는 두 명제(命題)가 동등한 타당성을 가지고 주장되는 일.

164

面
낯 **면**

小篆(소전)에 '面'의 자형으로, 본래 얼굴에 쓴 가면의 모양을 본 뜬 글자인데, 뒤에 '얼굴'의 뜻이 되었다.

자형 변천

갑골문	금문	전서	예서	해서
面	面	面	面	面

나라별 비교

중국 간체자	面 miàn	일본 약자	面 めん

〖부수자〗面
〖영 문〗face, surface

〖활용단어〗
- 가면(假面): 나무, 종이 등으로 만든 얼굴의 형상, 탈.
- 면적(面積): 한정된 평면이나 구면의 크기.
- 득의만면(得意滿面): 뜻한 바를 이루어 기쁜 표정이 얼굴에 가득함.

165

朝
아침 조

'해돋을 간(倝)'에 '달 월(月)'을 합한 글자로, 해가 떠오르는데(倝) 서쪽 하늘에는 아직 새벽 달(月)이 떠 있다는 데서 '아침'의 뜻이다. '月'을 '舟'(배 주)의 변형으로도 본다.

자형 변천

갑골문	금문	전서	예서	해서
				朝

나라별 비교

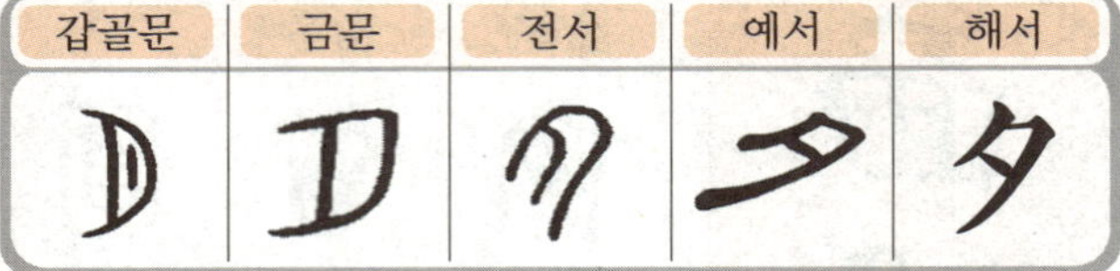

중국 간체자	朝 zhāo, cháo	일본 약자	朝 ちょう

【부수자】 月

【영 문】 morning, day

【활용단어】

- 조간(朝刊): 조간신문(朝刊新聞)의 준말.
- 조강(朝講): 이른 아침에 강연관(講筵官)이 왕께 진강(進講)하는 일.
- 조령모개(朝令暮改): '아침에 내린 명령을 저녁에 바꾼다'는 뜻으로, '명령을 자주 뒤바꿈'을 이르는 말.

166

夕
저녁 석

저녁을 나타낸 글자는 甲骨文(갑골문)의 자형으로 보면, '月'자와 구별 없이 '☾, ☽'의 형태로 썼지만, 小篆(소전)에서부터 '月'자에서 1획을 생략하여 밤이 아니라, 저녁을 나타내는 '夕'자를 만든 것이다.

자형 변천

갑골문	금문	전서	예서	해서
				夕

나라별 비교

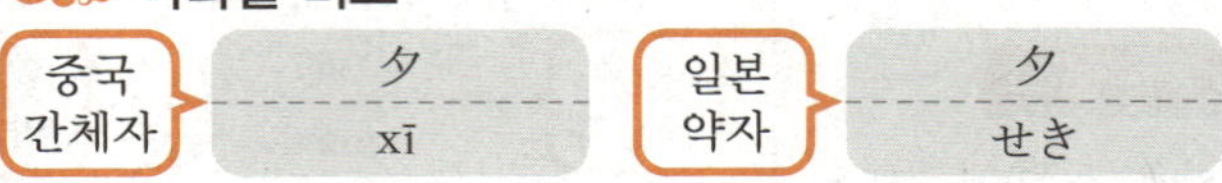

중국 간체자	夕 xī	일본 약자	夕 せき

【부수자】 夕

【영 문】 sunset, evening, night

【활용단어】

- 석양(夕陽): 해질 때의 해, 혹은 그 햇빛.
- 신석(晨夕): 새벽과 저녁.
- 조문석사(朝聞夕死): 아침에 참된 이치를 들어 깨달으면 저녁에 죽어도 한이 없다는 말.

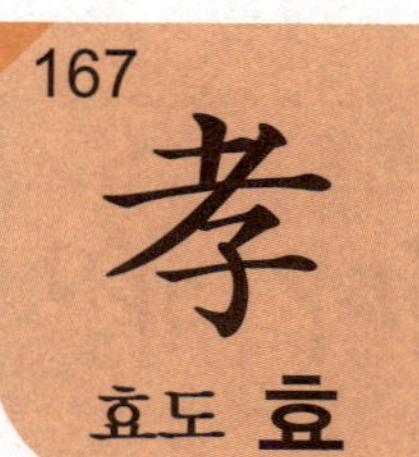

167 孝
효도 효

'늙을 로(老→耂)'에 '아들 자(子)'를 합한 글자로, 자식(子)이 부모(老)를 받든다는 데서 '효도'의 뜻이다.

자형 변천

갑골문	금문	전서	예서	해서
	耂	耂	孝	孝

나라별 비교

중국 간체자	孝 xiào	일본 약자	孝 こう

【부수자】 子
【영 문】 filial piety

【활용단어】
- 불효(不孝): 어버이를 잘 섬기지 않음.
- 효성(孝誠): 마음을 다해 어버이를 잘 섬기는 정성.
- 반포지효(反哺之孝): 까마귀 새끼가 자란 뒤에 늙은 어미에게 먹이를 물어다 주는 효성(孝誠)이라는 뜻.

168 養
기를 양

'양 양(羊)'과 '밥 식(食)'의 形聲字(형성자)로, 기름진 음식을 만들어 양처럼 유순하게 '봉양한다'는 뜻이다.

자형 변천

갑골문	금문	전서	예서	해서
	羊	養	養	養

나라별 비교

중국 간체자	养 yǎng	일본 약자	養 よう

【부수자】 食
【영 문】 grow, raise, breed

【활용단어】
- 양돈(養豚): 돼지를 먹여 기름.
- 자양(滋養): 몸의 영양을 좋게 함.
- 양호유환(養虎遺患): 호랑이를 길러 근심을 남김. 스스로 화를 자초했다는 뜻.

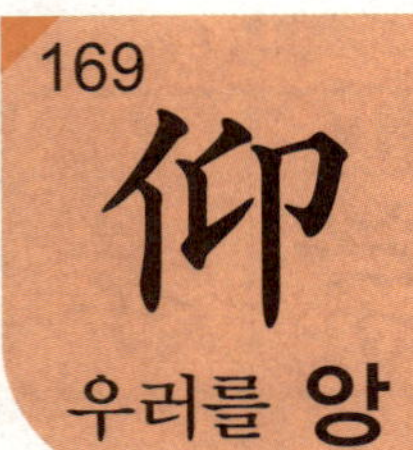

169 仰
우러를 앙

'사람 인(亻)'과 '오를 앙(卬)'의 형성자로, 우러르다의 뜻이다. 우러러보다는, 곧 높이 쳐다본다는 데서 '卬'을 취하였다.

자형 변천

갑골문	금문	전서	예서	해서
		卬	卬	仰

나라별 비교

중국 간체자	仰 yǎng	일본 약자	仰 ぎょう·こう

[부수자] 人

[영 문] look up, admire or revere

[활용단어]

- 부앙(俯仰): 아래를 굽어봄과 위를 쳐다봄.
- 신앙(信仰): 믿고 받드는 일.
- 앙부일구(仰釜日晷): 보물 제845호. 17~18세기의 조선 후기에 제작된 2개의 해시계.

170 請
청할 청

'말씀 언(言)'과 '푸를 청(靑)'의 형성자로, 말로 부탁(請)하다의 뜻이다. 靑은 情(뜻 정)의 省字로서 陳情(진정)할 뜻으로 취하였다.

자형 변천

갑골문	금문	전서	예서	해서
	請	請	請	請

나라별 비교

중국 간체자	请 qǐng	일본 약자	請 しょう·しん·せい

[부수자] 言

[영 문] request, ask, please

[활용단어]

- 청로(請老): 늙어서 퇴직을 원함.
- 초청(招請): 청하여 불러들임.
- 전지전청(轉之轉請): (직접 청하지 않고) 여러 사람을 거쳐서 간접으로 청함.

171

茶
차 다

字源풀이

본래 '나무 목(木)'과 꽃 화(苍→花)의 省字(생자)인 '茇'의 합체자로, 음료로 마시는 차의 뜻이다. 따라서 '茶'는 '木' 부수에 속해야 한다. 차는 꽃이 피는 나무라는 뜻이다.

자형 변천

갑골문	금문	전서	예서	해서
		茶	茶	茶

나라별 비교

중국 간체자	일본 약자
茶 chá	茶 さ, ちゃ

〔부수자〕 ++

〔영 문〕 tea

〔활용단어〕

- 차례(茶禮): 명절날이나 조상의 생일, 또는 음력으로 매달 초하루와 보름날 등의 낮에 간단히 지내는 제사.
- 녹차(綠茶): 푸른빛이 그대로 나도록 말린 부드러운 찻잎 또는 그것을 끓인 차(茶).
- 일상다반(日常茶飯): 항상 있는 일.

172

飯
밥 반

字源풀이

'먹을 식(食)'과 '되돌릴 반(反)'의 形聲字(형성자)이다. '反'은 곧 '返(돌아올 반)'의 省體(생체)로, 음식을 입에 넣어 반복해서 씹는다는 데서 '먹다'의 뜻이었는데, '밥'의 뜻으로도 쓰인다.

자형 변천

갑골문	금문	전서	예서	해서
	飯	飯	飯	飯

나라별 비교

중국 간체자	일본 약자
饭 fàn	飯 はん

〔부수자〕 食

〔영 문〕 meal, feed, cooked rise

〔활용단어〕

- 반합(飯盒): 밥을 지어 먹을 수 있게 알루미늄으로 만든 그릇.
- 잔반(殘飯): 먹고 남은 밥.
- 항다반사(恒茶飯事): 항상 있는 차와 밥처럼 예사로운 일. 일상 있는 일.

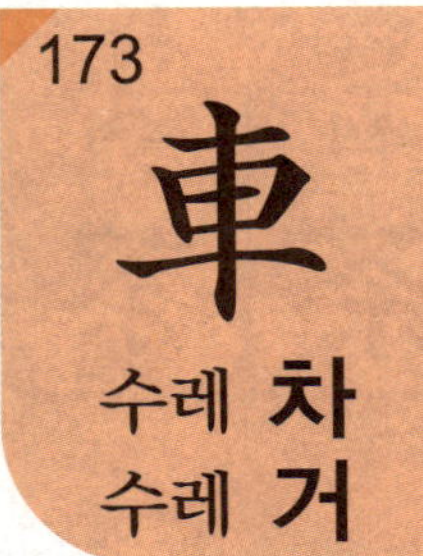

173

車
수레 **차**
수레 **거**

字源풀이

수레의 바퀴모양을 강조하여 '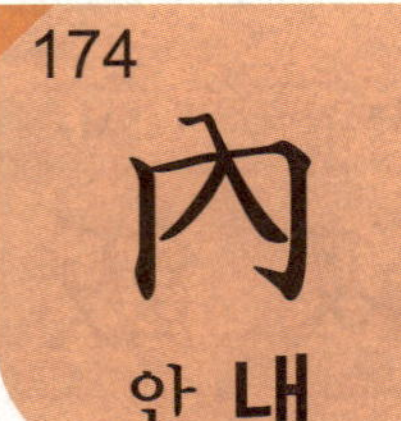, 車'와 같이 그린 것인데, 楷書體(해서체)의 '車(수레 거)' 자가 된 것이다.

자형 변천

갑골문	금문	전서	예서	해서
		車	車	車

나라별 비교

중국 간체자	车 chē, jū	일본 약자	車 しゃ

〔부수자〕 車
〔영 문〕 car, vehicle, a wheeled machine

〔활용단어〕
- 객차(客車): 기차 등에서 승객이 타는 차량.
- 거마(車馬): 수레와 말.
- 군용열차(軍用列車): (군인들이나 군수품들을 실어 나르는 등의) 군사 목적에 쓰이는 열차.

174

內
안 **내**

字源풀이

집 안으로 '들어간다'는 뜻이며, 그 '안쪽'을 뜻하게 되었다.

자형 변천

갑골문	금문	전서	예서	해서
內	內	內	內	內

나라별 비교

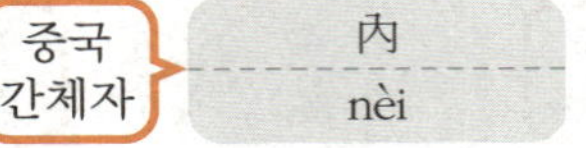

중국 간체자	內 nèi	일본 약자	內 だい, ない

〔부수자〕 入
〔영 문〕 inside, inner, into

〔활용단어〕
- 내용(內容): 사물의 속내나 실속.
- 안내(案內): 인도(引導)하여 내용을 알려 줌, 또는 그 일.
- 내신성적(內申成績): 상급 학교가 입학생을 선발하기 위하여 하급학교로부터 받는 학생에 관한 기록.

175 讓

사양할 양

字源풀이

'말씀 언(言)'과 '도울 양(襄)'의 形聲字(형성자)로, 본의는 말로 상대를 힐책하다의 뜻이었는데, 뒤에 '사양한다'의 뜻이 되었다.

나라별 비교

중국 간체자	让 ràng	일본 약자	讓 じょう

【부수자】 言
【영　문】 give way, allow, permit

- 분양(分讓): 나누어서 넘겨줌.
- 양도(讓渡): 권리·재산 따위를 남에게 넘겨줌.
- 사양지심(辭讓之心): 사양할 줄 아는 마음을 일컫는 말.

---

176 席

자리 석

字源풀이

수건 건(巾)과 무리 서(庶)의 변형자가 합쳐진 형성자로, 수건 형태로 생긴 자리란 뜻이다.

나라별 비교

중국 간체자	席 xí	일본 약자	席 せき

【부수자】 巾
【영　문】 mat, seat

- 석차(席次): 자리의 차례. 석순(席順). 성적(成績)의 차례.
- 참석(參席): 자리에 참여함.
- 석고대죄(席藁待罪): 거적을 깔고 엎드려 벌(罰) 주기를 기다린다는 뜻으로, 죄과(罪過)에 대한 처분을 기다림.

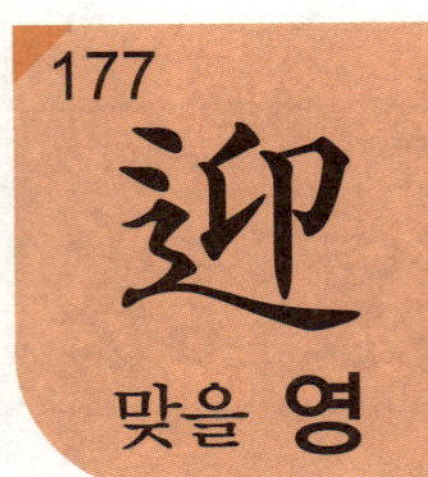

177 迎 맞을 영

字源풀이

'쉬엄쉬엄 갈 착(辶)'
과 '오를 앙(卬)'의
形聲字(형성자)로,
나아가 '만나다', '맞
이하다'의 뜻이다.

자형 변천

갑골문	금문	전서	예서	해서
		迎	迎	迎

나라별 비교

중국 간체자	迎 yíng	일본 약자	迎 げい・ごう

【부수자】辶
【영 문】 receive, greet, meet, welcome

【활용단어】
- 대환영(大歡迎): 성대하게 환영함.
- 영전(迎戰): 쳐들어오는 적의 군사와 마주 나아가서 싸움.
- 영합주의(迎合主義): 자기의 특별한 주의나 주장이 없이 남의 뜻만 잘 맞추어 주는 경향.

178 接 접할 접

字源풀이

'손 수(手)'와 '첩 첩
(妾)'의 形聲字(형성
자)로, 손으로 이끌어
'접하다'의 뜻이다.

자형 변천

갑골문	금문	전서	예서	해서
		接	接	接

나라별 비교

중국 간체자	接 jiē	일본 약자	接 せつ

【부수자】扌
【영 문】 contact with, to succeed to

【활용단어】
- 간접(間接): 사이에 든 다른 것을 통하여 연결되는 관계.
- 접속(接續): 이어지거나 이음.
- 면접시험(面接試驗): 직접 만나 보고 인품이나 언행 등을 시험하는 일.

※ '妾'은 옛날 죗값으로 관청에서 노역을 하기 때문에 비교적 접하는 사람이 많으므로 '妾'자를 취하였다.

179 訪 찾을 **방**

'말씀 언(言)'과 '모서리 방(方)'의 形聲字(형성자)로, 본의는 '널리 꾀하라'인데, 뒤에 '찾아가다'의 뜻이 되었다.

자형 변천

갑골문	금문	전서	예서	해서
		訪	訪	訪

나라별 비교

중국 간체자	访 fǎng	일본 약자	訪 ほう

〖부수자〗 言
〖영 문〗 visit, call on

〖활용단어〗
- 내방(來訪): 만나려고 찾아옴.
- 방문(訪問): 찾아가서 봄.
- 호별방문(戶別訪問): 집집마다 찾아다님.

---

180 客 손 **객**

'집 면(宀)'과 '각각 각(各)'의 形聲字(형성자)로, 남의 집에 의탁한 사람이라는 데서 '손님'의 뜻이다.

자형 변천

갑골문	금문	전서	예서	해서
客	客	客	客	客

나라별 비교

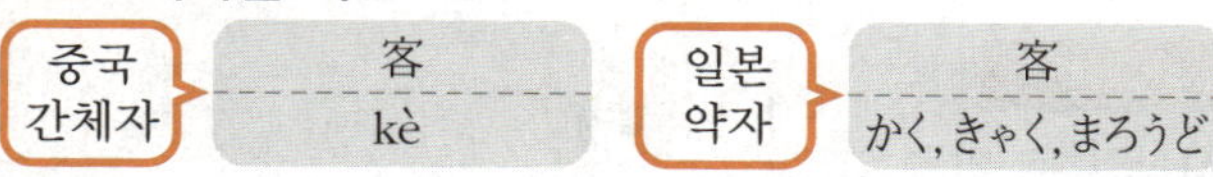

중국 간체자	客 kè	일본 약자	客 かく, きゃく, まろうど

〖부수자〗 宀
〖영 문〗 guest

〖활용단어〗
- 객지(客地): 자기 집을 멀리 떠나 있는 곳.
- 관객(觀客): 영화나 연극·무용 등의 무대 공연을 구경하는 사람.
- 주객전도(主客顚倒): 주인은 손님처럼 손님은 주인처럼 행동을 바꾸어 한다는 것으로 입장이 뒤바뀐 것.

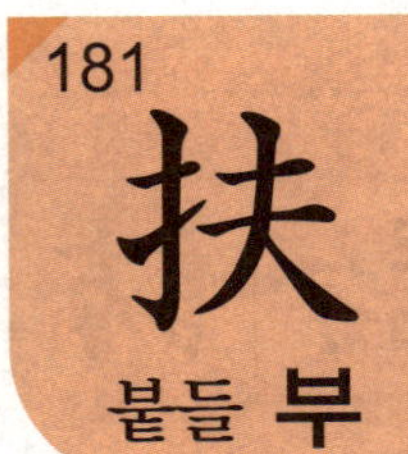

181 扶 붙들 부

字源풀이

손 수(扌)와 사내 부(夫)의 형성자로, 장부(夫)는 힘이 세어 도울 수 있으므로 夫를 취한 것이다.

자형 변천

갑골문	금문	전서	예서	해서
	扶	扶	扶	扶

나라별 비교

중국 간체자 — 扶 / fú

일본 약자 — 扶 / ふ

〖부수자〗 扌

〖영 문〗 support, aid, help

〖활용단어〗

- 부양(扶養): 스스로의 힘으로 살아갈 수 없는 사람의 생활을 돌봄. 도와 기름.
- 협부(協扶): 힘을 모아 도와 줌.
- 상부상조(相扶相助): 서로서로 도움.

182 步 걸음 보

字源풀이

사람의 두 발을 그리어 '步, 步, 步'의 형태로 걸어가는 것을 나타낸 것인데, 楷書體(해서체)의 '步(걸음 보)'자가 된 것이다. '步'를 '步'의 형태로 써서는 안 된다.

자형 변천

갑골문	금문	전서	예서	해서
步	步	步	步	步

나라별 비교

중국 간체자 — 步 / bù

일본 약자 — 步 / ふ·ぶ·ほ

〖부수자〗 止

〖영 문〗 pace, step, walk

〖활용단어〗

- 보초(步哨): 초소(哨所)에서 경비를 맡아보는 사람.
- 진보(進步): 시간의 경과와 함께 사물의 내용이나 정도가 차차 향상하여 가는 것.
- 칠보지재(七步之才): 일곱 걸음에 시를 짓는 재주라는 뜻으로, 시를 빨리 잘 짓는 재주를 이르는 말.

183 拜 절 배

字源풀이

본래 손에 신장대를 잡고 신에게 절하는 것을 가리키어 '秢, 秢, 拜'의 형태로 나타낸 것인데, 楷書體(해서체)의 '拜(절 배)'자가 된 것이다.

자형 변천

갑골문	금문	전서	예서	해서
	秢	拜	拜	拜

나라별 비교

중국 간체자	拜 bài	일본 약자	拜 はい

〖부수자〗手
〖영 문〗bow

〖활용단어〗
- 배알(拜謁): 높거나 존경하는 사람을 찾아가 뵘.
- 숭배(崇拜): 거룩하게 높여 공경함.
- 돈수재배(頓首再拜): 머리를 땅에 닿도록 조아려 절을 두 번 함. 편지의 첫머리나 끝에 경의를 표함이라는 뜻으로 쓰는 말.

184 送 보낼 송

字源풀이

'전송할 잉(倂: 媵과 同字)'의 省體(생체)인 '夨'에 '쉬엄쉬엄 갈 착(辶)'을 합한 글자로, 시집갈 때 사람을 '따라 보내다'에서 '보내다'의 뜻으로 쓰이게 되었다.

자형 변천

갑골문	금문	전서	예서	해서
	送	送	送	送

나라별 비교

중국 간체자	送 sòng	일본 약자	送 そう

〖부수자〗辶
〖영 문〗send, deliver, give

〖활용단어〗
- 환송(歡送): 떠나는 사람을 축복(祝福)하고 기쁜 마음으로 보냄.
- 발송(發送): 물건을 부침.
- 허송세월(虛送歲月): 세월을 헛되어 보냄.

185 固 굳을 고

字源풀이

'둘러싸일 위(囗)'와 '옛 고(古)'의 형성자로, 둘러싸여 꼼짝 못하고 굳어져 있다는 뜻이다.

자형 변천

갑골문	금문	전서	예서	해서
		固	固	固

나라별 비교

중국 간체자	固 gù	일본 약자	固 こ

[부수자] 囗

[영　문] hard, strong

[활용단어]

- 고집(固執): 자기의 의견만 굳게 내세움.
- 확고(確固): 튼튼하고 굳음. 확실하고 단단함.
- 강고무비(强固無比): 비교할 수 없을 정도로 굳세고 튼튼함.

186 誠 정성 성

字源풀이

'말씀 언(言)'과 '이룰 성(成)'의 形聲字(형성자)로, 말(言)과 행동이 일치하도록 이루어(成)낸다는 데서 '정성'의 뜻이다.

자형 변천

갑골문	금문	전서	예서	해서
		誠	誠	誠

나라별 비교

중국 간체자	诚 chéng	일본 약자	誠 せい

[부수자] 言

[영　문] honest, true, sincere

[활용단어]

- 무성의(無誠意): 일에 성의가 없음.
- 성실(誠實): 정성스럽고 참됨.
- 성심성의(誠心誠意): 참되고 성실한 마음과 뜻.

187

助
도울 조

'힘 력(力)'과 '도마 조(且)'의 形聲字(형성자)이다. '且'는 '祖(할아버지 조)'의 本字(본자)로, 옛사람들은 큰 일이 있을 때는 조상에게 제사를 지내며 보호를 구하였으므로 '돕다'의 뜻이다.

자형 변천

갑골문	금문	전서	예서	해서
	且	眇	助	助

나라별 비교

중국 간체자	助 zhù	일본 약자	助 じょ

【부수자】 力

【영 문】 help, aid, assist

【활용단어】

- 조장(助長): 도와서 자라나게 한다는 뜻으로, 좋지 못한 행위나 습관을 조급히 키우려다 오히려 망친다는 경계(警戒)의 뜻을 지닌 말.
- 보조(補助): 물질적으로 보태어 도움. 보충하여 돕는 것.
- 계명지조(鷄鳴之助): 닭 울음의 도움이란 뜻으로, 어진 아내의 내조(內助)를 이르는 말.

188

友
벗 우

甲骨文(갑골문)에 '𝌨', 金文(금문)에 '𝌨' 등의 자형으로 볼 때, 손(又)을 맞잡고 있는 모습을 그리어 '벗'의 뜻을 나타내었다.

자형 변천

갑골문	금문	전서	예서	해서
𝌨	𝌨	𝌨	友	友

나라별 비교

중국 간체자	友 yǒu	일본 약자	友 ゆう

【부수자】 又

【영 문】 friend, friendship

【활용단어】

- 우정(友情): 친구와의 정.
- 지우(知友): 서로 마음을 아는 친한 벗.
- 문방사우(文房四友): 서재에 꼭 있어야 할 네 벗, 즉 종이·붓·벼루·먹을 말함.

189 益 더할 익

字源풀이

甲骨文(갑골문)에 '𣶒', '𣶒', 金文(금문)에 '𥁵', '𥁵' 등의 자형으로서 그릇의 물이 넘쳐흐르는 것을 나타낸 會意字(회의자)이다.

자형 변천

갑골문	금문	전서	예서	해서

나라별 비교

중국 간체자	益 yì	일본 약자	益 えき・やく

【부수자】 皿
【영　문】 increse, to add to, benefit

【활용단어】
- 유해무익(有害無益): 해는 있으되 이익이 없음.
- 익수(益壽): 오래 삶. 장수(長壽)함.
- 익언(益言): 이로운 말.

※ 뒤에 '더할 익, 이로울 익'의 뜻으로 전의되자, 'ⅰ(水)'를 더하여 '溢'(넘칠 일)자를 또 만들었다. 字音(자음)도 변하여 '일'로 읽는다.('腦溢血'을 '뇌익혈'이 아니라 '뇌일혈'로 발음해야 한다.)

---

190 壽 목숨 수

字源풀이

'壽'자는 金文(금문)에 '𤕦'의 자형으로 볼 때 '老'의 省體 '耂'와 '疇'(밭두둑 주)의 古字인 '𤰈'의 形聲字(형성자)이다. 노인의 나이가 오래되고 밭두둑이 길다의 뜻으로 '오래 살다'의 뜻이 되었다.

자형 변천

갑골문	금문	전서	예서	해서

나라별 비교

중국 간체자	寿 shòu	일본 약자	寿 じゅ

【부수자】 士
【영　문】 old age, birthday, the life span

【활용단어】
- 수명(壽命): 타고난 목숨의 연한. (물품이나 시설의) 사용에 견디는 기간. 쓰일 수 있는 기간.
- 희수(稀壽): 일흔 살을 일컫는 말.
- 만수무강(萬壽無疆): (수명의 길이가 한이 없다는 뜻으로) 건강과 장수를 축원하는 말.

191 忘 잊을 망

字源풀이

'마음 심(心)'과 '망할 망(亡)'의 形聲字(형성자)로, 마음(心)에서 '잊다'는 뜻이다.

자형 변천

갑골문	금문	전서	예서	해서
		亾	忘	忘

나라별 비교

중국 간체자	忘 wàng, wáng	일본 약자	忘 ぼう

〖부수자〗 心
〖영 문〗 forget

〖활용단어〗
- 오매불망(寤寐不忘): 자나깨나 잊지 못함.
- 백골난망(白骨難忘): 죽어도 잊지 못할 큰 은혜를 입음이란 뜻.
- 망각(忘却): 잊어버림.

192 欲 하고자 할 욕

字源풀이

'골 곡(谷)'과 '하품 흠(欠)'의 형성자로, 사람의 마음이 골짜기(谷)처럼 텅 비어 있어 그것을 채우려고 크게 입을 벌리고(欠) '욕심을 내다', '탐내다'의 뜻이다.

자형 변천

갑골문	금문	전서	예서	해서
		欲	欲	欲

나라별 비교

중국 간체자	欲 yù	일본 약자	欲 よく

〖부수자〗 欠
〖영 문〗 desire, intend, want, wish

〖활용단어〗
- 의욕(意欲): 하고자 하는 적극적인 마음씨.
- 욕망(欲望): 무엇을 하거나 가지고자 하는 바람. 누리고자 탐함, 또는 그 마음. 부족을 느끼어 이를 채우려고 바라는 마음.
- 종욕염사(從欲厭私): 욕심 내키는 대로 하여 사사로운 감정을 충족시킴.

溫故知新
온 고 지 신

옛것을 알면서 새것도 안다는 뜻.

溫(따뜻할 온) 故(연고 고) 知(알 지) 新(새 신)

● 孔子(공자)는 『論語(논어)』〈爲政篇(위정편)〉에서 이렇게 말했다.

"옛것을 익히어 새것을 알면 이로써 남의 스승이 될 수 있느니라.〔溫故而知新 可以爲師矣(온고이지신 가이위사의)〕"

남의 스승이 된 사람은 古典(고전)에 대한 博識(박식)만으로는 안 된다. 즉 고전을 연구하여 거기서 현대나 미래에 적용될 수 있는 새로운 도리를 깨닫는 것이 아니면 안 된다는 것을 말하고 있다.

또 『禮記(예기)』學記(학기)에는 이런 글이 실려 있다.

"記問之學(피상적인 학문)은 이로써 남의 스승이 되기에는 부족하다.〔記問之學 不足以爲師矣(기문지학 부족이위사의)〕"

지식을 암기해서 질문에 대답하는 것만으로는 남의 스승이 될 자격이 없다는 뜻인데, 이 말은 실로 '온고지신'과 표리를 이루는 것이다. 우리가 오늘날 고전을 연구함에 있어서도 고전의 현대적 의의를 탐구하는 것이 중요하며 여기에 고전 학습의 의의가 있는 것이다.

049 **眞假區別** (진가구별)
→ 진실과 거짓을 구별하고
真実と偽りを区別して

050 **是非明白** (시비명백)
→ 옳고 그름을 명백히 하며
正しさと間違いを明白にして

051 **左右異舌** (좌우이설)
→ 左右派의 서로 다른 舌戰은
左右派のお互い異なる舌戰は

052 **皆悟要點** (개오요점)
→ 모두 중요점을 깨달아야 한다.
皆が重要点を悟らねばならない

053 **體比逆船** (체비역선)
→ 몸은 물을 거슬러 가는 배와 같으니
體は 水の流れとは逆にいく船の様に

054 **晝夜工夫** (주야공부)
→ 부단히 공부해야 한다.
不断に勉強しなければならない

055 **質問處身** (질문처신)
→ 평소 어떻게 處身해야 함을 여쭈니
平素 どのように處身すべきか尋ねるに

056 **師說忍怒** (사설인노)
→ 스승께서는 분노를 참는 것이라 한다.
師は怒りをこらえよという

193

眞
참 진

字源풀이

匕(될 화의 古字), 目(눈 목), 乚(隱의 古字), ㆍㆍ (丌의 省文)의 회의자로, 사람이 도를 닦아 신선으로 변하여 하늘로 올라간 사람이란 뜻이다. 도를 깨친 사람에서 참되다의 뜻이 되었다. 仙人(선인)을 眞人(진인)이라고도 칭함에서도 알 수 있다.

자형 변천

갑골문	금문	전서	예서	해서
	眞	眞	眞	眞

나라별 비교

중국 간체자	真 zhēn	일본 약자	真 しん

【부수자】目

【영 문】 true, real, factual, genuine

【활용단어】

- 진지(眞摯): 말이나 태도가 참답고 착실함.
- 순진(純眞): 마음이 꾸밈이 없고 참됨.
- 순진무구(純眞無垢): 마음과 몸이 아주 깨끗하여 조금도 더러운 때가 없음.

194

假
거짓 가

字源풀이

'사람 인(人)'과 '빌릴 가(叚)'의 형성자로 되어 있으나, 본래는 '叚(빌릴 가)'의 累增字(누증자)임. 뒤에 '거짓'의 뜻으로 전의되었다.

자형 변천

갑골문	금문	전서	예서	해서
		假	假	假

나라별 비교

중국 간체자	假 jiǎ, jià	일본 약자	仮 か, け, が

【부수자】人

【영 문】 assumed, false, pretended

【활용단어】

- 가정(假定): 사실이 아니거나, 사실인지 아닌지 분명하지 않은 것을 사실인 것처럼 인정함.
- 가발(假髮): 머리털로 여러 가지 모양을 만들어 치레로 머리에 쓰는 물건.
- 가호위호(假虎威狐): 여우가 범의 위세(威勢)를 빌어 다른 짐승들을 위협(威脅)한 우화(寓話)로, 신하가 군주의 권세에 힘입어 다른 신하를 공갈(恐喝)하거나 약자가 강자의 세력에 힘입어 백성을 협박함을 비유(比喩·譬喩)하는 말.

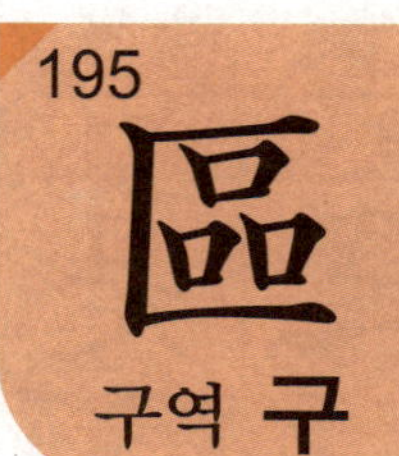

195 區 구역 구

字源풀이

본래 많은 물건(品)을 보이지 않게 감춘다(匚: 감출 혜)는 뜻이었는데, 뒤에 '구역'의 뜻으로 쓰였다.

자형 변천

갑골문	금문	전서	예서	해서

나라별 비교

중국 간체자	区 qū, ōu	일본 약자	区 く

【부수자】 匚

【영　문】 to distinguish, to discriminate, a district, an area, a zone

【활용단어】

- 구역(區域): 일정한 기준에 의하여 갈라놓은 지역이나 범위. 구. 교회의 신자(信者)를 지역에 따라 나눈 단위.
- 광구(鑛區): 광업권자(鑛業權者)가 관청의 허가를 얻어 광물(鑛物)을 채굴(採掘)할 수 있는 구역.
- 명구승지(名區勝地): 이름난 지구(地區)와 경치 좋은 곳.

196 別 다를 별

字源풀이

'살바를 과(另)'에 '칼 도(刂)'를 합한 글자로, 칼(刂)로 나누어 구별한다는 데서 '나누다' 또는 '다르다'의 뜻이다.

자형 변천

갑골문	금문	전서	예서	해서

나라별 비교

중국 간체자	别 bié	일본 약자	別 べつ

【부수자】 刀

【영　문】 distinguish, another, different

【활용단어】

- 결별(訣別): 아주 헤어지거나 갈라섬.
- 별지(別紙): 편지나 서류들에 따로 적어 덧붙이는 종이쪽.
- 부부유별(夫婦有別): 남편과 아내는 분별이 있어야 한다.

197

是
이 시

'날 일(日)'과 '바를 정(正)'의 合體字(합체자)로, 해는 偏頗(편파)해서 비치지 않고 천하에서 가장 바른 것이므로 '마땅하다', '옳다', '이것'의 뜻이다.

자형 변천

갑골문	금문	전서	예서	해서
	是	是	是	是

나라별 비교

중국 간체자	是 shì	일본 약자	是 ぜ

【부수자】日
【영　문】this, that

【활용단어】
- 국시(國是): 나라 정책의 기본 방침.
- 시인(是認): 옳다고 또는 그렇다고 인정함.
- 사시이비(似是而非): 겉으로는 비슷하지만 속은 다름.

198

非
아닐 비

본래 새의 날개를 손으로 잡아 날아갈 수 없게 한 데서, 다시 날개가 서로 엇갈려 있음에서 서로 다름, 나아가 '아니다'의 부정사로 쓰였다.

자형 변천

갑골문	금문	전서	예서	해서
非	非	非	非	非

나라별 비교

중국 간체자	非 fēi	일본 약자	非 ひ

【부수자】非
【영　문】not, non, wrong

【활용단어】
- 비공개(非公開): 남에게 알리거나 보이지 않음.
- 초비상(超非常): 매우 비상함.
- 시비지심(是非之心): 사단(四端)의 하나. 시비를 가릴 줄 아는 마음.

199 明 밝을 명

字源풀이

'날 일(日)'과 '달 월(月)'의 會意字(회의자)로, 해(日)와 달(月)이 세상을 환하게 비춘다는 데서 '밝다'의 뜻이다.

자형 변천

갑골문	금문	전서	예서	해서

나라별 비교

중국 간체자	일본 약자
明 míng	明 みょう·めい

【부수자】日

【영　문】light, bright, clear

【활용단어】

- 명랑(明朗): 밝고 쾌활함.
- 총명(聰明): 총기(聰氣)가 좋고 명민(明敏)함.
- 산자수명(山紫水明): 산빛이 곱고 강물이 맑다는 뜻으로, 산수(山水)가 아름다움을 이르는 말.

200 白 흰 백

字源풀이

'白'은 甲骨文(갑골문)에 '△'의 형태로, 본래는 엄지손가락의 모양을 본뜬 것인데, 뒤에 '희다'의 뜻으로 쓰이게 되었다.

자형 변천

갑골문	금문	전서	예서	해서

나라별 비교

중국 간체자	일본 약자
白 bái	白 はく·びゃく

【부수자】白

【영　문】white, clean, bright

【활용단어】

- 백미(白眉): 흰 눈썹. 여럿 가운데서 가장 뛰어난 사람이나 물건을 이름.
- 결백(潔白): 깨끗하고 흼. 욕심이 적고 마음이 맑음.
- 백골난망(白骨難忘): '죽어서 백골이 되어도 잊을 수 없다'는 뜻으로, 남에게 큰 은덕을 입었을 때 고마움을 나타내는 말.

左
왼 좌

字源풀이

장인(工)이 무엇을 만들 때는 오른손에 망치를 잡고 왼손(→ナ)의 연장을 두드려 만들기 때문에 '왼손'의 뜻이다.

자형 변천

갑골문	금문	전서	예서	해서
	𠂇	𠂇	左	左

나라별 비교

중국 간체자	일본 약자
左 zuǒ	左 さ

〖부수자〗 工
〖영 문〗 left side, east side, improper

〖활용단어〗
- 극좌(極左): 극단적인 좌익 사상이나 당파(黨派).
- 좌천(左遷): 관리가 높은 자리에서 낮은 자리로 떨어짐.
- 우왕좌왕(右往左往): 오른쪽으로 갔다 왼쪽으로 갔다 하여 종잡지 못하는 것.

右
오른 우

字源풀이

밥을 먹을 때는 오른손을 사용한다는 뜻에서 오른손을 그린 'ㄅ→ナ'의 자형에 'ㅁ'자를 더하여 '오른쪽'의 뜻으로 쓰였다.

자형 변천

갑골문	금문	전서	예서	해서
	右	右	右	右

나라별 비교

중국 간체자	일본 약자
右 yòu	右 う・ゆう

〖부수자〗 口
〖영 문〗 right, west

〖활용단어〗
- 우익수(右翼手): 야구에서 우익을 지키는 선수.
- 좌우간(左右間): 이러나저러나 어쨌든.
- 좌충우돌(左衝右突): 이리저리 닥치는 대로 마구 찌르고 치고 받고 함.

203 異 다를 이

字源풀이

'異'자의 金文(금문)은 '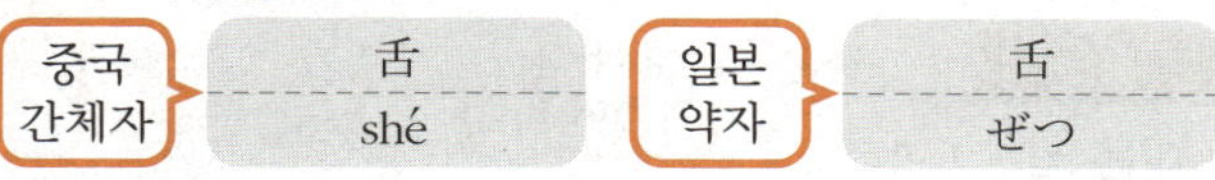'의 형태로 기이한 귀신 가면을 쓰고 춤을 추는 무당의 모습을 본떠 만들어진 글자로, '기이하다'의 의미에서 '다르다'는 의미가 추가되었다.

자형 변천

갑골문	금문	전서	예서	해서
𢍰	𢍰	異	異	異

나라별 비교

중국 간체자	일본 약자
异 yì	異 い

〖부수자〗 田
〖영 문〗 different, difference

〖활용단어〗
- 이상(異常): 정상이 아닌 상태나 현상.
- 기이(奇異): 기묘하고 이상함.
- 동상이몽(同床異夢): 같은 잠자리에서 다른 꿈을 꾼다는 뜻.

204 舌 혀 설

字源풀이

본래 뱀의 갈라진 혀 모양(舌)을 그린 글자이다.

자형 변천

갑골문	금문	전서	예서	해서
舌	舌	舌	舌	舌

나라별 비교

중국 간체자	일본 약자
舌 shé	舌 ぜつ

〖부수자〗 舌
〖영 문〗 tongue

〖활용단어〗
- 설전(舌戰): 말다툼.
- 독설(毒舌): 악독하게 혀끝을 놀려서 남을 해치는 말.
- 상하순설(上下脣舌): 남의 입에 오르내림.

皆
다 개

字源풀이

'견줄 비(比)'와 '흰 백(白)'의 會意字(회의자)로, '白'은 곧 '自'로서 여러 사람이 견주어 '다 같다는' 뜻이다.

자형 변천

갑골문	금문	전서	예서	해서
				皆

나라별 비교

중국 간체자	皆 / jiē	일본 약자	皆 / かい

【부수자】 白

【영문】 all, every, entire

【활용단어】
- 개근(皆勤): 일정한 기간 동안에 휴일 외에는 하루도 빠짐 없이 출석 또는 출근함.
- 거개(擧皆): 거의 모두. 대부분.
- 역지개연(易地皆然): 사람은 있는 곳에 따라 행동이 달라지니, 그 환경을 서로 바꾸면 누구나 다 똑같아진다는 말.

悟
깨달을 오

字源풀이

'마음 심(忄)'과 '나 오(吾)'의 形聲字(형성자)로, 마음으로 '깨닫다'의 뜻이다.

자형 변천

갑골문	금문	전서	예서	해서
				悟

나라별 비교

중국 간체자	悟 / wù	일본 약자	悟 / ご

【부수자】 心

【영문】 realize, comprehend, to become aware of

【활용단어】
- 각오(覺悟): 앞으로 닥칠 일에 대비하여 마음의 준비를 함.
- 오도(悟道): 불교의 도를 깨달음.
- 대오철저(大悟徹底): 크게 깨달아서 번뇌, 의혹이 다 없어짐.

207 要 요긴할 요

字源풀이

'要'의 小篆體(소전체)는 '𦥑'의 형태로 '𦥑'(깍지 낄 국)과 '夊→交'의 합체로, 두 손을 허리에 붙인 모양을 象形(상형)하여 '허리'의 뜻을 나타낸 글자인데, 뒤에 '중요하다'의 뜻으로 쓰였다.

자형 변천

갑골문	금문	전서	예서	해서
	𦥞	𦥝	要	要

나라별 비교

중국 간체자	要 yào, yāo	일본 약자	要 よう

【부수자】 襾

【영 문】 important, must, necessity

【활용단어】

- 개요(概要): 대개의 중요한 내용.
- 요건(要件): 긴요한 일. 필요한 조건.
- 요령부득(要領不得): 요령을 잡을 수가 없음.

※ 뒤에 月(肉)을 더하여 '腰(허리 요)'자를 또 만들었다.

208 點 점 찍을 점

字源풀이

'검을 흑(黑)'과 '점 점(占)'의 형성자로, 검은색의 작은 점이란 뜻이다.

자형 변천

갑골문	금문	전서	예서	해서
		點	點	點

나라별 비교

중국 간체자	点 diǎn	일본 약자	点 てん

【부수자】 黑

【영 문】 a dot, a spot, a speck, a point, a drop

【활용단어】

- 점수(點數): 점의 수효(數爻). 끗수. 물건의 가짓수. 성적(成績)을 나타내는 숫자.
- 허점(虛點): 비거나 허술한 부분. 빈점.
- 일점혈육(一點血肉): 단 하나의 자기가 낳은 자식.

209 體 / 몸 체

字源풀이

'뼈 골(骨)'과 '제기 례(豊)'의 形聲字(형성자)로, '豊'에는 풍후함의 뜻이 있으므로 뼈(骨)에 붙은 살 전체로써 '몸'의 뜻이다.

나라별 비교

중국 간체자 → 体 / tǐ, tī

일본 약자 → 体 / たい・てい

【부수자】 骨
【영 문】 body, shape

【활용단어】

- 개체(個體): 각각 따로 존재하는 낱낱의 물체.
- 체격(體格): 몸의 골격. 근육, 골격, 영양 상태로 나타나는 몸의 외관적 형상의 전체.
- 물아일체(物我一體): 외물(外物)과 자아(自我), 또는 객관과 주관인 내가 하나가 됨.

210 比 / 견줄 비

자형 변천

갑골문 | 금문 | 전서 | 예서 | 해서

字源풀이

'比'자는 甲骨文(갑골문)에 '𠤎'의 자형으로서 두 사람이 나란히 서 있는 모습을 본뜬 글자로 '견주다'의 뜻이다.

나라별 비교

중국 간체자 → 比 / bǐ, bì

일본 약자 → 比 / ひ

【부수자】 比
【영 문】 compete, compare

【활용단어】

- 비교(比較): 둘 이상의 것을 견주어 차이・우열・공통점 따위를 살피는 것.
- 대비(對比): 서로 맞대어 견줌.
- 비비유지(比比有之): 드물지 않음.

211 逆
거스를 **역**

‘쉬엄쉬엄 갈 착(辶)’과 ‘거스를 역(屰)’의 형성자로, 갑골문에 ‘屰’의 자형으로 ‘屰’의 모양을 사람이 밖에서 돌아오는 모습에서 거스르다의 뜻이 된다.

자형 변천

갑골문	금문	전서	예서	해서
屰	逆	逆	逆	逆

나라별 비교

중국 간체자	逆 nì	일본 약자	逆 ぎゃく・げき

【부수자】 辶

【영 문】 oppose, to go against, inverse

【활용단어】

- 역전(逆轉): 형세가 뒤집힘. 거꾸로 돎. 일이 그릇되어서 좋지 아니한 방면으로 벌어져 감.
- 역설(逆說): 어떤 주의나 주장에 반대되는 이론. 언뜻 보면 진리와 모순되는 것 같으나 사실은 그 속에 일종의 진리가 있는 말.
- 막역지간(莫逆之間): 친구로서 허물없이 지내는 사이.

※ 본래 사람을 마중하다의 뜻이었는데, 뒤에 거스르다의 뜻이 되었다.

---

212 船
배 **선**

‘배 주(舟)’에 ‘산속 늪 연(㕣)’을 합한 글자로, 물 흐름을 따라(㕣) 다닌다는 뜻에서 ‘㕣’을 발음 요소로 한 形聲字(형성자)이다.

자형 변천

갑골문	금문	전서	예서	해서
	船	船	船	船

나라별 비교

중국 간체자	船 chuán	일본 약자	船 せん

【부수자】 舟

【영 문】 ship, boat

【활용단어】

- 선장(船長): 항해에 필요한 일체(一切)의 권한을 가진 자.
- 선박(船舶): ‘배’를 전문 용어로서 이르는 말. 특히 상당히 큰 규모로 만들어진 배를 가리킴.
- 남선북마(南船北馬): 남쪽은 배, 북쪽은 말이란 뜻으로, 사방으로 늘 여행함.

213

晝
낮 주

字源풀이

'그림 화(畵)'에서 한 획을 빼어 밤과 낮의 경계를 그린다는 데서 '晝'로써 '낮'의 뜻을 나타낸 것이다.

자형 변천

갑골문	금문	전서	예서	해서
	晝	晝	晝	晝

나라별 비교

중국 간체자	昼 zhòu	일본 약자	昼 ちゅう

【부수자】日
【영　문】day, daytime, daylight

【활용단어】
- 주간(晝間): 낮 동안.
- 주식(晝食): 점심밥.
- 불철주야(不撤晝夜): 밤낮을 가리지 않음.

214

夜
밤 야

字源풀이

'夜'자가 현재는 '옷 의(衣)'와 '저녁 석(夕)'의 합체자로 되어 있으나, 본래는 또 역(亦)에 저녁 석(夕)을 합한 글자이며, '亦'자는 본래 겨드랑이를 뜻하는 글자로, 겨드랑이 밑에 반달이 감추어지면 '밤'이 된다는 뜻이다.

자형 변천

갑골문	금문	전서	예서	해서
	夜	夜	夜	夜

나라별 비교

중국 간체자	夜 yè	일본 약자	夜 や

【부수자】夕
【영　문】night, dark, darkness

【활용단어】
- 야광(夜光): 야광주 따위가 밤에나 어둠 속에서 스스로 내는 빛.
- 철야(徹夜): 잠을 자지 아니하고 밤을 샘.
- 금의야행(錦衣夜行): '비단옷을 입고 밤길을 걷는다'라는 뜻으로, '아무 보람이 없는 행동'을 이르는 말.

215 工 장인 공

갑골문	금문	전서	예서	해서
舌	工	工	工	工

나라별 비교

중국 간체자	工 gōng	일본 약자	工 く, こう

[부수자] 工

[영 문] a worker, a mechanic, a workman

[활용단어]

- 공부(工夫): 학문이나 기술을 닦는 일.
- 준공(竣工): 공역을 마침.
- 불식지공(不息之工): 천천히 하여도 늘 끊임없이 꾸준하게 하는 일.

字源풀이

목공이 집을 짓는데 있어서 가장 필요한 것은 수평이나 직각을 재는 도구, 곧 曲尺(곡척)이다. 이러한 자의 모양을 象形(상형)하여 '모, 工, 舌, 工'의 형태로 그린 것인데, 楷書體(해서체)의 '工(장인 공)'이 된 것이다.

---

216 夫 사나이 부

갑골문	금문	전서	예서	해서
夫	夫	夫	夫	夫

나라별 비교

중국 간체자	夫 fū	일본 약자	夫 ふ・ふう

[부수자] 大

[영 문] man, master, husband

[활용단어]

- 부부(夫婦): 남편과 아내.
- 장부(丈夫): 장성한 남자, 사나이.
- 부창부수(夫唱婦隨): 남편이 주장하고 아내가 이에 잘 따름.

字源풀이

지아비(丈夫)는 옛날 남자가 20살이 되면 머리를 틀어 묶고 관을 썼던 모습을 象形(상형)하여 '夫, 夫, 市'와 같이 그린 것인데, 楷書體(해서체)의 '夫'자가 된 것이다.

217 質
바탕 질

字源풀이

'조개 패(貝)'와 '모 탕 은(所)'의 會意字 (회의자)로, 재물 (貝)의 가치를 따져 저당하는 사물의 뜻 에서 '바탕'의 뜻으 로 쓰인다.

🌀 자형 변천

갑골문	금문	전서	예서	해서
	質	質	質	質

🌀 나라별 비교

중국 간체자	质 zhì	일본 약자	質 しち・しつ・ち

〖부수자〗 貝
〖영 문〗 matters, substances, elements

〖활용단어〗

- 근육질(筋肉質): 근육처럼 연하면서도 질긴 성질.
- 질의(質疑): 의심나거나 모르는 점을 물어 서 밝힘.
- 물질문명(物質文明): 물질을 기초로 하는 문명.

---

218 問
물을 문

字源풀이

'입 구(口)'와 '문 문(門)'의 形聲字(형 성자)로, 입(口)으로 '묻다'의 뜻이다.

🌀 자형 변천

갑골문	금문	전서	예서	해서
問	問	問	問	問

🌀 나라별 비교

중국 간체자	问 wèn	일본 약자	問 もん

〖부수자〗 口
〖영 문〗 ask, inquire

〖활용단어〗

- 고문(顧問): 의견을 물음. 어떤 전문적인 일에 대한 물음에 해답을 주거나 의견을 제시해 주는 직책.
- 문병(問病): 앓는 사람을 찾아보고 위로함.
- 불치하문(不恥下問): 아랫사람에게 배우는 것을 부끄러이 여기지 않음.

219

處
곳 처

‘범 호(虍)’에 ‘책상 궤(几)’와 ‘천천히 걸을 쇠(夊)’를 합한 글자로, ‘이르러 머물다’의 뜻에서 ‘사는 곳’을 뜻한다.

자형 변천

갑골문	금문	전서	예서	해서
		處	處	處

나라별 비교

중국 간체자	일본 약자
处 chù, chǔ	処 しょ

【부수자】 虍

【영 문】 place, spot, location

【활용단어】

- 은둔처(隱遁處): 숨어 사는 곳.
- 장림심처(長林深處): 길게 뻗친 숲의 깊은 곳.
- 피란처(避亂處): 난리를 피하여 거처를 옮긴 곳.

220

身
몸 신

아이를 밴 여자의 모습(身)을 그린 글자인데, 두루 ‘몸’의 뜻으로 쓰인다.

자형 변천

갑골문	금문	전서	예서	해서
身	身	身	身	身

나라별 비교

중국 간체자	일본 약자
身 shēn, yuán	身 しん

【부수자】 身

【영 문】 body, trunk

【활용단어】

- 신세(身世): 한 몸에 관한 처지와 형편.
- 입신(立身): 세상에서 높은 지위를 차지하거나 영달(榮達)함. 사회적으로 인정받고 지위가 높아짐.
- 분골쇄신(粉骨碎身): 참혹하게 죽음. 목숨을 내놓고 있는 힘을 다함.

221 師 스승 사

字源풀이

'쌓일 퇴(𠂤)'에 '두를 잡(帀)'을 합한 글자로, 사면에 흙을 쌓아올린 언덕에 군사가 주둔함을 나타내어 '군사'의 뜻으로 쓰인 글자인데, 뒤에 '스승'의 뜻으로도 쓰이게 되었다.

자형 변천

갑골문	금문	전서	예서	해서
	𠂤	師	師	師

나라별 비교

중국 간체자	일본 약자
师 shī	師 し

【부수자】 巾
【영 문】 teacher, master, tutor

【활용단어】

- 사사(師事): 스승으로 섬김, 또는 스승으로 삼고 가르침을 받음.
- 출사표(出師表): 출병할 때 그 뜻을 적어서 임금에게 올리는 글.
- 덕무상사(德無常師): 덕을 닦는 데는 일정한 스승이 없음.

222 說 말씀 설 / 기쁠 열 / 달랠 세

字源풀이

'말씀 언(言)'과 '날카로울 예(兌)'의 形聲字(형성자)로, 말로써 사람을 기쁘게 할 수 있으므로 '말씀', '기쁘다', '달래다' 등의 뜻이다.

자형 변천

갑골문	금문	전서	예서	해서
		說	説	說

나라별 비교

중국 간체자	일본 약자
说 shuō, shuì, yuè	説 せつ・ぜい

【부수자】 言
【영 문】 speak, talk, say

【활용단어】

- 설명(說明): 어떤 일의 내용 따위를 알기 쉽게 밝혀 말함.
- 유세(遊說): 여러 곳을 돌아다니며 자기 혹은 자기 소속 정당의 주장을 선전하는 것.
- 설왕설래(說往說來): 서로 변론하느라고 말이 옥신각신함.

223

忍
참을 인

字源풀이

'마음 심(心)'과 '칼날 인(刃)'의 形聲字(형성자)로, 심장(心)에 칼날(刃)이 꽂혀도 '참다'의 뜻이다.

🌀 자형 변천

갑골문	금문	전서	예서	해서
	忍	忍	忍	忍

🌀 나라별 비교

중국 간체자	忍 / rěn	일본 약자	忍 / にん

【부수자】 心

【영　문】 endure, bear, tolerate

【활용단어】
- 인내(忍耐): 참고 견딤.
- 인고(忍苦): 괴로움을 참음.
- 목불인견(目不忍見): 눈으로 차마 볼 수 없음.

224

怒
성낼 노

字源풀이

'종 노(奴)'와 '마음 심(心)'의 形聲字(형성자)로, 죄 지은 여자(女)를 노동시키는 것이 '奴'(종 노)인데, 종은 채찍질을 늘 당하면서 분한 마음을 지니고 있기 때문에 '성내다'의 뜻이다.

🌀 자형 변천

갑골문	금문	전서	예서	해서
		怒	怒	怒

🌀 나라별 비교

중국 간체자	怒 / nù	일본 약자	怒 / ど, ぬ

【부수자】 心

【영　문】 angry, furious

【활용단어】
- 격노(激怒): 몹시 화를 내거나 격분(激忿)함.
- 노도(怒濤): 성난 물결.
- 천인공노(天人共怒): '하늘과 사람이 함께 노한다'는 뜻으로, 누구라도 분노를 참을 수 없을 만큼 몹시 증오스럽거나 용납할 수 없음의 비유.

【四面楚歌】
사 면 초 가

사방이 적으로 둘러싸인 고립무원(孤立無援)의 상태.

四(넉 사) 面(낯 면) 楚(초나라 초) 歌(노래 가)

● 四面楚歌(사면초가)의 '楚'는 '초나라'를 뜻하고, '歌'는 '노래'의 뜻으로서, 사방이 초나라의 노래, 곧 사면이 적병으로 포위되어 고립된 상태를 뜻하는 고사이다.

前漢(전한)의 司馬遷(사마천)이 지은 『史記(사기)』의 項羽本紀(항우본기)에서 유래된 고사이다.

漢(한)나라의 임금인 劉邦(유방)이 垓下(해하)에서 楚나라의 임금인 項羽를 공략할 때에 유방은 궁지에 몰린 항우를 계략으로써 항복을 받기 위하여 밤에 한나라 병사들로 하여금 사방에서 초나라의 노래를 부르게 하였다.

항우는 이미 초나라 병사가 모두 유방의 편이 된 줄 알고, 그날밤 평소 사랑하는 虞美人(우미인)과 騅(추)라고 일컫던 준마와 결별의 노래를 부르고 최후를 맞이했다.

오늘날도 대통령의 자리가 좋기는 하지만, 잘못하면 사면초가의 신세가 되기 쉬운 것도 미리 알아두어야 할 것이다.

225

巨
클 거

字源풀이

'巨'는 金文(금문)에 '𢀓, 𢀩, 𢀩, 𢀩' 등의 字形(자형)으로서 사람이 '곱자(曲尺)'를 들고 있는 모양을 나타낸 會意字(회의자)이다. 뒤에 '클 거'의 뜻으로 쓰이게 되자, '矢(화살 시)'자를 더하여 '矩(곱자 구)'자를 또 만들었다.

🌀 자형 변천

갑골문	금문	전서	예서	해서
𢀓	𢀩	巨	巨	巨

🌀 나라별 비교

중국 간체자	巨 / ju	일본 약자	巨 / キョ

【부수자】 工

【영 문】 large, great, enormous chief

【활용단어】
- 거구(巨軀): 거대한 몸집.
- 거함(巨艦): 매우 커다란 군함.
- 고루거각(高樓巨閣): 높고 커다란 집.

※ '巨'자는 '工'자 부수에 속하기 때문에 '巨'의 자형을 '巨'의 형태로 써서는 안 된다.

226

木
나무 목

字源풀이

나무의 모양을 본떠 '𣏟, 𣏟'와 같이 나무의 줄기, 가지, 뿌리를 그린 것인데, 楷書體(해서체)의 '木'자가 된 것이다.

🌀 자형 변천

갑골문	금문	전서	예서	해서
𣏟	𣏟	𣏟	木	木

🌀 나라별 비교

중국 간체자	木 / mù	일본 약자	木 / ぼく·もく

【부수자】 木

【영 문】 tree, wood, timber

【활용단어】
- 목간(木簡): 종이가 없던 때에 문서나 편지로 쓰인, 글을 적은 나뭇조각.
- 재목(材木): 건축이나 토목 또는 기구 등의 재료로 쓰이는 나무. 어떤 직위에 알맞은 인물.
- 산천초목(山川草木): 산천(山川)과 초목(草木), 곧 산과 물과 나무와 풀이라는 뜻으로, 자연을 일컫는 말.

227 小 작을 소

字源풀이

본래 빗방울이 떨어지는 것을 象形(상형)하여 '八, 小, 川'와 같이 나타낸 것인데, 楷書體(해서체)의 '小'자로서 '작다'의 뜻이다.

자형 변천

갑골문	금문	전서	예서	해서
八	八	川	小	小

나라별 비교

중국 간체자	일본 약자
小 xiǎo	小 しょう

〔부수자〕 小
〔영 문〕 small, little, minor

〔활용단어〕
- 과소(過小): 너무 작음.
- 소강(小康): 혼란이나 분란이 조금 잠잠해짐.
- 침소봉대(針小棒大): 바늘을 몽둥이라고 말하듯 과장함.

---

228 草 풀 초

字源풀이

'艸'의 金文(금문)은 '屮屮, 屮屮' 등의 자형으로서 풀 싹의 모양을 그린 會意字(회의자)이다.

자형 변천

갑골문	금문	전서	예서	해서
	艸	草	草	草

나라별 비교

중국 간체자	일본 약자
草 cǎo	草 そう

〔부수자〕 ++
〔영 문〕 grass, straw

〔활용단어〕
- 민초(民草): 백성을 달리 일컫는 말.
- 초가(草家): 짚이나 새 따위로 이엉을 엮어 지붕을 인 집.
- 녹음방초(綠陰芳草): 우거진 나무 그늘과 꽃다운 풀(여름철을 가리키는 말).

※ 뒤에 '艸→++'와 같이 자형이 변형되어 部首字(부수자)로만 쓰이게 되자, '++'에 '早'를 더하여 形聲字(형성자)로서 '草'자가 된 것이다. 〔풀 싹을 하나만 그린 象形字(상형자)는 'ㅆ→屮'의 자형으로서 '싹날 철'이라고 한다.〕

229 伏 엎드릴 **복**

개(犬)가 사람(亻) 앞에 엎드려(伏) 외인을 살피다의 뜻이다. 뒤에 엎드리다, 복종하다의 뜻으로 쓰인다.

자형 변천

갑골문	금문	전서	예서	해서
			伏	伏

나라별 비교

중국 간체자	伏 / fú	일본 약자	伏 / ふく・ぶく

〖부수자〗人
〖영　문〗prostrate, hide

〖활용단어〗

- 굴복(屈伏): 머리를 굽히어 꿇어 엎드림.
- 경복(庚伏): 여름 중 가장 더울 때. 삼복(三伏)을 달리 일컫는 말.
- 맹호복초(猛虎伏草): '풀밭에 엎드려 있는 범' 이란 뜻으로, 영웅은 일시적으로는 숨어 있지만 때가 되면 반드시 세상에 드러난다는 말.

230 祝 빌 **축**

'볼 시(示)', '입 구(口)', '밑 사람 인(儿)'의 合體字(합체자)로, 사람(儿)이 입(口)으로 신(示)에게 소원을 간절하게 빈다는 데서 '빌다'의 뜻이다.

자형 변천

갑골문	금문	전서	예서	해서
	祝	祝	祝	祝

나라별 비교

중국 간체자	祝 / zhù	일본 약자	祝 / しゅう・しゅく

〖부수자〗示
〖영　문〗felicitate, celebrate

〖활용단어〗

- 축사(祝辭): 축하하는 뜻의 글이나 말.
- 봉축(奉祝): 공경하는 마음으로 축하함.
- 양천축수(仰天祝手): 하늘을 우러러보며 빎.

231

晴
갤 청

字源풀이

본래는 '저녁 석(夕)'과 '날 생(生)'의 형성자로, 저녁에 비가 그치고 별이 보이면 내일 낮이 맑게 개일 것이라는 뜻이다. 예서에서 '晴'자로 변하였다.

자형 변천

갑골문	금문	전서	예서	해서
		𤍽	晴	晴

나라별 비교

중국 간체자	晴 qíng	일본 약자	晴 せい

【부수자】 日

【영 문】 said of the weather - fine, fair, bright, clear

【활용단어】

- 청천(晴天): 맑게 갠 하늘.
- 쾌청(快晴): 하늘이 상쾌하도록 맑게 갬.
- 청경우독(晴耕雨讀): 갠 날에는 밖에 나가 농사일을 하고, 비오는 날에는 책을 읽는다는 뜻으로, 부지런히 일하면서 틈나는 대로 공부함을 이르는 말.

232

陽
볕 양

字源풀이

'언덕 부(阜→阝)'와 '볕 양(昜)'의 形聲字(형성자)로, 햇빛(日)이 잘 비치는 산 언덕(阝)이 '양지'란 뜻이다.

자형 변천

갑골문	금문	전서	예서	해서
阝𣅑	阝昜	陽	陽	陽

나라별 비교

중국 간체자	阳 yáng	일본 약자	陽 よう

【부수자】 阝

【영 문】 sun, bright

【활용단어】

- 사양(斜陽): 저녁볕. 차츰 쇠약해 가는 세력을 비유하는 말.
- 양각(陽刻): 돋을새김.
- 음덕양보(陰德陽報): 남모르게 덕을 쌓은 사람은 뒤에 그 보답을 절로 받음.

233 落 떨어질 낙

字源풀이

‘풀 초(艹)’ 와 ‘물 락(洛)’ 의 形聲字(형성자)로, 본의는 나뭇잎이 시들다에서 ‘떨어지다’ 의 뜻이 되었다.

자형 변천

갑골문	금문	전서	예서	해서
		落	落	落

나라별 비교

중국 간체자	落 luò, là, luō
일본 약자	落 らく

[부수자] 艹

[영 문] fall, decline, weakened

[활용단어]

- 급락(急落): 물가(物價) 따위가 급히 떨어짐.
- 낙수(落穗): 추수가 끝난 뒤 땅에 떨어져 있는 이삭.
- 고성낙일(孤城落日): ‘외딴 성과 지는 해’ 라는 뜻으로, ‘남의 도움을 받지 못하는 외로운 정상’ 을 비유하는 말.

234 葉 잎 엽

字源풀이

‘풀 초(艹)’ 와 ‘엷은 엽(枼)’ 의 形聲字(형성자)로, 초목에 달려 있는 ‘잎사귀’ 를 뜻한다.

자형 변천

갑골문	금문	전서	예서	해서
	枼	葉	葉	葉

나라별 비교

중국 간체자	叶 yè, yié
일본 약자	葉 よう

[부수자] 艹

[영 문] leaf, petal

[활용단어]

- 고엽(枯葉): 시들어서 마른 잎.
- 상엽(霜葉): 서리를 맞아서 단풍이 든 잎.
- 금지옥엽(金枝玉葉): 임금의 자손이나 집안 또는 귀여운 자손을 소중히 일컫는 말.

235 歸 돌아갈 귀

‘며느리 부(婦)’의 省體(생체)인 ‘帚’와 ‘언덕 퇴(𠂤: 堆의 本字)’와 ‘그칠 지(止)’의 合體字(합체자)로, 여자가 시집가서 평생 머물러(止) 산다는 뜻에서 ‘돌아가다’의 뜻이 되었다.

자형 변천

갑골문	금문	전서	예서	해서

나라별 비교

중국 간체자	일본 약자
归 guī	帰 き

[부수자] 止

[영 문] return, come back

[활용단어]

- 귀납(歸納): 개별적인 사실이나 원리로부터 일반적인 사실이나 원리를 이끌어 내는 것.
- 복귀(復歸): 본디 상태나 자리로 돌아감.
- 귀소본능(歸巢本能): 동물이 자신의 서식(棲息) 장소나 산란(産卵)·육아 등을 하던 곳에서 멀리 떨어져 있을 경우, 다시 그곳으로 되돌아오는 성질.

236 根 뿌리 근

‘나무 목(木)’과 ‘그칠 간(艮)’의 形聲字(형성자)로, 나무(木)의 가지가 위로 뻗는 것과는 반대로 밑으로(艮) 뻗는 것이 ‘뿌리’라는 뜻이다.

자형 변천

갑골문	금문	전서	예서	해서

나라별 비교

중국 간체자	일본 약자
根 gēn	根 こん

[부수자] 木

[영 문] root, base

[활용단어]

- 갈근(葛根): 칡뿌리. 열을 풀고 땀을 내는 데나 갈증·두통·요통·항강증(項强症) 따위에 약재로 씀.
- 근간(根幹): 뿌리와 줄기. 사물의 바탕이나 중심.
- 반근착절(盤根錯節): ‘서린 뿌리와 얼크러진 마디’라는 뜻으로, ‘뒤얽혀서 처리하기 어려운 일’을 이르는 말.

237 赤

붉을 **적**

字源풀이

'큰 대(大)'와 '불 화(火)'의 會意字(회 의자, 灺, 灻)로, 큰 불은 '붉다'는 뜻을 나타낸 것이다.

자형 변천

갑골문	금문	전서	예서	해서

나라별 비교

중국 간체자 — 赤 / chì

일본 약자 — 赤 / しゃく·せき

〖부수자〗 赤

〖영 문〗 red, bare, naked

〖활용단어〗

- 적각(赤脚): 냉기로 말미암아 살빛이 검붉 게 된 다리, 즉 다목다리. 맨다리.
- 적자(赤字): 지출이 수입을 초과하여 잔고 가 부족하게 되는 일. 정부에서 세입 예산 보다 지출 예산이 초과하는 일.
- 적수공권(赤手空拳): 맨손과 맨주먹, 즉 아 무것도 가진 것이 없다라는 뜻.

---

238 手

손 **수**

字源풀이

손가락을 편 모양을 象形(상형)하여 '𝌏, 𝌏'와 같이 그린 것 인데, 楷書體(해서 체)의 '手'자가 된 것이다.

자형 변천

갑골문	금문	전서	예서	해서

나라별 비교

중국 간체자 — 手 / shǒu

일본 약자 — 手 / しゅ

〖부수자〗 手

〖영 문〗 hand, of the hand

〖활용단어〗

- 기수(騎手): 말을 타는 사람. 용감하게 앞 장서서 내닫는 사람.
- 수갑(手匣): 죄인이나 피의자의 동작이 자 유롭지 못하게 두 손목에 걸쳐 채우는 형 구.
- 속수무책(束手無策): 어찌할 방책이 없어 꼼짝 못하고 있는 형편.

黃
누를 **황**

字源풀이

甲骨文(갑골문)에 '叏'의 형태로, 본래 황옥띠를 맨 귀인의 모습을 본뜬 것인데, 뒤에 '황색'을 뜻하게 되었다.

자형 변천

갑골문	금문	전서	예서	해서
叏	黃	黃	黃	黃

나라별 비교

중국 간체자	黄 huáng	일본 약자	黄 おう·こう

〖부수자〗黃
〖영　문〗yellow

〖활용단어〗

- 황금(黃金): 금을 누른빛을 띤다는 뜻에서 다른 금속과 구별하여 쓰는 말.
- 유황(硫黃): 비금속(非金屬) 원소(元素)의 하나.
- 황구소아(黃口小兒): 새 새끼의 주둥이가 노랗다는 뜻에서, 어린아이를 일컬음.

泉
샘 **천**

字源풀이

샘물이 바위틈에서 흘러나오는 모양을 'ㄲ, ㄲ, ㄲ'과 같이 그린 것인데, 뒤에 자형이 크게 변하여 '泉'과 같이 '흰 백(白)'자와 '물 수(水)'자를 합한 會意字(회의자)의 형태로서 '샘 천(泉)'의 자형이 되었다.

자형 변천

갑골문	금문	전서	예서	해서
泉	泉	泉	泉	泉

나라별 비교

중국 간체자	泉 quán	일본 약자	泉 せん

〖부수자〗水
〖영　문〗spring

〖활용단어〗

- 감천(甘泉): 물맛이 좋은 샘.
- 온천(溫泉): 지열(地熱)로 물이 더워져서 땅 위로 솟아오르는 샘.
- 간헐온천(間歇溫泉): 일정한 기간을 두고 주기적으로 분출하는 온천.

認
알 인

字源풀이

'참을 인(忍)'과 '말씀 언(言)'의 형성자로, 본래 말을 참다의 뜻이었는데 뒤에 인식하다의 뜻이 되었다.

자형 변천

갑골문	금문	전서	예서	해서
		訒	認	認

나라별 비교

중국 간체자	认 rèn	일본 약자	認 にん

【부수자】言
【영　문】recognize

【활용단어】
- 인식(認識): 사물을 분별하고 판단하여 아는 일. 의식하고 지각(知覺)하는 작용의 총칭(總稱).
- 승인(承認): 일정한 사실을 인정하는 행위. 어떤 사실을 인정하는 행위.
- 자타공인(自他共認): 자기나 남들이 다 같이 인정함.

足
발 족

字源풀이

발의 모양을 象形(상형)하여 '𤴔, 𤴔, 𤴔'과 같이 그린 것으로, 'ㅁ'는 곧 무릎의 둥근 모양을 그린 것인데, 楷書體(해서체)의 '足'이 된 것이다.

자형 변천

갑골문	금문	전서	예서	해서
𤴔	足	足	足	足

나라별 비교

중국 간체자	足 zú	일본 약자	足 そく

【부수자】足
【영　문】foot, leg

【활용단어】
- 만족(滿足): 마음에 모자람이 없어 흐뭇함.
- 자족(自足): 스스로 넉넉함을 느낌.
- 안분지족(安分知足): 제 분수를 지키며 만족할 줄을 앎.

243 現 나타날 현

갑골문	금문	전서	예서	해서
		現	現	現

字源풀이

‘구슬 옥(玉)’과 ‘볼 견(見)’의 形聲字(형성자)로, 본래 ‘옥빛’의 뜻이었는데, 뒤에 ‘나타나다’의 뜻이 되었다.

나라별 비교

중국 간체자	現 xiàn	일본 약자	現 げん

〖부수자〗玉

〖영문〗emerge, appear, reveal

〖활용단어〗

- 현실(現實): 현재 사실로서 있는 상태.
- 구현(具現): 내용이 실제적으로 드러나거나 드러나게 함.
- 표현주의(表現主義): 작자의 마음의 상태, 감정, 사상, 꿈 등의 표현에 중점을 둔 매우 주관적인 예술 경향.

---

244 着 붙들 착 / 나타날 저

자형 변천

갑골문	금문	전서	예서	해서
		着	着	着

字源풀이

着의 本字(본자)는 著이다. 풀 초(++)와 놈 자(者)의 형성자로, 늘 볼 수 있는 풀(艸)과 같이 눈에 잘 보인다는 뜻이다. 옷을 입다의 뜻일 때는 ‘착(着)’으로 발음된다.

나라별 비교

중국 간체자	著 zhe, zhuó	일본 약자	著 ちゃく・ちょ

〖부수자〗 ++

〖영문〗 apparent, obvious, to write, to author, writings, wear

〖활용단어〗

- 도착(到着): 목적한 곳에 다다름.
- 집착(執着): 어떤 것에 마음이 늘 쏠려 있어 떨치지 못하고 매달리는 일.
- 자가당착(自家撞着): 자기의 언행이 전후 모순되어 일치하지 않음.

245

登

오를 **등**

字源풀이

두 발(癶:배반할 발)로 서서 높은 곳에 제기(豆)를 올려놓는다는 데서, '오르다'의 뜻이다.

자형 변천

갑골문	금문	전서	예서	해서

나라별 비교

중국 간체자	登 / dēng	일본 약자	登 / と・とう

〖부수자〗 癶

〖영 문〗 climb, rise

〖활용단어〗

- 등기(登記): 민법에서의 권리나 사실을 널리 밝히려고 일정한 사항을 적어 놓은 장부.
- 등재(登載): 서적이나 잡지 같은 데에 올려 적음.
- 등고자비(登高自卑): 높은 곳에 오르려면 낮은 곳으로부터 오른다는 뜻으로, 모든 일에 차례를 밟아야 한다는 말. 지위가 높아질수록 스스로를 낮춘다는 말.

246

高

높을 **고**

字源풀이

높은 곳에 굴을 파고 지붕과 오르내리는 사다리를 그리어 '高, 高, 高'의 형태로 그려 높음을 나타낸 것인데, 楷書體(해서체)의 '高'자가 된 것이다. 이층집의 象形(상형)으로도 풀이한다.

자형 변천

갑골문	금문	전서	예서	해서

나라별 비교

중국 간체자	高 / gāo	일본 약자	高 / こう, たか, たがい

〖부수자〗 高

〖영 문〗

〖활용단어〗

- 고결(高潔): 고상하고 깨끗함.
- 고매(高邁): 뛰어나게 품위가 높음.
- 기고만장(氣高萬丈): 기운(氣運)이 만장이나 뻗치었다는 뜻으로, 펄펄 뛸 만큼 크게 성이 남, 또는 일이 뜻대로 되어 나가 씩씩한 기운이 대단하게 뻗침.

作
지을 작

字源풀이

‘乍(잠깐 사)’를 갑골
문에 ‘乍, 乍, 乍’, 금
문에 ‘乍, 乍, 乍’ 등
의 자형으로 볼 때, 본
래 옷을 만드는 것을
나타낸 글자이다. 뒤
에 ‘잠깐, 갑자기’의
뜻으로 전의되자, ‘亻’
을 더하여 ‘作(지을
작)’을 또 만들었다.

자형 변천

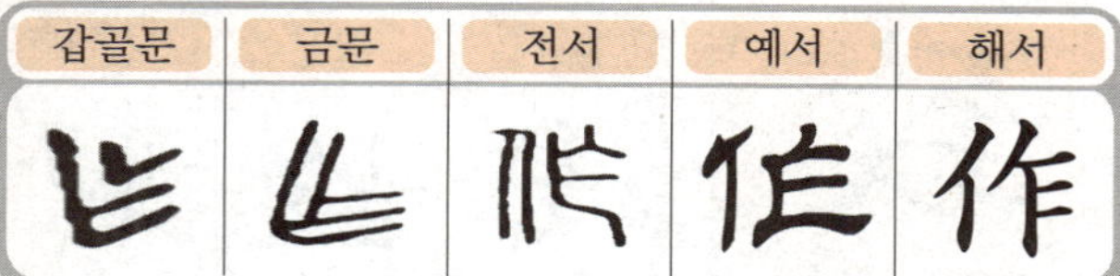

갑골문	금문	전서	예서	해서

나라별 비교

중국 간체자	作 zuò, zuó, zuō	일본 약자	作 さ・さく

〖부수자〗人
〖영 문〗make, works, affect, write

〖활용단어〗
- 걸작(傑作): 썩 훌륭한 작품.
- 작별(作別): 이별의 인사를 함. 서로 헤어짐.
- 작심삼일(作心三日): 한번 결심한 것이 사흘을 가지 않음. 곧 결심이 굳지 못함.

詩
시 시

字源풀이

‘말씀 언(言)’과 ‘모
실 시(寺)’의 形聲字
(형성자)로, 마음에
있는 뜻을 말(言)로
표현한 것이 ‘시’라
는 뜻이다.

자형 변천

갑골문	금문	전서	예서	해서

나라별 비교

중국 간체자	诗 shī	일본 약자	詩 し

〖부수자〗言
〖영 문〗poetry, poems, poetic

〖활용단어〗
- 담시(譚詩): 발라드, 자유로운 형식의 작은 서사시.
- 시서(詩書): 시와 글씨. 시경(詩經)과 서경(書經).
- 음유시인(吟遊詩人): 고대(古代) 그리스의 서정(抒情) 시인이 각지에서 시(詩)를 영창(詠唱)하면서 다닌 데에 비롯하여, 중세(中世) 유럽에서 연애가나 민중적(民衆的) 노래를 부르면서 여러 나라를 편력한 시인 음악가.

249 致 이를 치

뒤에 따라 오는 사람이 목적지에 빨리 이르도록(至) 매로 채찍질(攵)한다는 데서 '이르다', '도달하다' 의 뜻이다.

자형 변천

갑골문	금문	전서	예서	해서

나라별 비교

중국 간체자	致 zhì	일본 약자	致 ち

〖부수자〗至

〖영 문〗achieve, bring about

〖활용단어〗

- 치명(致命): 죽을 지경에 이름.
- 이치(理致): 사물의 정당한 조리, 또는 도리에 맞는 취지.
- 언행일치(言行一致): 말과 행동이 같음. 말한 대로 행동함.

---

250 富 부자 부

'집 면(宀)'과 '찰 복(畐)'의 形聲字(형성자)로, '가득차다(滿)'의 뜻이었는데, '부자'의 뜻으로 쓰인다.

자형 변천

갑골문	금문	전서	예서	해서

나라별 비교

중국 간체자	富 fù	일본 약자	富 ふ・ふう

〖부수자〗宀

〖영 문〗rich, wealthy

〖활용단어〗

- 부귀(富貴): 재산이 넉넉하고 지위가 높음.
- 졸부(猝富): 벼락부자.
- 지족자부(知足者富): 족한 것을 알고 현재에 만족하는 사람은 부자라는 뜻.

各
각각 **각**

字源풀이

말(口)과 행동(夊: 뒤쳐올 치)이 서로 일치되지 않음을 나타낸 것인데, '각각'의 뜻으로 쓰였다.

자형 변천

갑골문	금문	전서	예서	해서
				各

나라별 비교

중국 간체자	各 gè, gě	일본 약자	各 かく

【부수자】 口

【영 문】 each, every

【활용단어】

- 각종(各種): 여러 가지의 종류 각가지. 여러 가지.
- 각각(各各): 제각기. 따로따로. 몫몫이.
- 동상이몽(同床異夢): 같은 침상(寢床)에서 서로 다른 꿈을 꾼다는 뜻으로, 겉으로는 같이 행동(行動)하면서 속으로는 각기 딴 생각을 함을 이르는 말. 비유적으로, 같은 입장 일인 데도 목표가 저마다 다름을 일컫는 말. 기거(起居)를 함께 하면서 서로 다른 생각을 함.

責
꾸짖을 **책**

字源풀이

'조개 패(貝)'와 '가시 자(朿)'의 形聲字(형성자)로, 빌려준 돈(貝)을 제때 갚지 않아 가시(朿)로 찌르듯이 핍박하다에서 '꾸짖다'의 뜻이 되었다.

자형 변천

갑골문	금문	전서	예서	해서
				責

나라별 비교

중국 간체자	責 zé	일본 약자	責 しゃく・せき

【부수자】 貝

【영 문】 one's duty, responsibility, obligation

【활용단어】

- 문책(問責): 잘못을 캐묻고 꾸짖음.
- 질책(叱責): 꾸짖어 나무람.
- 연대책임(連帶責任): 두 사람 이상이 함께 지는 책임.

253 勤
부지런할 근

字源풀이

'진흙 근(堇)'과 '힘 력(力)'의 形聲字(형성자)로, 어려움을 이겨내며 전력을 다하여 일을 한다는 데서 '부지런하다'의 뜻이다.

갑골문	금문	전서	예서	해서
		蕏	勤	勤	勤

나라별 비교

중국 간체자	勤 qín	일본 약자	勤 きん, ごん

〔부수자〕 力
〔영 문〕 diligent, industrious

〔활용단어〕
- 개근(皆勤): 일정한 기간 동안 하루도 빠짐 없이 출근하거나 출석함.
- 근무(勤務): 직무에 종사함.
- 각근면려(恪勤勉勵): 정성껏 부지런히 힘써 일함.

---

254 勉
힘쓸 면

字源풀이

'면할 면(免)'과 '힘 력(力)'의 形聲字(형성자)로, 토끼(兔:토끼 토)가 달아날 때, 전력 질주함에서 '힘쓰다'의 뜻이다.

자형 변천

갑골문	금문	전서	예서	해서
		勉	勉	勉

나라별 비교

중국 간체자	勉 miǎn	일본 약자	勉 べん

〔부수자〕 力
〔영 문〕 urge, encourage

〔활용단어〕
- 면학(勉學): 학문에 힘써 공부함.
- 근면(勤勉): 부지런히 노력(勞力)함.
- 각고면려(刻苦勉勵): 대단히 고생하여 힘써 정성을 들임.

255 脫 벗을 **탈**

字源풀이

'고기 육(月→肉)'과 '바꿀 태(兌)'의 形聲字(형성자)로, 본래 뼈에서 살(肉)을 '벗기다'의 뜻이었는데, '벗다, 벗어나다'의 의미로 바뀌었다.

자형 변천

갑골문	금문	전서	예서	해서
		脫	脫	脫

나라별 비교

중국 간체자	일본 약자
脫 tuō	脫 だつ

【부수자】肉
【영 문】strip, take off

【활용단어】
- 탈옥(脫獄): 죄수가 감옥을 빠져 도망함.
- 해탈(解脫): 얽매임을 벗어버림. 번뇌(煩惱)의 속박(束縛)을 풀어 삼계(三界)의 업고에서 벗어남.
- 논점일탈(論點逸脫): 논설의 요점을 벗어남.

---

256 貧 가난할 **빈**

字源풀이

'나눌 분(分)'과 '조개 패(貝)'의 形聲字(형성자)로, 재물(貝)을 헛되이 낭비하여 나누어져(分) 적어지니 '가난하다'의 뜻이다.

자형 변천

갑골문	금문	전서	예서	해서
		貧	貧	貧

나라별 비교

중국 간체자	일본 약자
贫 pín	貧 ひん·びん

【부수자】貝
【영 문】poverty, poor

【활용단어】
- 빈혈(貧血): 피 속의 적혈구(赤血球)나 혈색소(血色素)의 수가 적어지는 현상.
- 빈민(貧民): 살림이 가난한 백성.
- 안빈낙도(安貧樂道): 가난한 처지에서도 평안한 마음으로 도를 지켜 즐김.

【一字千金】
일 자 천 금

한 글자엔 천금의 가치가 있다는 뜻으로 아주 빼어난 글자나 詩文을 가리킴.

一(한 일)　字(글자 자)　千(일천 천)　金(쇠 금)

● 진시황 때 재상인 呂不韋(여불위)는 당시 대학자들을 모아 呂氏春秋(여씨춘추)를 편찬하여 함양 성문에 걸어 놓고, "有能增損一字者, 予千金"(유능증손일자자, 여천금), 곧 누구라도 한 자를 더하거나 뺄 수 있는 사람이 있으면, 천금을 주겠다고 호언장담을 했다는 이야기가 史記(사기)에 전한다.

여기에서 '一字千金(일자천금)'이라는 성어가 유래되어 쓰인다. 오늘날 이 말은 한 자도 고칠 수 없는 완벽한 문장이라는 뜻으로 쓰인다.

우리는 글을 쓸 때, 정성을 다하여 누가 보아도 조사 하나라도 고칠 수 없는 일자천금의 정신으로 써야 할 것이다. 그러기 위해서는 스스로 고치고 또 고치는 推敲(퇴고)의 과정이 절대로 필요함을 잊지 말아야 할 것이다.

065 集童幼園
집 동 유 원
→ 어린이들을 유치원에 모아
子供たちを幼稚園に集め

066 先講算數
선 강 산 수
→ 먼저 산수를 가르치고
まず算數を教え

067 愛惜寸時
애 석 촌 시
→ 짧은 時間도 아껴야 함은
わずかな時間も惜しむことは

068 少年若電
소 년 약 전
→ 少年이 번개같이 지나감을 깨우쳐 준다.
少年期は電光のごとく過ぎ行く事を諭すのだ

069 拾錢呼給
습 전 호 급
→ 돈을 주우면 반드시 主人을 찾아 주고
お金を拾えば必ず持ち主を探し

070 受惠報答
수 혜 보 답
→ 은혜를 받으면 꼭 보답하라고 가르친다.
恩惠を受ければ必ず報いることを教え

071 個米由辛
개 미 유 신
→ 한 낱의 쌀도 수고로 얻은 것이니
一粒の米も苦勞をいただくことだから

072 每量農者
매 량 농 자
→ 늘 農民을 헤아려 고마워 하라.
常に農民をおもんばかり感謝せよ

257 集 모을 집

字源풀이

'새 추(隹)'에 '나무 목(木)'을 합친 글자로, 나무(木) 위에 새(隹)가 떼 지어 앉으니 '모이다'는 뜻이다. 본래 '雧'의 자형이었는데 '集'으로 변하였다.

자형 변천

갑골문	금문	전서	예서	해서

나라별 비교

중국 간체자	集 jí	일본 약자	集 しゅう

【부수자】 隹
【영 문】 collect, gather together

【활용단어】

- 군집(群集): 사람들이나 생물들이 한군데에 많이 모임.
- 집단(集團): 모임, 떼, 단체. 상호간에 결합되어 생활을 함께 영위하는 생활체의 집합.
- 경사자집(經史子集): 중국의 옛 서적 중에서 '경서'·'사서'·'제자'·'시문집' 등을 통틀어 일컫는 말.

258 童 아이 동

字源풀이

金文(금문)에 '童'의 형태로 '辛(辛: 쓸 신)'과 '重'에서 생략된 '里'의 形聲字(형성자)이다. 본래는 죄로 인하여 노예가 된 남자였는데, '아이'의 뜻으로 바뀌었다.

자형 변천

갑골문	금문	전서	예서	해서

나라별 비교

중국 간체자	童 tóng	일본 약자	童 どう

【부수자】 立
【영 문】 child, minor, virgin

【활용단어】

- 동요(童謠): 어린이의 생활 감정이나 심리를 나타낸 노래.
- 신동(神童): 재주와 슬기가 남달리 썩 뛰어난 아이.
- 삼척동자(三尺童子): 키가 석 자밖에 되지 않는 어린아이라는 뜻.

259 幼 어릴 유

字源풀이

'작을 요(幺)'와 '힘 력(力)'의 형성자로, 어리다의 뜻이다. 어린아이는 힘(力)이 적기 때문에 '幺'를 취하였다.

나라별 비교

| 중국 간체자 | 幼 yòu | 일본 약자 | 幼 よう |

[부수자] 幺
[영　문] young, delicate, tender

[활용단어]

- 장유유서(長幼有序): 오륜(五倫)의 하나. 어른과 어린이 사이에는 순서와 질서가 있음.
- 강보유아(襁褓幼兒): 아직 걷지 못하여 포대기에 싸서 기르는 어린 아기.
- 유치원(幼稚園): 학령 미달의 어린이를 보육(保育)하여 심신(心身)의 발달을 도모(圖謀)하는 교육 시설. 교육법(教育法)에 의한 학교의 하나. 우리나라에는 1909년에 처음 생김.

260 園 동산 원

字源풀이

'에울 위(囗)' 안에 '옷 치렁치렁할 원(袁)'을 넣은 形聲字(형성자)로, 과일이 주렁주렁 열린 과수(袁)를 울타리로 에워 싼(囗) '동산'을 뜻한다.

나라별 비교

| 중국 간체자 | 园 yuán | 일본 약자 | 園 えん |

[부수자] 囗
[영　문] garden, plantation

[활용단어]

- 공원(公園): 공중(公衆)의 보건·휴식·놀이 등을 위해 동산처럼 만든 곳이나 또는 그렇게 이용하는 자연 동산 및 자연 경관이 뛰어난 곳.
- 학원(學園): 학교 및 기타 교육 기관들의 총칭.
- 도원결의(桃園結義): 의형제를 맺음.

261 先 먼저 선

字源풀이

'갈 지(止→之)'에 '밑 사람 인(儿)'을 합한 글자로, 한 사람의 앞에 발자국을 그려 '먼저' 간 사람이 있었음을 뜻한 글자이다.

자형 변천

갑골문	금문	전서	예서	해서
先	先	先	先	先

나라별 비교

중국 간체자	일본 약자
先 xiān	先 せん

〖부수자〗儿

〖영 문〗first, foremost, before

〖활용단어〗

- 선각(先覺): 세상 물정에 대하여 남보다 먼저 깨달음.
- 우선(優先): 다른 것 보다 앞섬.
- 선견지명(先見之明): 앞을 내다보는 안목이라는 뜻.

---

262 講 강론할 강

字源풀이

'말씀 언(言)'과 '쌓을 구(冓)'의 형성자로, 화해의 뜻이었는데, 강습의 뜻으로도 쓰임. '冓(쌓을 구)'는 본래 재목을 순서대로 쌓아 집을 짓는 것처럼 말에 조리가 있어야 함을 뜻하였다.

자형 변천

갑골문	금문	전서	예서	해서
		講	講	講

나라별 비교

중국 간체자	일본 약자
讲 jiǎng	講 こう

〖부수자〗言

〖영 문〗recitation, a lecture

〖활용단어〗

- 강연(講演): 사물의 뜻을 부연하여 논술(論述)함. 청중(聽衆)에게 이야기를 함.
- 휴강(休講): 강의(講義)를 쉼.
- 권학강문(勸學講文): 학문을 권하며 공부에 힘쓰게 함.

263 算

셈할 **산**

字源풀이

'대나무 죽(竹)'에 '갖출 구(具)'를 합한 글자로, 산가지(竹)로 틀림없이 갖추어(具) 셈하다의 뜻이다.

자형 변천

갑골문	금문	전서	예서	해서
		筭	莫	算

나라별 비교

중국 간체자	算 suàn

일본 약자	算 さん

〖부수자〗 竹

〖영 문〗 count, figure

〖활용단어〗

- 산수(算數): 기초적인 셈법, 또는 이를 가르치는 학과목(學科目). 산술(算術).
- 계산(計算): 수량(數量)을 헤아림. 식의 운산(運算)으로 수치(數値)를 구해 내는 일.
- 이해타산(利害打算): 이해 관계를 이모저모 따져 헤아리는 일.

---

264 數

셈 **수**

字源풀이

본래 '끌 루(婁)'와 '칠 복(攴→攵)'의 合體字(합체자)로 '셈하다'의 뜻이다. '婁'는 '비다'의 뜻으로, 마음속에 잡념이 없어야 정확히 셈할 수 있다는 뜻이다.

자형 변천

갑골문	금문	전서	예서	해서
		數	數	數

나라별 비교

중국 간체자	数 shù, shǔ, shuò

일본 약자	数 す·すう

〖부수자〗 攵

〖영 문〗 number, sum, amount

〖활용단어〗

- 수판(數板): 韓·中·日 등지에서 셈을 놓는 데에 쓰는 제구(諸具).
- 분수(分數): 한 수 a를 다른 수 b로 나눈 몫을 a/b와 같이 나타낸 것. 자기에게 알맞은 한도(限度).
- 권모술수(權謀術數): 목적 달성을 위해서는 인정이나 도덕을 가리지 않고 권세와 모략 중상 등 갖은 방법과 수단을 쓰는 술책.

265 愛 사랑 애

字源풀이

다른 사람에게 마음(心)을 주는 것, 곧 은혜를 베푸는 것이 '사랑'이란 뜻의 글자이다.

자형 변천

갑골문	금문	전서	예서	해서
		愛(전서)	愛(예서)	愛

나라별 비교

중국 간체자	일본 약자
愛 ài	愛 あい

【부수자】 心

【영　문】 love, like

【활용단어】

- 애정(愛情): 사랑하는 마음. 남녀 사이에 서로 그리워하는 정.
- 모성애(母性愛): 자식에 대한 어머니의 본능적인 사랑.
- 애국지사(愛國志士): 나라를 위하여 자기의 몸과 마음을 바쳐 이바지하는 사람.

---

266 惜 아낄 석

字源풀이

'마음 심(忄)'과 '옛 석(昔)'의 형성자로, 지난날에 당한 재난으로 가슴 아파하다의 뜻이다.

자형 변천

갑골문	금문	전서	예서	해서
		惜(전서)	惜(예서)	惜

나라별 비교

중국 간체자	일본 약자
惜 xī	惜 しゃく・せき

【부수자】 心

【영　문】 value, cherish

【활용단어】

- 애석(哀惜): 슬프고 아깝게 여김.
- 석패(惜敗): 경기(競技)나 시합(試合)에서 약간의 점수 차이로 애석(哀惜)하게 짐.
- 불석천금(不惜千金): 많은 돈을 아끼지 아니함.

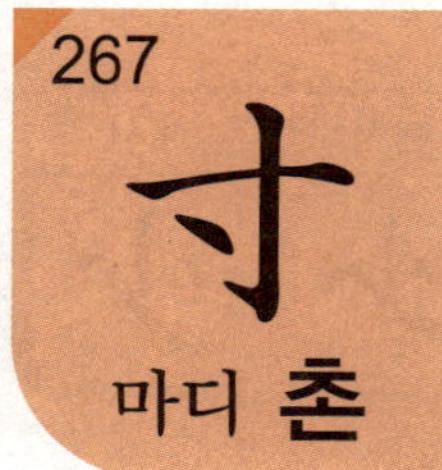

267 寸 마디 촌

字源풀이

손목에서 동맥의 맥박이 뛰는 위치까지를 十分, 곧 한 치의 단위로 보아, 손(又)에 맥박의 위치를 가리키는 부호를 더하여 '𡴤'의 형태로 나타낸 것인데, 楷書體(해서체)의 '寸(마디 촌)'자가 된 것이다.

자형 변천

갑골문	금문	전서	예서	해서
		寸	寸	寸

나라별 비교

중국 간체자	寸 cùn	일본 약자	寸 すん

〖부수자〗 寸

〖영 문〗 small, tiny, little

〖활용단어〗

- 촌각(寸刻): 매우 짧은 시각(時刻).
- 촌극(寸劇): 아주 짧은 연극.
- 촌철살인(寸鐵殺人): 작고 날카로운 쇠붙이로도 사람을 죽일 수 있다는 뜻으로, 간단한 경구로 사람을 감동시킬 수 있다는 말.

---

268 時 때 시

字源풀이

'날 일(日)'과 '관청 시(寺)'의 形聲字(형성자)로, 관청이 잘 드러나듯이 사계절의 변화도 잘 나타나므로 본의는 '사계절'의 뜻에서 '때'의 뜻이 되었다.

자형 변천

갑골문	금문	전서	예서	해서

나라별 비교

중국 간체자	时 shí	일본 약자	時 し·じ

〖부수자〗 日

〖영 문〗 season, era, period, time, hours

〖활용단어〗

- 시효(時效): 어떤 상태가 어느 기간 연속됨으로써 권리를 얻거나 잃어버리는 기간.
- 상시(常時): 평상시.
- 만시지탄(晩時之歎): 기회를 놓쳐 뒤늦었음을 안타까워하는 탄식.

269 少 적을 소

字源풀이

‘작은 소(小)’에 ‘삐칠 별(丿)’을 합한 글자로, 빗방울(小→小)의 뜻인 작은(小) 것에 다시 일부분을 덜어내니(丿), 양이 더 ‘적다’는 뜻과 나아가 ‘젊다’의 뜻이 있다.

자형 변천

갑골문	금문	전서	예서	해서

나라별 비교

중국 간체자	少 shǎo, shào	일본 약자	少 しょう

〖부수자〗 小

〖영　문〗 young, junior, small or little

〖활용단어〗
- 과소(寡少): 너무 적음.
- 소액(少額): 적은 액수.
- 희소가치(稀少價値): 드물기 때문에 인정되는 가치.

270 年 해 년

字源풀이

본래 ‘秊’의 자형으로 익은 벼를 지고 돌아오는 모습으로 풍년이 들다의 뜻이었는데, 뒤에 한 해의 뜻으로 字形(자형)도 ‘年’으로 변하였다.

자형 변천

갑골문	금문	전서	예서	해서

나라별 비교

중국 간체자	年 nián	일본 약자	年 ねん

〖부수자〗 干

〖영　문〗 year

〖활용단어〗
- 매년(每年): 매해. 하나하나의 모든 해.
- 풍년화자(豊年花子): 풍년 거지라는 속담으로 여러 사람이 다 이익을 볼 때에 혼자 빠져 이익을 못 봄을 이르는 말.
- 백년하청(百年河淸): 백 년을 기다린다 해도 황하(黃河)의 흐린 물은 맑아지지 않는다는 뜻.

若

같을 약

字源풀이

‘풀 초(艸→ ++)’와 ‘오른쪽 우(右)’의 合體字(합체자)로, 본의는 손으로 ‘채소를 가리다’의 뜻이었는데, 뒤에 ‘같다, 만약’의 뜻이 되었다.

자형 변천

갑골문	금문	전서	예서	해서
🖋	🖋	🖋	若	若

나라별 비교

중국 간체자	若 ruò, rě	일본 약자	若 じゃく・にゃく

【부수자】 ++

【영 문】 if, suppose, that, like

【활용단어】
- 만약(萬若): 만일.
- 약간(若干): 얼마 되지 아니함.
- 명약관화(明若觀火): 불을 보는 것처럼 분명함.

電

번개 전

字源풀이

번개는 구름과 구름 사이에서 번갯불이 번쩍이는 것을 象形(상형)하여 ‘🖋, 🖋’과 같이 그렸던 것인데, 뒤에 ‘🖋→申’과 같이 변하여 ‘납 신(申)’이 되었다.

자형 변천

갑골문	금문	전서	예서	해서
🖋	🖋	電	電	電

나라별 비교

중국 간체자	电 diàn	일본 약자	電 でん

【부수자】 雨

【영 문】 electricity, power, short for cable or telegram

【활용단어】
- 절전(節電): 전기를 아끼어 씀.
- 정전(停電): 전기가 한때 끊어짐.
- 타전(打電): 전보(電報)를 침. 타보(打報).

※ ‘납’은 十二支(십이지)에서 잔나비, 곧 원숭이를 가리킨다. 이와 같이 ‘申’자가 뒤에 다른 뜻으로 쓰이게 되어 ‘雨’자와 합쳐서 楷書體(해서체)의 ‘電(번개 전)’자가 된 것이다.

273 拾

주울 습
열 십

字源풀이

'손 수(扌)'와 '합할 합(合)'의 형성자로, 몸을 굽혀 떨어진 물건을 줍다의 뜻이다. 손과 물건이 합치다에서 合을 취하였다. 또 十(열 십)의 갖은 字로도 쓰인다.

[부수자] 扌

[영 문] collect, to put away, to pick up

[활용단어]

- 수습책(收拾策): 사건을 수습하는 방책.
- 습득(拾得): 주워서 얻음.
- 노불습유(路不拾遺): '길에 떨어져 있는 남의 물건을 주워서 자기가 가지려는 등의 짓은 하지 않는다'는 뜻으로, 나라가 잘 다스려져 모든 백성이 매우 정직한 모양을 이르는 말.

274 錢

돈 전

字源풀이

'쇠 금(金)'과 '적을 전(戔)'의 形聲字(형성자)로, '돈'은 금속(金)으로 만드니까 쇠 금(金)자에, 쇠를 자잘하게 조각낸 것이 돈이므로 '戔'자를 취한 것이다.

[부수자] 金

[영 문] money, cash

[활용단어]

- 동전(銅錢): 구리로 만든 돈.
- 전곡(錢穀): 돈과 곡식.
- 무전여행(無錢旅行): 돈이 없이 하는 여행.

275 呼 부를 호

'입 구(口)'와 '어조
사 호(乎)'의 형성자
로, 입(口)으로 숨을
내쉬다의 뜻이다.
乎에는 기운이 위로
솟다의 뜻이 있다.

자형 변천

갑골문	금문	전서	예서	해서
𠯛	𠮦	呼	呼	呼

나라별 비교

중국 간체자	呼 hū	일본 약자	呼 こ

[부수자] 口
[영 문] call, cry, exhale

[활용단어]
- 호소(呼訴): (어떤 사람에게 또는 어떤 대상에 어떤 일을) 같이 호응하여 따르도록 제기하는 것.
- 호응(呼應): 글이나 말 속에서 어떤 특정한 말 다음에는 반드시 어떤 일정한 말이 따르는 일. 부정의 호응, 가정의 호응, 의문의 호응 따위.
- 지호지간(指呼之間): 손짓하여 부르면 대답할 수 있는 가까운 거리.

276 給 줄 급

'실 사(糸)'와 '합할
합(合)'의 형성자로,
부족한 것을 합하여
족하게 하다의 뜻이
다.

자형 변천

갑골문	금문	전서	예서	해서
		給	給	給

나라별 비교

중국 간체자	给 gěi, jǐ	일본 약자	給 きゅう

[부수자] 糸
[영 문] give

[활용단어]
- 급료(給料): 월급·일급 등을 통틀어 일컫는 말 따위.
- 월급(月給): 다달이 받는 급료.
- 자급자족(自給自足): 자기가 필요한 것을 스스로 생산하여 충당함.

277 受 받을 수

字源풀이

본래 제사를 지낼 때 제물을 담은 그릇을 서로 받들어 주고받는 모습을 그리어 '(자형), (자형), (자형)'의 형태로 그린 것인데, 楷書體(해서체)의 '受'자가 된 것이다. 뒤에 '받다'의 뜻으로만 쓰였다.

자형 변천

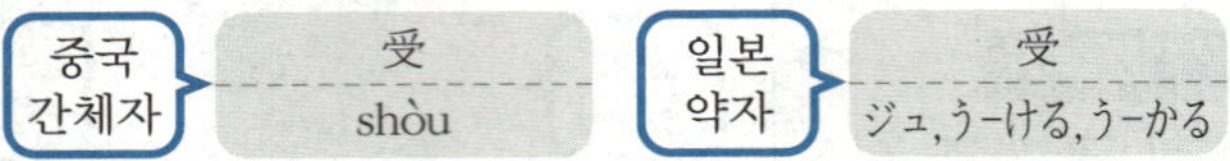

갑골문	금문	전서	예서	해서

나라별 비교

중국 간체자	受 shòu	일본 약자	受 ジュ, う-ける, う-かる

【부수자】又
【영 문】receive, accept, get; bear, stand

【활용단어】
- 수모(受侮): 남에게 모욕(侮辱)을 받음.
- 감수성(感受性): 자극을 느끼고 받아들이는 성질이나 능력.
- 사면수적(四面受敵): 사방에서 적의 공격을 받음.

---

278 惠 은혜 혜

字源풀이

'오로지 전(叀)'과 '마음 심(心)'의 회의자로, 오로지 마음(心)을 베풀어준다는 데서 '은혜'의 뜻이다.

자형 변천

갑골문	금문	전서	예서	해서

나라별 비교

중국 간체자	惠 huì	일본 약자	惠 え・けい

【부수자】心
【영 문】benefit, profit, favor

【활용단어】
- 혜택(惠澤): 은혜(恩惠)와 덕택. 자연이나 문명(文明)이나 단체 등이 사람에게 베푸는 이로움이나 이익.
- 특혜(特惠): 특별한 은혜 또는 혜택.
- 혜이불비(惠而不費): 위정자(爲政者)는 백성에게 은혜를 베풀되 낭비는 하지 말아야 함.

279 報 갚을 보

‘놀랄 녑(幸)’과 ‘다스릴 복(攴)’의 形聲字(형성자)로, 곧 죄인을 처단한다는 뜻이었는데, 뒤에 ‘갚다’, ‘알리다’의 뜻으로 쓰였다.

자형 변천

갑골문	금문	전서	예서	해서
	報	報	報	報

나라별 비교

중국 간체자	报 bào	일본 약자	報 ほう

〖부수자〗 土
〖영 문〗 repay, recompense, reward

〖활용단어〗
- 보도(報道): 새 소식을 널리 알림, 또는 그 소식.
- 급보(急報): 급히 알림, 또는 급한 소식이나 보도.
- 결초보은(結草報恩): 죽어 혼령이 되어서라도 은혜를 잊지 않고 갚는다는 뜻.

280 答 대답 답

‘대나무 죽(竹)’에 ‘합할 합(合)’의 형성자로, 대나무로 울타리를 얽어 매는 것이 본 뜻인데, ‘대답하다’의 뜻으로 쓰이게 되었다.

자형 변천

갑골문	금문	전서	예서	해서
		答	荅	答

나라별 비교

중국 간체자	答 dá, dā	일본 약자	答 とう

〖부수자〗 竹
〖영 문〗 answer

〖활용단어〗
- 답변(答辯): 어떠한 물음에 밝히어 대답함.
- 응답(應答): 물음이나 부름에 응하여 대답함.
- 동문서답(東問西答): 동쪽을 묻는 데 서쪽을 대답한다는 뜻으로, 묻는 말에 대하여 전혀 엉뚱한 대답.

281 個
낱 개

字源풀이

‘사람 인(人)’과 ‘굳을 고(固)’의 形聲字(형성자)로, 사람이 가장 헤아리기 쉬우므로 量詞(양사)의 단위로 쓰인다.

자형 변천

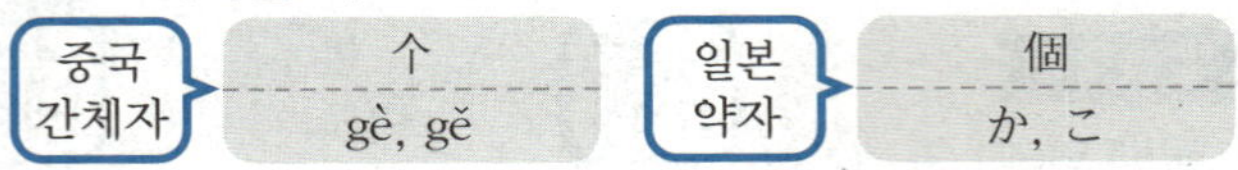

갑골문	금문	전서	예서	해서
		笛	笛	個

나라별 비교

중국 간체자	일본 약자
个 gè, gě	個 か, こ

[부수자] 人

[영 문] piece, single

[활용단어]

- 개성(個性): 개인의 천품으로 타고난 특유한 성격. 개체(個體)나 개물의 특유한 특징이나 성격. 예술 작품에 나타난 작가의 특질(特質).
- 별개(別個): 관련성이 없어서 구별되는 딴 것. 다른 한낱.
- 개인주의(個人主義): 개인의 권위(權威)와 자유(自由)를 중히 여기어 개인을 기초로 하고 모든 행동을 규정하려는 주의.

282 米
쌀 미

字源풀이

낱알의 모양을 象形하여 ‘☴, 米’와 같이 그린 것인데, 楷書體(해서체)의 ‘米’자가 된 것이다.

자형 변천

갑골문	금문	전서	예서	해서
朮	朮	米	米	米

나라별 비교

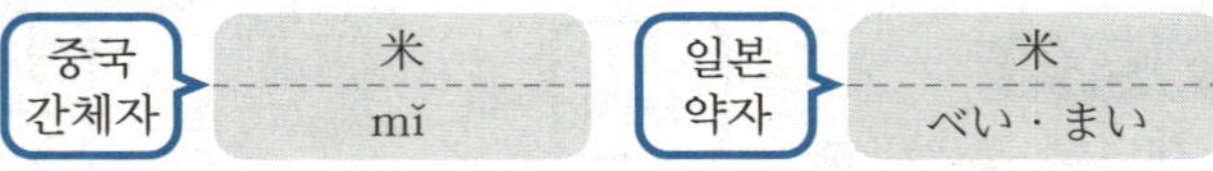

중국 간체자	일본 약자
米 mǐ	米 べい・まい

[부수자] 米

[영 문] rice

[활용단어]

- 미수(米壽): ‘여든 여덟 살(88세)’의 다른 이름.
- 입미(粒米): 낱알.
- 미량어염(米糧魚鹽): 양식이나 생선, 소금 같은 일상생활에 필요한 식료품.

※ ‘米’자를 八+八의 합자로 보아, 벼농사는 88번의 손이 가야 된다는 풀이는 한낱 민간자원에 불과하다.

283 由
말미암을 유

字源풀이

본래 술 그릇의 모양을 본뜬 상형자인데, 뒤에 '말미암다'의 뜻으로 쓰이게 되었다.

자형 변천

갑골문	금문	전서	예서	해서

나라별 비교

중국 간체자	由 yóu	일본 약자	由 ゆ・ゆい・ゆう

〖부수자〗 田

〖영 문〗 cause, from, by

〖활용단어〗
- 유래(由來): 사물의 내력(來歷).
- 사유(事由): 일의 까닭.
- 유아지탄(由我之歎): 나로 말미암아 남에게 해가 미치게 된 것을 뉘우치는 탄식(歎息).

284 辛
매울 신

字源풀이

'辛'자는 甲骨文(갑골문)에 ''의 형태로, 본래 죄인이나 노예의 문신에 썼던 침의 모양을 본뜬 것인데, '맵다'의 뜻이 되었다.

자형 변천

갑골문	금문	전서	예서	해서

나라별 비교

중국 간체자	辛 xīn	일본 약자	辛 しん

〖부수자〗 辛

〖영 문〗 bitter, acrid

〖활용단어〗
- 신랄(辛辣): 맛이 아주 쓰고 매움. 사물의 분석이나 비평이 아주 날카로움.
- 신산(辛酸): 맵고 신맛. 쓰라리고 고생스러움.
- 간난신고(艱難辛苦): 몹시 힘들고 고생스러움.

285

每
매양 매

字源풀이

‘싹날 철(屮)’과 ‘어미 모(母)’의 形聲字(형성자)로, 본의는 풀이 무성하게 자라다의 뜻이었는데, ‘늘’, ‘매양’의 뜻이 되었다.

자형 변천

갑골문	금문	전서	예서	해서
𣱯	𣫭	𣫭	每	每

나라별 비교

중국 간체자	每 měi	일본 약자	每 まい

【부수자】母

【영　문】 per, each, every

【활용단어】
- 매기(每期): 일정하게 정하여진 시기마다.
- 매번(每番): 번번이.
- 매사불성(每事不成): 하는 일마다 실패함.

286

量
수량 량

字源풀이

‘量’자는 金文(금문)에 ‘量’의 자형으로, 무거울 중(重)의 省體(생체)와 ‘良’의 省體가 합친 글자로, 물건의 다소를 가리는 기구의 뜻이었는데, 뒤에 ‘헤아리다’의 뜻이 되었다.

자형 변천

갑골문	금문	전서	예서	해서
	量	量	量	量

나라별 비교

중국 간체자	量 liáng, liàng	일본 약자	量 りょう

【부수자】里

【영　문】 quantity, capacity

【활용단어】
- 감량(減量): 수량이 줄거나 수량을 줄임.
- 양산(量産): 규격이 같은 상품을 많이 생산하는 일.
- 감개무량(感慨無量): 마음에 사무치는 느낌이 한이 없음.

287

農
농사 농

字源풀이

'農'자는 甲骨文(갑골문)에 '𦰩'의 형태로, '수풀 림(林)'에 '별 진(辰)'을 합한 글자이다. 하늘에 새벽 별(辰)을 보고 들에 나가 일을 한다는 뜻으로, 밭에서 곡식을 가꾸는 '농사'를 뜻한다.

자형 변천

갑골문	금문	전서	예서	해서

나라별 비교

중국 간체자	农 nóng	일본 약자	農 のう

【부수자】 辰
【영　문】 agriculture, farm

【활용단어】
- 영세농(零細農): 농사를 적게 지어 겨우 살아가는 가난한 농민.
- 농경기(農耕期): 농사를 짓는 시기.
- 이농(離農): 농민이 농사짓는 일을 그만두고 농촌에서 떠남.

288

者
놈 자

字源풀이

본래의 자형은 '𣎳'와 '白'의 합자가 아니라, 者의 金文(금문) '𣥐', '𤴓' 등으로 볼 때, 사탕수수를 象形한 자형 아래 '달 감(甘)'자를 더하여 '사탕수수(蔗)'를 뜻한 글자인데, 뒤에 '사람', '～것'의 뜻으로 쓰이게 되었다.

자형 변천

갑골문	금문	전서	예서	해서

나라별 비교

중국 간체자	者 zhě	일본 약자	者 しゃ

【부수자】 老
【영　문】 those who, he who

【활용단어】
- 경자(耕者): 땅을 갈아서 농사짓는 사람.
- 인자(仁者): 마음이 어진 사람.
- 결자해지(結者解之): 맺은 사람이 풀어야 한다라는 뜻으로, 자기가 관계했거나 저지르거나 한 일에 대하여는 자신이 그 일을 해결해야 한다는 말.

※ 학자에 따라 해석이 다르다.

刻舟求劍
각 주 구 검

어리석고 미련하여 융통성이 없다는 뜻.

刻(새길 각)　舟(배 주)　求(구할 구)　劍(칼 검)

● 중국 楚(초)나라 사람이 배를 타고 강을 건너다가 들고 있던 칼을 물속에 빠뜨렸다. 그러자 그는 곧 칼을 빠뜨린 뱃전에 칼자국을 내어 표시를 해 두었다. 이윽고 배가 언덕에 와 닿자 칼자국이 있는 뱃전 밑 물속으로 뛰어들었다. 그러나 그에 칼이 있을 리 없었다. 이와 같이 옛것을 지키다 시세의 추이도 모르고 눈앞에 보이는 하나만을 고집하는 처사를 비유해서 한 말이다. 『呂氏春秋(여씨춘추)』에 그 유래가 전한다.

勤學修身 10

073 虎死留皮 (호 사 유 피) ▸ 호랑이는 죽어서 가죽을 남기고
虎は死んで皮を残し

074 揚名希遺 (양 명 희 유) ▸ 사람은 이름을 떨쳐 남기기를 바란다.
人は名を馳せ残すのを願う

075 靑雲萬里 (청 운 만 리) ▸ 큰 꿈과 포부를 가진
大きな夢と抱負をもって

076 敎育英材 (교 육 영 재) ▸ 英材를 모아 교육한다.
優れた才能を集め教育する

077 賣布買卷 (매 포 매 권) ▸ 옷감을 팔아 책을 사서 공부하며
生地を売り本を買って学び

078 歷試練就 (역 시 연 취) ▸ 많은 시련을 겪어야 꿈은 이뤄진다.
多くの試練を経験すれば夢は成し遂げられる

079 賢士洗耳 (현 사 세 이) ▸ 어진 선비는 더럽힌 귀를 씻고
優れた人士は穢れた耳を洗い

080 論語修心 (논 어 수 심) ▸ 論語를 읽으며 마음을 닦는다.
論語を読み心を磨く

289 虎 범 호

字源풀이

호랑이의 옆모양에 서도 특히 사나운 입모양을 강조하여 '𤠔, 𧇂, 𧇎, 𧇓' 등 과 같이 그린 것인 데, 楷書體(해서체) 의 '虎(범 호)' 자가 된 것이다.

자형 변천

갑골문	금문	전서	예서	해서
				虎

나라별 비교

중국 간체자	虎 hū	일본 약자	虎 こ, とら

[부수자] 虍
[영 문] tiger

[활용단어]

- 호환(虎患): 호랑이에게 당하는 화(禍).
- 비호(飛虎): 나는 듯이 빨리 달리는 범.
- 맹호복초(猛虎伏草): '풀밭에 엎드려 있는 범'이란 뜻으로, 영웅은 일시적으로는 숨어 있지만 때가 되면 반드시 세상에 드러난다는 말.

---

290 死 죽을 사

字源풀이

뼈만 앙상하게(歺: 부서진 뼈 알) 남은 상태에 누워 있는 사람의 모습(匕)을 더하여 '죽다'의 뜻 이 되었다.

자형 변천

갑골문	금문	전서	예서	해서
				死

나라별 비교

중국 간체자	死 sǐ	일본 약자	死 し

[부수자] 歺
[영 문] die, dead, death

[활용단어]

- 결사대(決死隊): 죽기를 각오하고 싸우려고 나선 무리.
- 사력(死力): 목숨을 아끼지 않고 쓰는 힘.
- 조문석사(朝聞夕死): 아침에 참된 이치를 들어 깨달으면 저녁에 죽어도 한이 없다는 말.

291 留 머무를 **류**

字源풀이

'밭 전(田)'과 '토끼 묘(卯)'의 형성자로, 옛날 농사를 크게 짓기 위해서 머물다 의 뜻이다. 여기서 '卯'는 '柳, 劉'의 경우처럼 '류'로도 발음된다.

🌀 자형 변천

갑골문	금문	전서	예서	해서

🌀 나라별 비교

중국 간체자	留 liú	일본 약자	留 りゅう, る

〖부수자〗田
〖영 문〗remain, stay

〖활용단어〗
- 계류(繫留): 붙잡아 매어 놓음. 사건이나 의안(議案)들이 미결 상태로 걸려 있음.
- 유임(留任): 그 자리나 직위에 머물러 있음.
- 호사유피(虎死留皮): 범이 죽으면 가죽을 남김과 같이 사람도 죽은 뒤 이름을 남겨 야 한다는 말.

292 皮 가죽 **피**

字源풀이

金文(금문)에 '붑'의 형태로, 손(又)으 로 뱀의 가죽을 벗 기는 모양을 나타낸 글자이다.

🌀 자형 변천

갑골문	금문	전서	예서	해서

🌀 나라별 비교

중국 간체자	皮 pí	일본 약자	皮 ひ

〖부수자〗皮
〖영 문〗skin, fur, hide

〖활용단어〗
- 피부(皮膚): 살가죽의 겉면.
- 철면피(鐵面皮): 뻔뻔스럽고 염치(廉恥)를 모르는 사람을 조롱하여 이르는 말.
- 피골상접(皮骨相接): 살가죽과 뼈가 맞붙을 정도로 몹시 마름.

293

揚
날릴 양

字源풀이

'손 수(扌)'와 '빛날 양(昜: 陽의 古字)'의 形聲字(형성자)로, 손으로 들어 밝게 보게 하다에서 '날리다' 의 뜻이다.

자형 변천

갑골문	금문	전서	예서	해서
무	昜	揚	揚	揚

나라별 비교

중국 간체자	扬 / yáng	일본 약자	揚 / よう

【부수자】 扌

【영 문】 raise, wave, flutter

【활용단어】
- 양력(揚力): 비행기의 날개와 같은 얇은 판을 기울여서 유체 속을 움직일 때 판의 진행방향과 수직으로 작용하는 힘.
- 게양(揚揚): (매달아) 높이 올림.
- 입신양명(立身揚名): 출세하여 이름을 떨침.

294

名
이름 명

字源풀이

저녁(夕)이 되어 어두워지면 입(口)으로 이름(名)을 불러 서로를 분간한 데에서 이름이란 뜻이다.

자형 변천

갑골문	금문	전서	예서	해서
비	名	名	名	名

나라별 비교

중국 간체자	名 / míng	일본 약자	名 / みょう·めい

【부수자】 口

【영 문】 name, title, honor

【활용단어】
- 오명(汚名): 더러워진 명예나 평판.
- 무명씨(無名氏): 세상에 이름이 드러나지 않은 사람.
- 입신양명(立身揚名): 출세하여 이름을 떨침.

希
바랄 희

字源풀이

본래 베(巾:수건 건)의 올이 효(爻: 육효 효)라는 글자처럼 드문드문 있어서 '드물다' 라는 뜻으로 사용되었으나, 드물다는 것은 稀少性(희소성)이 있다는 것이어서 '바라다' 의 뜻으로 쓰였다.

🌊 자형 변천

갑골문	금문	전서	예서	해서
		希	希	希

🌊 나라별 비교

중국 간체자	希 / xī	일본 약자	希 / き·け

【부수자】 巾

【영　문】 hope, desire, wish

【활용단어】
- 희망(希望): 앞일에 대한 바람.
- 희랍(希臘): 그리스의 한자말.
- 희망매매(希望賣買): 장래에 이익을 얻을 수 있는 물건을 매매하는 일. 논에 있는 벼나 그물에 든 고기를 매매하는 것 따위.

遺
남길 유

字源풀이

'쉬엄쉬엄 갈 착(辶)' 과 '귀할 귀(貴)' 의 形聲字(형성자)로 본래 '망실하다' 의 뜻이었는데, '남기다' 의 뜻으로 쓰인다.

🌊 자형 변천

갑골문	금문	전서	예서	해서
	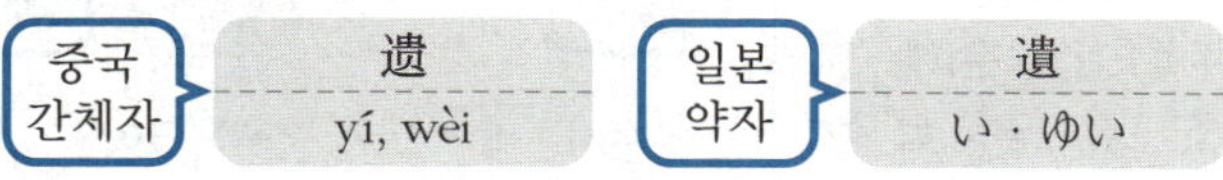			遺

🌊 나라별 비교

중국 간체자	遗 / yí, wèi	일본 약자	遺 / い·ゆい

【부수자】 辶

【영　문】 leave, lost

【활용단어】
- 유감(遺憾): 마음에 남아 있는 섭섭한 느낌.
- 후유증(後遺症): 병을 앓고 난 뒤에도 남아 있는 병적 증세.
- 문화유산(文化遺産): 다음 세대에 물려줄 민족 및 인류 사회의 모든 문화.

297

靑
푸른 **청**

字源풀이

金文(금문)에 '靑', 小篆(소전)에 '靑'의 자형으로서 '生'과 '丹(붉을 단)'의 形聲字(형성자)로, '丹'의 有色(유색)의 돌을 뜻하며, 그 중 푸른색의 돌로서 '푸른빛'의 뜻이다. 여러 가지 설이 있다.

자형 변천

갑골문	금문	전서	예서	해서
	靑	靑	靑	靑

나라별 비교

중국 간체자	일본 약자
靑 qīng	靑 しょう, せい

【부수자】 靑

【영 문】 blue, green

【활용단어】

- 청년(靑年): 청춘기에 있는 젊은 사람. 특히, 남자를 일컬음.
- 단청(丹靑): 집의 벽·기둥·천장 등에 여러 가지 빛깔로 그림과 무늬를 그림. 붉은 빛과 푸른빛.
- 청천벽력(靑天霹靂): 맑게 갠 하늘에서 갑자기 떨어지는 벼락이라는 뜻으로, 필세(筆勢)의 세참을 이르는 말. 돌발적인 사태나 사변(事變)을 이르는 말.

298

雲
구름 **운**

字源풀이

甲骨文(갑골문)에 '雲, 雲', 金文(금문)에 '雲, 雲' 등의 자형으로, 구름의 모양을 그린 象形字(상형자)이다. 뒤에 '云(구름 운)'이 '이르다'의 뜻으로 전의 되자, '云'에 '雨'를 더하여 '雲(구름 운)'자를 다시 만들었다.

자형 변천

갑골문	금문	전서	예서	해서

나라별 비교

중국 간체자	일본 약자
云 yún	雲 うん

【부수자】 雨

【영 문】 clouds, large

【활용단어】

- 운집(雲集): 사람이 구름처럼 많이 모임.
- 적운(積雲): 밑은 평평하고 꼭대기는 둥글어 솜을 쌓아 놓은 것 같은 뭉실뭉실한 구름.
- 망운지정(望雲之情): 자식이 타향에서 부모를 그리는 정.

299

萬
일만 만

字源풀이

全蝎(전갈)이라는 독벌레를 독침과 집게의 모양을 강조하여 ''과 같이 象形한 것인데, 뒤에 자형이 변하여 '萬' 자가 된 것이며, 전갈은 새끼를 한 번에 많이 낳는다는 것에서 숫자의 '만'을 뜻하는 글자로 쓰이게 되었다.

자형 변천

갑골문	금문	전서	예서	해서
				萬

나라별 비교

중국 간체자	万 wàn, mò	일본 약자	万 マン, バン

【부수자】 艸

【영 문】 ten thousand, innumerable

【활용단어】

- 만세(萬歲): 경축(慶祝)하거나 환호하여 외치는 말.
- 억만(億萬): 아주 많은 수효(數爻).
- 만경창파(萬頃蒼波): 만 이랑의 푸른 물결이라는 뜻으로, 한없이 넓고 푸른 바다.

300

里
마을 리

字源풀이

땅(土) 위에 밭(田)을 일군 곳이 '마을'이라는 뜻이다.

자형 변천

갑골문	금문	전서	예서	해서
	里	里	里	里

나라별 비교

중국 간체자	里 lǐ	일본 약자	里 り

【부수자】 里

【영 문】 a neighborhood, place of residence, precinct, place

【활용단어】

- 동리(洞里): 지방 행정구역인 동과 리. 마을.
- 이문(里門): 골목이나 동네에 들어가는 어귀에 세운 문.
- 오리무중(五里霧中): 널리 낀 안갯속과 같이 희미하고 몽롱하여, 무슨 일의 방향이나 갈피를 잡을 수 없는 상태.

301 教 가르칠 교

'인도할 교(孝)'와 '칠 복(攵)'의 合體字(합체자)로, 어린 아이가 본받도록 매를 대다에서 '가르치다'의 뜻이다.

자형 변천

갑골문	금문	전서	예서	해서

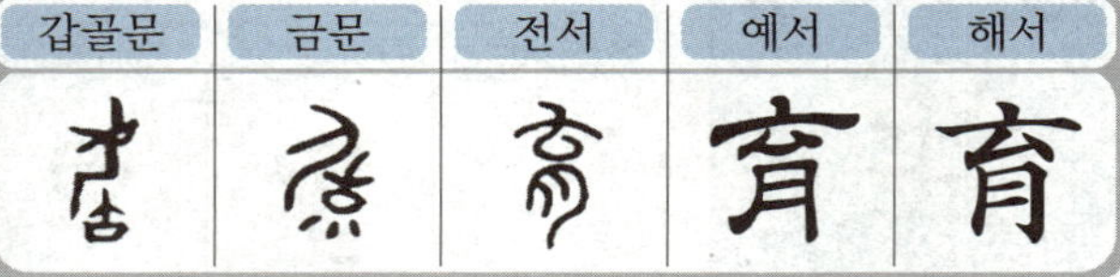

나라별 비교

중국 간체자	教 jiào, jiāo	일본 약자	教 きょう

〖부수자〗 攵
〖영 문〗 teach, instruct

〖활용단어〗
- 교령(教領): 천도교를 대표하는 직위, 또는 그 직위에 있는 사람.
- 사교(邪教): 건전하지 못하고 요사스러운 종교.
- 삼천지교(三遷之教): 맹자(孟子)의 어머니가 아들의 교육을 위하여 3번 거처를 옮겼다는 고사로, 생활 환경이 교육에 있어 큰 구실을 함을 말함.

302 育 기를 육

小篆(소전)에 '𠫓'의 자형으로, 어머니의 배에서 갓 나온 아이의 모양(𠫓→㐬)에 '⺼→肉→月'을 더하여 만든 글자인데, 아이를 낳아 '기르다'의 뜻으로 쓰였다.

자형 변천

갑골문	금문	전서	예서	해서

나라별 비교

중국 간체자	育 yù, yò	일본 약자	育 いく

〖부수자〗 肉
〖영 문〗 produce, breed, educate

〖활용단어〗
- 육성(育成): 잘 자라나도록 길러 내는 것.
- 발육(發育): 생물이 자라남.
- 전인교육(全人教育): 지식이나 기술 등에 치우치지 않고 인간이 가지고 있는 모든 자질을 전면적, 조화적으로 육성하려는 교육.

303 英 꽃부리 영

字源풀이

'풀 초(艹)'와 '가운데 앙(央)'의 形聲字(형성자)이다. '央'은 선명의 뜻으로 활짝 핀 '꽃송이'를 이른다.

자형 변천

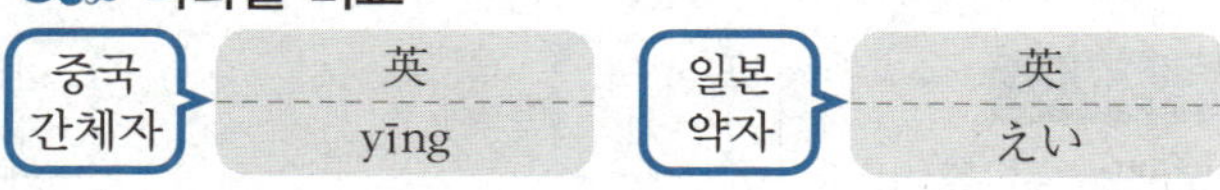

갑골문	금문	전서	예서	해서
		英	英	英

나라별 비교

중국 간체자	英 yīng	일본 약자	英 えい

〖부수자〗 艹

〖영 문〗 flower, leaf, petal

〖활용단어〗

- 육영(育英): 영재(英才)를 가르쳐 기름, 곧 교육을 일컬음.
- 영재(英才)): 뛰어난 재주, 또 그런 재주를 가진 사람.
- 주영(駐英): 영국(英國)에 주재하고 있음.

---

304 材 재목 재

字源풀이

'나무 목(木)'과 '재주 재(才)'의 形聲字(형성자)로, '재목'의 뜻이다.

자형 변천

갑골문	금문	전서	예서	해서
		材	材	材

나라별 비교

중국 간체자	材 cái	일본 약자	材 ざい

〖부수자〗 木

〖영 문〗 materials - especially timber - for building houses, furniture, etc.

〖활용단어〗

- 건재(建材): 건축하는 데 쓰이는 재료.
- 재질(材質): 재기와 성질. 재료의 성질.
- 동량지재(棟樑之材): 기둥이나 들보가 될만한 훌륭한 인재, 즉 한 집이나 한 나라의 큰일을 맡을 만한 사람.

305

賣
팔 매

字源풀이

본래는 날 출(出)과 살 매(買)의 形聲字(형성자)로, '사다'의 반대인 '팔다'의 뜻이다.

갑골문	금문	전서	예서	해서

나라별 비교

중국 간체자	卖 mài	일본 약자	売 ばい・まい

【부수자】貝

【영 문】 sell, betray

【활용단어】
- 강매(强賣): 강제로(억지로) 팖.
- 경매(競賣): 사겠다는 사람이 많을 때에 값을 제일 많이 부르는 사람에게 파는 일.
- 매관매직(賣官賣職): 돈이나 재물을 받고 벼슬을 시킴.

306

布
베 포

字源풀이

본래 '아비 부(父)'와 '수건 건(巾)'의 形聲字(형성자)로, '삼베'의 뜻이었으나, '펴다'의 뜻으로도 쓰인다.

자형 변천

갑골문	금문	전서	예서	해서

나라별 비교

중국 간체자	布 bù	일본 약자	布 ふ・ほ

【부수자】巾

【영 문】 cloth, textiles

【활용단어】
- 포목점(布木店): 베와 무명 따위의 옷감을 파는 가게.
- 반포(頒布): 널리 펴서 알게 함.
- 포의한사(布衣寒士): 벼슬이 없는 가난한 선비.

307

買
살 매

字源풀이

'그물 망(网→罒)'과 '조개 패(貝)'의 會意字(회의자)로, 물건을 망라하여 바꾸다의 뜻을 나타낸 글자인데, '사다'의 뜻으로 쓰였다.

ᕦ 자형 변천

갑골문	금문	전서	예서	해서

ᕦ 나라별 비교

중국 간체자	买 mǎi	일본 약자	買 ばい

〖부수자〗 貝
〖영 문〗 buy, purchase

〖활용단어〗
- 매수(買收): 사들이기. 남을 꾀어 자기편으로 끌어들임.
- 예매(豫買): 미리 삼.
- 매판자본(買辦資本): 외국 자본에 지배되거나 결탁하여 제 나라의 이익은 돌보지 않고 외국 자본에 이롭도록 하는 후진국이나 식민지 국가의 토착 자본.

308

卷
책 권

字源풀이

권(𢍏)자 아래에 병부 절(卩)자의 형성자로, 무릎을 굽힌 형태로서 말다의 뜻임.

ᕦ 자형 변천

갑골문	금문	전서	예서	해서

ᕦ 나라별 비교

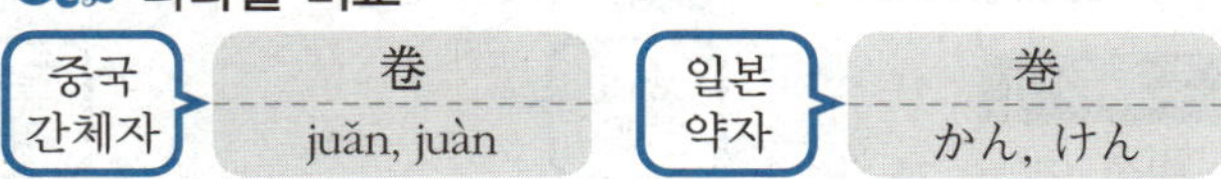

중국 간체자	卷 juǎn, juàn	일본 약자	卷 かん, けん

〖부수자〗 卩
〖영 문〗 curly

〖활용단어〗
- 권두언(卷頭言): 책의 머리말.
- 석권(席卷): 굉장한 기세(氣勢)로 영토(領土)를 남김없이 차지하여 세력 범위를 넓히는 것. (넓은 세력 범위를) 거침없는 기세(氣勢)로 우위(優位)나 정상을 차지하여 휩쓰는 것.
- 수불석권(手不釋卷): 손에서 책을 놓지 않는다는 뜻으로, 늘 책을 가까이하여 학문을 열심히 함.

309 歷 지낼 **력**

字源풀이

'책력 력(麻)'에 '발자취 지(止)'를 합한 글자로, 긴 세월(麻)에 걸쳐 발자취(止)를 남긴다는 데서 '지나다' 또는 '전하다'의 뜻이다.

자형 변천

갑골문	금문	전서	예서	해서
𣥍	歷	歷	歷	歷

나라별 비교

중국 간체자	历 / lì	일본 약자	歴 / れき

【부수자】止

【영　문】 to pass, to elapse, to undergo, to go through, to experience

【활용단어】

- 역사(歷史): 지난날, 오랜 세월에 걸쳐 세계나 국가, 민족 등이 겪어 온 정치적·사회적·문화적 변천의 과정이나 중요한 사실·사건의 자취, 또는 그에 대한 비판적 조사나 연구. 춘추(春秋).
- 산중역일(山中歷日): 산 속에서 한가로이 지내며 자연을 즐기느라고 세월이 가는 줄 모름.

---

310 試 시험 **시**

字源풀이

'말씀 언(言)'과 '법식(式)'의 形聲字(형성자)로, 법도로써 '시험하다'의 뜻이다.

자형 변천

갑골문	금문	전서	예서	해서
		試	試	試

나라별 비교

중국 간체자	试 / shì	일본 약자	試 / し

【부수자】言

【영　문】 try, test, experiment, test

【활용단어】

- 고시(考試): 공무원의 임용 자격을 결정하는 시험.
- 시도(試圖): 시험삼아 꾀하여 봄.
- 시행착오(試行錯誤): 학습 양식의 하나, 학습자가 어떤 목표에 도달하는 확실한 방법을 알지 못한 채 본능, 습관 등에 의한 시행과 착오를 되풀이하는 일.

練
익힐 련

字源풀이

'실 사(糸)'와 '가릴 간(柬)'의 형성자로, 누에고치를 삶아 실(糸)을 만드는 방법에서 연습하다의 뜻이다. 실을 만들 때 잘 익었는지 여부를 가리기 때문에 '柬(가릴 간)'이 쓰였다.

자형 변천

갑골문	금문	전서	예서	해서
		練	練	練

나라별 비교

중국 간체자	일본 약자
练 liàn	練 れん

〖부수자〗 糸

〖영 문〗 practice, train, exercise

〖활용단어〗
- 연습(練習): 학문(學問)이나 기예(技藝) 따위를 익숙하도록 되풀이하여 익힘.
- 미련(未練): 딱 잘라 단념하지 못하는 마음.
- 비숙련공(非熟練工): 아직 일에 숙달(熟達)하지 못한 직공(職工).

就
나아갈 취

字源풀이

'서울 경(京)'과 '더욱 우(尤)'의 會意字(회의자)로, '京'은 높은 곳의 뜻이고, '尤'는 보통과 다르다는 뜻으로서 본의는 '높은 곳에 산다'는 뜻이었는데, 뒤에 '나아가다'의 뜻이 되었다.

자형 변천

갑골문	금문	전서	예서	해서
		就	就	就

나라별 비교

중국 간체자	일본 약자
就 jiù	就 しゅう・じゅ

〖부수자〗 尢

〖영 문〗 receive, undergo, assume

〖활용단어〗
- 성취(成就): 목적한 대로 일을 이룸.
- 취직(就職): 일정한 직업을 잡아 직장에 나아감.
- 일취월장(日就月將): 날로 달로 진보함.

313 賢
어질 현

갑골문	금문	전서	예서	해서
	賢	賢	賢	賢

나라별 비교

중국 간체자	贤 xián	일본 약자	賢 けん

『부수자』 貝

『영 문』 talented, good, worthy, virtuous, to admire, to praise

字源풀이

'조개 패(貝)'와 '어질 간(臤)'자의 형성자로, 본래 재물이 많다의 뜻이었는데, '多財善行(다재선행)' 곧 재물이 많아야 좋은 일을 할 수 있다는 데서 어질다의 뜻이 되었다.

『활용단어』

- 현명(賢明): 마음이 어질고 영리(怜悧·伶俐)하여 사리(事理)에 밝음.
- 성현(聖賢): 성인(聖人)과 현인(賢人).
- 우문현답(愚問賢答): 어리석은 질문에 현명한 대답.

---

314 士
선비 사

자형 변천

갑골문	금문	전서	예서	해서
士	士	士	士	士

나라별 비교

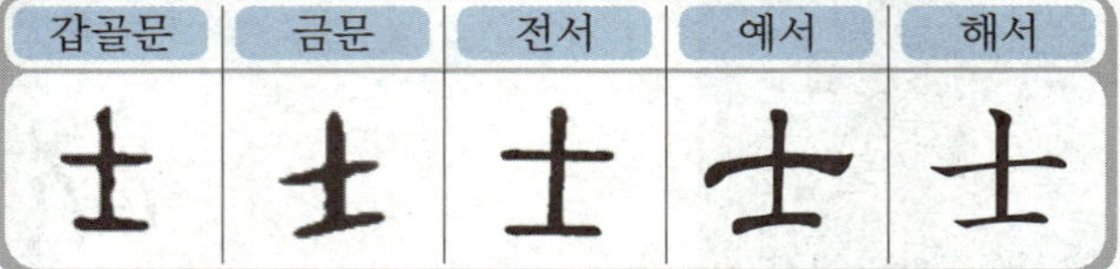

중국 간체자	士 shì	일본 약자	士 し

『부수자』 士

『영 문』 scholar, gentleman

字源풀이

'한 일(一)'과 '열 십(十)'의 會意字(회의자)이며, 하나를 들으면 열을 안다는 뜻으로, 곧 총명한 사람을 선비(士)라고 일컫은 것이다. 달리 풀이하는 이도 있다.

『활용단어』

- 강사(講士): 강연회에서 강연을 하는 사람.
- 사병(士兵): 장교, 준사관 및 사관 후보생이 아닌 모든 병사. 부사관 아래의 병졸만을 일컫기도 함.
- 산림처사(山林處士): 벼슬이나 세속을 떠나서 외진 산골에 파묻혀 글이나 읽고 지내는 선비.

315

洗
씻을 세

‘물 수(氵)’와 ‘먼저
선(先)’의 形聲字(형
성자)로, ‘先’은 앞
으로 나아가다의 뜻
에서, 발을 뻗어 물
로 ‘씻다’의 뜻이다.

자형 변천

갑골문	금문	전서	예서	해서
		洗	洗	洗

나라별 비교

중국 간체자	洗 xǐ, xiǎn	일본 약자	洗 せん

〖부수자〗氵
〖영　문〗wash, clean

〖활용단어〗
- 세련(洗鍊): 쇠를 불리듯이 글이나, 사상 따위를 갈고 닦아 깨끗하고 미끈하게 함.
- 수세(水洗): 물로 씻음.
- 풍마우세(風磨雨洗): 바람에 갈리고 비에 씻김.

316

耳
귀 이

귀의 모양을 象形하
여 ‘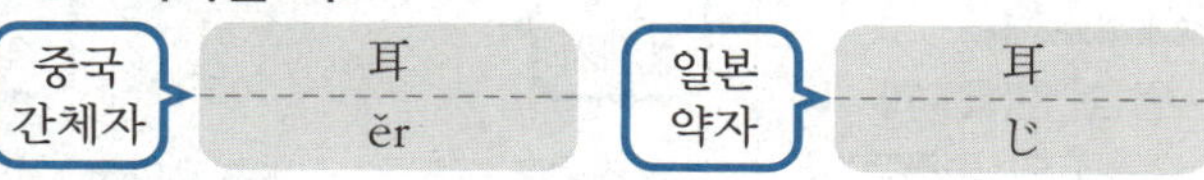’
와 같이 그린 것인
데, 뒤에 楷書體(해
서체)의 ‘耳’자가
된 것이다.

자형 변천

갑골문	금문	전서	예서	해서
				耳

나라별 비교

중국 간체자	耳 ěr	일본 약자	耳 じ

〖부수자〗耳
〖영　문〗ear

〖활용단어〗
- 중이염(中耳炎): 가운뎃귀에 생기는 염증. 급성과 만성이 있는데, 열이 오르고 심한 고통이 따르며 귀울음 따위가 일어난다.
- 마이동풍(馬耳東風): 말의 귀에 동풍이 불어도 말은 아랑곳하지 않는다는 뜻으로, 남의 말을 귀담아 듣지 않고 흘려버림을 이르는 말.

317 論 의논 론

자형 변천

갑골문	금문	전서	예서	해서
		論	論	論

나라별 비교

중국 간체자	일본 약자
论 lùn, lún	論 ろん

［부수자］ 言

［영 문］ discuss, argue, theory

字源풀이

'말씀 언(言)'과 '조리 세울 륜(侖)'의 形聲字(형성자)로, 차례로 조리 있게 말한다(言)는 데서 '논의하다'의 뜻이다.

［활용단어］

- 거론(擧論): 문제로 삼아 의논하거나 말함.
- 논설(論說): 사물의 이치를 들어 의견을 말하거나 그러한 글.
- 탁상공론(卓上空論): 실현성이 없는 헛된 이론.

---

318 語 말씀 어

자형 변천

갑골문	금문	전서	예서	해서
	語	語	語	語

나라별 비교

중국 간체자	일본 약자
语 yǔ, yù	語 ぎょ・ご

［부수자］ 言

［영 문］ language, speech, word

字源풀이

'말씀 언(言)'과 '나 오(吾)'의 形聲字(형성자)로, 나(吾)의 의견을 '말(言)하다'의 뜻이다.

［활용단어］

- 어폐(語弊): 말의 폐단(弊端). 남의 오해를 받기 쉬운 말.
- 의태어(擬態語): 사람이나 사물의 모양이나 움직임을 흉내낸 말.
- 어불성설(語不成說): 말이 조금도 사리(事理)에 맞지 않음.

319 修 닦을 수

字源풀이

'아득할 유(攸)'와 '터럭 삼(彡)'의 形聲字(형성자)로, 머리카락을 깨끗이 한다는 데서 '마음을 닦다'의 뜻으로 쓰였다.

자형 변천

갑골문	금문	전서	예서	해서
		修	脩	修

나라별 비교

중국 간체자	일본 약자
修	修
xiū	しゅ・しゅう

〖부수자〗 人

〖영 문〗 to repair, to mend, to adorn

〖활용단어〗
- 보수(保修): 건물 따위를 보충하여 고침.
- 수련(修鍊): 몸과 마음을 닦아서 익힘.
- 수신제가(修身齊家): 몸을 닦고 집안을 정돈함.

320 心 마음 심

字源풀이

심장의 모양을 象形(상형)하여 '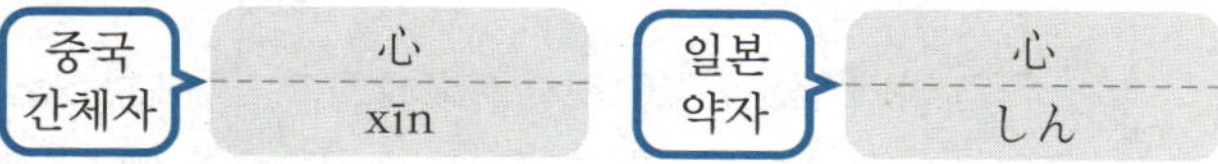', '' 와 같이 그린 것인데, 楷書體(해서체)의 '心'자가 된 것이다. 다른 글자의 왼쪽에 쓰일 때는 '忄', 밑에 쓰일 때는 '⺗'의 형태로 쓰인다.

자형 변천

갑골문	금문	전서	예서	해서
☺	☺	☺	心	心

나라별 비교

중국 간체자	일본 약자
心	心
xīn	しん

〖부수자〗 心

〖영 문〗 heart, mind

〖활용단어〗
- 관심(關心): 어떤 것에 끌리는(쓰는) 마음이나 주의.
- 심장병(心臟病): 심장에 생기는 여러 가지 병을 통틀어 일컫는 말.
- 견마지심(犬馬之心): 임금이나 나라에 충성을 다해 몸을 바치는 마음을 겸손하게 이르는 말.

【七顚八起】
칠 전 팔 기

일곱 번 넘어지고 여덟 번 일어선다는 뜻으로, 많은 실패에도 굽히지 않고 분투함을 일컫는 한자성어.

七(일곱 칠)　顚(넘어질 전)　八(여덟 팔)　起(일어날 기)

●일곱 번 넘어지고 여덟 번 일어선다는 뜻으로, 아무리 실패를 거듭해도 결코 포기하거나 굴하지 않고 계속 분투 노력함을 비유적으로 표현한 말이다.

백 번 꺾여도 굴하지 않는다는 뜻의 百折不屈(백절불굴) · 百折不搖(백절불요), 어떠한 위력이나 무력에도 굴하지 않는다는 뜻의 威武不屈(위무불굴), 결코 휘지도 굽히지도 않는다는 뜻의 不撓不屈(불요불굴)도 칠전팔기와 뜻이 통한다.

그 밖에 堅忍不拔(견인불발, 굳게 참고 견디어 마음을 빼앗기지 않음)도 결코 포기하지 않는다는 점에서는 칠전팔기와 일맥상통한다. 아무리 넘어져도 다시 일어선다는 뜻으로 흔히 쓰는 '오뚝이 정신'도 칠전팔기와 같은 뜻이다.

民主政治 11

081 **議會政治**
의 회 정 치
자유 민주국가의 의회정치는
自由民主国家の議会政治は

082 **必選良識**
필 선 양 식
무엇보다도 훌륭한 人材를 뽑아야 한다.
何よりもすばらしい人材を選ばねばならぬ

083 **免私奉公**
면 사 봉 공
私心을 버리고 公利를 위하여 봉사하고
私心を捨て公利の為に奉仕し

084 **冷嚴立法**
냉 엄 입 법
냉엄하게 法을 세워야 한다.
冷嚴に法を立てねばならぬ

085 **與野首遇**
여 야 수 우
與野 의원들은 우선 만나서
與野議員たちはまず会って

086 **聽聞適否**
청 문 적 부
公益에 맞는지를 따지고
公益にあたいするか否か問いただし

087 **探判原因**
탐 판 원 인
근본 原因을 찾아 판단하는 것이
根本原因を探し判断することが

088 **正當民主**
정 당 민 주
올바른 民主政治이다.
正しい民主政治だ

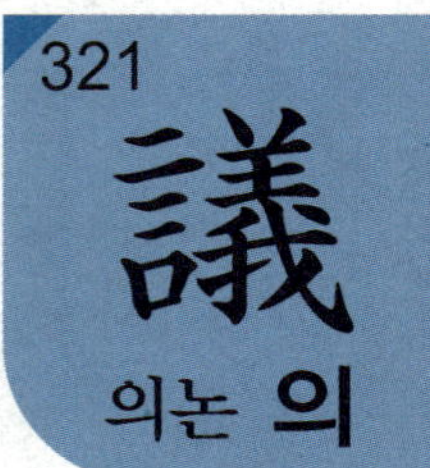

321 議 의논 의

字源풀이

말씀 언(言)과 옳을
의(義)의 형성자로,
사리의 옳음(義)을
말(言)로써 논하다
의 뜻이다.

자형 변천

갑골문	금문	전서	예서	해서
		議	議	議

나라별 비교

중국 간체자	议 yì	일본 약자	議 ぎ

[부수자] 言

[영 문] discuss, argue, opinion

[활용단어]

- 의제(議題): 의논할 문제.
- 심의(審議): 심사(審査)하고 토의(討議)하는 것.
- 불가사의(不可思議): 사람의 생각으로는 미루어 헤아릴 수도 없다는 뜻으로, 사람의 힘이 미치지 못하고 상상조차 할 수 없는 오묘(奧妙)한 것.

322 會 모일 회

字源풀이

甲骨文(갑골문)에
'會'의 자형으로,
본래는 그릇의 뚜껑
을 덮어 합친다는
데서 '모으다'의 의
미로 쓰였다.

자형 변천

갑골문	금문	전서	예서	해서
會	會	會	會	會

나라별 비교

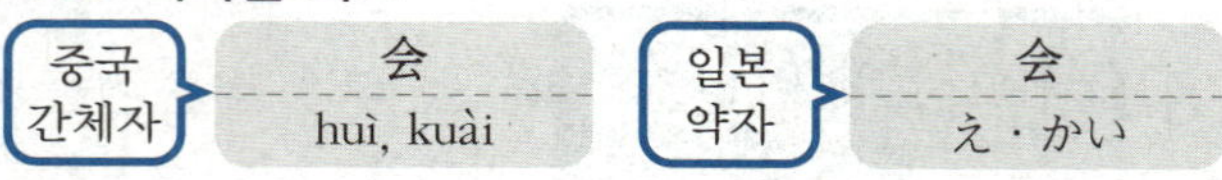

중국 간체자	会 huì, kuài	일본 약자	会 え・かい

[부수자] 曰

[영 문] meet, asscociation

[활용단어]

- 회의록(會議錄): 회의의 전말(顚末)을 적은 기록.
- 간담회(懇談會): 서로 정답게 의견을 나누면서 이야기하는 모임.
- 정상회담(頂上會談): 두 나라 이상의 원수(元首)가 모여 하는 회담.

323 政 정사 **정**

字源풀이

‘바를 정(正)’과 ‘칠 복(攵)’의 形聲字(형성자)로, 매를 대서(攵) 바르게(正) 이끈다는 데서 ‘바로잡다’의 뜻이 된 글자이다. 나아가 나라를 다스려(攵) 백성을 바르게(正) 이끈다 하여 ‘政事(정사)’의 뜻으로도 쓰인다.

자형 변천

갑골문	금문	전서	예서	해서
		政	政	政

나라별 비교

중국 간체자	政 zhèng	일본 약자	政 しょう・せい

【부수자】攵

【영　문】government, administration, management, politics, political affairs

【활용단어】

- 일정(逸政): 안일(安逸)한 정치.
- 정견(政見): 정치 상의 의견.
- 정경유착(政經癒着): 기업가(企業家)는 정치인에게 정치 자금을 제공하고 정치인은 반대 급부(給付)로 기업가에게 여러 가지 특혜를 베푸는 것과 같은, 정치인과 기업가 사이의 부도덕한 밀착 관계.

324 治 다스릴 **치**

字源풀이

‘물 수(氵)’와 ‘기쁠 이(台)’의 形聲字(형성자)로, 본래는 강 이름이었는데, 뒤에 ‘다스리다’의 뜻으로 쓰였다.

자형 변천

갑골문	금문	전서	예서	해서
		治	治	治

나라별 비교

중국 간체자	治 zhì	일본 약자	治 じ・ち

【부수자】氵

【영　문】control, govern

【활용단어】

- 치가(治家): 집안일을 다스림.
- 치교(治教): 세상을 다스리며 국민을 가르치는 도(道) 정치와 교육.
- 치국평천하(治國平天下): 나라를 잘 다스리고 온 세상을 편안하게 함.

325 必 반드시 필

小篆(소전)에 '氒' 의 자형으로 '弋(막 대기 익, 주살 익)' 과 '八(여덟 팔)'의 形聲字(형성자)인 데, 가축을 몰 때는 막대기가 꼭 필요하 므로 '반드시'의 뜻 이다.

자형 변천

갑골문	금문	전서	예서	해서
		氒	氒	必

나라별 비교

중국 간체자	일본 약자
必 bì	必 ひつ

【부수자】 心

【영 문】 most certainly, must, necessarily, an emphatic particle

【활용단어】

- 하필(何必): 다른 방도를 취하지 않고 어찌 꼭.
- 필수(必修): 반드시 학습하여야 함.
- 생자필멸(生者必滅): 생명이 있는 것은 반드시 죽게 마련이라는 뜻으로, 불교 에서 세상만사가 덧없음을 이르는 말.

※ 部首(부수)가 마음 심(心)이지만, 마음 심(心)자와 전혀 상관없는 글자이다.

---

326 選 가릴 선

'쉬엄쉬엄 갈 착(辶)' 과 '혈을 손(巽)'의 形聲字(형성자)로, 혈어 있는 것을 '가 리다(가려내다)'의 뜻이다.

자형 변천

갑골문	금문	전서	예서	해서
		選	選	選

나라별 비교

중국 간체자	일본 약자
选 xuǎn	選 せん

【부수자】 辶

【영 문】 select, choose, choice, elections

【활용단어】

- 선발(選拔): 주로 사람 등을 골라서 뽑음.
- 낙선(落選): 선거에서 떨어짐. 심사나 선발 에서 떨어짐.
- 공명선거(公明選擧): 떳떳하고 바른 선거.

良
어질 **량**

[字源풀이]

본래 金文(금문)에 '😊'의 자형으로, '量(헤아릴 양)'의 古字(고자)로서 도량형기의 모양을 본뜬 것인데, 뒤에 '어질다'의 뜻으로 쓰이게 되었다.

🌀 자형 변천

갑골문	금문	전서	예서	해서

🌀 나라별 비교

중국 간체자	良 liáng	일본 약자	良 りょう

[부수자] 艮

[영 문] good, fine

[활용단어]

- 개량(改良): 좋게 고침.
- 양서(良書): 읽어서 이로움을 주는, 내용이 좋은 책.
- 현모양처(賢母良妻): 어진 어머니이자 착한 아내.

識
알 **식**
표할 **지**

[字源풀이]

'말씀 언(言)'과 '戠'의 形聲字(형성자)이다. '戠'은 '識'의 古字(고자)로 어떤 일의 진위 여부를 알려면 마음의 소리(音)인 말로써 안다는 데서 말씀 언(言)을 더하였다.

🌀 자형 변천

갑골문	금문	전서	예서	해서

🌀 나라별 비교

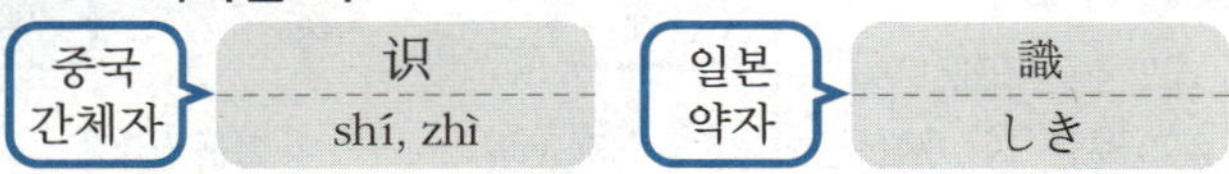

중국 간체자	识 shí, zhì	일본 약자	識 しき

[부수자] 言

[영 문] know, recognize, knowledge

[활용단어]

- 견식(見識): 견문과 학식.
- 표지(標識): 어떤 사물을 다른 것과 구별하여 알기 위한 기록.
- 목불식정(目不識丁): 낫 놓고 기역자도 모를 만큼 아주 무식함.

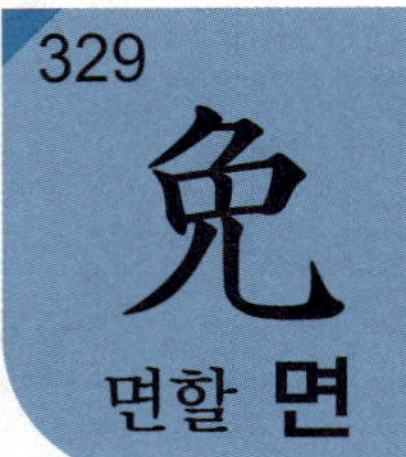

329 免 면할 면

字源풀이

본래 임금이 쓰는 면류관의 모양을 본 뜬 것인데, 뒤에 '면하다'의 뜻으로 쓰이게 되어, 다시 '冕(면류관 면)'자를 만들었다.

자형 변천

갑골문	금문	전서	예서	해서

나라별 비교

중국 간체자	免 miǎn	일본 약자	免 めん

【부수자】 儿
【영　문】 avoid, escape, evade

【활용단어】
- 면죄(免罪): 죄를 면함, 또는 면해 줌.
- 모면(謀免): 어떤 일 따위로부터 꾀를 써서 벗어남.
- 의원면관(依願免官): 본인의 청원(請願)에 의하여 그 관직을 해면(解免)함.

330 私 사사로울 사

字源풀이

'厶'의 甲骨文(갑골문)은 'ㄥ', 金文(금문)은 'ㅂ', 小篆(소전)은 'ㄥ', 隸書(예서)는 'ㅿ' 등의 자형으로서 반듯하지 못한 모양을 그리어 正直(정직)하지 못한 사사로운 마음, 곧 '公'의 반대되는 뜻을 나타낸 指事字(지사자)이다. '厶'자가 뒤에 部首字(부수자)로만 쓰이게 되자, '禾'(벼 화)를 더하여 벼의 이름으로서 '私'자를 또 만들었다.

자형 변천

갑골문	금문	전서	예서	해서

나라별 비교

중국 간체자	私 sī	일본 약자	私 し

【부수자】 禾
【영　문】 private, prejudice

【활용단어】
- 사수(私讎): 한 개인의 사사로운 원수.
- 사가(私家): 사삿집.
- 멸사봉공(滅私奉公): 사(私)를 버리고 공(公)을 위하여 힘써 일함.

※ '禾'는 곡식을 총칭한 것으로 개인의 이익을 위한 것이므로 '사사롭다'의 뜻이 되었다.

331 奉 받들 봉

〖부수자〗 大
〖영 문〗 serve, salary, admire

字源풀이

본래 두 손으로 옥을 받들고 있는 모습을 가리켜 '㞾, 㞾, 㞾'의 형태로 나타낸 것인데, 楷書體(해서체)의 '奉'자가 된 것이다.

〖활용단어〗
- 신봉(信奉): 믿고 받듦.
- 봉교(奉敎): 임금의 명령(命令)을 받듦.
- 봉게(奉揭): 받들어 올림.

---

332 公 공평할 공

자형 변천

갑골문	금문	전서	예서	해서

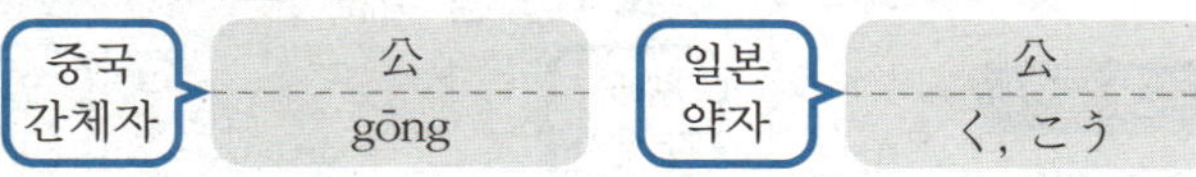

나라별 비교

| 중국 간체자 | 公 gōng | 일본 약자 | 公 く, こう |

〖부수자〗 八
〖영 문〗 public, official, open

字源풀이

사사로움(厶)을 떠나서 공정하게 나누었을(八) 때만이 '공평하다'는 뜻이다.

〖활용단어〗
- 공공(公共): 여러 사람이 모여 힘을 함께 함. 공중(公衆), 사회 일반.
- 거공(擧公): 공적(公的) 규칙대로 처리함.
- 우공이산(愚公移山): 우공이 산을 옮긴다는 말로, 남이 보기엔 어리석은 일처럼 보이지만 한 가지 일을 끝까지 밀고 나가면 언젠가는 목적을 달성할 수 있다는 뜻.

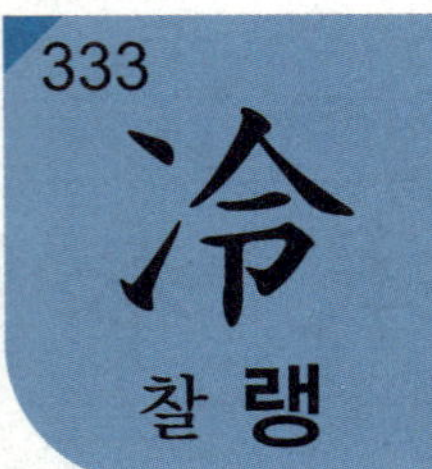

333 冷 찰 랭

字源풀이

'얼음 빙(冫)'과 '하여금 령(令)'의 形聲字(형성자)로, 절대 군주의 엄격한 명령(令)이 얼음(冫)처럼 '차다'는 뜻이다.

자형 변천

갑골문	금문	전서	예서	해서
		冷	冷	冷

나라별 비교

중국 간체자	冷 / lěng	일본 약자	冷 / れい

〖부수자〗 冫

〖영 문〗 cold

〖활용단어〗

- 냉각(冷却): 식혀서 차게 하거나 식어서 차게 됨.
- 한랭(寒冷): 춥고 찬 것.
- 잔배냉적(殘杯冷炙): 마시고 남은 술과 안주. 약소하고 어설픈 음식을 비유하는 말.

334 嚴 엄할 엄

字源풀이

'부르짖을 현(吅)'과 '험준할 산 감(厰)'의 형성자로, 큰소리를 질러 경계하는 모습이 험준한 산세처럼 위엄스럽다의 뜻이다.

자형 변천

갑골문	금문	전서	예서	해서
	嚴	嚴	嚴	嚴

나라별 비교

중국 간체자	严 / yán	일본 약자	厳 / げん

〖부수자〗 口

〖영 문〗 stern, strict

〖활용단어〗

- 엄정(嚴正): 엄하고 바름.
- 위엄(威嚴): 위광(威光)이 있어 엄숙(嚴肅)함.
- 엄동설한(嚴冬雪寒): 눈 내리는 깊은 겨울의 심한 추위.

335 立 설 립

字源풀이

땅(一) 위에 두 다리를 벌리고 서 있는 사람(大)의 모양으로써 '大, 金, 金, 金'의 형태로 나타낸 것인데, 楷書體(해서체)의 '立'자가 된 것이다.

자형 변천

갑골문	금문	전서	예서	해서

나라별 비교

중국 간체자	立 / lì	일본 약자	立 / りつ・りゅう

【부수자】 立

【영 문】 stand, build

【활용단어】
- 입증(立證): 증인으로 서거나 세움, 또는 증거로 삼음.
- 입각(立脚): 〔어떤 사물이나 견해・조건 등에〕 근거를 두어 그 입장에 섬.
- 입도선매(立稻先賣): 벼를 논에 세워 둔 채로 미리 돈을 받고 팖.

336 法 법 법

字源풀이

'물 수(氵)'에 '갈 거(去)'를 합한 글자로, '법'은 물(氵)처럼 공평해야 하고, 시대와 상황에 따라 물 흘러가듯이(去) 바뀐다는 뜻이다.

자형 변천

갑골문	금문	전서	예서	해서

나라별 비교

중국 간체자	法 / fǎ, fá, fà	일본 약자	法 / はつ・ほう・ほつ

【부수자】 氵

【영 문】 law, rules, legal

【활용단어】
- 의법(儀法): 의식(儀式)의 예법(禮法).
- 법칙(法則): 법식(法式)과 규칙(規則).
- 춘추필법(春秋筆法): 대의명분을 밝히어 세우는 사실의 논법.

※ '法' 자의 원 글자는 '灋'의 형태로서, 곧 '해태(廌:해태 치)'는 선악을 구별하는 짐승으로, 부당한 사람은 밀어낸다는 뜻에서 죄를 벌하다의 뜻을 나타낸 글자인데 '법'의 뜻으로 쓰였다.

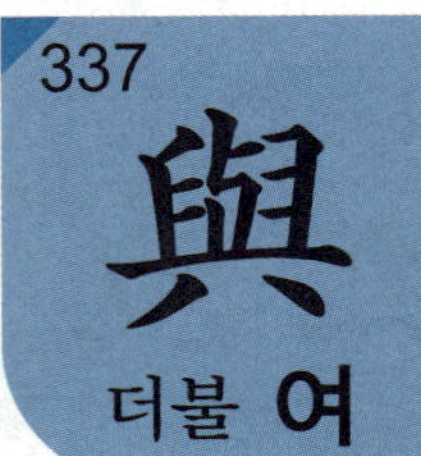

337 與 더불 여

字源풀이

甲骨文(갑골문)에 ''의 자형으로 볼 때, 물건을 마주 드는(舁: 마주들 여) 모습으로, '주다'의 뜻이었는데, '더불어'의 뜻으로도 쓰인다.

자형 변천

갑골문	금문	전서	예서	해서
	與	與	與	與

나라별 비교

중국 간체자 → 与 / yǔ, yú, yù

일본 약자 → 与 / よ

【부수자】臼

【영 문】and, with, together with

【활용단어】
- 여국가동휴척(與國家同休戚): 국가와 함께 고락을 같이 하는 일.
- 여당(與黨): 정부(政府)의 정책(政策)을 지지(支持)하여, 이것에 편을 드는 정당(政黨).
- 증여(贈與): 선사하여 줌.

338 野 들 야

字源풀이

甲骨文(갑골문)에 '林'의 형태로 나무를 취하는 곳이란 뜻이었는데, 뒤에 '마을 리(里)'와 '줄 여(予)'의 形聲字(형성자)로 변하여 교외, 곧 '들'이라는 뜻으로 쓰였다.

자형 변천

갑골문	금문	전서	예서	해서
林	林	野	壄	野

나라별 비교

중국 간체자 → 野 / yě

일본 약자 → 野 / や

【부수자】里

【영 문】field, wilderness, wild

【활용단어】
- 임야(林野): 나무가 무성(茂盛)한 들.
- 야저(野豬): 멧돼지.
- 비산비야(非山非野): 산도 아니요, 들도 아닌 땅.

339 首 머리 수

자형 변천

자형 변천

갑골문	금문	전서	예서	해서
			首	首

나라별 비교

중국 간체자	首 shǒu	일본 약자	首 しゅ

〔부수자〕首
〔영 문〕head, king, chief, leader

字源풀이

얼굴과 머리털을 象形하여 ‘ ’, ‘ ’, ‘ ’, ‘ ’와 같이 그린 것인데, 楷書體(해서체)로 ‘首’가 된 것이다.

〔활용단어〕

- 원수(元首): 국가의 최고 통치권(統治權)을 가진 사람.
- 수공(首功): 전투에서 적장의 목을 자른 공로(功勞).
- 학수고대(鶴首苦待): 학처럼 목을 길게 빼고 기다린다는 뜻으로, 몹시 기다림을 이르는 말.

---

340 遇 만날 우

자형 변천

갑골문	금문	전서	예서	해서
			遇	遇

나라별 비교

중국 간체자	遇 yù	일본 약자	遇 ぐう

〔부수자〕辶
〔영 문〕meet, treat

字源풀이

‘쉬엄쉬엄 갈 착(辶)’과 ‘짝 우(偶)’의 省體(생체)인 ‘禺’의 形聲字(형성자)로, 도로상에서 서로 ‘만나다’의 뜻이다.

〔활용단어〕

- 대우(待遇): 어떤 사회적 관계나 태도로 남을 대함. 대접.
- 조우전(遭遇戰): 두 편의 군대가 우연히 만나 벌이는 전투.
- 천재일우(千載一遇): 좀처럼 다시 만나기 어려운 좋은 기회.

341 聽 들을 청

'귀 이(耳)'와 '덕
덕(悳)'의 변형자,
'줄기 정(壬)'자의
형성자로, 귀로 듣
다의 뜻이다. '悳'
은 '得(얻을 득)'과
같은 뜻으로 귀(耳)
로 얻은(悳) 것이란
뜻에서 취하였다.

자형 변천

갑골문	금문	전서	예서	해서

나라별 비교

중국 간체자	听 tīng	일본 약자	聽 ちょう

〔부수자〕 耳
〔영　문〕 hear,
　　　　 listen

〔활용단어〕

- 경청(敬聽): 남의 말을 공경하는 태도로 듣
　는 것.
- 감청(監聽): 보안 조처(措處)로서 유선 통신
　이나 무선 통신을 감독하기 위하여 통화
　내용을 엿듣는 일.
- 수렴청정(垂簾聽政): 발을 내리고 정사(政
　事)를 듣는다는 뜻으로, 나이 어린 임금이
　등극했을 때 왕대비(王大妃)나 대왕대비(大
　王大妃)가 왕을 도와서 정사를 돌봄을 이
　르는 말.

342 聞 들을 문

귀(耳)는 소리를 듣
는 문(門)이라는 데
서 '듣다'의 뜻이
다. 門(문)은 또한
발음요소이다.

자형 변천

갑골문	금문	전서	예서	해서

나라별 비교

중국 간체자	闻 wén	일본 약자	聞 ぶん・もん

〔부수자〕 耳
〔영　문〕 hear,
　　　　 learning

〔활용단어〕

- 문견(聞見): 듣고 보는 것으로 깨달아 얻은
　지식(知識).
- 문달(聞達): 이름이 세상에 드러남.
- 백문불여일견(百聞不如一見): 백 번 듣는
　것이 한 번 보는 것만 못하다는 뜻.

343 適 마침 적

字源풀이

'쉬엄쉬엄 갈 착 (辶)'과 '다만 시 (啻)'의 形聲字(형성 자)로, '가다'의 뜻 이다. 隷書體(예서 체)에서 '啻'가 '商' (뿌리 적)으로 변하 였다.

자형 변천

갑골문	금문	전서	예서	해서
	啻	適	適	適

나라별 비교

중국 간체자	适 shì	일본 약자	適 てき

〖부수자〗辶

〖영 문〗to go, to arrive at, to reach, just right

〖활용단어〗

- 적재(適材): 어떠한 일에 적당한 인재(人材).
- 쾌적(快適): 심신(心身)에 적합하여 기분이 썩 좋음.
- 적자생존(適者生存): 생존경쟁의 결과, 그 환경에 맞는 것만이 살아 남고 그렇지 못 한 것은 차차 쇠퇴, 멸망하는 현상.

344 否 아닐 부

字源풀이

'입 구(口)'와 '아닐 불(不)'의 形聲字(형 성자)로, 입(口)으로 아니라(不)고 이야 기하는 데에서 유래 하였다.

자형 변천

갑골문	금문	전서	예서	해서
	否	否	否	否

나라별 비교

중국 간체자	否 fǒu, pǐ	일본 약자	否 ひ

〖부수자〗口

〖영 문〗no, not, negative

〖활용단어〗

- 부정(否定): 그렇지 않거나 옳지 않다고 인정함.
- 거부(拒否): 거절하여 받아들이지 않음. 승낙하지 않고 물리침.
- 왈가왈부(曰可曰否): 좋으니 나쁘니 하고 떠들어댐.

345 探 더듬을 **탐**

字源풀이

'깊을 심(罙)'과 '손 수(扌)'의 형성자로, 손을 깊이 넣어 끌어내다의 뜻이다.

◈ 자형 변천

갑골문	금문	전서	예서	해서
		㸑	探	探

◈ 나라별 비교

중국 간체자	일본 약자
探 / tàn	探 / たん

〖부수자〗 扌

〖영 문〗 find, search, watch

〖활용단어〗

- 탐구(探究): 진리나 학문이나 원리 등을 파고들어 깊이 연구하는 것.
- 염탐(廉探): 남의 사정이나 비밀 따위를 몰래 알아냄.
- 탐화호색(探花好色): 여색(女色)을 지나치게 좋아하고 밝힘.

346 判 판단할 **판**

字源풀이

'반 반(半)'과 '칼 도(刂)'의 形聲字(형성자)로, 물건을 칼(刂)로 절반(半)씩 자르듯 모든 일의 시비를 분명히 가려낸다는 데서 '판단하다'의 뜻이다.

◈ 자형 변천

갑골문	금문	전서	예서	해서
		判	判	判

◈ 나라별 비교

중국 간체자	일본 약자
判 / pàn	判 / はん・ばん・ぱん

〖부수자〗 刂

〖영 문〗 judge, conclude

〖활용단어〗

- 결판(決判): 승부나 옳고 그름을 가리는 최후 결정을 냄.
- 판단력(判斷力): 판단을 내릴 수 있는 힘.
- 공개재판(公開裁判): 누구에게든지 방청을 허락하는 재판.

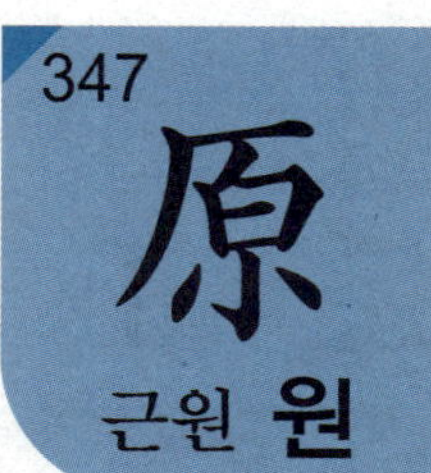

347

原
근원 원

金文(금문)에 '𠨧, 𠪚, 𠪋' 등의 字形(자형)으로서 본래 산골짜기에서 처음 물이 흘러내리는 것을 그린 象形字(상형자)이다.

자형 변천

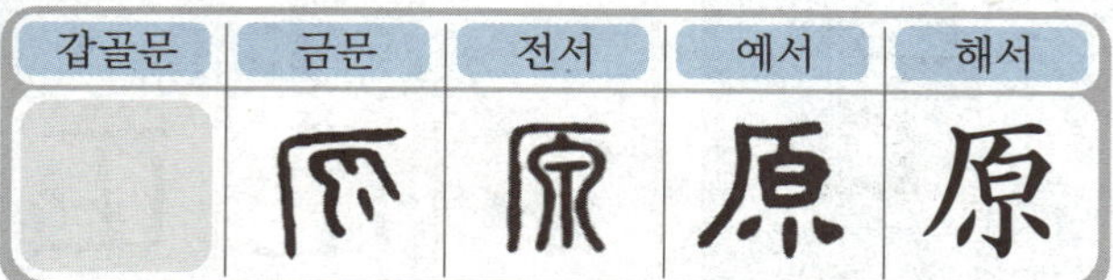

갑골문	금문	전서	예서	해서
	原	原	原	原

나라별 비교

중국 간체자	原 yuán	일본 약자	原 げん

【부수자】厂

【영 문】primary, origin, source

【활용단어】
- 원유(原油): 유정(油井)에서 퍼낸 그대로 정제하지 않은 석유.
- 초원(草原): 풀이 난 들.
- 중원축록(中原逐鹿): 영웅들이 다투어 천하를 얻고자 함을 뜻함.

※ 뒤에 '언덕 원'의 뜻으로 쓰이게 되자, '水(氵)'를 더하여 '源(근원 원)'자를 또 만들었다. '原'의 本字를 '原'과 같이 바위 언덕을 나타낸 '厂(언덕 한)'에 '泉(샘 천)'을 더한 것으로 '原'이 본래 '근원 원'의 글자임을 알 수 있다.

348

因
인할 인

'因'은 甲骨文(갑골문)에 '𡘩, 𡘍', 金文(금문)에 '𡘩, 𡘍' 등의 자형으로, 바닥에 까는 '자리'의 모양을 그린 象形字(상형자)이다.

자형 변천

갑골문	금문	전서	예서	해서
因	因	因	因	因

나라별 비교

중국 간체자	因 yīn	일본 약자	因 いん

【부수자】囗

【영 문】cause, reason, for, because of

【활용단어】
- 기인(起因): 무슨 일을 일으키는 원인이 됨, 또는 그 원인.
- 인수분해(因數分解): 정수(整數) 또는 다항 대수식(代數式)을 몇 개의 가장 간단한 정수(整數), 또는 정식(整式)의 곱의 형태.

※ 뒤에 '인할 인'의 뜻으로 전의 되자, 자리는 莞草(완초: 왕골)나 등넝쿨 등 식물로 엮기 때문에 '艸→⁺⁺(풀 초)'를 더하여 '茵(자리 인)'자를 또 만들었다. '因'의 本義를 달리 보는 이도 있다.

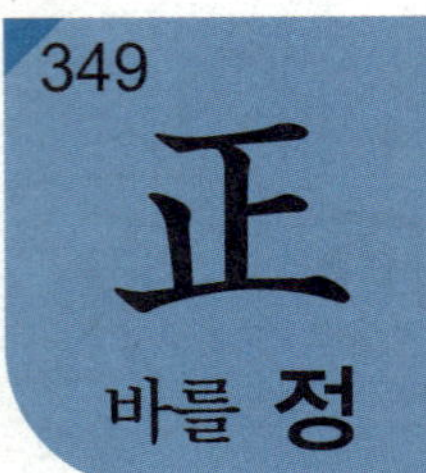

349 正 바를 정

字源풀이

'正'자는 甲骨文(갑골문)에 '𠯑, 𠱾, 𠱾', 金文(금문)에 '𠯑, 𠯑, 𠯑' 등의 자형으로, 敵의 城을 치러 가는 것을 나타낸 會意字(회의자)이다.

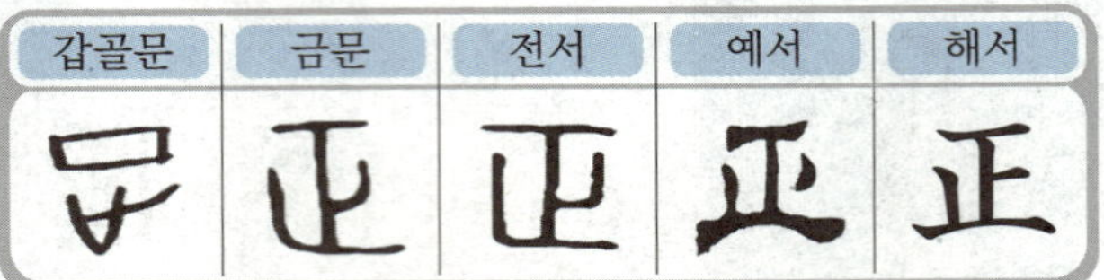

자형 변천

갑골문	금문	전서	예서	해서

나라별 비교

중국 간체자: 正 zhèng, zhēng

일본 약자: 正 セイ, ショウ, ただ−しい, ただ−す, まさ

【부수자】止

【영 문】right, proper, correct

【활용단어】

- 개정(改正): 고쳐 바로잡음.
- 공명정대(公明正大): 아주 공정하고 떳떳함.
- 사필귀정(事必歸正): 일은 반드시 바른길로 돌아감.

※ 적의 잘못을 바로 잡는다는 뜻에서 '바르다'로 전의되자, '正'에 '가다'의 뜻을 가진 'ㅓ(조금 걸을 척)'을 더하여 '征(칠 정)'자를 또 만들었다.

350 當 마땅 당

字源풀이

'밭 전(田)'과 '오히려 상(尚)'의 象形字(상형자)로, 밭을 맡아 농사를 짓다의 뜻에서 '마땅'의 뜻으로 쓰였다.

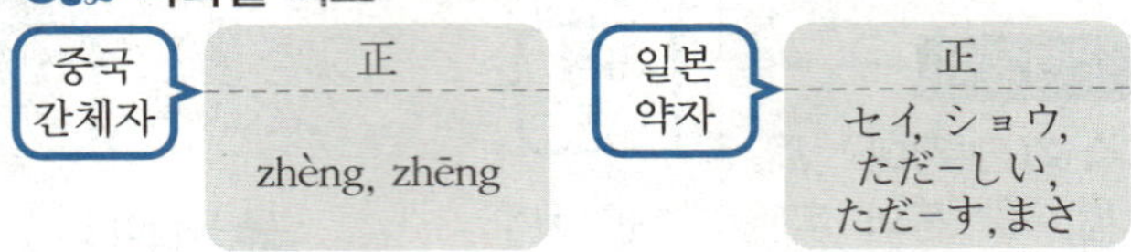

자형 변천

갑골문	금문	전서	예서	해서

나라별 비교

중국 간체자: 当 dāng, dàng

일본 약자: 当 とう

【부수자】田

【영 문】undertake, assume

【활용단어】

- 저당(抵當): 채무(債務)의 담보(擔保)로서 부동산(不動産), 또는 동산(動産) 따위를 채무의 담보로 삼음.
- 응당(應當): 마땅히. 당연히. 꼭. 으레.
- 만부부당(萬夫不當): 힘이 센 많은 사람들도 능히 당해낼 수 없음.

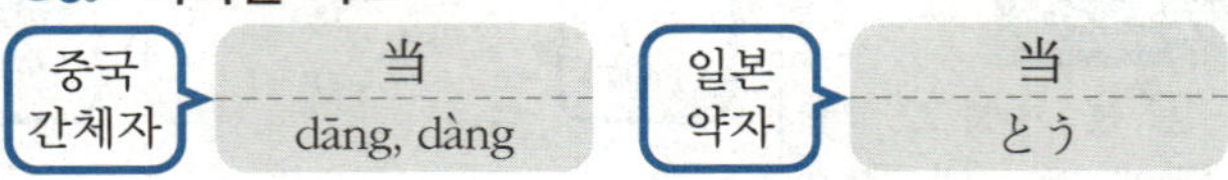

351 民 — 백성 민

字源풀이

'民'자의 자원 풀이가 구구하나, 金文(금문)에 '𠈌, 𠈌, 𠈌' 들로 볼 때, 본래 풀싹의 모양을 그린 것인데, 뭇백성이 임금에 대하여 순종함을 풀싹들에 비유하여 '民'자로 쓰게 된 것이다.

자형 변천

갑골문	금문	전서	예서	해서

나라별 비교

중국 간체자	民 mín	일본 약자	民 みん

[부수자] 氏

[영 문] people, subject, civilians

[활용단어]

- 이재민(罹災民): 재해(災害)를 입어 살 길이 막연한 백성.
- 민이(民彝): 사람으로서 늘 지켜야 할 떳떳한 도리(道理).
- 혹세무민(惑世誣民): 세상을 어지럽히고 백성을 속이는 것.

※ 눈을 침으로 찔러 노예를 삼은 것으로 풀이하는 이도 있다.

352 主 — 주인 주

字源풀이

甲骨文(갑골문)에 '𤎩', 金文(금문)에 '𤓰'의 字形(자형)으로, 등잔불의 심지에 불을 붙인 모양을 그린 象形字(상형자)이다.

자형 변천

갑골문	금문	전서	예서	해서

나라별 비교

중국 간체자	主 zhǔ	일본 약자	主 しゅ・す

[부수자] 丶

[영 문] master, leader, chief, god

[활용단어]

- 주가(主家): 주인집
- 주권(主權): 국가를 통치하는 최고·독립·절대의 권력. 통치권.
- 주객전도(主客顚倒): 주인은 손님처럼, 손님은 주인처럼 행동을 바꾸어 한다는 것으로 입장이 뒤바뀐 것.

※ 뒤에 자형이 '主→主'의 형태로 바뀌고 字義(자의)도 '임금 주'로 轉義(전의)되자, '火'를 더하여 '炷'(심지 주)자를 또 만들었다.

[過猶不及]

과 유 불 급

정도를 지나침은 미치지 못한 것과 같음.

過(지날 과)　猶(오히려 유)　不(아니 불)　及(미칠 급)

●어느 날 제자인 子貢(자공, B.C. 520~456)이 공자에게 물었다.

"선생님, 子張(자장)과 子夏(자하) 중 어느 쪽이 더 현명합니까?"

孔子(공자)는 두 제자를 비교한 다음 이렇게 말했다.

"子張은 아무래도 매사에 지나친 면이 있고, 子夏는 부족한 점이 많은 것 같다."

"그렇다면 子張이 낫겠군요?"

子貢이 다시 묻자, 공자는 이렇게 대답했다.

"그렇지 않다. 지나침은 미치지 못한 것과 같다.〔過猶不及(과유불급)〕"

공자는 中庸(중용, 어느 한쪽으로 치우침이 없이 中正함)의 道(도)를 말했던 것이다.

人權尊重 **12**

| 089 | 飮酒浮徒 | 술에 취해 떠도는 무리들이 |
| | 음 주 부 도 | 酒によってさまよう群れが |

| 090 | 誰怨麥困 | 보릿고개에 처해 누구를 원망하리 |
| | 수 원 맥 곤 | 春の端境期になると誰を怨むのか |

| 091 | 相競露宿 | 서로 露宿의 자리를 다투니 |
| | 상 경 노 숙 | 互いに野宿の筵を争う |

| 092 | 何採閑遊 | 어디에 한가히 머물 곳이 있을까 |
| | 하 채 한 유 | どこかのんびり留まる所があるか |

| 093 | 關局細察 | 관계당국은 자세히 살피고 |
| | 관 국 세 찰 | 関係当局は詳しく調べ |

| 094 | 諸官應解 | 담당 공무원은 마땅히 해결해야 한다. |
| | 제 관 응 해 | 担当公務員は当然解決すべきだ |

| 095 | 團暴示威 | 집단 폭도들의 데모는 |
| | 단 폭 시 위 | 集団暴徒らのデモは |

| 096 | 依令敢禁 | 法令에 따라 엄히 막아야 한다. |
| | 의 령 감 금 | 法令により厳しく防ぎ止めねばならぬ |

353 飮 마실 음

字源풀이

본래 '酓'(쓴술 염)에, 술을 마실 때는 입을 크게 벌려야 하므로 '하품 흠(欠)'을 합한 글자로, '마시다'의 뜻이다. 隸書體(예서체)에서 '歙'이 '飮'으로 바뀌었다.

자형 변천

갑골문	금문	전서	예서	해서
				飮

나라별 비교

중국 간체자	일본 약자
饮 yǐn	飲 いん, おん

【부수자】食
【영 문】drink

【활용단어】
- 음식(飲食): 먹는 것과 마시는 것.
- 미음(米飲): 입쌀이나 좁쌀에 물을 넉넉하게 붓고 폭 끓이어 체에 받아 낸 걸쭉한 음식, 쌀을 묽게 쑨 죽(粥).
- 단사표음(簞食瓢飲): 대그릇의 밥과 표주박의 물이라는 뜻으로, 좋지 못한 적은 음식.

354 酒 술 주

字源풀이

'酉'는 甲骨文(갑골문)에 '酉, 酉, 酉', 金文(금문)에 '酉, 酉' 등의 자형으로서 술이 들어 있는 항아리의 모양을 그리어 술의 뜻을 나타낸 象形字(상형자)이다.

자형 변천

갑골문	금문	전서	예서	해서
				酒

나라별 비교

중국 간체자	일본 약자
酒 jiǔ	酒 しゅ

【부수자】酉
【영 문】alcoholic drinks (brewed or distilled), wine, liquor

【활용단어】
- 밀주(密酒): 허가 없이 몰래 담근 술.
- 소주(燒酒): 곡류를 발효시켜 증류한 술. 물처럼 깨끗하고 알코올 성분이 많은 대중적인 술.
- 두주불사(斗酒不辭): 말술도 사양하지 않을 만큼 주량이 매우 큼.

※ 뒤에 十二支(십이지) 중의 '닭띠'를 뜻하는 글자로 전의되자, 술도 물이기 때문에 '酉'에 '水'를 더하여 '酒(술 주)'자를 다시 만들었다.

355 浮 뜰 부

字源풀이

'부화할 부(孚)'와 '물 수(氵)'의 형성자로, 어미가 알 위에 앉아 가볍게 품듯이 물 위에 뜨다의 뜻이다.

자형 변천

갑골문	금문	전서	예서	해서
	浮	浮	浮	浮

나라별 비교

중국 간체자	浮 fú	일본 약자	浮 ふ

〖부수자〗 氵

〖영 문〗 float, waft

〖활용단어〗

- 부양(浮揚): 가라앉은 것이 떠오르거나 떠오르게 함.
- 부목(浮木): 물 위에 떠 있는 나무.
- 부언유설(浮言流說): 아무 근거없이 널리 퍼진 소문. 터무니없이 떠도는 말.

356 徒 무리 도

字源풀이

'辵→辶(쉬엄쉬엄 갈 착)'과 '土'의 형성자로, 흙을 밟고 걸어가다의 뜻이었는데, 무리의 뜻이 되었다.

자형 변천

갑골문	금문	전서	예서	해서
徒	徒	徒	徒	徒

나라별 비교

중국 간체자	徒 tú	일본 약자	徒 ず, と

〖부수자〗 彳

〖영 문〗 followers, crowd

〖활용단어〗

- 문도(門徒): 스승의 가르침을 받는 사람.
- 도보(徒步): 타지 아니하고 걸어감.
- 무위도식(無爲徒食): 하는 일 없이 헛되이 먹기만 함. 게으르거나 능력이 없는 사람.

357

誰
누구 수

字源풀이

'말씀 언(言)'과 '새 추(隹)'의 形聲字(형성자)로, 말로 '누구냐'고 묻다의 뜻이다.

자형 변천

갑골문	금문	전서	예서	해서
		誰	誰	誰

나라별 비교

중국 간체자	谁 shéi, shuí	일본 약자	誰 すい

[부수자] 言
[영 문] who, anyone, someone

[활용단어]
- 수하(誰何): 어떤 사람. 어느 누구. 누구냐고 불러서 물어 보는 일.
- 수모(誰某): 아무개.
- 수원수구(誰怨誰咎): 누구를 원망하며 누구를 탓하리라는 뜻으로, 곧 남을 원망하거나 꾸짖을 것이 없음.

358

怨
원망할 원

字源풀이

'마음 심(心)'과 '누워 뒹굴 원(夗)의' 형성자로, 원망하다의 뜻이다. 분한 마음 때문에 몸을 세우지 못하고 뒹군다는 뜻으로 '夗'을 취하였다.

자형 변천

갑골문	금문	전서	예서	해서
		怨	怨	怨

나라별 비교

중국 간체자	怨 yuàn	일본 약자	怨 えん・おん

[부수자] 心
[영 문] ill will, hatred, enmity

[활용단어]
- 원한(怨恨): 원통(冤痛)하고 한 되는 생각.
- 숙원(宿怨): 오래된 묵은 원한.
- 수원숙우(誰怨孰尤): 누구를 원망하고 탓할 수가 없다는 뜻.

麥
보리 맥

字源풀이

보리이삭의 모양을 象形(상형)하여 '未, 夲'와 같이 그린 것인데, 楷書體(해서체)의 '來(올 래)'자로 뜻이 변하게 되었다. 그 이유는 보리는 이른 봄에 반드시 밟아 주고 와야 하기 때문에 '오다'의 뜻으로 전의된 것이다.

자형 변천

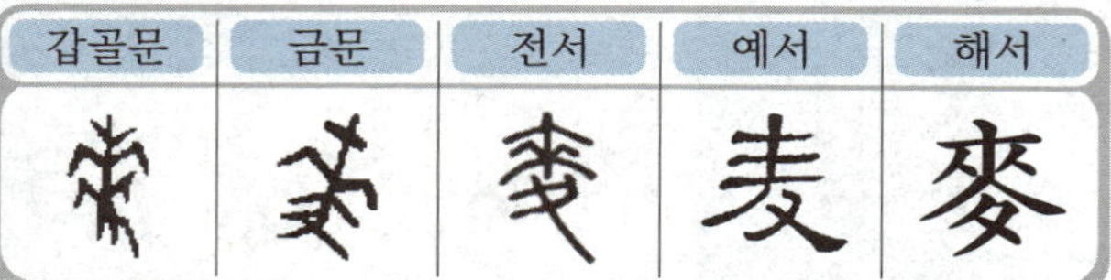

갑골문	금문	전서	예서	해서

나라별 비교

중국 간체자	일본 약자
麦 mài	麦 ばく

[부수자] 麥
[영 문] wheat, barley, oats

[활용단어]

- 맥주(麥酒): 엿기름가루를 물과 같이 가열하여 당화(糖化)시킨 다음 홉(hop)을 넣어 향기와 쓴맛이 있게 한 뒤에 발효시켜 만든 술.
- 나맥(裸麥): 쌀보리.
- 숙맥불변(菽麥不辨): '콩인지 보리인지 가릴 줄 모른다'는 뜻에서 '어리석고 못난 사람'을 비유하는 말.

※ 뒤에 다시 '麦, 夅'와 같이 '夂'(발의 象形字)을 더하여 楷書體(해서체)의 '麥(보리 맥)'자가 된 것이다.

困
곤할 곤

字源풀이

'에울 위(囗)'와 '나무 목(木)'을 합한 글자로, 방안에서는 나무가 자라기 곤란하다는 데서 '곤란'의 의미로 쓰인다.

자형 변천

갑골문	금문	전서	예서	해서

나라별 비교

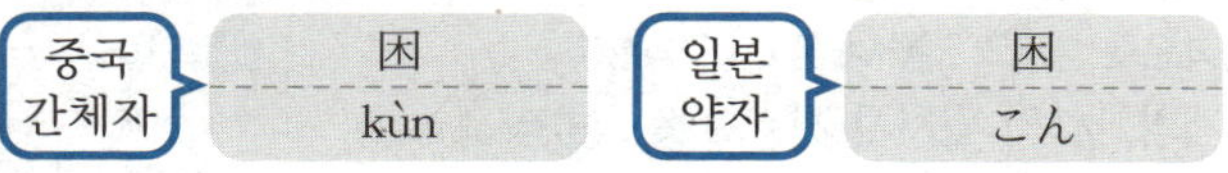

중국 간체자	일본 약자
困 kùn	困 こん

[부수자] 囗
[영 문] difficult, hard, poor

[활용단어]

- 곤경(困境): 어렵고 딱한 형편이나 처지. 곤란한 경우. 어려운 고비. 딱한 지경(형편).
- 피곤(疲困): 몸이나 마음이 지치어 고달픔.
- 금곤복거(禽困覆車): 잡힌 짐승도 괴로우면 수레를 뒤엎는다는 뜻으로, 약자(弱者)도 살기 위하여 기를 쓰면 큰 힘을 낼 수 있다는 말.

361 相 서로 상

字源풀이

'나무 목(木)'과 '눈 목(目)'의 會意字(회의자)로, 눈만 뜨면 맞보는 것이 나무라는 데서 '서로, 마주'의 뜻으로 쓰였다.

자형 변천

갑골문	금문	전서	예서	해서

나라별 비교

중국 간체자	相 xiāng, xiàng	일본 약자	相 しょう·そう

【부수자】目

【영 문】each other, one another

【활용단어】

- 상대(相對): 서로 마주 대함, 또는 그 대상. 서로 겨루거나 맞섬.
- 관상(觀相): 얼굴 생김새를 보고 그 사람의 운명 등을 판단하는 일.
- 동병상련(同病相憐): 어려운 처지에 있는 사람끼리 동정하고 도움.

362 競 다툴 경

字源풀이

小篆(소전)에 '競'의 자형으로 2개의 '言'에 2개의 '人'이 합쳐진 자형으로, 본래 두 사람이 말다툼하는 것을 나타내어 '겨루다'이다. '言' 자는 '다투어 말할 경'으로서 形聲字(형성자)이기도 하다.

자형 변천

갑골문	금문	전서	예서	해서

나라별 비교

중국 간체자	竞 jìng	일본 약자	競 きょう, けい

【부수자】立

【영 문】compete, vie

【활용단어】

- 경쟁(競爭): 같은 목적을 두고 서로 이기거나 앞서거나 더 큰 이익을 얻으려고 겨루는 것.
- 촌음시경(寸陰是競): 한 자 되는 구슬보다도 잠깐의 시간이 더욱 귀중하니 시간을 아껴야 함.

363 露 이슬 로

字源풀이

'비 우(雨)'와 '길 로(路)'의 形聲字(형성자)로, 땅의 수증 기가 밤이 되어 빗방울처럼 엉켜 길옆의 풀잎에 맺혀 있는 것이 '이슬', '드러나다'의 뜻이다.

자형 변천

갑골문	금문	전서	예서	해서
		露	露	露

나라별 비교

중국 간체자	露 lù, lòu	일본 약자	露 ろ・ろう

【부수자】雨
【영 문】dew, uncovered

【활용단어】
- 노골적(露骨的): 있는 그대로를 숨김없이 드러내는, 또는 그런 것.
- 토로(吐露): 마음에 있는 것을 모두 드러내어 말함.
- 노천극장(露天劇場): 한데에다 아무것도 가리지 아니하고 무대만 가설(架設)한 극장.

364 宿 잘 숙 별자리 수

字源풀이

宿 자의 甲骨文(갑골문)은 ''의 형태로, 집(宀) 안에 자리(囶) 위에서 자는 사람(亻)을 그리어 '자다'의 뜻을 나타내었다. '집 면(宀)'과 '이를 숙(夙의 古字 - 佰)'의 形聲字(형성자)로, 저녁에서 아침까지 집에서 일을 멈추고 잠을 잔다는 데서 '자다'의 뜻으로 되었다. '宿'자가 '宿'자의 本字이다.

자형 변천

갑골문	금문	전서	예서	해서
	宿	宿	宿	宿

나라별 비교

중국 간체자	宿 sù, xiǔ, xiù	일본 약자	宿 しゅく

【부수자】宀
【영 문】to stay overnight, lodge

【활용단어】
- 숙원(宿願): 오래도록 지녀온 소원.
- 노숙(露宿): 한뎃잠.
- 이십팔수(二十八宿): 천구(天球)를 황도(黃道)에 따라 스물 여덟으로 등분한 구획, 또는 그 구획의 별자리.

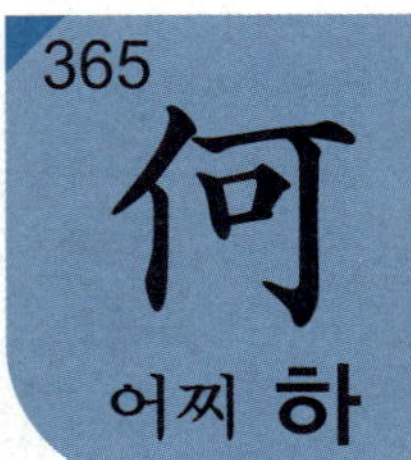

365 何 어찌 하

字源풀이

'사람 인(人)'과 '옳을 가(可)'의 形聲字(형성자)로, 본래는 甲骨文(갑골문)에 '犭'의 자형으로 사람(人)이 짐을 메고 있는 형상인데, 가차되어 '어찌'라는 의미가 되었다.

자형 변천

갑골문	금문	전서	예서	해서

나라별 비교

중국 간체자	何 / hé	일본 약자	何 / か

[부수자] 人
[영 문] what, how, where, why

[활용단어]
- 기하(幾何): 얼마. 기하학.
- 수하(誰何): 누구. 누구냐고 외치며 묻는 일.
- 육하원칙(六何原則): 어떤 사실을 적는 데 '누가, 언제, 어디서, 무엇을, 왜, 어떻게'의 여섯 가지 원칙.

---

366 採 캘 채

字源풀이

'손 수(手)'와 '캘 채(采)'의 형성자이다. 采가 풍채의 뜻으로 전의 되자 '採' 자를 또 만든 누증자이다.

자형 변천

갑골문	금문	전서	예서	해서

나라별 비교

중국 간체자	采 / cǎi, cài	일본 약자	採 / さい

[부수자] 扌
[영 문] to pluck (flowers, etc.), to gather, to collect, to extract

[활용단어]
- 채택(採擇): 골라서 가려냄. 가려서 뽑음.
- 특채(特採): 특별히 채용(採用)함.
- 채신지우(採薪之憂): 병이 들어 땔나무를 할 수 없다는 뜻으로, 자기의 병을 겸손하게 이르는 말.

367 閑
한가할 한

문(門)의 문지방을 나무(木)로 만들어 차단하다의 뜻이었는데, '한가하다'의 뜻으로 쓰인다.

자형 변천

갑골문	금문	전서	예서	해서
	閑	閑	閑	閑

나라별 비교

중국 간체자	일본 약자
闲 xián	閑 かん

【부수자】門
【영　문】fence, defend, idle time

【활용단어】
- 한가(閑暇): 시간이 생기어 여유가 있음.
- 한적(閑寂): 한가롭고 고요함.
- 망중유한(忙中有閑): 바쁜 가운데에도 한가한 짬이 있음.

368 遊
놀 유

字源풀이

'쉬엄쉬엄 갈 착(辶)'과 '깃발 유(㫃)'의 形聲字(형성자)로, 깃발이 바람에 날리듯이 마음대로 천천히 걷다에서 '놀다'의 뜻이다.

자형 변천

갑골문	금문	전서	예서	해서
	遊	遊	遊	遊

나라별 비교

중국 간체자	일본 약자
游 yóu	遊 ゆ・ゆう

【부수자】辶
【영　문】travel, to go to a distance

【활용단어】
- 교유(交遊): 서로 사귀어 지내거나 오가고 함.
- 부유(浮遊): 떠돌아 다님.
- 삼일유가(三日遊街): 과거에 급제한 사람이 사흘 동안 온 거리로 돌아다님.

369 關 빗장 관

字源풀이

‘문 문(門)’과 ‘북에 실 꿸 관(絲)’의 形聲字(형성자)로, 문(門)을 북에 실 꿰듯이 (絲) 빗장을 질러 문을 잠그다에서 ‘닫다’의 뜻이 되었다.

자형 변천

갑골문	금문	전서	예서	해서
		闗	關	關	關

나라별 비교

중국 간체자	关 guān	일본 약자	関 かん

〖부수자〗 門
〖영 문〗 shut, close

〖활용단어〗
- 관건(關鍵): 빗장과 자물쇠. 사물의 가장 중요한 곳.
- 관심(關心): 어떤 것에 끌리는(쓰는) 마음이나 주의.
- 이해관계(利害關係): 서로 사이에 이해가 걸려 있는 관계.

370 局 판 국

字源풀이

본래 ‘局’의 자형으로, 곧 ‘尺(자 척)’과 ‘口(입 구)’의 합체자이다. 입(口)을 잘못 놀리어 법도(尺)에 어긋나면 구속된다는 데서 官署(관서)의 뜻으로 쓰인다.

자형 변천

갑골문	금문	전서	예서	해서
		局	局	局

나라별 비교

중국 간체자	局 jú	일본 약자	局 きょく

〖부수자〗 尸
〖영 문〗 an office, a bureau, a situation

〖활용단어〗
- 국면(局面): 일이 되어 나가는 상태, 또는 그 장면. 승패(勝敗)를 겨루기 위한 바둑, 장기판(將棋板)의 형세(形勢).
- 결국(結局): 일의 끝장, 혹은 일의 귀결(歸結)되는 마당을 뜻함. (부사(副詞)로 쓰이어) 끝장에 이르러서.
- 결국원인(結局原因): 일의 결말을 짓는 데 가장 가까운 원인.

371 細 가늘 세

‘실 사(糸)’와 ‘정수리 신(囟)’의 合體字(합체자)로, 아이의 정수리의 미동처럼 미세함의 뜻이다. 隷書體(예서체)에서 ‘囟(정수리 신)’이 ‘田(밭 전)’의 형태로 변하였다.

자형 변천

갑골문	금문	전서	예서	해서
		紬	細	細

나라별 비교

중국 간체자	细 xì	일본 약자	細 さい

〖부수자〗糸
〖영 문〗tiny, slim

〖활용단어〗
- 세우(細雨): 가랑비.
- 자세(仔細): 아주 작고 하찮은 부분까지 구체적이고 분명함.
- 세균전쟁(細菌戰爭): 세균전(細菌戰).

372 察 살필 찰

집 면(宀)과 제사 제(祭)의 형성자로, 제사 지낼 때 제물보다 더 살필 일이 없다는 것에서 ‘살피다’의 뜻으로 쓰였다.

자형 변천

갑골문	금문	전서	예서	해서
		察	察	察

나라별 비교

중국 간체자	察 chá	일본 약자	察 さつ

〖부수자〗宀
〖영 문〗to examine, to observe, to investigate, to survey

〖활용단어〗
- 찰찰(察察): 너무 자세한 모양.
- 관찰(觀察): 사물을 잘 살펴봄.
- 불급지찰(不急之察): 급하지도 필요하지도 않은 일을 살핌.

諸
모든 제

字源풀이

‘놈 자(者)’와 ‘말씀 언(言)’의 形聲字(형성자)로, 여러 가지 일을 총괄한다는 데서 ‘모든’ 또는 어조사로 사용된다.

자형 변천

갑골문	금문	전서	예서	해서
	諸	諸	諸	諸

나라별 비교

중국 간체자	诸 zhū	일본 약자	諸 しょ

【부수자】 言
【영　문】 many

【활용단어】
- 제원(諸元): 여러 가지 인자(因子).
- 제후(諸侯): 봉건시대에 일정한 영토(領土)를 가지고 그 영내의 인민을 지배하는 권력을 가진 사람.
- 제자백가(諸子百家): 중국 춘추 전국시대의 여러 학파(學派).

官
벼슬 관

字源풀이

‘집 면(宀)’과 ‘추(𠂤)’의 변형자가 합쳐진 회의자이다. 衆臣(𠂤)이 집안에 모여 나랏일을 본다는 뜻이다.

자형 변천

갑골문	금문	전서	예서	해서
官	官	官	官	官

나라별 비교

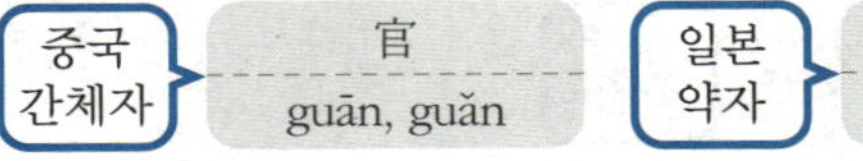

중국 간체자	官 guān, guǎn	일본 약자	官 かん

【부수자】 宀
【영　문】 government, authorities

【활용단어】
- 관리(官吏): 국가공무원(國家公務員). 벼슬아치. 관직(官職)에 있는 사람.
- 장관(長官): 한 관청(官廳)의 으뜸 벼슬. 국무(國務)를 나누어 맡아보는 각 부(各部)의 으뜸 벼슬.
- 삭탈관직(削奪官職): 죄인(罪人)의 벼슬과 품계(品階)를 빼앗고 사판(仕版)에서 이름을 없애 버림.

375 應 응할 응

字源풀이

'마음 심(心)'과 '매 응(雁)'의 形聲字(형 성자)로, 매는 떼를 지어 사는 철새로서 날 때는 서로 질서 를 지켜야 하므로 '응하다'의 뜻이다.

자형 변천

갑골문	금문	전서	예서	해서
	雁	應	應	應

나라별 비교

중국 간체자	应 yīng

일본 약자	応 おう

〖부수자〗心

〖영 문〗answer, respond to

〖활용단어〗

- 대응책(對應策): 어떤 일이나 사태에 맞서 서 취하는 방법이나 꾀.
- 응원(應援): 운동경기 따위를 곁에서 성원 함.
- 인과응보(因果應報): 불교에서 과거 또는 전생의 선악의 인연에 따라서 뒷날 길흉 화복의 갚음을 받게 됨을 이르는 말.

376 解 풀 해

字源풀이

칼(刀)로 소(牛)의 뿔(角)을 빼고, 가죽 을 벗긴다는 데서 '가르다', '풀다'의 뜻을 나타낸 會意字 (회의자)이다.

자형 변천

갑골문	금문	전서	예서	해서
解	解	解	解	解

나라별 비교

중국 간체자	解 jiě, jiè, xiè

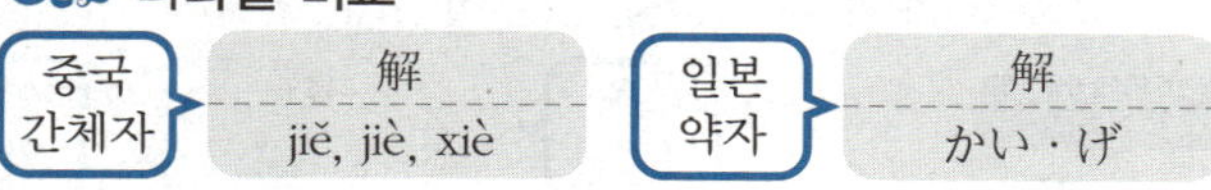

일본 약자	解 かい·げ

〖부수자〗角

〖영 문〗solve

〖활용단어〗

- 해결(解決): 얽힌 일을 풀어 처리함.
- 난해(難解): 풀기가 어려움.
- 결자해지(結者解之): 일을 맺은 사람이 풀 어야 한다는 뜻으로, 일을 저지른 사람이 그 일을 해결해야 한다는 말.

377 團 둥글 단

字源풀이

'에울 위(口)'에 실패를 나타내는 '오로지 전(專)'이 합쳐진 글자이다. 전(專)자는 둥근 실패를 손으로 잡고 있는 모습을 본떠 만든 글자인데, 여기에 둥글다는 의미의 위(口)자를 추가하여 '團'자를 만든 것이다.

자형 변천

갑골문	금문	전서	예서	해서
		團	團	團

나라별 비교

중국 간체자	团 tuán	일본 약자	団 だん, とん

〖부수자〗 口

〖영　문〗 a group, a party, a mission

〖활용단어〗

- 단지(團地): 주택·공장 등이 집단을 이루고 있는 일정 구역.
- 집단(集團): 모여서 이룬 떼. 개인이 모여서 이룬 단체.
- 일치단결(一致團結): 여럿이 한 덩어리로 굳게 뭉침.

378 暴 사나울 폭/포

字源풀이

본래 '날 일(日)', '날 출(出)', '손 맞잡을 공(廾)', '쌀 미(米)'의 회의자로, 햇볕이 나면 손으로 꺼내어 쌀을 말리다, 곧 쬐다의 뜻이다. 해서체에서 자형도 변하고 포악하다의 뜻이 되었다.

자형 변천

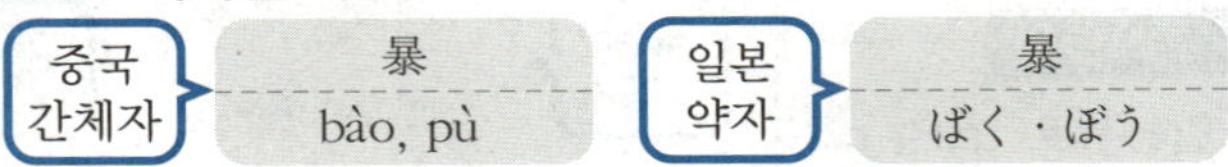

갑골문	금문	전서	예서	해서
			暴	暴

나라별 비교

중국 간체자	暴 bào, pù	일본 약자	暴 ばく·ぼう

〖부수자〗 日

〖영　문〗 fierce, rough

〖활용단어〗

- 폭등(暴騰): 물가(物價)·주가 등이 갑자기 대폭적(大幅的)으로 오름.
- 폭로(暴露): 비바람에 직접 노출됨. 풍우에 드러남. 남의 비밀, 비행(非行) 따위를 파헤쳐서 남들 앞에 드러내 놓는 일.
- 자기폭풍(磁氣暴風): 지구 표면의 자기 마당이 지구 전체에 걸쳐 거의 같은 시간에 크게 바뀌는 현상.

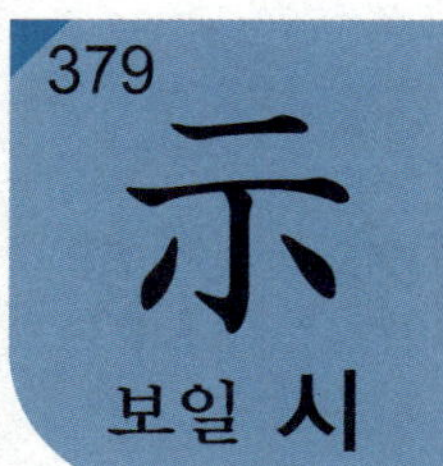

379 示 보일 시

字源풀이

본래 甲骨文(갑골문)에서는 돌이나 나무를 세워 神主(신주)로 모셨던 형태를 그리어 '吊, 丁'와 같이 나타낸 것인데, 뒤에 '示'의 형태로 바뀐 것은 하늘(二)에서 세 가지 빛, 곧 햇빛, 달빛, 별빛(川)이 비칠 때 사람들은 사물을 볼 수 있음을 뜻하여 楷書體(해서체)의 '示(보일 시)'자가 된 것이다.

⚬ 자형 변천

갑골문	금문	전서	예서	해서
〒	丁	示	示	示

⚬ 나라별 비교

중국 간체자	示 shì	일본 약자	示 し·じ

[부수자] 示

[영 문] show, indicate, notice

[활용단어]

- 고시(告示): 알리려는 것을 글로 써서 게시함. 행정기관이 결정하여 일반에게 공식적으로 알리는 일.
- 시사(示唆): 미리 어떠한 것을 넌지시 일러 줌.
- 미시기의(微示其意): 말을 하지 않고 슬쩍 그 눈치만 보임.

380 威 위엄 위

字源풀이

'여자 녀(女)'와 '무기 술(戌)'의 會意字(회의자)로, 창(戈)으로 사람을 죽이는 것을 여자에게 보이어 두려워(畏)함을 나타낸 글자인데, 뒤에 '위엄'의 뜻이 되었다.

⚬ 자형 변천

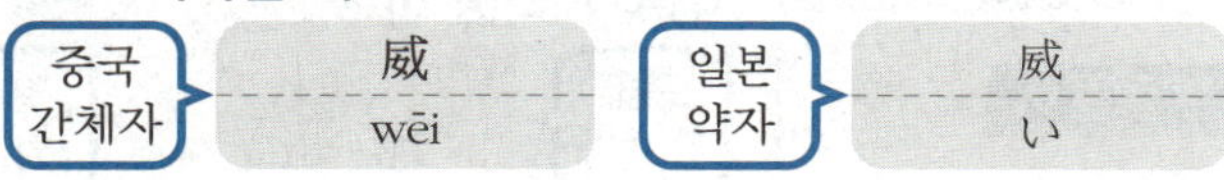

갑골문	금문	전서	예서	해서
	威	威	威	威

⚬ 나라별 비교

중국 간체자	威 wēi	일본 약자	威 い

[부수자] 女

[영 문] power, dignity

[활용단어]

- 권위(權威): 권력과 위세. 일정한 분야에서 사회적으로 인정을 받고 영향을 끼칠 수 있는 위신.
- 위력(威力): 권위에 찬 힘. 큰 권세.
- 호가호위(狐假虎威): 남의 권세를 빌려 위세를 부림을 비유한 말.

依
의지할 의

字源풀이

‘사람 인(人)’과 ‘옷 의(衣)’의 形聲字(형성자)로, 사람이 옷에 의지하여 몸을 보호하기 때문에 ‘의지하다’의 뜻이다.

자형 변천

갑골문	금문	전서	예서	해서

나라별 비교

중국 간체자	依 yī	일본 약자	依 い·え

【부수자】 人

【영 문】 lean to, according to

【활용단어】

- 의지(依支): 몸을 기대거나 맡김. 마음을 붙여 그 도움을 받음.
- 귀의(歸依): 종교를 믿어 그 절대자에 의지함.
- 무의무탁(無依無托): 의지하고 의탁할 곳이 없어서 몹시 가난하고 외로움.

令
하여금 령

字源풀이

‘모을 합(亼→合)’에 ‘兵符(병부) 절(卩)’을 합한 글자로 節符(절부), 곧 명령권을 가진 자가 명령하다의 뜻이다.

자형 변천

갑골문	금문	전서	예서	해서

나라별 비교

중국 간체자	令 lìng, lǐng	일본 약자	令 りょう·れい

【부수자】 人

【영 문】 directive, order, cause

【활용단어】

- 영애(令愛): ‘남의 딸’의 높임말.
- 명령(命令): 윗사람이 아랫사람에게 무엇을 하도록 시킴.
- 교언영색(巧言令色): 아첨(阿諂)하느라고 교묘(巧妙)하게 꾸며대는 말과 알랑거리는 태도.

敢
구태여 **감**

字源풀이

金文(금문)에 '𢾅', 小篆(소전)에 '𣦏' 의 자형으로 볼 때, 두 사람의 손이 물건을 쟁취함에서 앞으로 나아가 '용감히 취하다'의 뜻이 되었다. 楷書體(해서체)에서 '敢'의 자형으로 변했다.

자형 변천

갑골문	금문	전서	예서	해서
		𣦏	敢	敢

나라별 비교

중국 간체자	敢 gǎn	일본 약자	敢 かん

〔부수자〕 攵

〔영 문〕 dare, bold

〔활용단어〕
- 감행(敢行): 어려움을 무릅쓰고 과감하게 행함. 용감하게 행함.
- 용감(勇敢): 씩씩하고 겁이 없으며 기운참.
- 언감생심(焉敢生心): 어찌 감히 그런 마음을 먹을 수 있으랴의 뜻.

禁
금할 **금**

字源풀이

울창한 숲(林)에 귀신(示)을 모시는 곳으로, 이런 곳에 가기를 禁忌(금기)시 하거나 꺼린다는 뜻에서 禁止(금지)한다는 의미가 파생되었다.

자형 변천

갑골문	금문	전서	예서	해서
		禁	禁	禁

나라별 비교

중국 간체자	禁 jìn, jīn	일본 약자	禁 きん

〔부수자〕 示

〔영 문〕 prohibit, forbid

〔활용단어〕
- 감금(監禁): (자유를 구속하여) 가둠.
- 금렵(禁獵): 사냥을 못하게 말림.
- 통행금지(通行禁止): 특정한 지역이나 시간에 사람 및 차량의 통행을 금지하는 일.

【磨斧作針】
마 부 작 침

도끼를 갈아서 바늘을 만든다는 뜻. 곧 아무리 어려운 일이라도 참고 계속하면 언젠가는 반드시 성공함의 비유. 노력을 거듭해서 목적을 달성함의 비유.

磨(갈 마) 斧(도끼 부) 作(지을 작) 針(바늘 침)

●詩仙(시선)으로 불리던 당나라의 시인 李白(이백, 字는 太白, 701~762)의 어렸을 때의 이야기이다. 李白은 아버지의 임지인 蜀(촉) 땅의 成都(성도)에서 자랐다. 그때 훌륭한 스승을 찾아 象宜山(상의산)에 들어가 修學(수학)했는데 어느 날 공부에 싫증이 나자 그는 스승에게 말도 없이 산을 내려오고 말았다. 집을 향해 걷고 있던 이백이 계곡을 흐르는 냇가에 이르자 한 노파가 바위에 열심히 도끼(일설에는 쇠공이〔鐵杵(철저)〕)를 갈고 있었다.

"할머니, 지금 뭘 하고 계세요?"

"바늘을 만들려고 도끼를 갈고 있다〔磨斧作針(마부작침)〕."

"그렇게 큰 도끼가 간다고 바늘이 될까요?"

"그럼, 되고 말고. 중도에 그만두지만 않는다면……."

이백은 '중도에 그만두지만 않는다면' 이란 말이 마음에 걸렸다. 여기서 생각을 바꾼 그는 노파에게 공손히 인사하고 다시 산으로 올라갔다. 그 후 이백은 마음이 해이해지면 바늘을 만들려고 열심히 도끼를 갈고 있던 그 노파의 모습을 떠올리곤 분발했다고 한다.

本立道生　13

097 **君子務本**　군 자 무 본
君子는 根本的인 것에 힘써야 하고
君子は根本的なことに尽力すべきで

098 **從我所好**　종 아 소 호
자기가 좋아하는 일을 해야 한다.
自分が好きな仕事をするべきだ

099 **憂終甘來**　우 종 감 래
근심이 다하면 좋은 일이 오고
心配が終わると良いことが来る

100 **輕得易失**　경 득 이 실
가벼이 얻은 것은 잃기 쉽다.
簡単に得たことは失い易い

101 **多餘招害**　다 여 초 해
너무 많아 넘치면 災殃을 부르나니
あまりに過ぎると災いを招く

102 **加減調節**　가 감 조 절
加減을 늘 조절하라.
加減を常に調節せよ

103 **效藥苦口**　효 약 고 구
몸에 좋은 藥은 입에 쓰고
体に良い薬は口に苦い

104 **改過未罪**　개 과 미 죄
허물을 곧 고치면 罪가 아니다.
過ちは即改めれば罪ではない

385 君 임금 군

字源풀이

'다스릴 윤(尹)'과 '입 구(口)'의 合體字(합체자)로, 백성을 다스리기(尹) 위하여 호령(口)하는 '군주'를 뜻한다.

자형 변천

갑골문	금문	전서	예서	해서

나라별 비교

중국 간체자	일본 약자
君 jūn	君 くん

【부수자】 口
【영 문】 king, lord

【활용단어】

- 군림(君臨): 임금으로서 나라를 다스리는 것.
- 제군(諸君): '여러분'의 뜻으로, 손아랫사람에게 쓰는 말.
- 양상군자(梁上君子): 대들보 위에 있는 군자(君子)라는 뜻으로, 도둑을 미화(美化)하여 점잖게 부르는 말.

386 子 아들 자

字源풀이

아이가 포대기(강보)에 싸여서 두 팔만 흔들고 있는 모습을 象形(상형)하여 '♀, ♀, ♀'와 같이 그린 것인데, 楷書體(해서체)의 '子'가 된 것이다.

자형 변천

갑골문	금문	전서	예서	해서

나라별 비교

중국 간체자	일본 약자
子 zǐ, zi	子 し・す

【부수자】 子
【영 문】 child, son

【활용단어】

- 유전인자(遺傳因子): 생물체(生物體)의 개개의 유전(遺傳) 형질(形質)을 발현(發現)시키는 것.
- 위군자(僞君子): 세상을 속이고 거동을 거짓 꾸며 군자(君子)인 체하는 사람.
- 유복자(遺腹子): 아비가 죽을 때 어미 뱃속에 있던 자식.

※ 子는 본래 남녀의 구별이 없이 아이를 나타냈던 글자인데, 뒤에 주로 '아들'의 뜻으로 쓰였다.

387 務 힘쓸 무

字源풀이

'창 모(矛)'와 '굳셀 무(孜)'의 形聲字(형성자)로, 창(矛)을 손에 들고(攵) 매우 힘(力)쓴다는 데서 '힘쓰다'의 뜻이다.

자형 변천

갑골문	금문	전서	예서	해서
	𩫡	𥸛	務	務

나라별 비교

중국 간체자	务 wù	일본 약자	務 む

〖부수자〗力

〖영 문〗 business, affairs

〖활용단어〗

- 복무(服務): 직무나 임무를 맡아 봄.
- 격무(激務): 몹시 고되고 바쁜 직무.
- 무실역행(務實力行): 참되고 실속 있도록 힘써 실행함.

---

388 本 근본 본

字源풀이

본래 나무를 象形(상형)한 '木'자에 '一'의 부호로써 '줄기' 부분을 가리키어 '本'의 지사자를 만든 것이다.

자형 변천

갑골문	금문	전서	예서	해서
	本	本	本	本

나라별 비교

중국 간체자	本 běn	일본 약자	本 ほん

〖부수자〗木

〖영 문〗 root, origin, source, basis

〖활용단어〗

- 탁본(拓本): 탑본(搨本). 탁본하다.
- 자본(資本): 영업의 기본이 되는 돈, 밑천, 토지, 노동과 함께 생산 3요소의 하나.
- 본말전도(本末顚倒): 일의 원래의 줄기를 잊어버리고 사소한 부분에만 사로잡히는 것.

389 從 따를 종

字源풀이

甲骨文(갑골문)에 '从', '𣎴', 金文(금문)에 '𣎴', '从' 등의 자형으로서 한 사람이 다른 사람의 뒤를 따라가는 것을 나타낸 會意字(회의자)이다.

자형 변천

갑골문	금문	전서	예서	해서

나라별 비교

중국 간체자	일본 약자
从 cóng	從 しょう・じゅ・じゅう

【부수자】 彳

【영　문】 follow, obey, attendant

【활용단어】

- 굴종(屈從): 제 뜻을 굽혀서 남에게 복종함.
- 순종(順從): 순하게 복종함.
- 유유상종(類類相從): 사물은 같은 무리끼리 따르고, 같은 사람은 서로 찾아 모인다는 뜻.

※ 그런데 '比'(견줄 비)자도 甲骨文에 '从' 金文(금문)에 '从', '从' 등의 자형으로서 '從'자와 구별이 잘 안 되기 때문에, '𣎴'자에 '𢳳', '𢔟', '𢔥' 등과 같이 거리를 나타낸 '彳'(조금걸을 척)과 발을 나타낸 '止'(그칠 지)를 더하여 '從'자를 또 만들었다.

390 我 나 아

字源풀이

본래 톱니가 있는 무기의 모양을 象形(상형)한 것인데, 楷書體(해서체)의 '我'자와 같이 자형이 변하였다. 이 무기는 반드시 자기 쪽으로 잡아당겨야 하므로 '나'라는 대명사로 쓰이게 된 것이다.

자형 변천

갑골문	금문	전서	예서	해서
𢦏	𢦏	我	我	我

나라별 비교

중국 간체자	일본 약자
我 wǒ	我 ガ, われ, わ

【부수자】 戈

【영　문】 our, us, I, me, my, we

【활용단어】

- 아집(我執): 자기중심의 좁은 생각이나 소견(所見).
- 망아(忘我): 어떤 사물에 마음을 빼앗겨 자기 자신을 잊음.
- 아전인수(我田引水): 자기 논에만 물을 끌어넣는다는 뜻으로, 자기의 이익(利益)을 먼저 생각하고 행동함.

所
바 소

字源풀이

본래는 도끼로 나무를 베는 소리를 나타낸 글자인데, 뒤에 처소의 뜻으로 가차되었다.

🌀 자형 변천

갑골문	금문	전서	예서	해서
	所	所	所	所

🌀 나라별 비교

중국 간체자	所 suǒ	일본 약자	所 しょ

〖부수자〗 戶

〖영 문〗 place, position, that which

〖활용단어〗

- 소신(所信): 어떤 일을 함에 있어서 옳다고 믿고 그에 따라 하려고 하는 생각.
- 소지(所持): 몸에 지님, 또는 지닌 것.
- 소원성취(所願成就): 바라던 바를 이룸.

好
좋을 호

字源풀이

甲骨文(갑골문)에 ''의 형태로, 어머니가 자식을 안고 있을 때 가장 좋다는 뜻에서 '좋아하다'의 뜻이다.

🌀 자형 변천

갑골문	금문	전서	예서	해서
好	好	好	好	好

🌀 나라별 비교

중국 간체자	好 hǎo, hào	일본 약자	好 ごう

〖부수자〗 女

〖영 문〗 like, good, nice, fine, love

〖활용단어〗

- 호황(好況): 경기(景氣)가 좋음, 또는 그런 상황.
- 기호(嗜好): 즐기고 좋아함.
- 호사다마(好事多魔): 좋은 일에는 흔히 방해가 되는 일이 많음.

393 憂 근심 우

字源풀이

小篆(소전)에 '憂'의 자형으로 '마음 심(心)'과 '머리 혈(頁)'의 형성자로, 마음에 근심이 있음이 얼굴(頁)에 나타남의 뜻이다.

자형 변천

갑골문	금문	전서	예서	해서
	憂	憂	憂	憂

나라별 비교

중국 간체자	일본 약자
忧 yōu	憂 ゆう

【부수자】 心

【영　문】 sad, pensive, worry about

【활용단어】

- 우울(憂鬱): 마음이 어둡고 가슴이 답답한 상태.
- 기우(杞憂): 중국(中國)의 기(杞)나라 사람이 하늘이 무너질까봐 침식(寢食)을 잊고 근심 걱정하였다는 뜻으로, 쓸데없는 걱정을 나타냄.
- 우국진충(憂國盡忠): 나랏일을 근심하고 충성을 다함.

394 終 마칠 종

字源풀이

'夂'자는 金文(금문)시대까지는 끈의 끝을 맺은 것으로 어떤 일의 끝남을 나타냈던 象形字(상형자)인데, 이로써 四季節(사계절)의 끝인 겨울을 뜻했던 것이다. 小篆體(소전체)에서부터는 얼음을 象形한 '仌'(冫: 얼음 빙)자를 더하여 '冬'자를 만들었다. 따라서 실끈의 뜻을 가진 '糸'를 더하여 '終'자를 다시 만들었다.

자형 변천

갑골문	금문	전서	예서	해서

나라별 비교

중국 간체자	일본 약자
终 zhōng	終 しゅう

【부수자】 糸

【영　문】 end, death, finally

【활용단어】

- 종착역(終着驛): 기차·전차 따위의 최종 도착역.
- 고종명(考終命): 오복(五福) 중의 하나로 제 명대로 다 살다가 편안하게 죽음.
- 시종일관(始終一貫): 처음에서 끝까지 한결같이 함.

395 甘 달 감

字源풀이

입안에 음식물을 물고 있는 모양(甘)을 본떠, 달다의 뜻을 나타낸 글자이다.

자형 변천

갑골문	금문	전서	예서	해서
甘	甘	甘	甘	甘

나라별 비교

중국 간체자	일본 약자
甘 gān	甘 かん

【부수자】 甘

【영 문】 tasty, sweet, enjoy

【활용단어】

- 감언(甘言): 달콤한 말. 남의 비위에 맞도록 듣기 좋게 하는 말.
- 분감(分甘): '단맛을 나눈다' 는 뜻으로, '널리 사랑을 베풀거나 즐거움을 함께 함' 이라는 말.
- 고진감래(苦盡甘來): '쓴 것이 다하면 단 것이 온다' 라는 뜻으로, 고생 끝에 낙이 온다라는 말.

396 來 올 래

字源풀이

甲骨文(갑골문)에 '來, 來', 金文(금문)에 '來, 來' 등의 자형으로서, 보리의 모양을 그린 象形字(상형자)이다. 보리는 이른 봄에 땅이 완전히 解凍(해동)하기 전에 뿌리가 말라죽지 않도록 밟아주고 와야 하기 때문에 '來'자가 '오다'의 뜻으로 전의 되었다.

자형 변천

갑골문	금문	전서	예서	해서
來	來	來	來	來

나라별 비교

중국 간체자	일본 약자
来 lái, lài	来 らい

【부수자】 人

【영 문】 come, arrive

【활용단어】

- 근래(近來): 가까운 요즈음.
- 내력(來歷): 겪어 온 자취.
- 고진감래(苦盡甘來): 고생한 끝에 즐거움이 온다는 말.

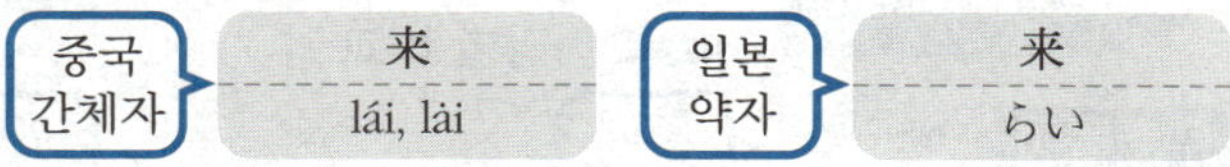

※ 뒤에 부득이 '來'에 'ᄎ'(甲骨文의 발을 그린 글자)의 자형을 더하여 '來→麥(보리 맥)'자를 또 만든 것이다.

輕
가벼울 경

字源풀이

‘수레 거(車)’와 ‘물줄기 경(巠)’의 形聲字(형성자)로, 짐을 싣지 아니하여 사람이 타고 달려가기에 편한 수레를 가리킨 글자인데, ‘가볍다’의 뜻으로 쓰였다.

자형 변천

갑골문	금문	전서	예서	해서
		輕	輕	輕

나라별 비교

중국 간체자	轻 qīng	일본 약자	軽 きん, けい

【부수자】 車
【영　문】 light

【활용단어】
- 경솔(輕率): 언행(言行)이 진중하지 아니하고 가벼움.
- 견경(見輕): 남에게 경멸(輕蔑)을 당함.
- 경거망동(輕擧妄動): 가볍고 망령(妄靈)되게 행동한다는 뜻으로, 도리(道理)나 사정(事情)을 생각하지 아니하고 경솔(輕率)하게 행동함.

得
얻을 득

字源풀이

小篆(소전)에 ‘得’의 자형으로, 찾아가서 (彳:조금 걸을 척) 손(寸)으로 돈(貝→旦)을 줍는 모습으로 ‘얻다’의 뜻이다.

자형 변천

갑골문	금문	전서	예서	해서
得	得	得	得	得

나라별 비교

중국 간체자	得 dé, de, děi	일본 약자	得 とく

【부수자】 彳
【영　문】 get, gain

【활용단어】
- 득도(得道): 생사(生死)를 초월하여 열반에 이름. 출가하여 중이 됨.
- 소득(所得): 어떤 일의 결과로 얻은 정신적, 물질적 이익.
- 득의양양(得意揚揚): 뜻한 바를 이루어 우쭐거리며 뽐냄.

易
바꿀 역
쉬울 이

字源풀이

도마뱀의 네 다리를 象形(상형)하여 '易, 易'과 같이 그린 것인데, 楷書體(해서체)의 '易'이 된 것이며, 뜻도 도마뱀이 잘 변색하는 특징에서 '바꾸다'의 뜻으로 변하여 '易(바꿀 역)'자가 되었다.

자형 변천

갑골문	금문	전서	예서	해서

나라별 비교

중국 간체자	일본 약자
易 yì	易 エキ, イ, やさ-しい

〖부수자〗 日

〖영 문〗 change, easy

〖활용단어〗
- 시서역(詩書易): 시경(詩經)과 서경(書經)과 주역(周易).
- 해상무역(海上貿易): 배로 바다를 거치어 하는 무역(貿易).
- 만고불역(萬古不易): 오랜 세월을 두고 바뀌지 않음.

※ 쉽게 바뀌므로 '易(쉬울 이)'자로도 쓰이게 되었다. 달리 풀이하기도 한다.

失
잃을 실

字源풀이

본래 손에서 어떤 물건을 떨어뜨리는 모양을 가리켜 '失, 失'의 자형이었는데, 楷書體(해서체)의 '失'자가 된 것이다.

자형 변천

갑골문	금문	전서	예서	해서

나라별 비교

중국 간체자	일본 약자
失 shī	失 しつ丨

〖부수자〗 大

〖영 문〗 miss, lose, neglect

〖활용단어〗
- 득실(得失): 얻음과 잃음. 이익과 손해.
- 실망(失望): 희망 또는 기대를 잃어버림.
- 망연자실(茫然自失): 정신을 잃어 어리둥절함.

401 多 많을 다

字源풀이

'저녁 석(夕)'에 '저녁 석(夕)'을 합한 글자로, 밤(夕)이 거듭되면 지나온 세월이 거듭된다는 뜻에서 '많다'로 쓰였다.

자형 변천

갑골문	금문	전서	예서	해서
多	多	多	多	多

나라별 비교

중국 간체자	多 / duō	일본 약자	多 / た

〖부수자〗 夕
〖영　문〗 many, multiform

〖활용단어〗
- 잡다(雜多): 여러 가지가 뒤섞여서 너저분함.
- 파다(播多): (소문 따위가) 널리 알려진 상태.
- 다다익선(多多益善): 많으면 많을수록 더욱 좋다는 말.

402 餘 남을 여

字源풀이

'먹을 식(食)'과 '나 여(余)'의 形聲字(형성자)로, 배가 부르도록 먹다의 뜻에서 '남다'의 뜻이 되었다.

자형 변천

갑골문	금문	전서	예서	해서
		餘	餘	餘

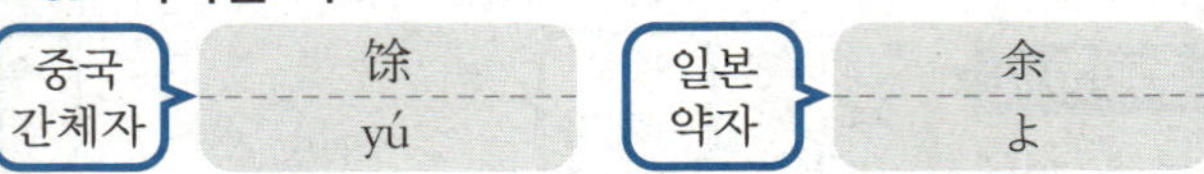

나라별 비교

중국 간체자	馀 / yú	일본 약자	余 / よ

〖부수자〗 食
〖영　문〗 remaining, rest

〖활용단어〗
- 여가(餘暇): 겨를, 남는 시간.
- 여운(餘韻): 일이 끝난 다음에도 남아 있는 느낌이나 정취.
- 궁여지책(窮餘之策): 궁박한 나머지 생각하다 못하여 짜낸 꾀.

招
부를 초

字源풀이

‘손 수(扌)’와 ‘부를
소(召)’의 形聲字(형
성자)로, 손짓하여
‘부르다’의 뜻이다.
‘招’는 ‘召’의 累增
字(누증자)이다.

자형 변천

갑골문	금문	전서	예서	해서
				招

나라별 비교

중국 간체자 ─── 招 zhāo

일본 약자 ─── 招 しょう

〖부수자〗 扌
〖영　문〗 invite, welcome

〖활용단어〗
- 문초(問招): 죄인을 신문함.
- 초대(招待): 손님을 오게 하여 대접함. 모임에 와 달라고 청함.
- 초청외교(招請外交): 우호, 협조의 계기를 마련하고 그 촉진을 위하여 대상국의 요직에 있는 인물을 초청하여 환대하는 방식의 외교.

害
해할 해

字源풀이

‘집 면(宀)’, ‘입 구
(口)’, ‘새길 계(丯)’
의 形聲字(형성자)
이다. 집안에서 입
으로 말미암아 남
을 해하는 일이 생
기므로 ‘해하다’의
뜻이다.

자형 변천

갑골문	금문	전서	예서	해서
	害	害	害	害

나라별 비교

중국 간체자 ─── 害 haài

일본 약자 ─── 害 がい

〖부수자〗 宀
〖영　문〗 injure, harm, destroy, kill

〖활용단어〗
- 공해(公害): 공공(公共)에 미치는 해.
- 손해(損害): 본디에서 덜리거나 해롭게 되는 일.
- 백해무익(百害無益): 해롭기만 하고 조금도 이로울 것이 없음.

405 加 더할 가

字源풀이

'힘 력(力)'과 '입 구(口)'의 會意字(회의자)로, 말하는 입(口)으로써 善惡(선악)이 더해진다는 데서 '더하다'의 뜻이다.

나라별 비교

| 중국 간체자 | 加 / jiā | 일본 약자 | 加 / か |

【부수자】 力
【영 문】 add, increase, plus

【활용단어】

- 가열(加熱): 물체에 더운 기운을 가함, 열을 가함.
- 첨가(添加): 더하여 붙임.
- 설상가상(雪上加霜): 눈 위에 또 서리가 내린다는 뜻으로, 어려운 일이 겹침을 이름. 또는 '환난(患難)이 거듭됨'을 비유(比喩·譬喩)하여 이르는 말.

406 減 덜 감

字源풀이

'물 수(氵)'와 '다 함(咸)'의 합한 形聲字(형성자)로, 물(氵)아 바닥이 다(咸) 보일 정도로 줄어드니 '덜다', '줄어들다'의 뜻이다.

나라별 비교

| 중국 간체자 | 減 / jiǎn | 일본 약자 | 減 / げん |

【부수자】 水
【영 문】 decrease, reduce, lessen

【활용단어】

- 감축(減縮): 덜리고 줄어서 적어짐. 덜고 줄여서 적게 함.
- 삭감(削減): 깎아서 줄이거나 덞.
- 가감승제(加減乘除): 덧셈, 뺄셈, 곱셈, 나눗셈의 네 가지 셈법.

407 調 고를 조

字源풀이

'말씀 언(言)'과 '두루 주(周)'의 形聲字로, 말(言)로 두루(周) 어울리게 한다 하여 '고르다'의 뜻이다.

자형 변천

갑골문	금문	전서	예서	해서
		調	調	調

나라별 비교

중국 간체자	调 diào, tiáo	일본 약자	調 ちょう

〖부수자〗 言

〖영 문〗 mix, blend, regulate, balance

〖활용단어〗
- 어조(語調): 말의 가락. 말하는 투.
- 협조(協調): 힘을 합하여 서로 조화함.
- 영양실조(營養失調): 영양 섭취가 모자라거나 고르지 않은 상태.

---

408 節 마디 절

字源풀이

'대 죽(竹)'과 '나아갈 즉(卽)'의 合體字(합체자)로, 대나무(竹)가 자라감(卽)에 따라 '마디'가 생긴다는 뜻이며, 의미가 확장되어 '계절', '절도' 등의 뜻이 되었다.

자형 변천

갑골문	금문	전서	예서	해서
	節	節	節	節

나라별 비교

중국 간체자	节 jié, jié	일본 약자	節 せち・せつ

〖부수자〗 竹

〖영 문〗 control, to restrict, to curtail, to economize

〖활용단어〗
- 일절(一節): 한 마디. 문장, 음악 등의 한 구절.
- 절개(節槪): 절의(節義)와 기개(氣槪).
- 오상고절(傲霜孤節): 서릿발이 심한 추위 속에서도 굴하지 않고 홀로 꼿꼿하다는 뜻으로, 충신(忠臣) 또는 국화(菊花)를 말함.

409 效 본받을 효

字源풀이

'칠 복(攵)'과 '사귈 교(交)'의 형성자로, 서로 비슷하도록 치다(攵)에서 모방의 뜻이다. 交는 두 다리를 꼬다에서 서로 합치다의 뜻으로 취하였다.

자형 변천

갑골문	금문	전서	예서	해서

나라별 비교

중국 간체자	效 xiào	일본 약자	効 こう

〔부수자〕 攵
〔영 문〕 result, effect, effectiveness

〔활용단어〕
- 효과(效果): 보람으로 나타나는 좋은 결과.
- 발효(發效): 조약(條約)·법률(法律)·증권(證券)·문서(文書) 등의 효력이 생기는 것.
- 백약무효(百藥無效): 좋다는 약을 다 써도 병이 낫지 않음. 온갖 약이 다 효험(效驗)이 없음.

410 藥 약 약

字源풀이

'풀 초(艹)'와 '즐거울 락(樂)'의 形聲字(형성자)로, 약초(艹)에서 취한 약을 병든 사람이 먹으면 점점 나아 즐겁게(樂)된다는 것에서 '약'의 뜻이다.

자형 변천

갑골문	금문	전서	예서	해서

나라별 비교

중국 간체자	药 yào	일본 약자	薬 やく

〔부수자〕 艹
〔영 문〕 medicine, remedy, drug

〔활용단어〕
- 약방문(藥方文): 약을 짓기 위해 약재 이름과 분량을 적은 종이.
- 고약(膏藥): 주로 헐거나 곪은 데에 붙이는 끈끈한 약.
- 백약무효(百藥無效): 좋다는 약을 다 써도 병이 낫지 않음.

411 苦 쓸 고

字源풀이

'풀 초(艸)'와 '옛 고(古)'의 形聲字(형성자)로, '大苦(대고)'라는 매우 쓴 약초의 이름인데, '쓰다', '괴롭다'의 뜻이 되었다.

🌀 자형 변천

갑골문	금문	전서	예서	해서
		苦	苦	苦

🌀 나라별 비교

중국 간체자	苦 kǔ	일본 약자	苦 く

【부수자】 艹

【영 문】 pain, suffering, hardship, difficulty, trouble

【활용단어】

- 고민(苦悶): 괴로워하고 번민(煩悶)함.
- 인고(忍苦): 괴로움을 참음.
- 고진감래(苦盡甘來): '쓴 것이 다하면 단 것이 온다'라는 뜻으로, 고생 끝에 낙이 온다라는 말.

---

412 口 입 구

字源풀이

입의 모양을 象形(상형)하여 'ㅂ'와 같이 그린 것인데, 뒤에 楷書體(해서체)의 '口'자가 된 것이다.

🌀 자형 변천

갑골문	금문	전서	예서	해서
ㅂ	ㅂ	ㅂ	ㅂ	口

🌀 나라별 비교

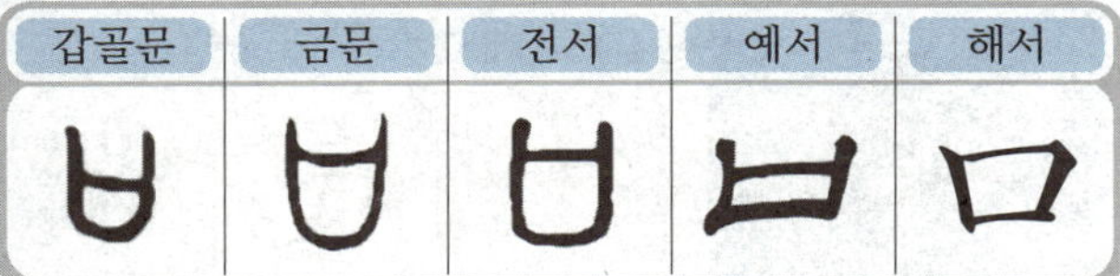

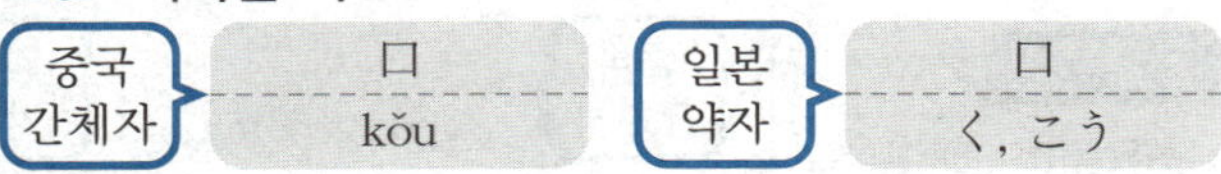

중국 간체자	口 kǒu	일본 약자	口 く, こう

【부수자】 口

【영 문】 mouth

【활용단어】

- 구령(口令): 어떤 동작을 일제히 하도록 하는 간단한 명령.
- 구설수(口舌數): 구설을 들을 운수.
- 구밀복검(口蜜腹劍): 입으로는 꿀처럼 달콤한 말을 하나 뱃속에는 칼을 품고 있다는 뜻으로, 말로는 친한 체하나 속으로는 해칠 생각을 가졌다는 말.

413 改 고칠 개

字源풀이

자기(己)의 잘못에 채찍질(攵: 칠 복)을 하여 '고치다'의 뜻이다.

자형 변천

갑골문	금문	전서	예서	해서

나라별 비교

중국 간체자	改 gǎi	일본 약자	改 かい

〖부수자〗攵

〖영 문〗change, transform, convert

〖활용단어〗
- 개선(改善): 잘못을 고쳐 좋게 함.
- 회개(悔改): 잘못을 뉘우치고 고침.
- 개과천선(改過遷善): 지난날의 잘못을 고치어 착하게 됨.

---

414 過 지날 과

字源풀이

'소용돌이 와(渦)'의 省體(생체)인 '咼'와 '쉬엄쉬엄 갈 착(辶)'의 形聲字(형성자)로, '물을 건너다'에서 '지나다'로, '허물'의 뜻으로도 쓰인다.

자형 변천

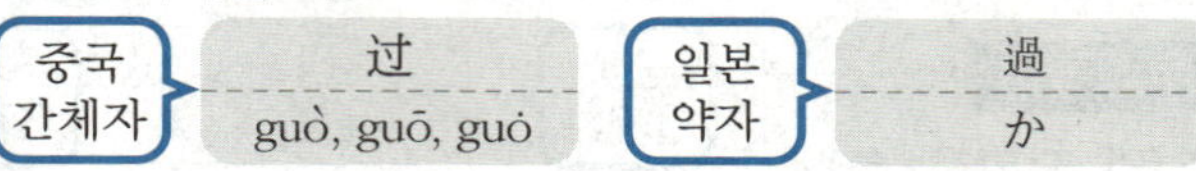

갑골문	금문	전서	예서	해서

나라별 비교

중국 간체자	过 guò, guō, guo	일본 약자	過 か

〖부수자〗辶

〖영 문〗pass, pass through

〖활용단어〗
- 간과(看過): 예사로 보아 넘김. 대강 보아 빠뜨리고 넘어감.
- 과민(過敏): 지나치게 예민함.
- 개과천선(改過遷善): 지난날의 허물을 고치고 착하게 됨.

未
아닐 미

字源풀이

나무의 가지와 무성한 잎을 본뜬 것인데, 뒤에 '地支(지지)'의 뜻으로 변하였다. 또한 부정의 뜻으로 쓰이게 되어 '아닐 미'로 일컫게 되었다.

자형 변천

갑골문	금문	전서	예서	해서

나라별 비교

중국 간체자	未 wèi	일본 약자	未 び・み

〖부수자〗 木

〖영 문〗 not yet, not

〖활용단어〗
- 미래(未來): 아직 오지 않은 때.
- 미개척(未開拓): 아직 개척하지 못하거나 않음.
- 전대미문(前代未聞): 지난 시대에는 들어 본 적이 없다는 뜻으로, 매우 놀랍거나 새로운 일을 이르는 말.

416

罪
허물 죄

字源풀이

'罪'의 본자는 코(自)를 찔러 고통(辛)을 준다는 뜻의 '皋'였는데, 진시황이 '皇(임금 황)'자와 비슷하다고 하여 '罪'로 바꾸었다.

자형 변천

갑골문	금문	전서	예서	해서

나라별 비교

중국 간체자	罪 zuì	일본 약자	罪 ざい

〖부수자〗 罓

〖영 문〗 sin, crime, fault, vice

〖활용단어〗
- 면죄(免罪): 죄를 면함, 또는 면해 줌.
- 죄송(罪悚): 마음이 죄송스러워 매우 송구함.
- 백배사죄(百拜謝罪): 수없이 절을 하며 용서를 빎.

※ '罪'는 본래 대나무로 만든 '어망'의 뜻이었는데, '범법'의 뜻이 되었다.

【三顧草廬】
삼 고 초 려

초가집을 세 번 찾아간다는 뜻. 곧 인재를 등용함에 참을성 있게 진심
으로 예를 다함.

三(석 삼)　顧(돌아볼 고)　草(풀 초)　廬(오두막 려)

● 三顧草廬(삼고초려)의 '顧(고)'는 '돌아보다'의 뜻이고, '廬(려)'는
'오두막집'의 뜻으로, 세 번이나 보잘것 없는 오두막집으로 찾아갔다는
뜻이다.

　본래 三國志(삼국지) 가운데 蜀志(촉지)의 諸葛亮傳(제갈량전)과 諸葛孔
明(제갈공명)의 出師表(출사표)에서 유래된 고사로서, 蜀漢(촉한)의 임금
인 劉備(유비)가 臥龍崗(와룡강)에 은거하던 제갈량을 불러내기 위하여
세 번이나 찾아감으로써 마침내 그를 감동시켜 책사를 삼은 유명한 이
야기다.

　지금은 신분이나 지위가 높은 사람이 자기를 낮추고 숨어 사는 훌륭
한 사람을 직접 찾아가 정성을 다하여 자기 사람으로 발탁하여 쓰는 겸
손과 성의의 뜻으로 쓰인다.

　오늘날 우리나라에 과연 삼고초려할 만한 인재가 있을까?

爲國尙武 **14**

105	武運乘勢 무 운 승 세	軍兵의 運이 큰 힘을 얻어 軍兵の運が大きな力となり
106	勇打伐敵 용 타 벌 적	용감히 敵陣을 쳐서 勇敢に敵陣を打ち
107	七亡八起 칠 망 팔 기	일곱 번 패하고도 여덟 번 일어나 七度敗れても八度起きあがり
108	設理想鄕 설 리 상 향	理想鄕을 건설하였다. 理想鄕を建設した
109	勝敗在己 승 패 재 기	勝敗는 자신의 노력에 달렸으니 勝敗は己の努力にかかる
110	自盡課業 자 진 과 업	스스로 맡은 일에 최선을 다하라. 自ら進んで受け持つ仕事に最善を尽くせ
111	德望忠將 덕 망 충 장	덕망 있는 忠誠된 장군은 德望があり まことある将軍は
112	百代聖雄 백 대 성 웅	百代에 추앙받는 聖雄이어라. 百代にわたり崇められる聖雄だ

417 武 무사 무

字源풀이

창(戈)을 들고 어떤 혼란을 막는(止) '무사' 의 뜻이다.

자형 변천

갑골문	금문	전서	예서	해서

나라별 비교

중국 간체자	武 wǔ	일본 약자	武 ぶ・む

【부수자】 止
【영 문】 force, military

【활용단어】
- 무사도(武士道): 무사가 지켜야 할 도리.
- 비무장(非武裝): 무기 따위의 장비를 갖추지 않음.
- 무공훈장(武功勳章): 뚜렷한 무공을 세운 군인에게 수여하는 훈장.

---

418 運 운전 운

字源풀이

'군사 군(軍)'과 '쉬엄쉬엄 갈 착(辶)'의 形聲字(형성자)로, 수레에 짐을 싣고 '이사하다' 는 뜻이다.

자형 변천

갑골문	금문	전서	예서	해서

나라별 비교

중국 간체자	运 yùn	일본 약자	運 うん

【부수자】 辶
【영 문】 utilize, move, revolve

【활용단어】
- 관운(官運): 벼슬을 할 운수. 관리로서의 운수.
- 운송(運送): 어떤 물품을 나르고 보내는 일. 화물 및 여객을 일정한 장소로부터 다른 장소로 옮기는 일.
- 운도시래(運到時來): 무슨 일을 하거나 이룰 운수와 시기가 옴.

乘
탈 승

字源풀이

본래 사람이 다리를 벌리고 나무 위에 있는 상태를 그리어 '⿱', '⿱', '⿱'의 형태로 '오르다'의 뜻을 표시한 것인데, 楷書體(해서체)의 '乘' 자가 된 것이다.

자형 변천

갑골문	금문	전서	예서	해서

나라별 비교

중국 간체자	乘 chéng, shèng	일본 약자	乗 じょう

〖부수자〗 丿

〖영 문〗 ride, mount

〖활용단어〗
- 합승(合乘): 여럿이 함께 탐. '합승택시'의 준말.
- 승강(乘降): 타고 내리고 함.
- 만승천자(萬乘天子): 천자의 높임말.

勢
형세 세

字源풀이

'힘 력(力)'과 '심을 예(埶)'의 形聲字(형성자)이다. '埶'는 '藝(심을 예)'의 初文(초문)으로 '심다'의 뜻으로, 씨앗을 심으면 싹이 나서 날로 힘차게 자라므로 '형세'의 뜻이다.

자형 변천

갑골문	금문	전서	예서	해서

나라별 비교

중국 간체자	势 shì	일본 약자	勢 せ·せい

〖부수자〗 力

〖영 문〗 power, force

〖활용단어〗
- 권세(權勢): 권력과 세력.
- 세도(勢道): 정치상의 권세를 잡음, 또는 그러한 권세.
- 누란지세(累卵之勢): 몹시 위태한 형세.

421

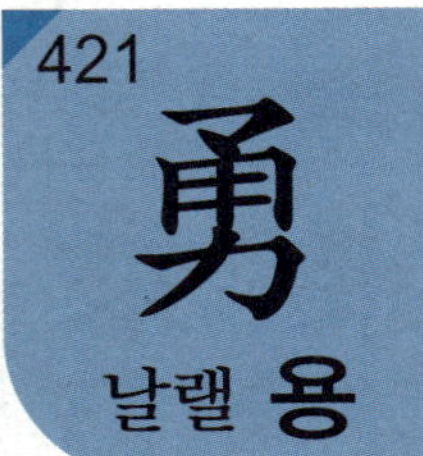

勇
날랠 **용**

字源풀이

‘물 솟을 용(甬)’과 ‘힘 력(力)’의 形聲字(형성자)로, 힘(力)이 용솟음(甬) 쳐서 행동이 ‘날래고’ ‘용감하다’는 뜻이 되었다. ‘マ’과 ‘男’의 合體字(합체자)가 아니다.

자형 변천

갑골문	금문	전서	예서	해서
		甬	勇	勇

나라별 비교

중국 간체자	勇 yǒng	일본 약자	勇 ゆう

【부수자】 力
【영 문】 brave, bold, courage

【활용단어】

- 만용(蠻勇): 사리가 분명하지 않고 함부로 날뛰는 용맹.
- 용퇴(勇退): 조금도 꺼리지 아니하고 용기 있게 물러나감. 후진(後進)에게 길을 열어 주기 위하여 스스로 관직(官職) 등에서 물러남.
- 겸인지용(兼人之勇): 혼자서 몇 사람을 당해낼 만한 용기.

422

打
칠 **타**

字源풀이

‘손 수(扌)’와 ‘못 정(丁)’의 形聲字(형성자)로, ‘때리다’의 뜻이다. 손으로 사물을 치면 ‘뎅뎅’ 소리가 나기 때문에 발음요소로 ‘丁’을 취한 것이다. ‘打(뎡)’의 음이 뒤에 ‘다→타’로 변하였다.

자형 변천

갑골문	금문	전서	예서	해서
		打	打	打

나라별 비교

중국 간체자	打 dǎ, dá	일본 약자	打 だ・ちょう

【부수자】 扌
【영 문】 strike, beat, attack, fight

【활용단어】

- 안타(安打): 야구에서 타자가 베이스에 나갈 수 있도록 투수가 던진 공을 치는 것.
- 타개(打開): 헤쳐 나감.
- 일망타진(一網打盡): 한 번 그물을 쳐서 물고기를 다 잡는다는 뜻에서 한꺼번에 모조리 다 잡음이라는 말.

423 伐 칠 **벌**

字源풀이

甲骨文(갑골문)에 '𢦏'의 자형으로, 창(戈)으로 사람(亻)의 목을 베는 모습을 본떠 만든 글자로서, 적을 창으로 '물리치다'의 뜻이다.

🌀 자형 변천

갑골문	금문	전서	예서	해서
𢦏	𢦏	伐	伐	伐

🌀 나라별 비교

중국 간체자	伐 fá, fā	일본 약자	伐 ばつ

〖부수자〗 人
〖영　문〗 cut, attack

〖활용단어〗
- 벌목(伐木): 나무를 벰.
- 정벌(征伐): 죄 있는 무리를 군대(軍隊)로써 침.
- 십벌지목(十伐之木): 열 번 찍어 아니 넘어가는 나무가 없다는 뜻.

---

424 敵 대적할 **적**

字源풀이

'칠 복(攴)'과 '밑둥 적(啇)'의 形聲字(형성자)로, 끝까지(啇) 쳐서(攴) 이겨야 하는 것이 '적'이라는 뜻이다.

🌀 자형 변천

갑골문	금문	전서	예서	해서
	啻	敵	敵	敵

🌀 나라별 비교

중국 간체자	敌 dí	일본 약자	敵 てき

〖부수자〗 攴
〖영　문〗 enemy, foe, rival, resist

〖활용단어〗
- 공적(公敵): 국가나 사회, 공중의 적.
- 적탄(敵彈): 적군이 쏜 탄알.
- 중과부적(衆寡不敵): 적은 수효가 많은 수효를 대적하지 못함.

425 七 일곱 **칠**

字源풀이

본래 칼로 나무를 자르는 모양을 본뜬 것인데, '일곱'의 뜻으로 쓰이게 되어 다시 「切(자를 절)」 자를 만들었다.

🌊 자형 변천

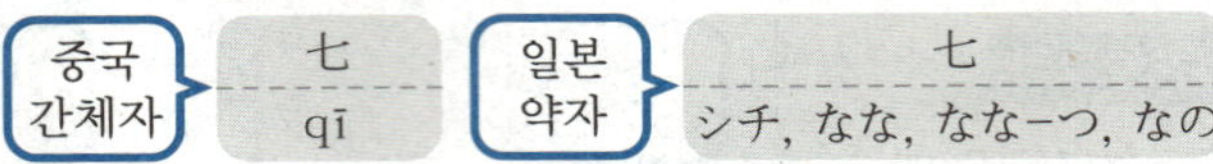

갑골문	금문	전서	예서	해서
＋	＋	七	七	七

🌊 나라별 비교

중국 간체자	七 qī	일본 약자	七 シチ, なな, なな一つ, なの

【부수자】 一

【영　문】 seven

【활용단어】

- 망칠(望七): 일흔을 바라본다는 뜻으로, 나이 예순한 살을 일컫는 말.
- 칠전팔기(七顚八起): 일곱 번 넘어지고 여덟 번 일어난다는 뜻으로, 여러 번의 실패에도 굽히지 않고 분투함을 이르는 말.

※ '七'은 본래 甲骨文에 칼로 사물을 절단하여 놓은 것을 '＋'의 형태로 가리킨 指事字인데, 뒤에 숫자의 '일곱'을 뜻하는 글자로 가차되자, 부득이 절단을 뜻하는 글자는 '刀(칼 도)'자를 더하여 '＋刀→ 切(끊을 절)'과 같이 또 만들었다. '七'자의 자형은 본래 '＋'의 형태로 '＋'자와 혼동이 생기어, 진(秦)나라 때에 '屶, 屶'의 형태로 바뀌어 楷書體의 '七'자가 된 것이다.

---

426 亡 망할 **망**

字源풀이

甲骨文(갑골문)에 '屶, 屶, 屶', 金文(금문)에 '屶, 屶, 屶' 등의 자형으로서 지팡이를 짚고 가는 '소경'의 모습을 나타낸 象形字(상형자)이다. 뒤에 '망하다, 도망하다, 없다' 등의 뜻으로 전의되자, '目'을 더하여 '盲'(소경 맹)자를 또 만들었다.

🌊 자형 변천

갑골문	금문	전서	예서	해서
屶	屶	屶	亡	亡

🌊 나라별 비교

중국 간체자	亡 wáng, wú	일본 약자	亡 ぼう・もう

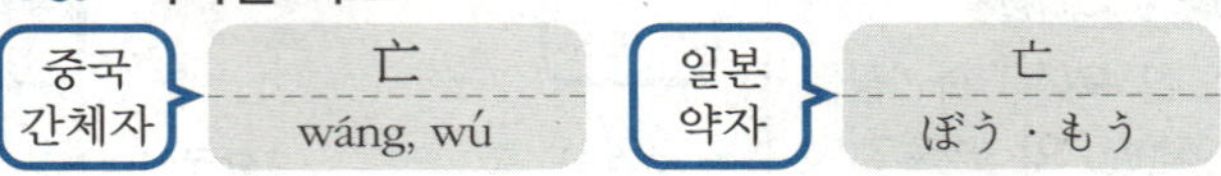

【부수자】 亠

【영　문】 lost, dead

【활용단어】

- 망조(亡兆): 망할 징조(徵兆).
- 흥망(興亡): 흥하거나 망함.
- 순망치한(脣亡齒寒): '입술을 잃으면 이가 시리다'는 뜻으로, '가까운 사이의 한쪽이 망하면 다른 한쪽도 그 영향을 받아 온전하기 어려움을 비유하여 이르는 말.

八 여덟 **팔**

字源풀이

'八'은 본래 엄지손 가락을 마주 세워서 여덟을 표시한 모양 을 본뜬 글자이다.

🌊 자형 변천

갑골문	금문	전서	예서	해서
八	八	八	八	八

🌊 나라별 비교

중국 간체자	일본 약자
八 bā, bá	八 はち

〖부수자〗 八
〖영 문〗 eight

〖활용단어〗
- 팔괘(八卦): 중국 고대에 중국인들이 사용 하던 여덟 가지의 괘.
- 망팔(望八): 여든을 바라본다는 뜻으로, 나 이 일흔한 살.
- 팔방미인(八方美人): 여러 방면의 일에 능 통한 사람.

428

起 일어날 **기**

字源풀이

'달릴 주(走)'와 '몸 기(己)'의 形聲字(형 성자)로, 몸(己)을 일으켜 달린다(走) 는 데서 '일어서다' 의 뜻이다.

🌊 자형 변천

갑골문	금문	전서	예서	해서
		起	起	起

🌊 나라별 비교

중국 간체자	일본 약자
起 qǐ	起 き

〖부수자〗 走
〖영 문〗 begin, start, rise

〖활용단어〗
- 궐기(蹶起): 벌떡 일어남. (어떤 목적을 위 해) 힘차게 일어남.
- 기점(起點): 처음으로 시작되는 곳.
- 칠전팔기(七顚八起): 여러 번 실패해도 굽 히지 않고 분투함을 일컫는 말.

429 設 베풀 설

字源풀이

'말씀 언(言)'과 '창 수(殳)'의 會意字(회의자)로, 말로 지시하여 병기를 들어 거동시키게 하다에서 '베풀다'의 뜻이 되었다.

자형 변천

갑골문	금문	전서	예서	해서
		誜	設	設

나라별 비교

중국 간체자	设 shè	일본 약자	設 せつ

【부수자】言
【영 문】arrange, display

【활용단어】
- 건설(建設): 건물이나 시설 등을 만들어 세움.
- 설문(設問): 문제나 질문을 냄, 또는 그 문제나 질문.
- 위인설관(爲人設官): 어떤 사람을 위해 벼슬자리를 새로이 마련함.

---

430 理 다스릴 리

字源풀이

'구슬 옥(王→玉)'과 '마을 리(里)'의 形聲字(형성자)로, '里'는 백성들이 지세에 따라 집을 짓고 사는 마을인데, 옥은 그 결에 따라 갈고 닦아야 함에서 '다스리다'의 뜻이다.

자형 변천

갑골문	금문	전서	예서	해서
		理	理	理

나라별 비교

중국 간체자	理 lǐ	일본 약자	理 り

【부수자】玉
【영 문】reason, logic, law, principles

【활용단어】
- 원리(原理): 사물이 근거하여 성립하는 근본 법칙.
- 이론화(理論化): 이론이 되거나 되게 함.
- 공리공론(空理空論): 헛된 이치와 논의란 뜻으로, 사실에 맞지 않은 이론과 실제와 동떨어진 논의(論議).

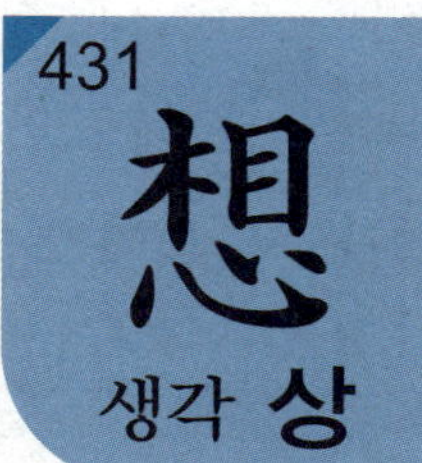

431 想 생각 상

字源풀이

'마음 심(心)'과 '서로 상(相)'의 形聲字(형성자)로, '相'에는 자세히 살펴보다의 뜻이 있으므로 세밀히 보고 '생각하다'의 뜻이다.

자형 변천

갑골문	금문	전서	예서	해서
		想	想	想

나라별 비교

중국 간체자	想 xiǎng	일본 약자	想 そ・そう

〖부수자〗 心
〖영 문〗 think, consider

〖활용단어〗
- 가상(假想): 가정하여 생각하는 것.
- 상상외(想像外): 생각 밖.
- 개화사상(開化思想): 봉건적인 사상·풍속 등을 허물고 근대적인 새 문화를 일으키고자 하던 사상.

432 鄕 시골 향

字源풀이

甲骨文(갑골문)에 '鄕'의 자형으로, 두 사람이 마주 보고 밥을 먹는 모습의 象形字(상형자)로, 본의는 '饗', 곧 '대접할 향'의 뜻이었다. 小篆(소전)에서는 '鄕'의 자형으로서 '시골'의 뜻이 되었다.

자형 변천

갑골문	금문	전서	예서	해서
鄕	鄕	鄕	鄕	鄕

나라별 비교

중국 간체자	乡 xiāng	일본 약자	郷 きょう, ごう

〖부수자〗 阝
〖영 문〗 country, contrasted with a city or town, rural, one's villages, one's country

〖활용단어〗
- 고향(故鄕): 자기가 나서 자란 곳.
- 향가(鄕歌): 향찰(鄕札)로 기록되어 전하는 신라 때의 노래.
- 경향출몰(京鄕出沒): 서울과 시골을 오르내리며 나타났다 사라졌다 함.

433 勝 이길 승

字源풀이

'나 짐(朕)'과 '힘 력(力)'의 形聲字(형성자)로, 본래 배의 이은 틈을 메꾸어 물이 들어오지 못하게 하다의 뜻에서, '진력하다', '이기다'의 뜻으로 쓰였다.

자형 변천

갑골문	금문	전서	예서	해서
		朡	勝	勝

나라별 비교

중국 간체자	일본 약자
胜 shèng, shēng	勝 しょう

〖부수자〗 力

〖영 문〗 win, excel, victory

〖활용단어〗
- 경승(景勝): 경치가 좋은 곳.
- 압승(壓勝): 크게 이김.
- 승승장구(乘勝長驅): 싸움에서 이긴 기세를 타고 계속 적을 몰아침.

---

434 敗 패할 패

字源풀이

'貝(조개 패)'와 '攵(攴: 칠 복)'의 形聲字(형성자)로, 목걸이로 쓰던 '조개(貝)를 깨뜨리다'의 뜻이었는데, '패하다'의 뜻으로 쓰였다.

자형 변천

갑골문	금문	전서	예서	해서

나라별 비교

중국 간체자	일본 약자
败 bài	敗 はい

〖부수자〗 攵

〖영 문〗 defeat, thwart, fail

〖활용단어〗
- 패가(敗家): 가산(家産)을 탕진하여 없앰.
- 전패(全敗): 모조리 패함. 싸우는 족족 모두 짐. 완전히 패함.
- 경적필패(輕敵必敗): 적을 가볍게 보면 반드시 패배함.

435 在 있을 재

갑골문	금문	전서	예서	해서
才	才	杜	在	在

나라별 비교

중국 간체자	在 zài	일본 약자	在 ざい

[부수자] 土

[영 문] exist, at, in, up to

字源풀이

甲骨文(갑골문)에 '才'의 형태로, 있다는 뜻을 나타냈으나, 뒤에 재주 재(才→才)에, 만물이 존재하는 곳이 흙이므로 흙 토(土)자를 더하여 '있다'의 뜻이 되었다. 곧 '在'는 '才'의 累增字(누증자)이다.

[활용단어]

- 건재(健在): 몸 성히 잘 있음.
- 재야(在野): 벼슬을 하지 않고 민간에 있음.
- 명재경각(命在頃刻): 거의 죽게 되어서 목숨이 곧 넘어갈 지경에 이름.

436 己 몸 기

자형 변천

갑골문	금문	전서	예서	해서
己	己	己	己	己

나라별 비교

중국 간체자	己 jǐ	일본 약자	己 き, こ

[부수자] 己

[영 문] oneself, self

字源풀이

본래 긴 끈의 형태를 '己, 己'와 같이 그린 것인데, 뒤에 天干(천간)의 여섯째 글자로 쓰이게 되었고, 또한 자기 스스로를 가리키는 뜻으로도 쓰이게 되어 '己(몸 기)'로 일컫게 된 것이다.

[활용단어]

- 지기(知己): 자기의 속마음을 지극하고 참되게 알아주는 벗.
- 기출(己出): 자기가 낳은 자식.
- 지피지기(知彼知己): 적을 알고 나를 알아야 한다는 뜻으로, 적의 형편과 나의 형편을 자세히 알아야 한다는 의미.

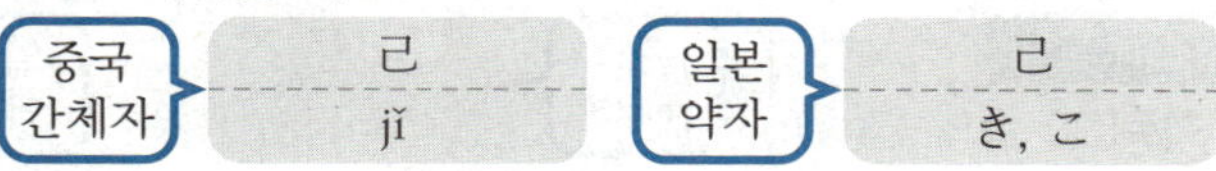

※ 뒤에 부득이 '실마리', '벼리'를 뜻하는 글자로 '紀(벼리 기)'자를 다시 만들었다.

437 自 스스로 자

字源풀이

甲骨文(갑골문)에 , 金文(금문)에 등의 자형으로 어른의 코의 모양을 그린 象形字(상형자)이다.

자형 변천

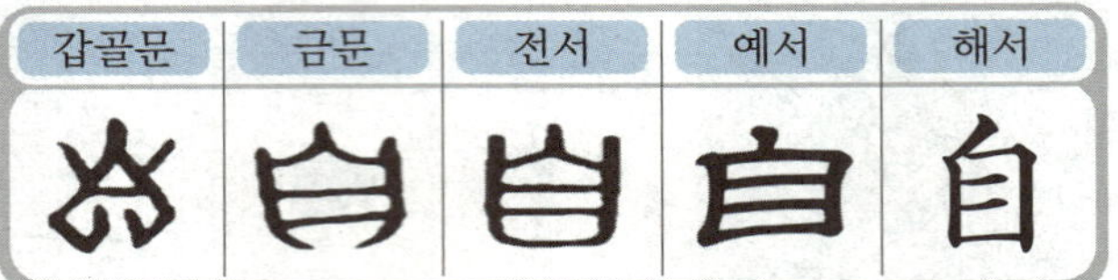

갑골문	금문	전서	예서	해서

나라별 비교

중국 간체자	일본 약자
自 zì	自 し·じ

【부수자】自
【영　문】self, personal, private

【활용단어】
- 자각(自覺): 자기의 상태나 지위, 임무, 능력 등을 스스로 깨달음.
- 자강(自強): 스스로 몸과 마음을 가다듬음.
- 망연자실(茫然自失): 정신을 잃어 어리둥절함.

※ 中國人(중국인)들은 자고로 자신을 가리킬 때 반드시 코를 가리키기 때문에 '스스로'의 뜻으로 전의 되자, '自'에 '畀(줄 비)'의 聲符(성부)를 더하여 形聲字(형성자)로서 '鼻(코 비)'를 또 만든 것이다.

438 盡 다할 진

字源풀이

화로(皿) 속의 불(火)을 손(又)에 부젓가락(丨)을 잡고 휘저으면 불이 꺼지게 되는데, 그 상태를 그리어 '盡, 盡, 盡'의 형태로 '꺼지다'의 뜻이었다.

자형 변천

갑골문	금문	전서	예서	해서

나라별 비교

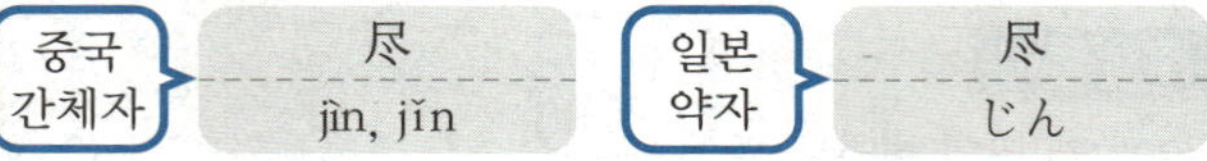

중국 간체자	일본 약자
尽 jìn, jǐn	尽 じん

【부수자】皿
【영　문】to exhaust, to use up, to put to the best use, to complete

【활용단어】
- 자진(自盡): 죽기를 결단하고 굶거나 하여 목숨이 끊어지게 함.
- 극진(極盡): 마음과 힘을 다함.
- 일망타진(一網打盡): 그물을 한번 쳐서 물고기를 모조리 잡는다는 뜻으로, 한꺼번에 죄다 잡는다는 말.

※ '다할 진'의 뜻으로 변한 것은 고대에 있어서 화로에 담아 놓은 불씨가 꺼지면, 무엇도 할 수 없이 일이 다 끝나버리기 때문에 '다하다'로 된 것이다. 뒤에 부득이 '火(화)'자를 더하여 '燼(꺼질 진, 재 신)'자를 또 만들었다.

439 課 과정 과

字源풀이

'말씀 언(言)'과 '실과 과(果)'의 形聲字(형성자)로, 물어서 (言) 그 실력을 '시험하다'의 뜻이었는데, '과정', '학업' 등의 뜻으로도 쓰인다.

자형 변천

갑골문	금문	전서	예서	해서
		課	課	課

나라별 비교

중국 간체자	课 kè	일본 약자	課 か

〖부수자〗言
〖영 문〗a lesson, course

〖활용단어〗
- 부과(賦課): 세금 따위를 매기어 물게 함. 임무나 책임 따위를 지워 맡게 함.
- 과세(課稅): 세금을 매김.
- 과외활동(課外活動): 학교의 정규의 교과 학습 이외의 학생들의 활동.

---

440 業 업 업

字源풀이

본래 종이나 북을 매다는 틀을 본떠서 '業', 業, 業의 형태로 그린 것인데, 그 틀 따위에 무늬를 새기는 것을 일삼은 데서 일 또는 업의 뜻으로 쓰여 楷書體(해서체)의 '業' 자가 된 것이다.

자형 변천

갑골문	금문	전서	예서	해서
	業	業	業	業

나라별 비교

중국 간체자	业 yè	일본 약자	業 ぎょう・ごう

〖부수자〗木
〖영 문〗work, occupations

〖활용단어〗
- 업계(業界): 같은 산업이나 상업에 종사하는 사람의 사회.
- 전업(轉業): 직업을 바꿈.
- 자업자득(自業自得): 불교에서 제가 저지른 일의 과보(果報)를 제스스로 받음을 이르는 말.

441 德 큰 덕

본래는 '直(직)' 자와 '心(심)' 자의 會意字(悳)로, 곧은 마음에서 '덕'의 뜻을 나타낸 것인데, 뒤에 '彳(자축거릴 척)' 자를 더한 것이다.

자형 변천

갑골문	금문	전서	예서	해서
	德	德	德	德

나라별 비교

중국 간체자	德 dé	일본 약자	德 とく

【부수자】彳

【영 문】 morality, decency, kindness

【활용단어】

- 덕목(德目): 충(忠), 효(孝), 인(仁), 의(義) 등 덕을 분류하는 명목.
- 배덕(背德): 도덕에 어그러짐.
- 감지덕지(感之德之): 분수에 넘쳐 매우 고맙게 여기는 모양.

---

442 望 바랄 망

字源풀이

'줄기 정(㞱→壬)' 자는 흙(土) 위에 사람(人)이 서 있는 모습을 나타낸 글자로, 사람(人)이 언덕(土) 위에 서서 달(月)을 바라본다는 뜻이다. '亡'은 발음요소이다.

자형 변천

갑골문	금문	전서	예서	해서
	望	望	望	望

나라별 비교

중국 간체자	望 wàng	일본 약자	望 ぼう・もう

【부수자】月

【영 문】 view, watch

【활용단어】

- 관망(觀望): 형세를 바라봄. 멀리서 바라봄.
- 망구(望九): 아흔을 바라본다는 뜻으로, 나이 '여든한 살'을 일컫는 말.
- 각골난망(刻骨難忘): 은덕(恩德)을 입은 고마움이 마음 깊이 새겨져 잊혀지지 아니함.

443 忠 충성 충

字源풀이

'가운데 중(中)'과 '마음 심(心)'의 形聲字(형성자)로, 편파되지 않은 정직한 마음, 곧 '충성'이라는 뜻이다.

자형 변천

갑골문	금문	전서	예서	해서
	忠	忠	忠	忠

나라별 비교

중국 간체자	忠 zhōng	일본 약자	忠 ちゅう

〖부수자〗 心

〖영　문〗 faithful, loyal

〖활용단어〗

- 충실(忠實): 충직하고 성실함.
- 현충일(顯忠日): 목숨을 바쳐 나라를 지킨 이의 충성을 기념하는 날.
- 사군이충(事君以忠): 삼국 통일의 원동력이 된 화랑(花郞)의 세속오계(世俗五戒)의 하나. 임금을 섬김에 충성으로써 함.

444 將 장수 장

字源풀이

'將'자는 '寸'과 '牆(醬: 육장 장)'의 생략자인 '爿'의 形聲字(형성자)로, '장수'의 뜻이다. '寸'은, 곧 법도의 뜻으로서 법도가 있은 뒤에 병졸을 통솔할 수 있다는 뜻이다.

자형 변천

갑골문	금문	전서	예서	해서
	將	將	將	將

나라별 비교

중국 간체자	将 jiāng, jiàng	일본 약자	将 しょう

〖부수자〗 寸

〖영　문〗 general, admiral, a military leader of high rank

〖활용단어〗

- 장상(將相): 장수(將帥)와 재상(宰相).
- 장병(將兵): 장교(將校)와 사병(士兵)을 통틀어 일컫는 말.
- 장취지망(將就之望): 앞으로 진보하여 나아갈 희망.

百
일백 **백**

字源풀이

본래 엄지손가락의 모양을 그린 '白'에 '一'을 더하여 '일백'의 뜻을 나타낸 글자이다. 옛날에는 엄지손가락을 펴서 '百'을 표현했다.

자형 변천

갑골문	금문	전서	예서	해서
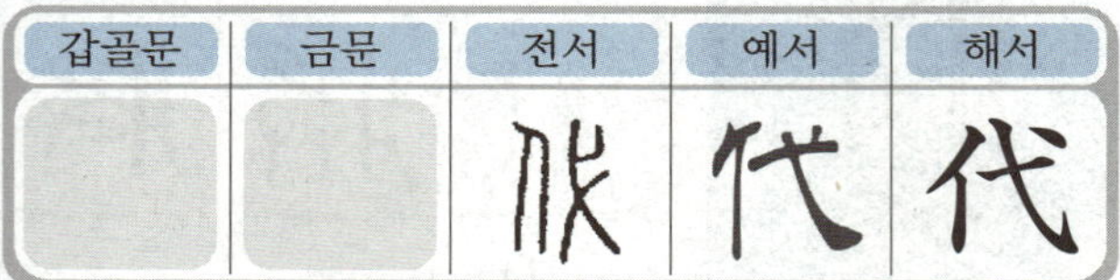				

나라별 비교

중국 간체자	百 bǎi, bó	일본 약자	百 ひゃく

【부수자】 白

【영 문】 hundred, many

【활용단어】

- 망백(望百): '백살'을 바라본다는 뜻에서 사람의 나이 '아흔한 살'을 이르는 말.
- 일당백(一當百): 한 사람이 백 사람을 당할 수 있음.
- 일벌백계(一罰百戒): 한 사람을 벌주어 백 사람을 경계한다는 뜻으로, 한 가지 죄와 또는 한 사람을 벌(罰)줌으로써 여러 사람의 경각심을 불러일으킴.

代
대신 **대**

字源풀이

'사람 인(人)'과 '주살 익(弋)'의 合體字(합체자)로, '앞뒤를 잇다'의 뜻이다. '弋(주살 익)'은 오늬에 줄을 매어 쓰는 화살의 뜻이지만, 본래는 막대기로 문 중간에 걸쳐 놓는 나무를 가리킨다.

자형 변천

갑골문	금문	전서	예서	해서

나라별 비교

중국 간체자	代 dài	일본 약자	代 たい, だい

【부수자】 人

【영 문】 generation, dynasty

【활용단어】

- 대행(代行): 대신하여 행함. 섭행(攝行).
- 희대(稀代): 세상에 드물어 흔히 없음.
- 전대미문(前代未聞): 지금까지 들어본 일이 없는 새로운 일을 이르는 말.

447 聖 성인 성

字源풀이

'귀 이(耳)'와 '나타낼 정(呈)'의 形聲字(형성자)로, 보통 사람과 달리 소리를 듣고 어느 일에나 無所不通(무소불통)한 사람이 '聖人(성인)'이라는 뜻이다. '王(왕)'자가 아니라 '壬(줄기 정)'으로서 발음요소이다.

자형 변천

갑골문	금문	전서	예서	해서
	聖	聖	聖	聖

나라별 비교

중국 간체자	圣 shèng	일본 약자	聖 しょう·せい

〖부수자〗耳

〖영　문〗sage, sacred, holy

〖활용단어〗

- 성전(聖典): 어떤 종교에서, 교의(敎義)의 근본이 되는 책.
- 아성(亞聖): 성인(聖人) 다음가는 현인(賢人). 孟子를 이름.
- 작광작성(作狂作聖): 사람은 마음 먹기에 따라 광인(狂人)도 될 수 있고, 성인도 될 수 있음.

448 雄 수컷 웅

字源풀이

'새 추(隹)'와 '팔굉(肱)'의 初文(초문)인 '厷'의 形聲字(형성자)로, 힘이 세어 암컷을 거느리는 '수컷'의 뜻이다.

자형 변천

갑골문	금문	전서	예서	해서
		雄	雄	雄

나라별 비교

중국 간체자	雄 xióng	일본 약자	雄 ゆう

〖부수자〗隹

〖영　문〗brave, strong

〖활용단어〗

- 웅거(雄據): 한 지역을 차지하고 굳세게 막아 지킴.
- 성웅(聖雄): 거룩한 영웅.
- 영웅호걸(英雄豪傑): 영웅과 호걸을 아울러 이르는 말.

〔天高馬肥〕
천 고 마 비

하늘이 높고 말이 살찐다는 뜻. 곧 하늘이 맑고 五穀百果(오곡백과)가
무르익는 가을을 형용하는 말. (흉노에게 있어 전하여 오늘날에는 누구에게
나) 활약하기 좋은 계절을 이르는 말.

天(하늘 천)　高(높을 고)　馬(말 마)　肥(살찔 비)

●殷(은)나라 초기에 중국 북방에서 일어난 흉노는 周(주)·秦(진)·漢
(한)의 三王朝(삼왕조)를 거쳐 六朝(육조)에 이르는 근 2000년 동안 북방
변경의 농경 지대를 끊임없이 침범 약탈해 온 剽悍(표한)한 유목 민족이
었다.

　그래서 고대 중국의 군주들은 흉노의 침입을 막기 위해 늘 고심했는
데 전국시대에는 燕(연)·趙(조)·秦(진)나라의 북방 변경에 성벽을 쌓았
고, 천하를 통일한 秦始皇(진시황)은 기존의 성벽을 修築(수축)하는 한편,
增築連結(증축연결)하여 萬里長城(만리장성)을 완성하기도 했다.

　그러나 흉노의 침입은 끊이지 않았다. 북방의 초원에서 방목과 수렵
으로 살아가는 흉노에게 우선 초원이 얼어붙는 긴 겨울을 살아야 할 양
식이 필요했기 때문이다. 그래서 북방 변경의 중국인들은 '하늘이 높고
말이 살찌는〔天高馬肥(천고마비)〕' 가을만 되면 언제 흉노가 쳐들어올지
몰라 戰戰兢兢(전전긍긍)했다고 한다.

貯蓄報國 15

449

降

내릴 **강**
항복할 **항**

字源풀이

'언덕 부(阝)'에 '내 릴 강(夅)'의 형성 자로, 언덕(阜)에서 내려오다의 뜻임. 항(降伏)으로도 발 음된다.

자형 변천

갑골문	금문	전서	예서	해서

나라별 비교

중국 간체자	降 jiàng, xiáng	일본 약자	降 こう

〖부수자〗 阝
〖영 문〗 descend, drop

〖활용단어〗

- 강수(降水): 눈, 비 등으로 지상(地上)에 내 린 물.
- 투항(投降): 적에게 항복(降伏)함.
- 항자불살(降者不殺): 항복하는 사람은 죽이 지 아니함.

450

雨

비 **우**

字源풀이

빗방울이 하늘에 떠 있는 구름에서 떨어 지는 것을 그대로 象形(상형)하여 ''와 같이 그렸던 것인데, 楷 書體(해서체)의 '雨' 자가 된 것이다.

자형 변천

갑골문	금문	전서	예서	해서

나라별 비교

중국 간체자	雨 yǔ, yù	일본 약자	雨 う

〖부수자〗 雨
〖영 문〗 rain, rainy

〖활용단어〗

- 기우제(祈雨祭): 심하게 가물 때 비 오기를 비는 제사.
- 강우량(降雨量): 어떤 곳에 일정한 동안 내 린 비의 분량.
- 운우지정(雲雨之情): 남녀 간의 육체적으로 어울리는 정.

451 耕 밭갈 경

字源풀이

쟁기(耒:쟁기 뢰)로 밭을 갈 때 '우물 정(井)' 자처럼 가로 세로 반듯하게 '갈 다'의 뜻이다.

자형 변천

갑골문	금문	전서	예서	해서
		耕	耕	耕

나라별 비교

중국 간체자	일본 약자
耕 gēng	耕 こう

【부수자】 耒

【영 문】 cultivate

【활용단어】

- 경작(耕作): 토지를 갈아서 농작물을 심음. 농사일을 함.
- 농경(農耕): 논밭을 갈아 농사를 짓는 일.
- 주경야독(晝耕夜讀): 낮에는 농사짓고 밤에는 공부한다는 뜻으로, 바쁜 틈을 타서 어렵게 공부함을 이르는 말.

452 田 밭 전

字源풀이

밭두둑의 모양을 그리어 '囲, 田, 田'과 같이 象形(상형)한 것인데, 楷書體(해서체)의 '田'이 되었다. '田' 자를 만들던 당시 이미 토지가 구획되어 있었음을 알 수 있다.

자형 변천

갑골문	금문	전서	예서	해서
田	田	田	田	田

나라별 비교

중국 간체자	일본 약자
田 tián	田 でん

【부수자】 田

【영 문】 agricultural land, cultivated land, a rice field

【활용단어】

- 경전(耕田): 밭을 갊, 또는 그 밭.
- 염전(鹽田): 조수(潮水)를 이용하여 소금을 만드는 밭.
- 상전벽해(桑田碧海): 뽕나무밭이 변하여 푸른 바다가 된다는 뜻으로, 세상의 심한 변천을 비유하는 말.

453

栽
심을 재

字源풀이

'나무 목(木)'과 '해할 재(㦰)'의 形聲字(형성자)로, 본래는 담장을 쌓는 도구의 뜻이었는데, 뒤에 나무(木)를 '심다'의 뜻으로 쓰인다.

나라별 비교

중국 간체자	일본 약자
栽 zāi	栽 さい

〖부수자〗 木

〖영 문〗 plant, care, assist

〖활용단어〗

- 분재(盆栽): 줄기나 가지를 보기 좋게 가꾸어 감상하는 초목.
- 재배(栽培): 식용(食用)이나 약용(藥用), 관상용(觀賞用)을 목적으로 식물을 심어서 기름.
- 재삽(栽揷): 꽂아서 심음.

454

穀
곡식 곡

字源풀이

'벼 화(禾)'의 '껍질 각(殼: 발음요소)'의 形聲字(형성자)로, 곡식(禾)은 모두 껍질(殼)로 덮여 있다는 데서 모든 '곡물'을 뜻한다.

나라별 비교

중국 간체자	일본 약자
谷 gǔ	穀 こく

〖부수자〗 禾

〖영 문〗 corn, grain

〖활용단어〗

- 곡식(穀食): 벼, 보리, 밀, 조, 수수, 기장, 콩, 옥수수 따위를 통틀어 일컫는 말.
- 백곡(百穀): 여러 가지 곡식.
- 오곡백과(五穀百果): 온갖 곡식과 과일.

455

豐
풍년 풍

풍성하다, 풍년 등의 '豐'은 본래 그릇(豆)에 수확물을 가득 담아 놓은 상태를 가리켜 '豐, 豐, 豐'의 형태로 나타내어 풍성하다의 뜻으로 쓴 것이다.

자형 변천

갑골문	금문	전서	예서	해서
豐	豐	豐	豐	豐

나라별 비교

중국 간체자	丰 fēng	일본 약자	豐 ぶ・ほう

〖부수자〗 豆

〖영 문〗 a year of abundance

〖활용단어〗

- 풍성(豐盛): 넉넉하고 많음.
- 대풍(大豐): 큰 풍년.
- 풍년화자(豐年花子): 풍년 거지라는 속담으로 여러 사람이 다 이익을 볼 때에 혼자 빠져 이익을 못 봄을 이르는 말.

※ 마땅히 '豐'과 같이 써야 하는데, 오늘날 '豊'(예)자를 '풍년 풍'자로 쓰고 있다.

456

盛
성할 성

제사를 올리기 위하여 그릇(皿:그릇 명)에 담아 놓은 곡식을 뜻한 形聲字(형성자)로 '담다'의 뜻으로 쓰이고, '성하다'의 뜻으로도 쓰인다.

자형 변천

갑골문	금문	전서	예서	해서
盛	盛	盛	盛	盛

나라별 비교

중국 간체자	盛 shèng, chéng	일본 약자	盛 じょう・せい

〖부수자〗 皿

〖영 문〗 rich, abundant

〖활용단어〗

- 성업(盛業): 사업이 썩 잘됨.
- 융성(隆盛): 기운차게 일어남, 기세(氣勢)가 성함.
- 진수성찬(珍羞盛饌): 맛이 좋은 음식으로 많이 잘 차린 것을 뜻함.

457 植 심을 식

字源풀이

'나무 목(木)'과 '바를 직(直)'의 形聲字(형성자)로, 본래는 대문을 잠그기 위하여 옆에 꽂아 세웠던 곧은 나무의 뜻이었는데, 뒤에 '심다'의 뜻이 되었다.

자형 변천

갑골문	금문	전서	예서	해서
		植	植	植

나라별 비교

중국 간체자	植 zhí	일본 약자	植 しょく

〖부수자〗木
〖영 문〗plant, erect

〖활용단어〗

- 식목(植木): 나무심기.
- 이식(移植): 옮겨심기. 살아 있는 조직이나 장기(臟器)를 다른 생체(生體)나 다른 부위에 옮겨 붙임.
- 고근약식(孤根弱植): 외로운 뿌리와 약한 식물이라는 뜻으로, 친척이나 돌보는 사람이 적은 사람을 비유하는 말.

---

458 樹 나무 수

字源풀이

'나무 목(木)'과 '세울 주(尌)'의 형성자로 나무를 세워 심다의 뜻이다. 尌는 본래 '尌'의 자형으로 손으로 힘써 세우다의 뜻이다.

자형 변천

갑골문	금문	전서	예서	해서
尌	尌	尌	樹	樹

나라별 비교

중국 간체자	树 shù	일본 약자	樹 じゅ

〖부수자〗木
〖영 문〗trees, plant

〖활용단어〗

- 수립(樹立): 주로 정신적인 사물인 정부, 제도, 계획, 공로 등을 이룩하여 세움.
- 과수원(果樹園): 과실(果實) 나무를 기업적으로 많이 심어 가꾸어서 과실을 수확(收穫)하는 곳.
- 풍수지탄(風樹之歎): 부모에게 효도를 다하려고 생각할 때에는 이미 돌아가셔서 그 뜻을 이룰 수 없음을 이르는 말.

取
가질 취

字源풀이

'귀 이(耳)'에 '또 우〔又:본래 오른손의 象形字(상형자)〕'를 합한 글자로, 죄인의 왼쪽 귀를 벤다는 뜻인데, '거두다', '가지다'의 뜻으로 쓰였다.

자형 변천

갑골문	금문	전서	예서	해서

나라별 비교

중국 간체자	取 qǔ	일본 약자	取 しゅ

〔부수자〕 又

〔영 문〕 take, receive, choose

〔활용단어〕
- 갈취(喝取): 으름장을 놓아 빼앗음.
- 취재(取材): 작품이나 기사의 재료를 구하여 얻음.
- 취사선택(取捨選擇): 여럿 가운데서 쓸 것은 골라 쓰고 버릴 것은 버림.

實
열매 실

字源풀이

'집 면(宀)'과 '꿸 관(貫)'의 合體字(합체자)로, 집(宀)안에 꿴(貫) 재물, 즉 돈이 가득 찼다는 뜻과 나아가 씨가 가득하다는 데서 '열매'의 뜻이 되었다.

자형 변천

갑골문	금문	전서	예서	해서

나라별 비교

중국 간체자	实 shí	일본 약자	実 じつ

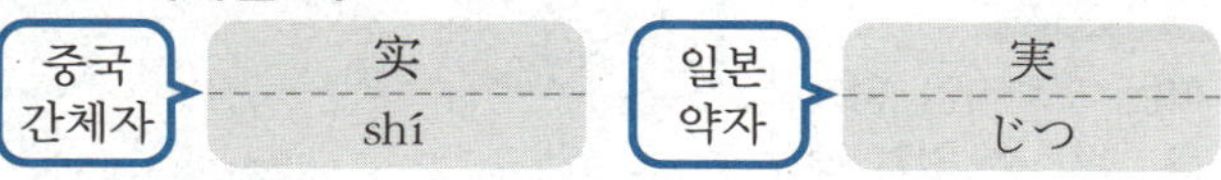

〔부수자〕 宀

〔영 문〕 fruit, fact, seed, true

〔활용단어〕
- 견실(堅實): 하는 일이나 생각이 믿음직스럽게 튼튼하고 착실함.
- 실감(實感): 실지로 체험하는 것 같은 느낌.
- 명실상부(名實相符): 이름과 실상이 서로 들어맞음.

461

造
지을 조

'쉬엄쉬엄 갈 착(辶)' 과 '알릴 고(告)' 의 形聲字(형성자)로, 일을 해서 이룬 것을 남에게 알리기(告) 위하여 나간다(辶)는 데서 '만들다', '짓다' 의 뜻이다.

자형 변천

갑골문	금문	전서	예서	해서
		造	造	造

나라별 비교

중국 간체자	造 zào	일본 약자	造 ぞう

〖부수자〗 辶

〖영 문〗 make, manufacture

〖활용단어〗

- 위조(僞造): 진짜와 비슷이 물건을 만듦.
- 주조(鑄造): 쇠를 녹여서 물건을 만듦.
- 천지창조(天地創造): 천지를 창조한 일.

462

血
피 혈

피는 구체적인 형태를 그릴 수 없기 때문에 그릇 '𥃲→皿 (그릇 명)' 에 제사에 쓸 동물의 피를 받을 때의 핏방울이 떨어지는 모양을 더하여 '𥂁, 𥃲' 과 같이 나타낸 것인데, 楷書體(해서체)의 '血(피혈)' 자가 된 것이다.

자형 변천

갑골문	금문(陶文)	전서	예서	해서
				血

나라별 비교

중국 간체자	血 xiě, xuè	일본 약자	血 けち・けつ

〖부수자〗 血

〖영 문〗 blood

〖활용단어〗

- 혈세(血稅): 가혹한 조세(租稅).
- 고혈(膏血): 기름과 피라는 뜻으로, 남을 괴롭혀 얻는 이득이라는 말.
- 조족지혈(鳥足之血): 새발의 피라는 뜻으로, 얼마 되지 않는 아주 적은 양을 이르는 말.

463

齒
이 치

字源풀이

윗니와 아랫니의 모양(𦥑)을 그린 글자인데, 뒤에 '止(그칠 지)'자를 더하여 형성자가 되었다.

자형 변천

갑골문	금문	전서	예서	해서

나라별 비교

중국 간체자	齿 chǐ	일본 약자	歯 し

〔부수자〕 齒

〔영 문〕 teeth, age

〔활용단어〕

- 치아(齒牙): 이의 점잖은 일컬음
- 유치(乳齒): 생후 5~24개월 사이에 나서 7~12세까지의 영구치(永久齒)로 가는 이, 모두 20개, 배냇니. 젖니.
- 순망치한(脣亡齒寒): 입술이 없으면 이가 시리다는 뜻으로, 가까운 사이에 있는 하나가 망하면 다른 한편도 그 영향을 받아 온전하기 어려움을 이르는 말.

464

骨
뼈 골

字源풀이

金文(금문)에 '𣎆'의 자형으로, 본래 뼈의 관절 모양을 본뜬 것인데, 뒤에 '月→肉'자를 더하여 '뼈 골(骨)'이 되었다.

자형 변천

갑골문	금문	전서	예서	해서

나라별 비교

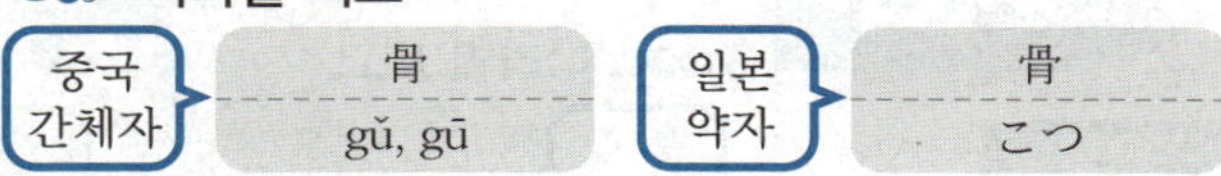

중국 간체자	骨 gǔ, gū	일본 약자	骨 こつ

〔부수자〕 骨

〔영 문〕 bone

〔활용단어〕

- 골각(骨角): 뼈와 뿔을 아울러 이르는 말.
- 백골(白骨): 죽은 사람의 살이 다 썩고 남은 뼈. 칠을 하기 전의 목기(木器)나 목물(木物) 따위.
- 각골난망(刻骨難忘): 입은 은혜에 대한 고마운 마음이 뼈에까지 사무쳐 잊혀지지 아니함.

465 彼 저 피

字源풀이

'갈 척(彳)'과 '가죽
피(皮)'의 형성자로,
본래는 皮(가죽 피)
의 누증자인데, 저쪽
이란 뜻으로 쓰인다.

자형 변천

갑골문	금문	전서	예서	해서
	彶	彶	彼	彼

나라별 비교

중국 간체자	彼 bǐ	일본 약자	彼 ひ

〖부수자〗 彳
〖영 문〗 that, those

〖활용단어〗

- 피차간(彼此間): 저편과 이편의 사이.
- 어차피(於此彼): '어차어피' 의 준말. 於此
於彼(어차어피)—이렇게 하거나 저렇게 하
거나 어쨌든.
- 차일피일(此日彼日): 오늘 내일 하며 자꾸
기한(期限)을 늦춤.

---

466 支 지탱할 지

字源풀이

대나무의 반쪽과 손
을 합한 글자(寺)로,
손으로 댓가지를
'가르다' 의 뜻이다.

자형 변천

갑골문	금문	전서	예서	해서
		支	支	支

나라별 비교

중국 간체자	支 zhī	일본 약자	支 し

〖부수자〗 支
〖영 문〗 disperse, pay, branch

〖활용단어〗

- 지급(支給): 〔금품(金品) 따위를〕 내어 줌.
치러 줌. 특정인 또는 기관에 대하여 일정
한 물건이나 금전(金錢)을 출급(出給)하는
행위.
- 수지(收支): 수입과 지출. 거래에서 얻는
이익(利益).
- 지리멸렬(支離滅裂): 이리저리 흩어져 갈피
를 잡을 수 없음.

467 稅 세금 세

자형 변천

갑골문	금문	전서	예서	해서
		稅	稅	稅

나라별 비교

중국 간체자	税 shuì	일본 약자	税 ぜい

〖부수자〗 禾
〖영 문〗 taxes

字源풀이

'벼 화(禾)'와 '기뻐할 예(兌＝悅)'의 형성자로, 돈이 없었던 고대에는 세금을 벼(禾)로 내었던 것에서 유래한다.

〖활용단어〗

- 세제(稅制): 세무(稅務)에 관한 제도.
- 과세(課稅): 세금을 매김.
- 세숙공신(稅熟貢新): 곡식(穀食)이 익으면 부세(負稅)하여 국용(國用)을 준비하고, 신곡(新穀)으로 종묘(宗廟)에 제사(祭祀)를 올림.

※ 옛날 농민의 수확에 따라 조세를 받아 관청의 창고를 채웠다가 병사들의 배를 채우면 기뻐했기 때문에 兌(悅)을 기뻐하다의 뜻으로 취하였다.

---

468 收 거둘 수

자형 변천

갑골문	금문	전서	예서	해서
		收	收	收

나라별 비교

중국 간체자	收 shōu	일본 약자	収 しゅう

〖부수자〗 攵
〖영 문〗 contain, receive, accept

字源풀이

'얽힐 구(丩)'와 '칠 복(攵)'의 形聲字(형성자)로, 죄인을 잡아 묶다의 뜻을 나타낸 글자인데, 뒤에 '거두다'의 뜻으로 쓰였다.

〖활용단어〗

- 미수(未收): 돈이나 물건을 아직 다 거두어 들이지 못함.
- 수지(收支): 수입과 지출.
- 흡수합병(吸收合倂): 당사(當社) 회사 중 한 회사가 존속하고 다른 회사는 소멸하며, 소멸한 회사의 권리와 의무가 존속하는 회사에 포괄 계속되는 형식의 합병.

469 須 모름지기 **수**

鬚髥(수염)은 얼굴에 난 털(彡)이기 때문에, '터럭 삼(彡)'과 '머리 혈(頁)'의 合體字(합체자)로 '수염'의 뜻이다.

자형 변천

갑골문	금문	전서	예서	해서

나라별 비교

중국 간체자	须 / xū	일본 약자	須 / しゅ・す

〖부수자〗頁
〖영　문〗 must, to need, necessary

〖활용단어〗
- 필수과목(必須科目): 여러 학과목 가운데 반드시 익혀야 하는 학과.
- 종수일별(終須一別): 끝내는 이별해야 한다는 뜻으로, 그 자리에서 작별하나, 좀 더 가서 작별하나 섭섭하기는 마찬가지라는 말.

---

470 用 쓸 **용**

甲骨文(갑골문)에 '用'의 자형으로, 본래 종의 모양을 본뜬 것인데, 뒤에 '쓰다'의 뜻으로 변하였다.

자형 변천

갑골문	금문	전서	예서	해서
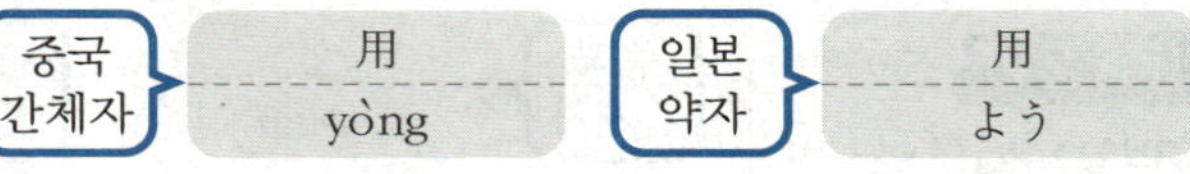				

나라별 비교

중국 간체자	用 / yòng	일본 약자	用 / よう

〖부수자〗用
〖영　문〗 use, employ, need

〖활용단어〗
- 용의(用意): 어떤 일을 하려고 마음을 먹거나 씀, 또는 그 생각.
- 고용(雇用): 품삯을 주고 사람을 부림.
- 무용지물(無用之物): 아무 데도 쓸모가 없는 물건이나 사람.

純
순수할 순

字源풀이

'실 사(糸)'와 '모일 둔(屯)'의 形聲字(형성자)로, 본래 매우 좋은 실의 뜻이었는데, 뒤에 '순수하다'의 뜻으로 쓰였다.

자형 변천

갑골문	금문	전서	예서	해서
	純	純	純	純

나라별 비교

중국 간체자	纯 chún	일본 약자	純 じゅん

【부수자】 糸

【영 문】 pure, sincere, honest, faithful

【활용단어】
- 순결(純潔): 몸과 마음이 아주 깨끗함.
- 단순(單純): 복잡하지 않고 간단함.
- 순진무구(純眞無垢): 마음과 몸이 아주 깨끗하여 조금도 더러운 때가 없음.

完
완전할 완

字源풀이

'집 면(宀)'과 '으뜸 원(元)'의 形聲字(형성자)로, 집(宀) 안에 사람(元)이 있으니 '완전하다'는 뜻이다.

자형 변천

갑골문	금문	전서	예서	해서
		完	完	完

나라별 비교

중국 간체자	完 wán	일본 약자	完 かん

【부수자】 宀

【영 문】 complete, perfect

【활용단어】
- 미완(未完): 끝을 다 맺지 못함. '미완성(未完成)'의 준말.
- 보완(補完): 보충하여 온전(穩全)하게 함.
- 성통공완(性通功完): 도(道)를 통하여 깨달음이 이루어짐.

473 銀 은 은

字源풀이

'쇠 금(金)'과 '그칠 간(艮)'의 形聲字(형성자)로, '艮'에는 견주다의 뜻이 있으므로 黃金(황금)에 견줄 수 있는 것이 白金(백금), 곧 '은'이란 뜻이다.

자형 변천

갑골문	금문	전서	예서	해서
		銀	銀	銀

나라별 비교

중국 간체자	일본 약자
银 yín	銀 ぎん

[부수자] 金
[영 문] silver, wealth

[활용단어]
- 양은(洋銀): 구리·아연·니켈 따위의 합금. 은빛 광택이 나며, 녹이 슬지 않고 단단하여 은 대신으로 많이 쓴다.
- 은괴(銀塊): 은의 뭉친 덩어리.
- 은린옥척(銀鱗玉尺): 비늘이 은빛처럼 번쩍번쩍하고 모양이 좋은 큰 물고기.

474 行 다닐 행

字源풀이

'行'자는 본래 네거리의 모양을 象形(상형)하여 '艹, 兆, 彳'의 형태로 그린 것인데, 거리는 곧 사람이 다니는 곳이기 때문에, '行'의 뜻으로 쓰이게 된 것이다.

자형 변천

갑골문	금문	전서	예서	해서
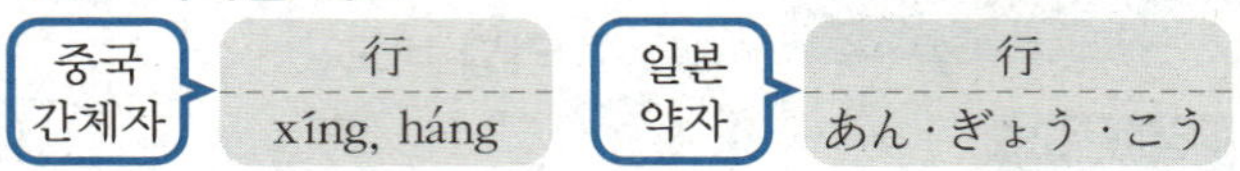				行

나라별 비교

중국 간체자	일본 약자
行 xíng, háng	行 あん·ぎょう·こう

[부수자] 行
[영 문] walk, move, go, do

[활용단어]
- 강행(强行): 어려움을 무릅쓰고 행함. 마지못해 억지로 행함.
- 거행(擧行): 의식이나 행사를 행함. 명령대로 행함.
- 금의야행(錦衣夜行): '비단옷을 입고 밤길을 걷는다'라는 뜻으로, '아무 보람이 없는 행동'을 이르는 말.

貯

쌓을 저

字源풀이

‘조개 패(貝)’와 ‘쌓을 저(宁)’의 形聲字(형성자)로, 재물(貝)을 쌓아(宁) 둔다는 데서 ‘저장하다’의 뜻이다. ‘宁’는 ‘貯’의 古字(고자)이다.

자형 변천

갑골문	금문	전서	예서	해서
宙	寅	貯	貯	貯

나라별 비교

중국 간체자	일본 약자
贮 zhú	貯 ちょ

[부수자] 貝

[영 문] store up, save up

[활용단어]

- 저축(貯蓄): 절약하여 모아 둠.
- 저수(貯水): 물을 모아 둠.
- 저장미(貯藏米): 쌀값이 오르고 내림을 대비하여 정부나 민가에서 저장하는 쌀.

金

쇠 금 / 성 김

字源풀이

金文(금문)에 ‘金’의 형태로, ‘이제 금(今)’과 흙 토(土)의 形聲字(형성자)에 금덩이(‥)의 형태를 가하여 만든 字로, ‘황금’의 뜻으로 쓰였다.

자형 변천

갑골문	금문	전서	예서	해서
	金	金	金	金

나라별 비교

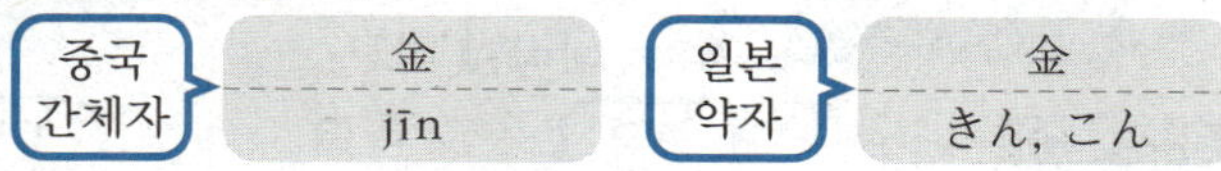

중국 간체자	일본 약자
金 jīn	金 きん, こん

[부수자] 金

[영 문] metal, money, arms

[활용단어]

- 금액(金額): 금전의 액수, 돈의 수효(數爻).
- 자금(資金): 자본금의 준말로, 이익을 낳는 바탕이 되는 돈. 사업을 경영하는 데 쓰이는 돈.
- 금과옥조(金科玉條): 금옥과 같은 법률의 뜻으로, 소중히 여기고 지켜야 할 규칙이나 교훈.

477 續 이을 속

字源풀이

'실 사(糸)'와 '팔
매(賣)'의 合體字(합
체자)로, 부단히 '이
어짐'의 뜻이다. 행
상인이 계속 걸어가
면서 물건을 사라고
외쳐대니까 '잇다'
의 뜻으로 '賣(팔
매)'를 취하였다.

자형 변천

갑골문	금문	전서	예서	해서

나라별 비교

중국 간체자	续 xù	일본 약자	続 しょく・ぞく

【부수자】 糸

【영 문】 continue, to extend

【활용단어】

- 계속(繼續): 끊어지지 않게 잇댐. 끊어졌던 일을 다시 이어서 함.
- 속속(續續): 자꾸 잇달아서.
- 구미속초(狗尾續貂): 담비의 꼬리가 모자라 개의 꼬리로 잇는다. 훌륭한 것 뒤에 보잘 것없는 것이 잇따름.

478 勸 권할 권

字源풀이

'힘 력(力)'자와 '황
새 관(雚)'자의 형성
자로, 황새는 물을
거스르며 먹이를 잡
느라 매우 수고하므
로 힘써(力) 최선을
다하라는 데서 '권
하다'의 뜻이다.

자형 변천

갑골문	금문	전서	예서	해서

나라별 비교

중국 간체자	劝 quàn	일본 약자	勧 かん

【부수자】 力

【영 문】 exhort, advise, persuade

【활용단어】

- 권유(勸誘): 상대편이 어떤 일을 하도록 권함.
- 강권(强勸): 억지로 하라고 권함.
- 덕업상권(德業相勸): 향약(鄕約)의 네 강목(綱目) 중의 하나. 좋은 행실(行實)은 서로 권장(勸奬)할 것.

479 財

재물 **재**

字源풀이

'조개 패(貝)'와 '재주 재(才)'의 형성자로, 옛날에는 조개(貝)를 돈으로 사용했으므로 사람이 소유한 모든 재물이란 뜻이다.

자형 변천

갑골문	금문	전서	예서	해서
		財	財	財

나라별 비교

중국 간체자	일본 약자
財 cái	財 さい・ざい

〖부수자〗 貝

〖영 문〗 wealth, riches, money

〖활용단어〗

- 재화(財貨): 재물(財物). 사람의 욕망을 만족시키는 물질.
- 사재(私財): 개인이 사사로이 소유하고 있는 재산.
- 덕본재말(德本財末): 사람이 살아가는 데 덕(德)이 뿌리가 되고, 재물은 사소한 부분임.

※ '才'는 본래 초목의 싹이지만, 쓸만한 木才(목재)라는 뜻이 있다.

---

480 基

터 **기**

字源풀이

'흙 토(土)'와 '그 기(其)'의 形聲字(형성자)로, 본래 담을 쌓은 '밑터'의 뜻이었는데, 일반 '터'의 뜻이 되었다.

자형 변천

갑골문	금문	전서	예서	해서
				基

나라별 비교

중국 간체자	일본 약자
基 jī	基 き

〖부수자〗 土

〖영 문〗 foundation, base, origin

〖활용단어〗

- 배양기(培養基): 미생물을 기르는 데 쓰는 영양물.
- 기거(基據): 터전을 닦음, 또는 그 터전.
- 기독교(基督教): 세계 3대 종교의 하나.

結草報恩

결 초 보 은

죽어 혼령이 되어도 은혜를 잊지 않고 갚음.

結(맺을 결)　草(풀 초)　報(갚을 보)　恩(은혜 은)

● 春秋時代(춘추시대) 晉(진)나라의 魏武子(위무자)에게 젊은 첩이 있었는데 위무자가 병이 들자 본처의 아들 顆(과)를 불러 "네 庶母(서모)를 내가 죽거들랑 改嫁(개가)시키도록 하여라." 하였으나, 위무자의 병세가 점점 악화되어 위독한 지경에 이르게 되자 아들 顆에게 다시 분부하기를 "내가 죽거들랑 네 서모는 반드시 殉死(순사)케 해라."라고 명하였다. 그리고 위무자가 죽자 아들 顆는 "사람이 병이 위중하면 정신이 혼란해지기 마련이니 아버지께서 맑은 정신일 때 하신 말씀대로 따르리라." 하고는 아버지의 처음 유언을 따라 서모를 改嫁(개가)시켜 드렸다.

그 후 秦桓公(진환공)이 晉나라를 침략하여 군대를 輔氏(보씨)에 주둔시켰다. 보씨의 싸움에서 魏顆(위과)는 晉의 장수로 있었기 때문에 秦(진)의 大力士(대력사) 杜回(두회)라는 장수와 결전을 벌이게 되었는데 위과는 역부족이었다. 그때 한 노인이 두회의 발 앞의 풀을 엮어(結草) 그가 넘어지게 하여 위과가 두회를 사로잡을 수 있게 하였다.

그날 밤 위과의 꿈에 그 노인이 나타나 이렇게 말했다.

"나는 당신 서모의 애비되는 사람으로 그대가 아버지의 유언을 옳은 방향으로 따랐기 때문에 내 딸이 목숨을 유지하고 改嫁(개가)하여 잘 살고 있소. 나는 당신의 그 은혜에 報恩(보답)하고자 한 것이오."

涵養道心 16

121 牛角申尾
우 각 신 미
→ 소의 뿔, 원숭이의 꼬리
牛の角、サルの尾

122 犬鼻羊毛
견 비 양 모
→ 개의 코, 양의 털
犬の鼻、羊の毛

123 石竹曲松
석 죽 곡 송
→ 돌 틈에 대나무, 굽은 소나무
石の割れ目に竹、曲がった松

124 尺筆仙寫
척 필 선 사
→ 큰 붓으로 神仙이 그린 듯
大筆で神仙が描くように

125 注視賞圖
주 시 상 도
→ 세밀히 그림을 감상하다가
緻密に絵画を鑑賞しながら

126 開戶觀虛
개 호 관 허
→ 지게문을 열고 허공을 바라보니
部屋の戸を開け虚空を眺めると

127 月印千江
월 인 천 강
→ 달이 온 강을 비추고 있구나
月が出て川を照らしている

128 佛救衆生
불 구 중 생
→ 부처님이 중생을 구하는 뜻이리.
仏が衆生を救うのであろうか

481 牛 소 우

字源풀이

소를 정면에서 본 모양을 象形(상형)하여 '牛, 牛, 牛, 牛, 牛'와 같이 그린 것인데, 楷書體(해서체)의 '牛'자가 된 것이다.

🌀 자형 변천

갑골문	금문	전서	예서	해서
牛	牛	牛	牛	牛

🌀 나라별 비교

중국 간체자	牛 niú	일본 약자	牛 ぎゅう・ご

【부수자】 牛

【영 문】 ox, cattle, cow, bull

【활용단어】

- 견우(牽牛): 견우성(牽牛星)의 준말.
- 우유(牛乳): 소의 젖.
- 와우각상(蝸牛角上) : '달팽이의 뿔 위'라는 뜻으로, '좁은 세상'을 비유하는 말.

---

482 角 뿔 각

字源풀이

뿔의 모양을 象形(상형)하여 '角, 角, 角, 角'와 같이 그린 것인데, 楷書體(해서체)의 '角'자가 된 것이다.

🌀 자형 변천

갑골문	금문	전서	예서	해서
角	角	角	角	角

🌀 나라별 비교

중국 간체자	角 jiǎo, jué	일본 약자	角 かく

【부수자】 角

【영 문】 angle, horn, antler

【활용단어】

- 각축(角逐): 겨루고 쫓는다는 뜻으로, 서로 이기려고 세력이나 재능을 다툼.
- 총각(總角): 상투를 틀지 않은 남자란 뜻으로 '결혼하지 않은 성년 남자'를 이르는 말.
- 교각살우(矯角殺牛): '쇠뿔을 바로 잡으려다 소를 죽인다'라는 뜻으로, 결점이나 흠을 고치려다 수단이 지나쳐 도리어 일을 그르침.

483

申
알릴, 납, 성 **신**

字源풀이

번개의 모양을 본떠 만든 상형자이다. 뒤에 十二支(십이지)의 원숭이 띠의 뜻으로 쓰였다.

갑골문	금문	전서	예서	해서
				申

나라별 비교

중국 간체자	申 shēn	일본 약자	申 しん

【부수자】 田

【영 문】 appeal, plead, the ninth of the twelve terrestrial branches

【활용단어】

- 신고(申告): 국민이 법률 상의 의무로서 행정 관청에 일정한 사실을 진술(陳述), 보고하는 일.
- 내신(內申): 어떤 문제나 의견을 갖추어서 공개하지 않고 상급(上級) 기관 등에 보고함.
- 삼령오신(三令五申): 세 번 호령(號令)하고 다섯 번 거듭 일러준다는 뜻으로, 옛 군대에서 여러 차례 되풀이하여 자세히 명령함을 이르는 말.

484

尾
꼬리 **미**

字源풀이

사람의 꼬리가 실제 있음을 표시한 것이 아니라, 뒤끝을 나타낸 글자이다.

자형 변천

갑골문	금문	전서	예서	해서
				尾

나라별 비교

중국 간체자	尾 wěi, yǐ	일본 약자	尾 び

【부수자】 尸

【영 문】 tail, rear

【활용단어】

- 미행(尾行): 어떤 사람의 행동을 감시하려고 몰래 뒤를 밟는 일. 어떤 사람의 행동을 감시하려고 몰래 뒤를 밟는 사람.
- 어미(語尾): 말의 끝 부분.
- 거두절미(去頭截尾): 머리와 꼬리를 잘라버린다는 뜻으로, 앞뒤의 잔사설을 빼놓고 요점만을 말함. 앞뒤를 생략하고 본론으로 들어감.

485 犬 개 견

字源풀이

개의 옆모양을 象形(상형)하여 '𤝡, 𤜛, 𤜀, 𤜌, 𤜅'과 같이 그린 것인데, 楷書體(해서체)의 '犬'자가 된 것이다.

자형 변천

갑골문	금문	전서	예서	해서

나라별 비교

중국 간체자	일본 약자
犬 quǎn	犬 けん

【부수자】犬
【영 문】dog

【활용단어】
- 견마(犬馬): 개와 말. 자기에게 딸린 것을 낮추어서 일컫는 말. 신하가 임금에게 대(對)하여 자기 몸에 관한 것을 일컫는 말.
- 충견(忠犬): 주인에게 충실(忠實)한 개. 충실(忠實)한 앞잡이.
- 견마지로(犬馬之勞): 개나 말의 하찮은 힘이라는 뜻으로, 임금이나 나라에 충성을 다하는 노력. 윗사람에게 바치는 자기의 노력을 낮추어 말할 때 쓰는 말.

486 鼻 코 비

字源풀이

주름살 진 어른 코의 모양을 象形(상형)하여 '𦣹, 𦣻, 𦣷'와 같이 그린 것인데, 뒤에 楷書體(해서체)의 '自'와 같이 변하고, 글자의 뜻도 '자기' 곧 '스스로'의 뜻으로 변하여 '스스로 재(自)'자가 된 것이다. 뒤에 본래의 '自'에 '畀(줄 비)'를 합쳐 形聲字(형성자)로서 '鼻(코 비)'자를 만들었다.

자형 변천

갑골문	금문	전서	예서	해서

나라별 비교

중국 간체자	일본 약자
鼻 bí	鼻 び

【부수자】鼻
【영 문】nose

【활용단어】
- 비음(鼻音): 콧소리.
- 비강(鼻腔): 콧속.
- 아비규환(阿鼻叫喚): 아비(阿鼻) 지옥과 규환(叫喚) 지옥, 여러 사람이 비참한 지경에 처하여 그 고통에서 헤어나려고 비명을 지르며 몸부림침을 형용해 이르는 말.

※ 중국 사람들은 지금도 스스로를 가리킬 때는 자신의 코를 가리키는 습관이 있다.

487 羊
양 양

양을 정면에서 본 모양을 象形(상형)하여 '羋, 羋, 羋, 羋, 羊'와 같이 그린 것인데, 楷書體(해서체)의 '羊'이 된 것이다.

자형 변천

갑골문	금문	전서	예서	해서

나라별 비교

중국 간체자	羊 yáng	일본 약자	羊 よう

[부수자] 羊
[영 문] sheep, goat

[활용단어]
- 견양(犬羊): 개와 양. 하찮은 것의 비유.
- 빈양(牝羊): 양의 암컷. 암양.
- 함양(檻羊): 우리 안에 갇힌 양이란 뜻으로, 자유롭지 못함의 비유.

---

488 毛
터럭 모

사람이나 짐승의 털을 그린(毛) 글자이다.

자형 변천

갑골문	금문	전서	예서	해서

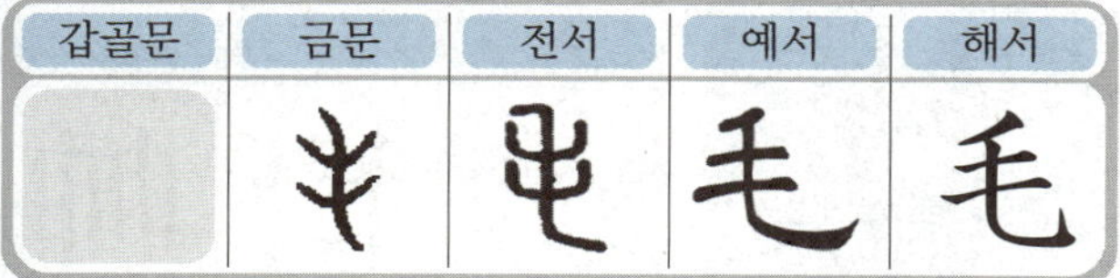

나라별 비교

중국 간체자	毛 máo	일본 약자	毛 もう

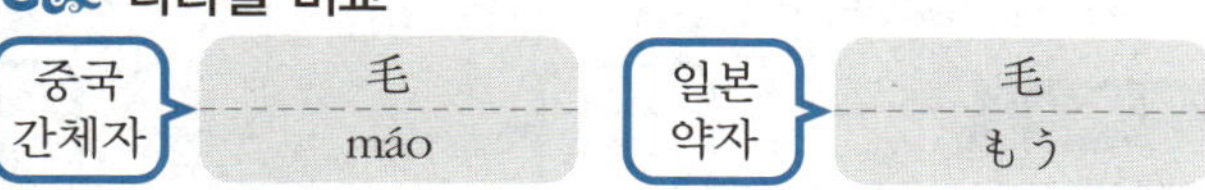

[부수자] 毛
[영 문] hair, fur, gross

[활용단어]
- 모피(毛皮): 짐승의 털이 붙은 가죽.
- 불모지(不毛地): 아무 식물도 자라지 못하는 메마른 땅. 문화적으로 개발되어 있지 않은 곳이나 상태.
- 구우일모(九牛一毛): 아홉 마리 소 가운데 한 개의 털이라는 뜻으로, 썩 많은 가운데서 가장 적은 수라는 말.

489 石 돌 석

字源풀이

벼랑에 굴러 있는 돌의 모양을 '石, ㄫ'와 같이 그린 것인데, 楷書體(해서체)의 '石'자가 된 것이다. 강변의 水磨(수마)된 조약돌의 모양을 象形(상형)한 것이 아니다.

나라별 비교

| 중국 간체자 | 石 shí, dàn | 일본 약자 | 石 こく・しゃく・せき |

〖부수자〗 石
〖영 문〗 stone

〖활용단어〗
- 석탑(石塔): 돌로 쌓은 탑.
- 광석(鑛石): 광상(鑛床)을 구성하는 유용한 광물(鑛物).
- 금석맹약(金石盟約): 쇠와 돌같이 굳게 맹세하여 맺은 약속.

490 竹 대 죽

字源풀이

대나무 잎의 모양을 본떠 '⺮'과 같이 그린 象形字(상형자)인데, 楷書體(해서체)의 '竹(대 죽)'자가 된 것이다.

자형 변천

갑골문	금문	전서	예서	해서
	个个	艸	个个	竹

나라별 비교

| 중국 간체자 | 竹 zhú | 일본 약자 | 竹 ちく |

〖부수자〗 竹
〖영 문〗 bamboo

〖활용단어〗
- 죽순(竹筍): 대순. 죽순 솟듯 끊임없이 많이 생기는 모양.
- 파죽지세(破竹之勢): 대나무를 쪼개는 기세(氣勢)라는 뜻으로, 곧 세력(勢力)이 강대(强大)하여 대적(大敵)을 거침없이 물리치고 쳐들어가는 기세(氣勢).

※ 甲骨文(갑골문)에 '竹'자가 없는 것으로 보아 殷代(은대)에는 황하 이북에 아직 대나무가 없었음을 알 수 있다.

491 曲 굽을 곡

字源풀이

金文(금문)에 '⿸' 의 자형으로, 본래 누에를 올리는 굴곡진 잠박의 모양을 본뜬 것인데, 뒤에 '굽다'의 뜻으로 쓰였다. 음정이 높고 낮게 굴곡지는 데서 '곡조'의 뜻으로도 쓰인다.

자형 변천

갑골문	금문	전서	예서	해서

나라별 비교

중국 간체자	曲 qū, qǔ	일본 약자	曲 きょく

〖부수자〗日
〖영 문〗a tune, an air, a piece, a melody, music

〖활용단어〗
- 곡선(曲線): 구부러진 선(線).
- 간곡(懇曲): 간절하고 곡진(曲盡)함. 간절하고 마음과 정성이 지극함.
- 곡학아세(曲學阿世): 학문을 굽히어 세상에 아첨(阿諂)한다는 뜻으로, 정도를 벗어난 학문으로 세상 사람에게 아첨함을 이르는 말.

492 松 소나무 송

字源풀이

'나무 목(木)'과 '공평할 공(公)'의 形聲字(형성자)로, 公爵(공작)이 벼슬의 으뜸이라는 데서, 소나무는 모든 나무의 으뜸이라는 뜻으로 '公'을 취하였다.

자형 변천

갑골문	금문	전서	예서	해서

나라별 비교

중국 간체자	松 sōng	일본 약자	松 しょう

〖부수자〗木
〖영 문〗pines, firs

〖활용단어〗
- 송진(松津): 소나무나 잣나무에서 분비하는 끈끈한 액체.
- 고송(枯松): 말라죽은 소나무.
- 낙락장송(落落長松): 가지가 축축 늘어진 키가 큰 소나무.

尺
자 척

字源풀이

옛날 사람들이 손목에서부터 팔꿈치까지의 길이를 十寸(십촌), 곧 한 자의 단위로 하였기 때문에, 사람(勹)에 팔꿈치(乀)를 표시한 부호를 더하여 '尺'의 형태로 나타낸 것인데, 楷書體(해서체)의 '尺'자가 된 것이다.

자형 변천

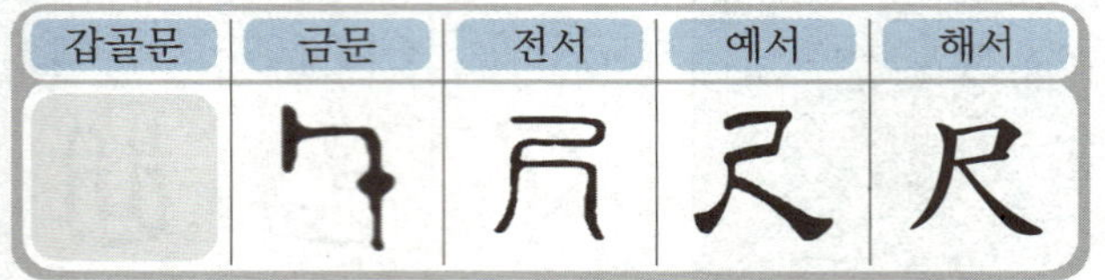

갑골문	금문	전서	예서	해서
	ㄱ	尺	尺	尺

나라별 비교

중국 간체자	尺 chǐ, chě, chè	일본 약자	尺 しゃく·せき

【부수자】 尸
【영 문】 ruler

【활용단어】
- 곡척(曲尺): 곱자.
- 척도(尺度): 자로 재는 길이의 표준. 측정하거나 평가하는 기준.
- 팔척장신(八尺長身): '키가 몹시 큰 사람의 몸'을 과장하여 일컫는 말.

筆
붓 필

字源풀이

殷代(은대) 이후에 대나무가 黃河(황하) 이북으로 이식되면서 붓대를 대나무로 사용하였기 때문에 '聿(붓 율)' 위에 '竹'을 더하여 '筆'자를 만든 것이다.

자형 변천

갑골문	금문	전서	예서	해서
		筆	筆	筆

나라별 비교

중국 간체자	笔 bǐ	일본 약자	筆 ひつ

【부수자】 竹
【영 문】 a writing brush, a pen, a pencil

【활용단어】
- 달필(達筆): 썩 잘 쓰는 글씨.
- 수필(隨筆): 일정한 형식을 따르지 않고 생활 체험이나 느낀 바를 생각나는 대로 쓴 글.
- 춘추필법(春秋筆法): 5경의 하나인 춘추와 같이 비판의 태도가 썩 엄정함을 이르는 말. 대의명분을 밝히어 세우는 사실의 논법.

495 仙
신선 선

字源풀이

나이가 많아 산(山)에서 사는 사람(人)이 神仙(신선)이란 뜻이다.

자형 변천

갑골문	금문	전서	예서	해서
		屳	仚	仙

나라별 비교

중국 간체자	仙 xiān	일본 약자	仙 せん

【부수자】 人
【영 문】 god, immortal

【활용단어】

- 등선(登仙): 신선이 되어 하늘로 오름. 하늘로 올라가야 됨. 존귀한 사람이 죽음.
- 선경(仙境): 신선이 산다는 곳. 경치가 좋고 속세를 떠난 그윽한 곳.
- 선풍도골(仙風道骨): 뛰어난 풍채와 골격.

496 寫
베낄 사

字源풀이

'집 면(宀)'과 '짚신 석(舄)'의 合體字(합체자)로, '물건을 다른 곳에 두다'의 뜻으로 쓰이다가 '베끼다, 그리다'의 뜻으로 쓰였다.

자형 변천

갑골문	금문	전서	예서	해서
		寫	寫	寫

나라별 비교

중국 간체자	写 xiě	일본 약자	写 しゃ

【부수자】 宀
【영 문】 to write, to sketch, to draw, to represent

【활용단어】

- 사진(寫眞): 실물의 모양을 있는 그대로 그려 냄. 또는 그 그려낸 상(像). 사생(寫生). 사진기로 물체의 화상(畫像)을 찍어 내는 기술 또는 인화지에 나타낸 그 화상.
- 묘사(描寫): 사물을 있는 그대로 그려 냄. 그려 내듯이 글을 씀.
- 심복수사(心腹輸寫): 마음속의 생각을 모두 털어놓음.

497 注 물댈 주

字源풀이

'물 수(氵)'와 '주인 주(主)'의 形聲字(형성자)로, 임금(主)을 향하여 모든 신하가 모이듯이 모든 물줄기가 강과 바다로 흘러든다는 것에서 '물대다'의 뜻이다.

자형 변천

갑골문	금문	전서	예서	해서
		注	注	注

나라별 비교

중국 간체자	注 zhù	일본 약자	注 ちゅう

〖부수자〗 氵

〖영　문〗 to pour, concentrate, engross

〖활용단어〗
- 주의력(注意力): 어떤 한 가지 일에 마음을 집중시켜 나가는 힘.
- 각주(脚注): 본문 아래쪽에 밝히는 풀이나 참고 글.
- 무의주의(無意注意): 의지의 노력이 없이 저절로 마음이 쏠리는 일. 흥미나 강렬한 자극은 흔히 이 현상을 일으킨다.

498 視 볼 시

字源풀이

'보일 시(示)'와 '볼 견(見)'의 형성자로, 자세히 보다의 뜻이다.

자형 변천

갑골문	금문	전서	예서	해서
視	視	視	視	視

나라별 비교

중국 간체자	视 shì	일본 약자	視 し

〖부수자〗 見

〖영　문〗 look, see, watch

〖활용단어〗
- 시각(視覺): 빛의 자극을 받아 눈으로 느끼는 것. 눈의 감각.
- 감시(監視): 경계하기 위하여 미리 감독하고 살피어 봄. 주의하여 지킴.
- 비례물시(非禮勿視): 예가 아니면 보지도 말라는 말.

賞
상줄 상

字源풀이

'조개 패(貝)'와 '오히려 상(尙)'의 形聲字(형성자)로, 상을 줄 때 돈(조개)을 주니까 조개 패(貝)자를 취하여 '상 주다'의 뜻이 되었다.

자형 변천

갑골문	금문	전서	예서	해서
	賞	賞	賞	賞

나라별 비교

중국 간체자	일본 약자
賞 shǎng	賞 しょう

【부수자】貝

【영 문】reward, award

【활용단어】

- 상춘객(賞春客): 봄 경치를 즐기는 사람.
- 포상(褒賞): 칭찬하고 장려하여 상을 줌.
- 신상필벌(信賞必罰): 공이 있는 자에게는 반드시 상을 주고, 죄가 있는 사람에게는 반드시 벌을 준다는 뜻으로, 상벌을 공정·엄중히 하는 일.

圖
그림 도

字源풀이

'에울 위(囗)'와 '인색할 비(啚: 嗇(인색할 색)자와 같음)'의 形聲字(형성자)로, 경계를 지어 그리는 '지도' 또는 그 지도를 그린다 하여 '그림'의 뜻으로도 쓰이게 되었다.

자형 변천

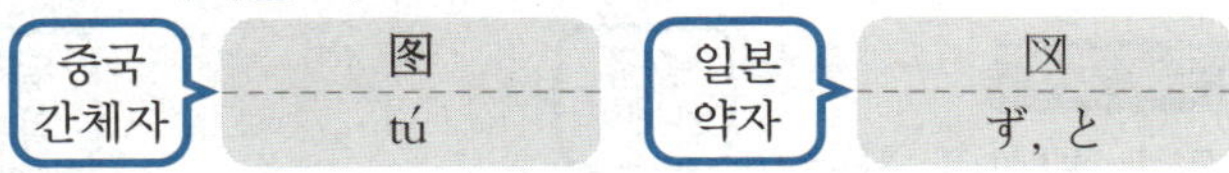

갑골문	금문	전서	예서	해서
	圖	圖	圖	圖

나라별 비교

중국 간체자	일본 약자
图 tú	図 ず, と

【부수자】囗

【영 문】picture, map

【활용단어】

- 도서(圖書): 글씨·그림·책 등을 통틀어 일컫는 말.
- 제도(製圖): 기계, 건축물, 공작물 등의 도안이나 또는 도면을 그려서 작성하는 일.
- 작전지도(作戰地圖): 군사 작전에 쓰기 위하여 특별히 만든 지도.

501

開
열 개

문(門) 안에서 빗장 (一)을 두 손(廾)으로 밀어 문을 '열다'의 뜻이다. 달리 풀이하는 이도 있다.

🌀 자형 변천

갑골문	금문	전서	예서	해서
		開	開	開

🌀 나라별 비교

중국 간체자	开 kāi	일본 약자	開 かい

【부수자】 門
【영 문】 to open, to drive, to begin

【활용단어】

- 개방(開放): 문 등을 활짝 열어 놓음. 속박(束縛)을 풀어서 자유를 줌. 숨김이 없음.
- 공개(公開): (어떤 내용을 알리거나 보이거나 하기 위하여) 여러 사람에게 널리 터놓음. 여러 사람에게 개방함.
- 개화사상(開化思想): 낡은 사상과 풍속들을 허물어 버리고 새로운 문화를 일으키고자 하는 사상.

502

戶
지게문 호

일반 백성이 사는 집의 외쪽 문을 '戶, 戶'와 같이 象形(상형)하여 楷書體(해서체)의 '戶'자가 된 것이다. 여기서 '지게'는 등에 지는 기구가 아니라 외쪽문을 일컫는다.

🌀 자형 변천

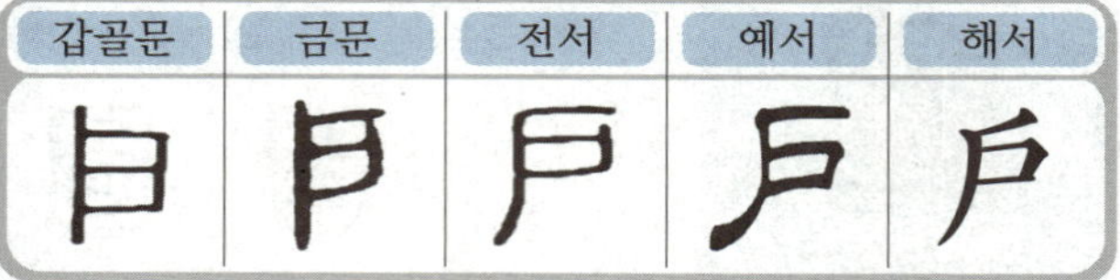

갑골문	금문	전서	예서	해서
戶	戶	戶	戶	戶

🌀 나라별 비교

중국 간체자	户 hù	일본 약자	戶 こ

【부수자】 戶
【영 문】 door, household

【활용단어】

- 호구별(戶口別): 호구(戶口)에 따라 가른 구별.
- 가가호호(家家戶戶): 각 집, 집집마다, 또는 모든 집.
- 호구조사(戶口調査): 호수(戶數)와 각 호(戶)마다 가족 동태 따위에 관한 조사.

503 觀 볼 관

字源풀이

'황새 관(雚)'과 '볼 견(見)'의 形聲字(형성자)로, 황새(雚)가 먹이를 찾아 자세히 '본다(見)'는 데서 '보다', '관찰하다'의 뜻이 되었다.

자형 변천

갑골문	금문	전서	예서	해서

나라별 비교

중국 간체자	일본 약자
观 guān, guàn	観 かん

〖부수자〗 見

〖영 문〗 see, to look, sights

〖활용단어〗
- 관측(觀測): 자연 현상의 추이.
- 외관(外觀): 겉으로 보이는 모양새.
- 명약관화(明若觀火): 불을 보는 것 같이 밝게 보인다는 뜻으로, 더 말할 나위 없이 명백(明白)함.

504 虛 빌 허

字源풀이

'범 호(虍→虎)' 밑에 '언덕 구(坓→丘)'를 합한 글자로, 큰 언덕은 눈에 잘 보이므로 '虎(범 호)'의 聲符(성부)를 취하였다.

자형 변천

갑골문	금문	전서	예서	해서

나라별 비교

중국 간체자	일본 약자
虚 xū	虚 きょ・こ

〖부수자〗 虍

〖영 문〗 empty, void

〖활용단어〗
- 허무(虛無): 아무것도 없이 텅 빔. 무가치하고 무의미하게 느껴져 매우 허전하고 쓸쓸함.
- 허구(虛構): 사실에 없는 일을 얽어서 꾸밈.
- 허심탄회(虛心坦懷): 마음을 비우고 생각을 터놓음, 명랑하고 거리낌이나 숨김이 없는 마음.

505 月 달 월

字源풀이

예로부터 달에는 옥토끼가 있다는 전설에 따라 달의 기운 모양을 본뜨고, 그 안에 토끼를 표시하여 놓은 글자이다. 달이 기울었을 때의 특징을 잡아 'ᗡ'과 같이 象形(상형)하였다.

⚬ 자형 변천

갑골문	금문	전서	예서	해서

⚬ 나라별 비교

중국 간체자	月 yuè	일본 약자	月 ガツ, ゲツ, つき

[부수자] 月

[영 문] moon, month

【활용단어】
- 납월(臘月): 음력으로 섣달을 이르는 별칭.
- 농월(弄月): 달을 바라보고 즐김.
- 강구연월(康衢煙月): 큰 길거리에 어린 은은한 달빛이라는 뜻으로, 태평한 시대의 큰 길거리의 평화로운 풍경.

※ 달을 象形(상형)함에 있어서 단순히 보이는 대로 'ᗞ'와 같이 그리지 않고, '月中有玉兎(월중유옥토)' 곧 달 속에 옥토끼가 있다는 전설에 따라 기울어진 달의 외곽을 'ᗞ'과 같이 그리고, 그 속에 토끼의 모습을 부호로 그려 놓은 것이 'ᗞ→月'자이다.

---

506 印 도장 인

字源풀이

小篆(소전)에 '𝕴'의 형태로, 사람의 손(⺕＝爪)에 신표(卩)를 가지고 政事(정사)를 한다는 뜻에서 '도장'의 뜻으로 쓰였다.

⚬ 자형 변천

갑골문	금문	전서	예서	해서

⚬ 나라별 비교

중국 간체자	印 yìn	일본 약자	印 いん

[부수자] 卩

[영 문] stamp, seal, print

【활용단어】
- 인주(印朱): 도장을 찍는 데 쓰는 붉은빛의 재료.
- 날인(捺印): 도장을 찍음.
- 심심상인(心心相印): 마음에서 마음으로 전한다는 뜻으로, 묵묵한 가운데 서로 마음이 통함.

507 千 일천 천

字源풀이

고대에 있어서 엄지손가락으로써 百을 가리키고, 자신의 몸을 가리키어 '千'을 뜻한 데서 甲骨文(갑골문)의 '千'과 같은 자형이 이루어졌고, 다시 '千, 千'의 형태로 변하여 楷書體(해서체)의 '千'자가 된 것이다.

자형 변천

갑골문	금문	전서	예서	해서
千	千	千	千	千

나라별 비교

중국 간체자	千 qiān	일본 약자	千 せん

〖부수자〗十

〖영　문〗thousand, many

〖활용단어〗
- 천추(千秋): 썩 오랜 세월.
- 당천(當千): 한 사람이 천 명을 당함.
- 천려일실(千慮一失): 천 가지 생각 가운데 한 가지 실책이란 뜻.

※ 숫자의 일천은 甲骨文(갑골문)에서 '千, 千'의 형태로 썼고, 2천은 '千', 5천은 '千'의 형태로 쓴 것을 보면, 본래 사람을 象形(상형)한 '千(人)'자 자체가 천을 뜻하였음을 알 수 있다.

508 江 강 강

字源풀이

'물 수(氵)'와 '장인 공(工)'의 形聲字(형성자)로, 본래 揚子江(양자강)의 고유명사였는데, 뒤에 보통명사로 쓰였다.

자형 변천

갑골문	금문	전서	예서	해서
	江	江	江	江

나라별 비교

중국 간체자	江 jiāng	일본 약자	江 こう

〖부수자〗水

〖영　문〗river

〖활용단어〗
- 강변(江邊): 강물이 흐르는 가에 닿는 땅. 하반(河畔), 강가, 강의 주변.
- 한강(漢江): 강원도 태백시 검룡소에서 시작하여 단양, 충주(忠州), 양평, 서울을 지나 서해(西海)로 흐르는 강. 한수(漢水).
- 금수강산(錦繡江山): 비단에 수를 놓은 듯이 아름다운 산천(山川)이라는 뜻으로, 우리나라 강산(江山)을 이르는 말.

509 佛 부처 불

字源풀이

'사람 인(亻)'에 '아닐 불(弗)'을 합한 形聲字(형성자)로, 본래는 '彷佛(방불)'의 뜻이었지만, 梵語(범어)의 '부다'를 음역하여 '부처'의 뜻으로 쓰였다.

나라별 비교

중국 간체자	佛 fó, fú	일본 약자	仏 ふつ・ぶつ

〔부수자〕人
〔영 문〕Buddha, Buddhism

〔활용단어〕

- 불상(佛像): 부처의 모습을 조각이나 그림으로 나타낸 것.
- 예불(禮佛): 부처에게 절함.
- 해탈성불(解脫成佛): 모든 번뇌(煩惱)에서 벗어나 부처가 됨.

---

510 救 구원할 구

字源풀이

'구할 구(求)'와 '칠 복(攵)'의 形聲字(형성자)이다. '求'는 裘(가죽옷 구)의 初文(초문)으로 사람을 완전하게 보호하다의 의미에서 '구원하다'의 뜻이 되었다.

나라별 비교

중국 간체자	救 jiù	일본 약자	救 きゅう

〔부수자〕攵
〔영 문〕rescue, help, save

〔활용단어〕

- 구급(救急): 위급한 것을 구원함. 병이 위급할 때 우선 목숨을 구하기 위한 처치.
- 구제(救濟): 어려운 형편이나 불행한 처지에서 건져 줌.
- 구국간성(救國干城): 나라를 구하여 지키는 믿음직한 군인이나 인물.

511

衆
무리 중

字源풀이

'衆'자는 甲骨文(갑골문)에 '𥅿'의 형태로, 원래는 많은 노예(𠈌)들이 함께 뙤약볕(日) 밑에서 일하다의 뜻을 나타낸 글자인데, 뒤에 '무리'의 뜻으로 쓰였다.

자형 변천

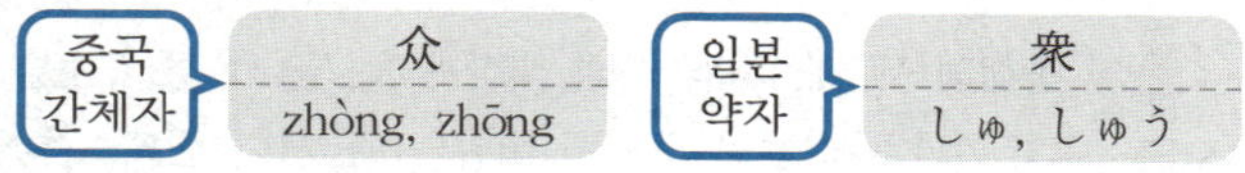

갑골문	금문	전서	예서	해서

나라별 비교

중국 간체자	众 zhòng, zhōng	일본 약자	衆 しゅ, しゅう

[부수자] 血

[영 문] many, numerous, crowd, the masses

[활용단어]

- 중생(衆生): 감각이 있는 모든 생명. 지·수·화·풍 네 가지로 합성된 몸을 가진 모든 물건.
- 출중(出衆): 뭇 사람 속에서 뛰어남.
- 중과부적(衆寡不敵): 적은 수효가 많은 수효를 대적하지 못함.

※ '衆'의 '血'(피 혈)은 '日'(날 일)이 변형된 것이다.

512

生
날 생

字源풀이

풀(屮)이 땅(土)에서 돋아나는 모양을 그리어 '屮, 生, 生'의 형태로 나타낸 것인데, 楷書體(해서체)의 '生'자로서 '나다'의 뜻이다.

자형 변천

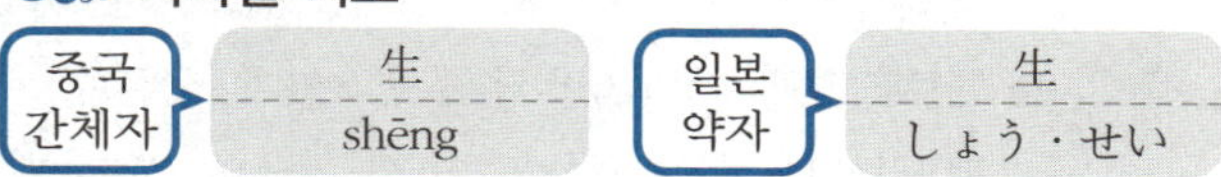

갑골문	금문	전서	예서	해서

나라별 비교

중국 간체자	生 shēng	일본 약자	生 しょう·せい

[부수자] 生

[영 문] live, life, livelihood

[활용단어]

- 갱생(更生): 거의 죽을 지경에서 다시 살아남. 마음을 잡아 다시 옳은 생활에 들어섬.
- 생강(生薑): 생강과의 여러해살이풀, 또는 그 뿌리.
- 취생몽사(醉生夢死): 아무 뜻과 이룬 일도 없이 한평생을 흐리멍텅하게 살아감.

【朝三暮四】
조 삼 모 사

아침에 세 개, 저녁에 네 개라는 뜻. 곧 ① 당장 눈앞의 차별만을 알고 그 결과가 같음을 모름의 비유. ② 간사한 잔꾀로 남을 속여 희롱함을 이르는 말.

朝(아침 조)　三(석 삼)　暮(저물 모)　四(넉 사)

●宋(송)나라에 狙公(저공)이라는 사람이 있었다. 狙(저)란 원숭이를 뜻한다. 그 이름이 말해 주듯이 저공은 많은 원숭이를 기르고 있었는데 그는 가족의 양식까지 퍼다가 먹일 정도로 원숭이를 좋아했다. 그래서 원숭이들은 저공을 따랐고 마음까지 알았다고 한다.

그런데 워낙 많은 원숭이를 기르다 보니 먹이를 대는 일이 날로 어려워졌다. 그래서 저공은 원숭이에게 나누어 줄 먹이를 줄이기로 했다. 그러나 먹이를 줄이면 원숭이들이 자기를 싫어할 것 같아 그는 우선 원숭이들에게 이렇게 말했다.

"너희들에게 나누어 주는 도토리를 앞으로는 '아침에 세 개, 저녁에 네 개〔朝三暮四(조삼모사)〕' 씩 줄 생각인데 어떠냐?"

그러자 원숭이들은 하나같이 화를 냈다. '아침에 도토리 세 개로는 배가 고프다' 는 불만임을 안 저공은 '됐다' 싶어 이번에는 이렇게 말했다.

"그럼, 아침에 네 개, 저녁에 세 개〔朝四暮三(조사모삼)〕 씩 주마."

그러자 원숭이들은 모두 기뻐했다고 한다.

愛護地球 **17**

129	宇宙空間 우 주 공 간	넓고 넓은 우주 공간에서도 広々とした宇宙空間で
130	地球億兆 지 구 억 조	지구상의 수많은 사람들이 地球上の多くの人々は
131	溫故知新 온 고 지 신	옛것을 익히고 새로운 것을 안다면 古に習い新しきを知れば
132	能存大道 능 존 대 도	大道를 능히 누리게 될 것이다. 大道をよく享受して成ることだ
133	崇妙驚句 승 묘 경 구	崇妙한 警句를 모아 崇妙なる警句を集め
134	玉冊律章 옥 책 율 장	玉冊에 새긴 律章을 玉冊に刻した律章を
135	針革連製 침 혁 연 제	가죽 끈으로 이어 엮으니 皮ひもを繋げて紡ぐに
136	古藝宗頂 고 예 종 정	옛 藝術의 으뜸이라. 昔の芸術の最高品だ

513 宇 집 우

字源풀이

'집 면(宀)'과 '어조사 우(于)'의 形聲字(형성자)로, '공간의 집'을 뜻한다.

자형 변천

갑골문	금문	전서	예서	해서
		宇	宇	宇

나라별 비교

중국 간체자	宇 / yǔ	일본 약자	宇 / う

〖부수자〗 宀

〖영 문〗 house, roof, look

〖활용단어〗

- 준우(峻宇): 크고 높다랗게 지은 집.
- 우주선(宇宙船): 우주 공간 항행(航行)을 위한 비행체.
- 팔굉일우(八紘一宇): 팔방의 멀고 넓은 범위, 곧 세계를 하나의 집으로 함.

---

514 宙 집 주

字源풀이

'집 면(宀)'과 '말미암을 유(由)'의 形聲字(형성자)로, '시간의 집'을 뜻한다. 宙宙(우주)는, 곧 공간의 집과 시간의 집의 결합체로 생각한 옛사람들의 착상이 놀랍다.

자형 변천

갑골문	금문	전서	예서	해서
宙		宙	宙	宙

나라별 비교

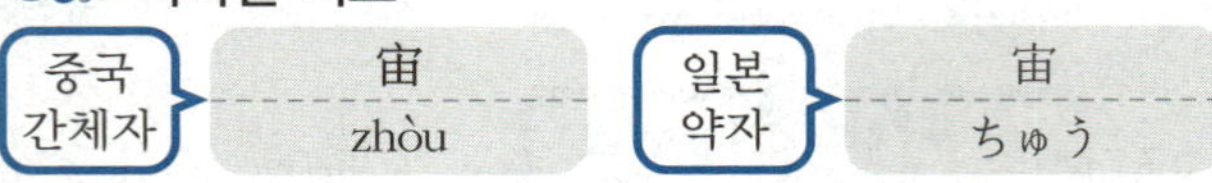

중국 간체자	宙 / zhòu	일본 약자	宙 / ちゅう

〖부수자〗 宀

〖영 문〗 infinite time, time without beginning or end, eternity

〖활용단어〗

- 우주(宇宙): 천문학에서, 천체를 비롯한 만물을 포용하는 물리학적 공간을 이름.
- 대우주(大宇宙): 자아(自我)를 소우주(小宇宙)라 부르는 데 대한 실제의 우주의 일컬음.
- 우주기지(宇宙基地): 인공 천체(天體)를 쏘아 올리는 기지.

515 空 빌 공

字源풀이

'구멍 혈(穴)'과 '장인 공(工)'의 *形聲字*(형성자)로, 땅속을 파낸(工) 구멍(穴)의 뜻에서 '비다'의 뜻이다.

자형 변천

갑골문	금문	전서	예서	해서
			空	空

나라별 비교

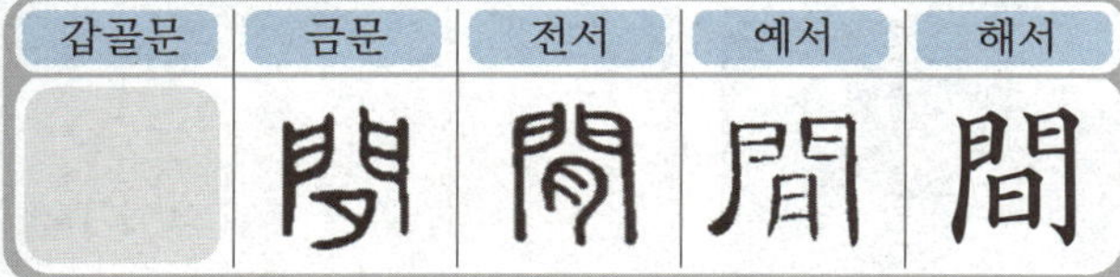

중국 간체자	空 kōng, kòng
일본 약자	空 くう

【부수자】 穴

【영 문】 void, empty

【활용단어】

- 공항(空港): 항공의 여러 설비를 갖춘 항공기가 뜨고 나는 곳.
- 창공(蒼空): 푸른 하늘. 창천(蒼天).
- 탁상공론(卓上空論): 탁자 위에서만 펼치는 헛된 논설이란 뜻으로, 실현성(實現性)이 없는 허황(虛荒)된 이론을 일컬음.

516 間 사이 간

字源풀이

본래 '문 문(門)'에 '달 월(月)'을 합한 글자(閒)로, 문(門) 틈으로 달빛(月)이 스며든다 하여 '사이'의 뜻을 나타낸 글자인데, 뒤에 '日'자로 바뀌었다.

자형 변천

갑골문	금문	전서	예서	해서
			間	間

나라별 비교

중국 간체자	间 jiān, xián
일본 약자	間 かん, けん

【부수자】 門

【영 문】 a gan, duration, relationship, between, among

【활용단어】

- 간접(間接): 물건과 물건과의 거리. 뜬 사이.
- 시간(時間): 어떤 시각에서 어떤 시각까지의 사이.
- 견원지간(犬猿之間): 개와 원숭이의 사이처럼, 매우 사이가 나쁜 관계.

517 地 땅 지

갑골문	금문	전서	예서	해서
		地	地	地

나라별 비교

중국 간체자	地 dì, de, di	일본 약자	地 じ・ち

〖부수자〗 土
〖영 문〗 the earth, land, soil, ground

字源풀이

'흙 토(土)'에 '뱀 사'의 古字(고자)인 '它(也)'를 합한 글자로, 옛날에는 지구상에 도처에 '뱀'(也)이 많았기 때문에, '土'에 '也'를 합쳐 '땅'의 뜻이 되었다.

〖활용단어〗

- 궁지(窮地): 생활이 몹시 어려운 지경. 어떤 일에 있어 어찌할 수 없는 곤란한 지경.
- 지반(地盤): 땅의 바닥. 구조물 따위를 설치하는 데 기초가 되는 땅.
- 경천동지(驚天動地): 하늘을 놀라게 하고 땅을 움직이게 한다는 뜻으로, 몹시 세상을 놀라게 함을 이르는 말.

---

518 球 공 구

갑골문	금문	전서	예서	해서
		球	球	球

나라별 비교

중국 간체자	球 qiú	일본 약자	球 きゅう

〖부수자〗 玉
〖영 문〗 ball, earth

字源풀이

'구슬 옥(王→玉)'과 '구할 구(求)'의 形聲字(형성자)로, 본래는 옥으로 만든 '磬(경)'이란 악기의 뜻이었는데, 뒤에 '공'의 뜻으로 쓰였다.

〖활용단어〗

- 혈구(血球): 피의 고체 성분으로 혈장(血漿) 속에 떠다니는 세포.
- 축구(蹴球): 11명이 한 팀이 되어 혁제(革製)의 볼을 차서 상대편의 골 속에 넣음으로써 승부를 다투는 경기.
- 구근식물(球根植物): 튤립처럼 알뿌리를 가지는 식물의 총칭.

億
억 억

字源풀이

사람 인(亻)과 뜻 의
(意)의 形聲字(형성
자)로, 본래 마음이
편안하다의 뜻인데,
뒤에 數 '억'으로도
쓰이게 되었다.

자형 변천

갑골문	금문	전서	예서	해서
	億	億	億	億

나라별 비교

중국 간체자	亿 / yì

일본 약자	億 / おく・おっ

〖부수자〗人
〖영 문〗a hundred million

〖활용단어〗
- 억대(億臺): 억으로 헤아릴 만큼 많음.
- 천억(千億): 아주 많은 수(數).
- 억만창생(億萬蒼生): 수많은 백성.

兆
조짐 조

字源풀이

점 복(卜)과 같은 뜻
으로, 거북의 배 껍데
기나 소뼈를 기름에
뛰기어 갈라진 형태
를 보고 점(占)을 쳤
는데, 이때 거북의 배
껍질이나 소뼈가 갈
라지는 형태가 간단
한 모양이 복(卜)자이
고, 좀 복잡한 모양이
조짐 조(兆)자이다.

자형 변천

갑골문	금문	전서	예서	해서
兆	兆	兆	兆	兆

나라별 비교

중국 간체자	兆 / zhào

일본 약자	兆 / ちょう

〖부수자〗儿
〖영 문〗sign, portend, foretell, begin

〖활용단어〗
- 조짐(兆朕): 길흉(吉凶)이 일어날 기미(幾微)가 미리 보이는 변화 현상.
- 징조(徵兆): 어떤 일이 생길 기미가 미리 보이는 조짐.
- 억조창생(億兆蒼生): 수많은 백성. 수많은 사람.

521 溫 따뜻할 온

字源풀이

본래 죄수(囚)에게 그릇(皿)에 물을 떠주는 것으로서 따뜻한 마음을 나타낸 글자였는데, 뒤에 '어질 온'자로 쓰이게 되자, 물 수(氵)자를 더하여 '溫'(따뜻할 온)자를 또 만들었다.

자형 변천

갑골문	금문	전서	예서	해서
	昷	溫	溫	溫

나라별 비교

중국 간체자	温 wēn, yūn	일본 약자	温 オン, あたた-か

【부수자】 水

【영 문】 lukewarm, warm, tepid, mild

【활용단어】

- 온도(溫度): 덥고 찬 정도, 한란계에 나타나는 따뜻함의 도수를 뜻하는 말.
- 기온(氣溫): 대기(大氣)의 온도.
- 온고지신(溫故知新): 옛것을 익히고 그것을 미루어서 새것을 알아냄.

522 故 연고 고

字源풀이

'칠 복(攵)'과 '옛 고(古)'의 形聲字(형성자)로, 옛일(古)의 그렇게 된 원인을 핍박(攵)하여 찾아낸다는 데서 '연고'의 뜻이 되었다.

자형 변천

갑골문	금문	전서	예서	해서
	故	故	故	故

나라별 비교

중국 간체자	故 gù	일본 약자	故 こ

【부수자】 攵

【영 문】 the late, the lamented, the deceased

【활용단어】

- 고의(故意): 일부로나 억지로 하려는 뜻. 남의 권리를 침해하는 줄 알면서도 행하는 의사(意思).
- 연고(緣故): 까닭. 어떤 인연으로 맺어진 관계.
- 죽마고우(竹馬故友): 대나무 말을 타고 놀던 옛 친구라는 뜻으로, 어릴 때부터 가까이 지내며 자란 친구를 이르는 말.

523 知 알 지

字源풀이

어떤 일을 알리는 데는 입(口)과 화살(矢)로 한다는 데서 '알다'의 뜻이다.

자형 변천

갑골문	금문	전서	예서	해서
	智	知	知	知

나라별 비교

중국 간체자	일본 약자
知 zhī	知 ち

【부수자】 矢

【영 문】 the learned, the wise, brains

【활용단어】

- 지성(知性): 사물을 깨달아 아는 능력. '지성인'의 준말.
- 고지(告知): 알림. 어떤 사실에 관한 의사를 상대방에게 알리는 행위.
- 온고지신(溫故知新): 옛것을 익히고 그것을 미루어서 새것을 앎.

524 新 새 신

字源풀이

나무(木)를 자귀(斤)로 잘라 땔나무를 취하다의 뜻이었는데, 뒤에 '새것'의 뜻으로 쓰이자, '薪(땔나무 신)'자를 또 만들었다. '立'은 '辛(매울 신)'의 省體字(생체자)로서 聲符(성부)로 취하였다.

자형 변천

갑골문	금문	전서	예서	해서
新	新	新	新	新

나라별 비교

중국 간체자	일본 약자
新 xīn	新 しん

【부수자】 斤

【영 문】 new, fresh

【활용단어】

- 신부(新婦): 갓 결혼했거나, 결혼하는 여자.
- 갱신(更新): 다시 새로워짐, 또는 다시 새롭게 함. 존속 기간이 다 끝난 법률 관계의 기간을 다시 연장함.
- 송구영신(送舊迎新): 묵은해를 보내고 새해를 맞음.

525

能

능할 **능**

字源풀이

金文(금문)에 ‘ , ’ 등의 자형으로 본래 곰의 모양을 그린 象形字(상형자)이다. 곰은 재주를 잘 부리는 재능이 있으므로 뒤에 ‘능하다’의 뜻으로 전의되었다.

자형 변천

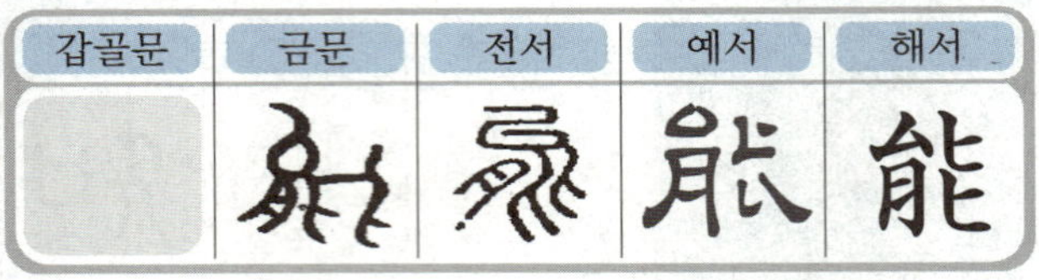
갑골문
금문
전서
예서
해서
能

나라별 비교

중국 간체자	能 / néng	일본 약자	能 / のう

〖부수자〗 肉

〖영　문〗 can, talent, competence

〖활용단어〗

- 능숙(能熟): 능하고 익숙함.
- 직능(職能): 직무(職務)상의 능력.
- 황금만능(黃金萬能): 돈만 있으면 무엇이나 마음대로 할 수 있다는 뜻.

※ 뒤에 부득이 ‘能’에 ‘灬’를 더하여 다시 ‘熊(곰 웅)’ 자를 만든 것이다.

526

存

있을 **존**

字源풀이

小篆(소전)에 ‘ ’의 자형으로 ‘아들 자(子)’와 ‘재주 재(才)’의 본의는 풀싹의 뜻으로 약한 풀싹과 아이는 잘 보살펴야 하므로 ‘위문하다’의 뜻이었는데, 뒤에 ‘있다’의 뜻이 되었다.

자형 변천

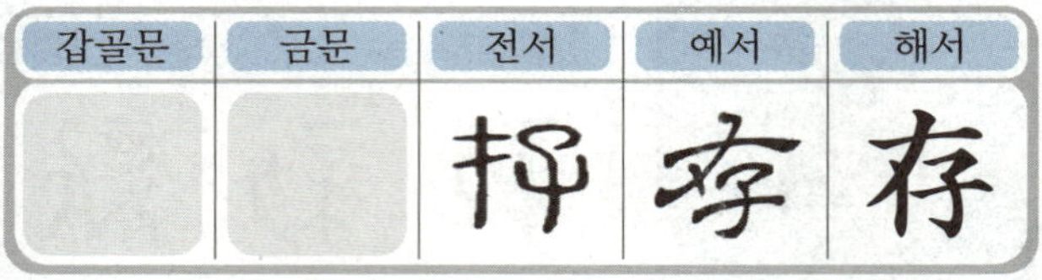
갑골문
금문
전서
예서
해서
存

나라별 비교

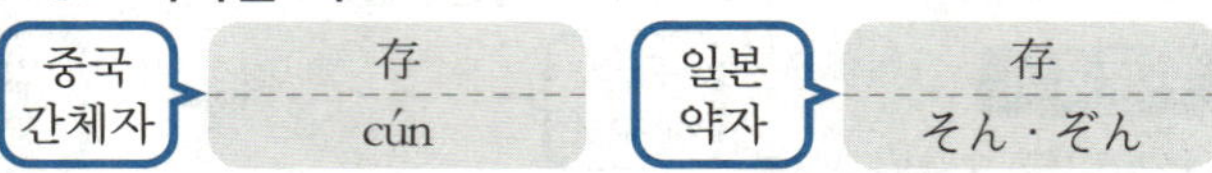

중국 간체자	存 / cún	일본 약자	存 / そん・ぞん

〖부수자〗 子

〖영　문〗 live, exist, survive

〖활용단어〗

- 존망(存亡): 삶과 죽음. 존재와 멸망.
- 의존(依存): 의지하고 있음.
- 부존자원(賦存資源): 경제적 목적에 이용될 수 있는 모든 천연 자원.

527 大 큰 대

字源풀이

본래 어른이 정면으로 팔을 벌리고 서 있는 모습을 象形(상형)하여 '大, 大, 大'의 형태로 그리어, 어린아이의 모습을 象形(상형)한 '子(아들 자)'의 대칭인 '대인', 곧 '어른'의 뜻으로 만든 것인데, 뒤에 '大(큰 대)'의 뜻이 되었다.

자형 변천

갑골문	금문	전서	예서	해서
大	大	大	大	大

나라별 비교

중국 간체자	大 dà, dài	일본 약자	大 たい, だい

【부수자】 大
【영 문】 big, large, great

【활용단어】
- 대길(大吉): 매우 길함. 운수가 썩 좋음.
- 거대(巨大): 엄청나게 큼.
- 노발대발(怒發大發): 몹시 성을 냄.

---

528 道 길 도

字源풀이

'머리 수(首)'와 '쉬엄쉬엄 갈 착(辶)'의 形聲字(형성자)로, 사람이 왕래하는 '길'의 뜻에서, 나아가 사람이 살아갈 '도리'와 '이치'를 뜻하기도 한다.

자형 변천

갑골문	금문	전서	예서	해서
	道	道	道	道

나라별 비교

중국 간체자	道 dào	일본 약자	道 とう, どう

【부수자】 辶
【영 문】 road, path, street

【활용단어】
- 도량(道場): 본음은 '도장'. 불·보살이 도를 얻는 곳. 또는 얻으려고 수행하는 곳. 불도에 관계되는 온갖 일을 하는 곳으로서, 곧 절의 일체의 경내.
- 보도(報道): 일반에게 알리는 새로운 소식.
- 안빈낙도(安貧樂道): 구차(苟且)하고 궁색(窮塞)하면서도 그것에 구속되지 않고 평안하게 즐기는 마음으로 살아감.

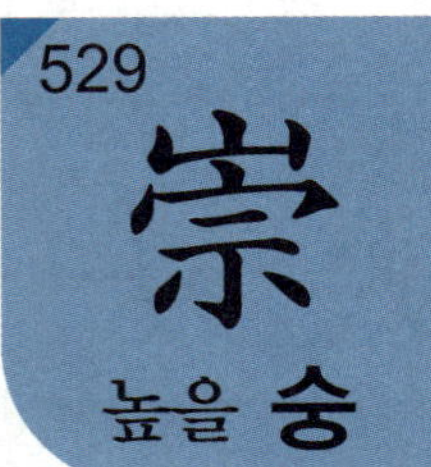

529 崇
높을 숭

字源풀이

'뫼 산(山)'과 '마루 종(宗)'의 형성자로, 숭상하다의 뜻이다. 높은 산에 대해서는 숭상하는 마음이 있기 때문이다.

자형 변천

갑골문	금문	전서	예서	해서
		崇	崇	崇

나라별 비교

중국 간체자	崇 chóng	일본 약자	崇 す・すう

〖부수자〗 山
〖영 문〗 honor, respect, revere, noble

〖활용단어〗
- 숭배(崇拜): 거룩하게 높이어 공경함.
- 경신숭조(敬神崇祖): 신을 공경하고 조상을 숭배함.
- 존숭(尊崇): 존경하고 숭배함.

530 妙
묘할 묘

字源풀이

'여자 녀(女)'와 '젊을 소(少)'의 合體字(합체자)로, 여자는 젊어야 아름답고 '묘하다'는 뜻이다.

자형 변천

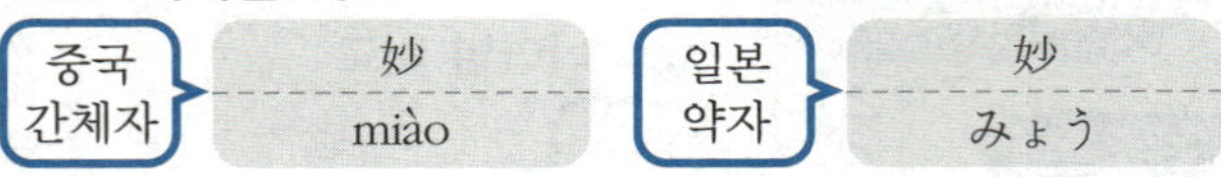

갑골문	금문	전서	예서	해서
		妙	妙	妙

나라별 비교

중국 간체자	妙 miào	일본 약자	妙 みょう

〖부수자〗 女
〖영 문〗 wonderful, clever

〖활용단어〗
- 묘약(妙藥): 신통하게 잘 듣는 약.
- 미묘(微妙): 어떤 현상이나 내용이 뚜렷하게 드러나지 않으면서 야릇하고 묘함.
- 묘기백출(妙技百出): 교묘한 기술과 재주가 여러가지 모양으로 나옴.

531 驚 놀랄 경

字源풀이

'삼갈 경(敬)'과 '말 마(馬)'의 形聲字(형성자)로, 말(馬)이 경계(敬)를 한다는 데서 '놀라다'의 뜻이다.

자형 변천

갑골문	금문	전서	예서	해서
		驚	驚	驚

나라별 비교

중국 간체자	惊 jīng	일본 약자	驚 きょう

〖부수자〗 馬
〖영 문〗 surprise, amaze, afraid

〖활용단어〗
- 경악(驚愕): (뜻밖의 일에) 놀라서 충격을 받는 것.
- 대경(大驚): 크게 놀람.
- 경천동지(驚天動地): 하늘을 놀라게 하고 땅을 움직이게 한다는 뜻으로, 몹시 세상을 놀라게 함을 이르는 말.

532 句 글귀 구

字源풀이

'입 구(口)'와 얽힐 규(糾)의 初文(초문)인 'ㄐ'의 形聲字(형성자)로, 입은 먹고 말하는 외에는 늘 닫혀 있으므로 '그치다'의 뜻으로써 글의 내용이 마친 '글귀'의 뜻이다.

자형 변천

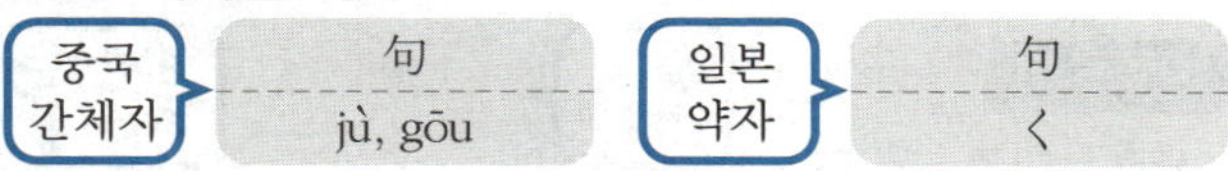

갑골문	금문	전서	예서	해서
				句

나라별 비교

중국 간체자	句 jù, gōu	일본 약자	句 く

〖부수자〗 口
〖영 문〗 sentence

〖활용단어〗
- 구절(句節): 한 토막의 글이나 말, 구와 절.
- 어구(語句): 말의 한 토막.
- 일언반구(一言半句): 한 마디의 말과 한 구의 반이란 뜻.

533 玉 구슬 옥

字源풀이

구슬을 끈에 꿴 모양을 象形(상형)하여 '丰, 玊, 王'과 같이 그린 것인데, 楷書體(해서체)의 '玉(구슬 옥)' 자가 된 것이다.

자형 변천

갑골문	금문	전서	예서	해서
丰	玊	玉	玉	玉

나라별 비교

중국 간체자	일본 약자
玉 yù	玉 ぎょく

【부수자】 玉

【영　문】 gem, a precious stone - especially jade

【활용단어】
- 옥편(玉篇): 한자를 모은 책. 자전(字典).
- 주옥(珠玉): 구슬과 옥.
- 옥골선풍(玉骨仙風): 빛이 썩 희고 고결하여 신선과 같은 뛰어난 풍채와 골격.

534 册 책 책

字源풀이

나무나 대쪽, 곧 簡册(간책)에 글씨를 써서 끈으로 엮은 모양을 象形(상형)하여 '冊, 冊'과 같이 그린 것인데, 楷書體(해서체)의 '册' 자가 된 것이다.

자형 변천

갑골문	금문	전서	예서	해서
冊	冊	冊	冊	册

나라별 비교

중국 간체자	일본 약자
册 cè	冊 さく・さっ・さつ・ざく

【부수자】 冂

【영　문】 book

【활용단어】
- 공책(空册): 글씨를 쓰거나 그림을 그리도록, 주로 흰 종이로 맨 책.
- 책장(册張): 책을 이루고 있는 낱낱의 장.
- 고문대책(高文大册): 문장이 뛰어나고 내용이 웅대한 저작.

535

律
법칙 **률**

字源풀이

‘자축거릴 척(彳)’과 ‘붓 율(聿)’의 形聲字(형성자)로, 붓으로 쓴 글귀를 사방에 알리어 백성으로 하여금 지키도록 한 것이 ‘법률’이라는 뜻이다.

자형 변천

갑골문	금문	전서	예서	해서
㣇	律	律	律	律

나라별 비교

중국 간체자	律 lǜ	일본 약자	律 りち・りつ

〖부수자〗 彳

〖영　문〗 law, rule

〖활용단어〗

- 율동(律動): 규칙적으로 되풀이되는 움직임의 흐름세. 리듬.
- 계율(戒律): 불자(佛者)가 지켜야 할 규범.
- 이율배반(二律背反): 서로 모순되어 양립할 수 없는 두 개의 명제(命題).

536

章
글월 **장**

字源풀이

‘소리 음(音)’과 ‘열 십(十)’의 會意字(회의자)로, ‘音’은 곧 악곡의 뜻이고, ‘十’은 수의 마지막으로서 음악이 마치는 것을 ‘章’이라 하였는데, 뒤에 ‘글’의 뜻이 되었다.

자형 변천

갑골문	금문	전서	예서	해서
	章	章	章	章

나라별 비교

중국 간체자	章 zhāng	일본 약자	章 しょう

〖부수자〗 立

〖영　문〗 a piece of writing, a chapter

〖활용단어〗

- 장구(章句): 글의 장과 구, 문장의 단락.
- 견장(肩章): 군인, 경찰관 등의 제복 어깨에 붙이는 직위나 계급을 밝히는 표장(標章).
- 단장취의(斷章取義): 문장의 일부를 끊어서 작자의 본의에 구애하지 않고 제멋대로 사용하는 일.

537 針 바늘 침

字源풀이

본래 '쇠 금(金)'과 '다 함(咸)'의 형성자로, 쇠(金)로 만든 바늘의 뜻이다. 현재는 鍼(침)은 의술의 침이고, 針은 바늘의 뜻으로 구별하여 쓴다.

자형 변천

갑골문	금문	전서	예서	해서
		針	針	針

나라별 비교

중국 간체자	针 zhēn	일본 약자	針 しん

〖부수자〗 金

〖영　문〗 needle, pin

〖활용단어〗

- 방침(方針): 앞으로 일을 치러 나갈 방향과 계획. 방위(方位)를 가리키는 자석의 바늘.
- 침방(針房): 궁중(宮中)에서 침모(針母)들이 바느질하는 곳.
- 침소봉대(針小棒大): 바늘 만한 것을 몽둥이 만하다고 말함이란 뜻으로, 곧 작은 일을 크게 과장하여 말함을 이름.

---

538 革 가죽 혁

字源풀이

金文(금문)에 '革'의 자형으로, 짐승(屮)의 가죽을 벗겨 두 손(臼)으로 털을 뽑는 모습을 본떠 만든 象形字(상형자)이다.

자형 변천

갑골문	금문	전서	예서	해서
	革	革	革	革

나라별 비교

중국 간체자	革 gé, jí, jǐ	일본 약자	革 かく, かわ

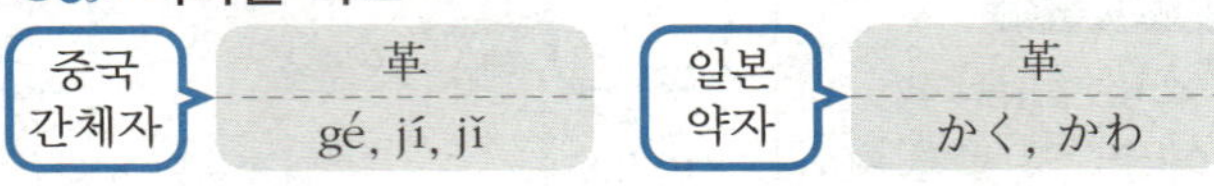

〖부수자〗 革

〖영　문〗 change, hide, leather, transform

〖활용단어〗

- 혁거(革袪): 새롭게 고치어 낡은 것을 없애 버림.
- 혁낭(革囊): 가죽으로 지은 주머니.
- 과혁지시(裹革之屍): (가죽에 싼 시체라는 뜻으로) 전쟁에서 싸우다 죽은 시체.

※ '革命'이란 말은 짐승의 가죽에서 털을 뽑아 본래의 모습을 알 수 없게 한 것처럼 구습을 완전히 바꾼다는 뜻이다.

539 連
이을 련

字源풀이

전쟁터에 나가는 수레(車:수레 거)들이 줄을 지어 가는(辶) 모습이 '이어져(連)' 있는 모습에서 유래한다. 혹은 수레(車)가 지나가는(辶) 자리에 바퀴자국이 계속 이어져 連結(연결)되어 있는 데서 유래한다.

자형 변천

갑골문	금문	전서	예서	해서
	𢌳	連	連	連

나라별 비교

중국 간체자	连 lián	일본 약자	連 れん

〖부수자〗 辶

〖영 문〗 connect, join, unite

〖활용단어〗
- 연석(連席): 여러 단체가 동등한 자격으로 자리를 같이함.
- 면련(綿連): 길게 이어짐. 줄기차게 뻗어나감.
- 연전연승(連戰連勝): 싸울 때마다 빈번(頻繁)히 이김.

---

540 製
지을 제

字源풀이

'지을 제(制)'와 '옷 의(衣)'의 形聲字(형성자)로, 옷감을 치수에 맞게 잘라서 옷(衣)을 만드는(制) 데서 '만들다', '짓다'의 뜻이다.

자형 변천

갑골문	금문	전서	예서	해서
		製	製	製

나라별 비교

중국 간체자	制 zhì	일본 약자	製 せい

〖부수자〗 衣

〖영 문〗 to produce, to make, to manufacture to create

〖활용단어〗
- 제품(製品): (상품으로서) 원료를 써서 만들어 낸 물품(物品) 원료를 가지고 물건을 만듦.
- 복제(複製): 그대로 본떠서 만듦.
- 제약회사(製藥會社): 제약(製藥)하는 사업을 전문으로 하는 회사.

541 古 옛 고

字源풀이

옛날이야기가 옛사람의 입(口)에서 열(十) 번이나 전해 내려와 매우 '오래다'의 뜻이다.

자형 변천

갑골문	금문	전서	예서	해서
屮	古	古	古	古

나라별 비교

중국 간체자	古 gǔ	일본 약자	古 こ

【부수자】 口

【영 문】 ancient, old

【활용단어】

- 고희(古稀): 70세를 일컬음. 일흔 살까지 산다는 것은 옛날에는 드문 일이다는 뜻.(人生七十古來稀)
- 상고(上古): 퍽 오랜 옛날.
- 만고절색(萬古絶色): 고금(古今)에 예가 없이 뛰어난 미색, 미인(美人).

542 藝 재주 예

字源풀이

'풀 초(艹)' 밑에 '심을 예(埶)'와 '이를 운(云)'을 합한 글자로, 초목(艹)을 심을 때(埶)는 기술이 필요하다는 데서(云) '재주'의 뜻이다.

자형 변천

갑골문	금문	전서	예서	해서
		藝	藝	藝

나라별 비교

중국 간체자	艺 yì	일본 약자	芸 か

【부수자】 艹

【영 문】 art, skill, talent

【활용단어】

- 예능(藝能): 어떤 기예(技藝)에 뛰어난 재능.
- 공예(工藝): 미술적인 조형미를 갖춘 공업 생산품을 만드는 일.
- 전위예술(前衛藝術): 시대의 첨단에 있는, 아주 혁신적이고 실험적인 예술, 다다이즘, 쉬르리얼리즘, 누보로망 따위.

※ 속자(俗字)의 芸(운)은 원래 '김맬 운'자이다.

543 宗 마루 종

字源풀이

'보일 시(示)'와 '집
면(宀)'의 合體字(합
체자)로, 조상신인
신(示)을 모시는 집
(宀), 곧 '사당'의
뜻이다.

자형 변천

나라별 비교

중국 간체자 → 宗 zōng

일본 약자 → 宗 しゅう・そう

〖부수자〗 宀

〖영 문〗 an ancestor, a clan, a sect, a religion

〖활용단어〗
- 종족(宗族): 성(姓)과 본(本)이 같은 겨레붙이.
- 적종(嫡宗): 동족(同族) 중의 총본가(總本家) 종가(宗家).
- 종묘사직(宗廟社稷): 왕실(王室)과 나라를 함께 이르는 말.

544 頂 정수리 정

字源풀이

'머리 혈(頁)'과 '못
정(丁)'의 形聲字(형
성자)로, 정수리는
머리에 있으니까
'머리 혈(頁)'자를
취하였다.

자형 변천

갑골문 | 금문 | 전서 | 예서 | 해서

나라별 비교

중국 간체자 → 頂 dǐng

일본 약자 → 頂 ちょう

〖부수자〗 頁

〖영 문〗 the top of anything, the crown of the head, topmost, extremely

〖활용단어〗
- 등정(登頂): 산 따위의 정상에 오름.
- 정례(頂禮): 이마를 땅에 대고 공경하는 뜻으로 하는 절.
- 정문일침(頂門一針): 정수리에 침을 놓는다는 뜻으로, 따끔한 충고, 약점을 찔러 따끔하게 훈계(訓戒)함.

[吳越同舟]

오 월 동 주

적대(敵對) 관계에 있는 吳(오)나라 사람과 越(월)나라 사람이 같은 배를 타고 있다는 뜻. 곧 ① 서로 적의를 품을 사람끼리 같은 장소·처지에 놓임. 원수끼리 함께 있음의 비유. ② 적의를 품은 사람끼리라도 필요한 경우에는 서로 도움.

吳(나라이름 오) 越(나라이름 월) 同(한가지 동) 舟(배 주)

●『孫子(손자)』 九地篇(구지편)에는 다음과 같은 글이 실려 있다.

"兵(병)을 쓰는 법에는 아홉 가지의 地(지)가 있다. 그 九地(구지) 중 최후의 것을 死地(사지)라 한다. 주저 없이 일어서 싸우면 살 길이 있고, 기가 꺾이어 망설이면 패망하고 마는 必死(필사)의 地(지)이다. 그러므로 死地에 있을 때는 싸워야 活路(활로)가 열린다. 나아갈 수도 물러설 수도 없는 필사의 場(장)에서는 병사들이 한마음, 한뜻이 되어 필사적으로 싸울 것이기 때문이다. 이때 유능한 장수의 用兵術(용병술)은 예컨대 常山(상산)에 서식하는 率然(솔연)이란 큰 뱀의 몸놀림과 같아야 한다. 머리를 치면 꼬리가 날아오고 꼬리를 치면 머리가 덤벼든다. 또 몸통을 치면 머리와 꼬리가 한꺼번에 덤벼든다. 이처럼 세력을 하나로 합치는 것이 중요하다.

옛부터 서로 적대시해 온 '吳(오)나라 사람과 越(월)나라 사람이 같은 배를 타고〔吳越同舟(오월동주)〕' 강을 건넌다고 하자, 강 한복판에 이르렀을 때 큰바람이 불어 배가 뒤집히려 한다면 오나라 사람이나 월나라 사람은 평소의 敵愾心(적개심)을 잊고 서로 왼손·오른손이 되어 필사적으로 도울 것이다. 바로 이것이다. 戰車(전차)의 말〔馬〕들을 서로 단단히 붙들어 매고 바퀴를 땅에 묻고서 적에게 그 방비를 파괴당하지 않으려 해 봤자 최후의 의지가 되는 것은 그것이 아니다. 의지가 되는 것은 오로지 필사적으로 하나로 뭉친 병사들의 마음이다."

137 綠林向榮
녹 림 향 영
푸른 수풀 나무들이 풍성히 자라고
森の樹は豊かに青く育ち

138 鳥飛蟲鳴
조 비 충 명
새가 날고, 벌레 우는 소리
鳥は飛び蟲が鳴く声

139 遠寺晚鐘
원 사 만 종
먼 절에서 울려오는 저녁 종소리
遠くの寺から響き渡る夕刻の鐘の音

140 旅愁回胸
여 수 회 흉
나그네 가슴에 돌아드는 愁心
旅人の胸に巡りくる旅愁

141 三省昔誤
삼 성 석 오
지난날의 잘못을 깊이 반성해야
過ぎし日の過ちを深く反省すれば

142 快達成功
쾌 달 성 공
빨리 成功을 이룰 수 있다.
早くに成功を達成することができる

143 追憶舊情
추 억 구 정
옛 情을 추억하니
昔の情が思いだされ

144 念願再見
염 원 재 견
다시 만나고 싶다.
再び見えんことを願う

545 綠 푸를 **록**

字源풀이

'실 사(糸)'와 '나무 깎을 록(彔)'의 形聲字(형성자)로, 본래는 초록빛의 비단이었는데, 뒤에 '초록빛'의 뜻이 되었다.

자형 변천

갑골문	금문	전서	예서	해서
		綠	綠	綠

나라별 비교

중국 간체자	绿 lǜ, lù	일본 약자	緑 りょく

【부수자】糸
【영 문】blue, azure, green

【활용단어】
- 녹차(綠茶): 푸른빛이 그대로 나도록 말린 부드러운 찻잎. 또는 그것을 끓인 차(茶).
- 초록(草綠): 녹색보다 조금 더 푸른색을 띤 색깔. 초록색.
- 녹의홍상(綠衣紅裳): 연두 저고리에 다홍치마라는 뜻으로, 곱게 차려 입은 젊은 아가씨의 옷차림.

546 林 수풀 **림**

字源풀이

'나무 목(木)'자를 겹쳐서, 나무가 한 곳에 많이 모여 있는 '숲'이란 뜻이다.

자형 변천

갑골문	금문	전서	예서	해서
林	林	林	林	林

나라별 비교

중국 간체자	林 lín	일본 약자	林 りん

【부수자】木
【영 문】forest, grove, copse

【활용단어】
- 임학(林學): 임업에서 이론과 운영 방법에 대해 연구하는 학문.
- 녹림(綠林): 푸른 숲. 도둑의 소굴.
- 주지육림(酒池肉林): (술이 못을 이루고 고기가 숲을 이루었다는 뜻으로) 호화롭게 잘 차린 술잔치를 비유하는 말.

547 向 향할 향

字源풀이

'집 면(宀)'에 '입 구(口)'를 합한 글자로, 남향 집의 북쪽에 환기를 위하여 낸 창을 나타낸 모양에서 북향한 창의 뜻이었는데, 뒤에 '향하다'의 뜻으로 쓰였다.

자형 변천

갑골문	금문	전서	예서	해서
向	向	向	向	向

나라별 비교

중국 간체자	向 xiàng	일본 약자	向 きょう·こう

〖부수자〗口
〖영　문〗 turn, face, trend

〖활용단어〗
- 향광성(向光性): 식물체가 빛이 오는 쪽으로 향하는 성질.
- 향동(向東): 동쪽으로 향함.
- 향국지성(向國之誠): 나라를 생각하는 정성.

548 榮 영화 영

字源풀이

'나무 목(木)'과 '등불 형(熒)'의 省體(생체)인 '熒'의 合體字(합체자)로, 나무 위에 불(熒)처럼 활활 타는 듯한 꽃이 달려 있는 형상으로, '영화롭다'는 뜻이다.

자형 변천

갑골문	금문	전서	예서	해서
	燚	榮	榮	榮

나라별 비교

중국 간체자	荣 róng	일본 약자	栄 えい

〖부수자〗木
〖영　문〗 glory, honor, lush

〖활용단어〗
- 영욕(榮辱): 영화(榮華)와 치욕(恥辱).
- 번영(繁榮): 번성(繁盛)하고 영화(榮華)롭게 됨.
- 영고성쇠(榮枯盛衰): 영화롭고 마르고 성하고 쇠함이란 뜻.

549 鳥 새 조

字源풀이

새의 모양을 象形(상형)하여 '' 와 같이 본뜬 것인데, 楷書體(해서체)의 '鳥'가 된 것이다.

자형 변천

갑골문	금문	전서	예서	해서

나라별 비교

중국 간체자	鸟 niǎo, diǎo	일본 약자	鳥 ちょう

〖부수자〗 鳥
〖영　문〗 bird

〖활용단어〗

- 조감(鳥瞰): 높은 곳에서 아래를 비스듬히 내려다봄.
- 길조(吉鳥): 사람에게 길한 일이 생길 것을 미리 알려 준다고 하는 새.
- 조족지혈(鳥足之血): (새발의 피라는 뜻으로) 얼마 되지 않는 아주 적은 양을 이르는 말.

550 飛 날 비

字源풀이

새가 날개를 치며 나는 모습을 본떠 '飛, 飛'의 형태로 그렸던 것인데, 楷書體(해서체)의 '飛' 자로서 '날다'의 뜻이다.

자형 변천

갑골문	금문	전서	예서	해서

나라별 비교

중국 간체자	飞 fēi	일본 약자	飛 ひ

〖부수자〗 飛
〖영　문〗 fly, flit, in the air

〖활용단어〗

- 비산(飛散): 날아서 흩어짐.
- 웅비(雄飛): 기운차고 용기 있게 활동함.
- 오비이락(烏飛梨落): 까마귀 날자 배 떨어진다.

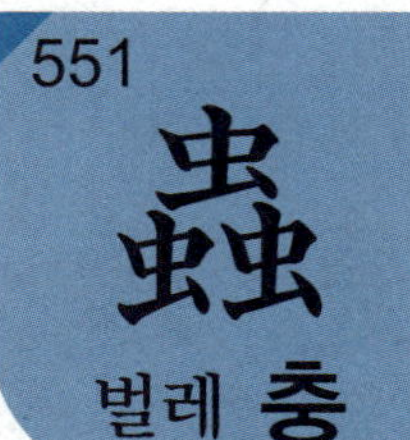

551 蟲 벌레 충

字源풀이

본래 뱀의 모양을 象形(상형)하여 'ᄾ, ᄼ, ᄼ'와 같이 그린 것인데, 뒤에 '虫'과 같이 자형이 변하여, '虫(벌레 충)'자로 쓰이게 되었다.

🌊 자형 변천

갑골문	금문	전서	예서	해서

🌊 나라별 비교

중국 간체자	虫 chóng	일본 약자	虫 ちゅう

〔부수자〕虫
〔영　문〕 insects, worms

〔활용단어〕

- 곤충(昆蟲): 몸에 마디가 많고, 머리·가슴·배의 세 부분으로 나뉘며, 대개 세 쌍의 발과 두 쌍의 날개를 가진 벌레들.
- 금수어충(禽獸魚蟲): 새와 짐승과 고기와 벌레, 곧 사람이 아닌 모든 동물.

※ 部首字(부수자)로 쓸 때는 한 자의 '虫(벌레 훼)'를 쓰지만, 독립하여 벌레의 뜻으로 쓸 때에는 석 자를 합쳐서 '蟲(벌레 충)'으로 쓴다.

552 鳴 울 명

字源풀이

새(鳥)가 입(口)을 벌려 '지저귀다'의 뜻이다.

🌊 자형 변천

갑골문	금문	전서	예서	해서

🌊 나라별 비교

중국 간체자	鸣 míng	일본 약자	鳴 めい

〔부수자〕鳥
〔영　문〕 sound, chirp

〔활용단어〕

- 이명(耳鳴): 귓속에서 윙하고 소리가 울리는 느낌이 나는 현상, 또는 그 증세.
- 계명구도(鷄鳴狗盜): 닭의 울음소리를 잘 내는 사람과 개의 흉내를 잘 내는 좀도둑이라는 뜻으로, 천한 재주를 가진 사람도 때로는 요긴하게 쓸모가 있음을 비유하여 이르는 말.
- 춘치자명(春雉自鳴): 봄철의 꿩이 스스로 운다는 뜻으로, 시키거나 요구하지 않아도 제 스스로 알아서 함.

553 遠 멀 원

字源풀이

'쉬엄쉬엄 갈 착(辶)' 과 '옷 치렁치렁할 원(袁)'의 形聲字(형성자)로, 옷이 긴 것에서 '멀다'의 뜻 이다.

자형 변천

갑골문	금문	전서	예서	해서

나라별 비교

중국 간체자 → 远 yuǎn

일본 약자 → 遠 えん·おん

〖부수자〗 辶

〖영 문〗 far, distant, remote

〖활용단어〗

- 원격(遠隔): 시간이나 공간적으로 멀리 떨어져 있는 것.
- 요원(遙遠): 공간적으로 까마득히 멂.
- 경이원지(敬而遠之): 공경(恭敬)하되 가까이 하지는 아니함. 겉으로는 공경하는 체하면서 속으로는 꺼리어 멀리함.

554 寺 절 사

字源풀이

본래 법도(寸)에 일을 보는 관청의 뜻이다. 뒤에 '절'의 뜻으로 쓰인 것은 漢代(한대)에 인도의 중이 移入(이입)되었을 때 寺(사)에 머물렀기 때문이다.

자형 변천

갑골문	금문	전서	예서	해서

나라별 비교

중국 간체자 → 寺 sì

일본 약자 → 寺 じ

〖부수자〗 寸

〖영 문〗 temple

〖활용단어〗

- 사찰(寺刹): 절. 사원(寺院).
- 불사(佛寺): 절.
- 산사야점(山寺野店): 산속의 절간과 들의 객주집.

555 晚

늦을 **만**

字源풀이

‘날 일(日)’과 ‘면할 면(免)’의 형성자로, 해가 저문 밤의 뜻이다.

자형 변천

갑골문	금문	전서	예서	해서
		晚	晚	晚

나라별 비교

중국 간체자	晚 wǎn	일본 약자	晚 ばん

〖부수자〗 日

〖영　문〗 late

〖활용단어〗

- 만찬(晚餐): 저녁 식사.
- 세만(歲晚): 세밑. 한 해가 끝날 무렵.
- 만시지탄(晚時之歎): 때늦은 한탄(恨歎)이라는 뜻으로, 시기가 늦어 기회를 놓친 것이 원통(冤痛)해서 탄식(歎息)함을 이르는 말.

556 鐘

쇠북 **종**

字源풀이

‘쇠 금(金)’과 ‘아이 동(童)’의 合體字(합체자)로, ‘동동’ 소리나는 종소리를 擬聲(의성)한 形聲字(형성자)이다.

자형 변천

갑골문	금문	전서	예서	해서
	鐘	鐘	鐘	鐘

나라별 비교

중국 간체자	钟 zhōng	일본 약자	鐘 しょう

〖부수자〗 金

〖영　문〗 bell, clock

〖활용단어〗

- 괘종(掛鐘): 시계의 하나로 벽이나 기둥에 걸게 된 자명종.
- 만종(晚鐘): 절이나 교회 같은 데서 저녁때 치는 종.
- 종명정식(鐘鳴鼎食): 옛적에 부귀한 집에서 종을 울려 집안 사람들을 모아, 솥을 벌여 놓고 먹었다는 데서 부귀한 집을 비유하는 말.

557 旅
나그네 려

字源풀이

본래 ''의 자형으로 깃발(㫃) 아래의 사람들(从→氏)이 행군하는 모습으로, 원래 500人의 군 집단을 의미하였으나 나중에 나그네나 여행자를 뜻하게 되었다.

자형 변천

갑골문	금문	전서	예서	해서

나라별 비교

중국 간체자	旅 lǚ, lǔ	일본 약자	旅 りょ

【부수자】 方

【영　문】 travel, lodge

【활용단어】

- 여행(旅行): 자기의 거주지를 떠나 객지(客地)에 나다니는 일. 다른 고장이나 다른 나라에 가는 일.
- 역려과객(逆旅過客): 지나가는 길손과 같이 아무 관계도 없는 사람. 세상은 여관과 같고, 인생은 나그네와 같다는 말.
- 행려병자(行旅病者): 나그네 신세로 떠돌아 다니다가 병든 사람.

---

558 愁
근심 수

字源풀이

'마음 심(心)'과 '가을 추(秋)'의 형성자로 근심의 뜻이다. 가을에는 만물이 쇠락하여 서글픈 느낌이 들므로 秋를 취하였다.

자형 변천

갑골문	금문	전서	예서	해서

나라별 비교

중국 간체자	愁 chóu	일본 약자	愁 しゅう

【부수자】 心

【영　문】 sad, distressed, unhappy

【활용단어】

- 수심(愁心): 근심하는 마음.
- 향수(鄕愁): 고향(故鄕)을 그리워하는 마음이나 시름.
- 만단수심(萬端愁心): 갖가지 근심과 걱정.

回
돌아올 회

字源풀이

연못의 물이 빙빙 도는 모습을 象形(상형)하여 'ㄷ, ⓪'의 형태로 그린 것인데, 楷書體(해서체)의 '回(돌 회)' 자가 된 것이다.

자형 변천

갑골문	금문	전서	예서	해서
	⓪	回	回	回

나라별 비교

중국 간체자	回 huí

일본 약자	回 え·かい

[부수자] 囗
[영 문] return, go back, reply

[활용단어]
- 만회(挽回): 바로잡아 회복함.
- 회복(回復): 이전 상태와 같이 돌이키거나 되찾는 것.
- 기사회생(起死回生): 죽을 뻔하다가 도로 살아남.

胸
가슴 흉

字源풀이

'고기 육(肉)'과 '오랑캐 흉(匈)'의 형성자로, 匈은 凶의 누증자이고, 胸은 匈의 누증자이다.

자형 변천

갑골문	금문	전서	예서	해서
		胸	胸	胸

나라별 비교

중국 간체자	胸 xiōng

일본 약자	胸 きょう

[부수자] 肉
[영 문] breast, thorax

[활용단어]
- 흉금(胸襟): 가슴속에 품은 생각.
- 흉부(胸部): 가슴 부분. 가슴.
- 단학흉배(單鶴胸背): 한 마리의 학을 수놓은 학흉배. 당하관(堂下官)의 문관(文官)이 붙음.

561

三 석 삼

字源풀이

산대의 세 개를 가로놓은 것을 본뜬 글자이다.

자형 변천

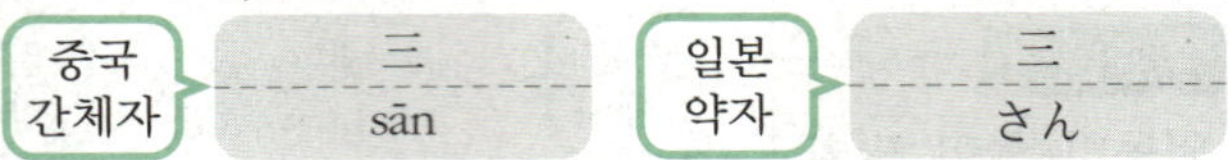

갑골문	금문	전서	예서	해서

나라별 비교

중국 간체자	三 sān	일본 약자	三 さん

[부수자] 一

[영 문] three, third

[활용단어]

- 삼강(三綱): 유교 도덕의 기본이 되는 세 가지 도리.
- 재삼(再三): 두세 번.
- 삼인성호(三人成虎): 세 사람이면 없던 호랑이도 만든다는 뜻.

562

省 살필 성 / 덜 생

字源풀이

'적을 소(少)'와 '눈 목(目)'을 합한 글자로, 눈(目)을 작게 (少) 뜨고 자세히 '살핀다'는 뜻이다. '덜어내다'의 뜻인 경우에는 '생'으로 읽는다.

자형 변천

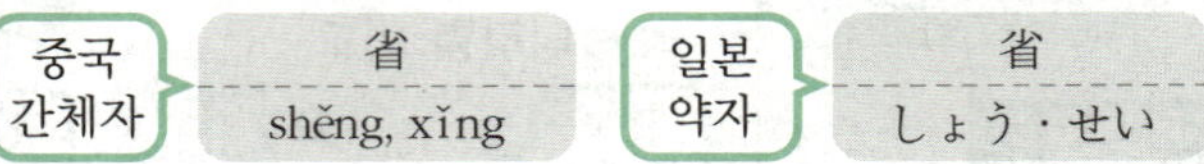

갑골문	금문	전서	예서	해서

나라별 비교

중국 간체자	省 shěng, xǐng	일본 약자	省 しょう・せい

[부수자] 目

[영 문] province, reflect

[활용단어]

- 생략(省略): 줄이거나 뺌.
- 귀성(歸省): 객지에서 부모를 뵈러 고향집으로 돌아가거나 돌아옴.
- 혼정신성(昏定晨省): 아침, 저녁으로 부모의 안부를 물어서 살핌.

563 昔
옛 석

본래 큰 홍수가 일어나 재해를 당했던 날을 나타낸 것인데, 그날은 잊을 수 없는 과거이므로 옛날의 뜻으로 쓰이게 되었다.

자형 변천

갑골문	금문	전서	예서	해서

나라별 비교

중국 간체자	昔 / xī	일본 약자	昔 / しゃく·せき

〖부수자〗日
〖영 문〗old, ancient

〖활용단어〗
- 석현(昔賢): 옛 현인(賢人).
- 금석지감(今昔之感): 지금과 옛날을 비교할 때 차이가 매우 심하여 느껴지는 감정.
- 비금비석(非今非昔): 어제 오늘의 일이 아니고 늘 그러함.

---

564 誤
그르칠 오

'말씀 언(言)'과 '큰 소리로 말할 오(吳)'의 形聲字(형성자)로, 큰 소리로 떠들면 진실과 바른 뜻을 잃게 되므로 '그르치다'의 뜻이다.

자형 변천

갑골문	금문	전서	예서	해서

나라별 비교

중국 간체자	误 / wù	일본 약자	誤 / ご

〖부수자〗言
〖영 문〗error, mistake, miss

〖활용단어〗
- 오도(誤導): 그릇된 길로 이끎.
- 착오(錯誤): 착각으로 말미암아 잘못함.
- 오자낙서(誤字落書): 글씨를 쓰다가 그릇 쓰거나 글자를 빠뜨리고 씀.

快
쾌할 쾌

字源풀이

'마음 심(心)'과 '깍지 결(夬→夬)'의 形聲字(형성자)로, 화살이 손에서 떨어져 나가는(夬) 순간에 마음(心)이 '상쾌하다'의 뜻이다.

자형 변천

갑골문	금문	전서	예서	해서
		㳿	快	快

나라별 비교

중국 간체자	快 kuài	일본 약자	快 かい

〖부수자〗心
〖영　문〗happy, pleasant, ingenious

〖활용단어〗
- 상쾌(爽快): 기분이 시원하고 유쾌함.
- 쾌락(快樂): 기분이 좋고 즐거움.
- 쾌도난마(快刀亂麻): 어지럽게 뒤얽힌 사물을 단번에 명쾌하게 처리함.

達
통달할 달

字源풀이

'쉬엄쉬엄 갈 착(辶)'과 '어린양 달(𡴀)'의 변형자의 形聲字(형성자)로, '통달하다'의 뜻이다.

자형 변천

갑골문	금문	전서	예서	해서
	達	達	達	達

나라별 비교

중국 간체자	达 dá, tà	일본 약자	達 たつ, だち

〖부수자〗辶
〖영　문〗smart, intelligent

〖활용단어〗
- 달성(達成): 뜻한 바, 목적한 바를 이룸.
- 도달(到達): 정한 곳에 다다름. 목적한 데에 미침.
- 사통팔달(四通八達): 이리저리 여러 곳으로 길이 통한다는 뜻.

成
이룰 성

字源풀이

본래 도끼로 나무토막을 쪼개는 모양을 본뜬 것인데, 뒤에 '이루다'의 뜻으로 쓰이게 되었다. 楷書體(해서체)에서는 '丁'이 발음요소이므로 '丁'의 형태로 써서는 안 된다.

자형 변천

갑골문	금문	전서	예서	해서
成	成	成	成	成

나라별 비교

중국 간체자	成 chéng	일본 약자	成 じょう·せい

〖부수자〗戈

〖영 문〗achieve, able, completed

〖활용단어〗
- 성장(成長): 생물이 자라서 점점 커짐, 또는 성숙해짐.
- 완성(完成): 어떤 사물을 완전히 이룸.
- 대기만성(大器晩成): 큰그릇은 이루어짐이 더디다는 뜻으로 크게 될 사람은 성공이 늦다는 말.

功
공 공

字源풀이

'장인 공(工)'과 '힘 력(力)'의 形聲字(형성자)이다. '工'은 법규의 뜻으로, 곧 나라를 위하여 법도에 맞게 힘써 '공'을 세우다의 뜻이다.

자형 변천

갑골문	금문	전서	예서	해서
		功	功	功

나라별 비교

중국 간체자	功 gōng	일본 약자	功 く, こう

〖부수자〗力

〖영 문〗merit, achievement

〖활용단어〗
- 공로(功勞): 어떤 목적을 이루는 데에 힘쓴 노력이나 수고.
- 성공(成功): 뜻한 것이 이루어짐. 목적을 이룸. 사회적 지위를 얻음.
- 형설지공(螢雪之功): 반딧불과 눈빛으로 이룬 공이라는 뜻으로, 가난을 이겨내며 반딧불과 눈빛으로 글을 읽어가며 고생 속에서 공부하여 이룬 공을 일컫는 말.

569 追 따를 추

字源풀이

‘쉬엄쉬엄 갈 착(辶)’과 ‘흙더미 퇴(𠂤)’의 형성자로, 쫓아가 잡다의 뜻이다. ‘𠂤’는 師(사)의 古字(고자)이다.

나라별 비교

중국 간체자 追 zhuī

일본 약자 追 つい

〖부수자〗 辶

〖영 문〗 to chase, to pursue, to follow

〖활용단어〗

- 추모(追慕): 죽은 사람을 사모(思慕)함.
- 급추(急追): 급하게 쫓음.
- 추회막급(追悔莫及): 지난 일을 뉘우쳐도 소용이 없음.

---

570 憶 생각 억

字源풀이

‘마음 심(忄)’과 ‘뜻 의(意)’의 合體字(합체자)로, 계속 ‘생각하다’의 뜻이다.

나라별 비교

중국 간체자 忆 yì

일본 약자 憶 おく

〖부수자〗 心

〖영 문〗 remember, recall

〖활용단어〗

- 기억(記憶): 지난 사물을 마음속에 간직하거나 도로 생각해 냄, 또는 그 능력.
- 추억(追憶): 지나간 일을 돌이켜 생각함.
- 억석당년(憶昔當年): 오래전에 지난 그 해. 오래전에 지나간 일을 돌이켜 생각함.

571

舊
옛 구

字源풀이

머리에는 털뿔이 나
있는 부엉이의 모양
을 본뜬 '𦫶(萑)'의
자형에 발음요소인
'臼(절구 구)'를 더
한 것인데, 뒤에
'오래다'의 뜻으로
쓰이게 되었다.

자형 변천

갑골문	금문	전서	예서	해서

나라별 비교

중국 간체자	旧 jiù	일본 약자	旧 きゅう

【부수자】 臼
【영 문】 old, past, ancient

【활용단어】
- 구면(舊面): 전부터 안면(顔面)이 있는 사람.
- 수구(守舊): 옛날의 제도나 풍습을 그대로 지킴.
- 송구영신(送舊迎新): 묵은해를 보내고 새해를 맞음.

572

情
뜻 정

字源풀이

'마음 심(忄)'과 '푸
를 청(靑)'의 形聲字
(형성자)로, 사람의
마음(心)은 맑고 푸
른(靑) 하늘처럼 선
명하게 우러나오는
인간의 본성, 즉 七
情(칠정)(喜 怒 哀 樂
愛 惡 欲)을 뜻한다.

자형 변천

갑골문	금문	전서	예서	해서

나라별 비교

중국 간체자	情 qíng	일본 약자	情 じょう・せい

【부수자】 心
【영 문】 feelings, emotions

【활용단어】
- 감정(感情): 느끼어 움직이는 마음속의 기분이나 생각.
- 정담(情談): 정답게 하는 이야기. 속에서 우러나는 진정한 이야기.
- 인지상정(人之常情): 사람이면 누구나 가지는 보통의 인정(人情).

573

念
생각 **념**

字源풀이

'이제 금(今)'과 '마음 심(心)'의 合體字(합체자)로, 지금(今) 마음(心)에 있다는 데서 '생각하다'의 뜻이다.

자형 변천

갑골문	금문	전서	예서	해서

나라별 비교

중국 간체자	念 niàn	일본 약자	念 ねん

〔부수자〕 心
〔영 문〕 think

〔활용단어〕
- 여념(餘念): 다른 생각.
- 유념(留念): 마음에 기억하여 두고 생각함.
- 무념무상(無念無想): 일체(一切)의 생각이 없다는 뜻으로, 무아(無我)의 경지에 이르러 일체의 상념이 없음을 이르는 말.

574

願
원할 **원**

字源풀이

'머리 혈(頁)'과 '근원 원(原)'의 形聲字(형성자)로, 소망하는 바가 있으면 높은 언덕(原)에 올라가 머리(頁)를 굽혀 빈다는 데서 '원하다'의 뜻이다.

자형 변천

갑골문	금문	전서	예서	해서

나라별 비교

중국 간체자	愿 yuàn	일본 약자	願 がん・げん

〔부수자〕 頁
〔영 문〕 hope, wish, think

〔활용단어〕
- 원서(願書): 청원하는 내용의 서류.
- 민원(民願): 국민의 소원이나 청원. 시민이 행정 기관에 대하여 어떤 특정한 조치를 요구하는 일.
- 소원성취(所願成就): 바라던 바를 이룸.

575

再
두 재

'한 일(一)' 밑에 '쌓을 구(冓)'의 省體(생체) '冉'를 합친 글자로, 쌓아 놓은 재목 위에 거듭 쌓은 데서 '두 번', '거듭'의 뜻이 되었다.

자형 변천

갑골문	금문	전서	예서	해서

나라별 비교

중국 간체자	再 zài	일본 약자	再 さ・さい

【부수자】冂

【영 문】again, repeated, still, further, then

【활용단어】
- 재가(再嫁): 한 번 시집갔던 여자가 다른 남자에게 다시 시집감.
- 재기(再起): 다시 일어남.
- 비일비재(非一非再): 한두 번이 아님.

576

見
볼 견
나타날 현

甲骨文(갑골문)에 '𥃩'의 자형으로, '눈 목(目)'과 '儿(밑사람 인)'의 會意字(회의자)로, 바라보는 사람의 눈을 강조하여 '보다'의 뜻이다.

자형 변천

갑골문	금문	전서	예서	해서

나라별 비교

중국 간체자	见 jiàn, xiàn	일본 약자	見 けん, げん

【부수자】見

【영 문】see, watch, look

【활용단어】
- 견문(見聞): 보고 들음.
- 견습(見習): 남이 하는 일을 직접 보면서 익힘.
- 견리사의(見利思義): 눈앞에 이익(利益)이 보이면 의리(義理)를 생각함.
- 알현(謁見): 지체높은 사람을 찾아뵙는 일.

[螢雪之功]
형 설 지 공

갖은 고생을 하며 부지런히 학문을 닦은 공.

螢(반딧불 형)　雪(눈 설)　之(어조사 지)　功(공 공)

● 졸업을 축하할 때 흔히 쓰이는 말로 '螢雪之功(형설지공)' 이라는 말이 있다. 곧 많은 고생을 하면서 열심히 공부하여 얻은 보람의 뜻을 지닌 고사성어이다.

이 말은 晉書(진서)에 전하는 고사로서 晉(진)나라 때 車胤(차윤)이라는 선비는 가난하여 기름이 없어서 반딧불로 비추어 책을 읽었으나, 벼슬이 상서랑에 이르렀고, 孫康(손강)이라는 선비도 역시 가난하여 눈빛에 비추어 책을 읽었으나, 벼슬이 어사대부에 이르렀다고 한다.

이처럼 차윤은 빈딧불(螢), 손강은 눈빛(雪)의 공으로 성공하였다 하여 '螢雪之功' 이라는 성어가 생겼음을 알고, 오늘날 대낮같이 밝은 전등불빛 밑에 책을 읽는 자신의 좋은 환경을 생각하면, 책을 열심히 읽지 않을 수 없을 것이다.

螢雪之功 19

577 期 기약 기

字源풀이

'달 월(月)'과 '그 기(其)'의 형성자로, 해와 달이 합치다에 서 기약하다의 뜻이 되었다.

자형 변천

갑골문	금문	전서	예서	해서
	其	朞	期	期

나라별 비교

중국 간체자	期 qī, jī	일본 약자	期 き, ご

【부수자】月
【영　문】periods, times

【활용단어】
- 기대(期待): 희망을 가지고 기약(期約)한 것을 기다림.
- 조기(早期): 어떤 기한이 빨리 옴. 또는 빠른 시기.
- 백년가기(百年佳期): 남편과 아내가 되어 한평생 같이 지내자는 아름다운 언약(言約).

578 待 기다릴 대

字源풀이

寺(시)는 본래 관청의 뜻이고, 彳(조금 걸을 척)은 조금 걷다의 뜻으로 기다리다의 뜻이다.

자형 변천

갑골문	금문	전서	예서	해서
	待	待	待	待

나라별 비교

중국 간체자	待 dài, dāi	일본 약자	待 たい

【부수자】彳
【영　문】treat, await, stay

【활용단어】
- 기대(期待): 희망을 가지고 기약(期約)한 것을 기다림.
- 학대(虐待): 몹시 괴롭히거나 사납게 대우함.
- 진인사대천명(盡人事待天命): 노력을 다한 후에 천명(天命)을 기다림.

579

才

재주 **재**

字源풀이

'才'의 甲骨文(갑골문)은 '屮, 屮, 十', 金文(금문)은 '屮, 屮, 屮' 등의 자형으로서 식물의 싹이 흙 속에서 처음 돋아나는 모양을 나타낸 것이다.

자형 변천

갑골문	금문	전서	예서	해서
屮	屮	才	才	才

나라별 비교

중국 간체자	才 cái	일본 약자	才 サイ

【부수자】手

【영 문】talent, ability; just, only

【활용단어】

- 재사(才士): 재주가 있는 남자.
- 기재(奇才): 별난 재주, 또는 그런 재주를 지닌 사람.
- 재자가인(才子佳人): 뛰어난 젊은 남녀.

※ '才'자가 뒤에 '재주, 재능'의 뜻으로 쓰이게 되자, '있다'의 뜻을 가진 자형으로서 小篆의 '𡉈'(在)와 같이 '才'에 '土'(흙 토)를 더하여 '在'(있을 재)자를 또 만들었다. '在'는 '才'의 聲符(성부)로 만들어진 형성자이다.

580

志

뜻 **지**

字源풀이

마음(心) 가는(之→士) 것이 뜻이라는 의미로, 나중에 갈 지(之)자가 선비 사(士)자로 변형되어, 뜻(志)이란 선비(士)의 마음(心)이라고 해석하기도 한다.

자형 변천

갑골문	금문	전서	예서	해서
	㞢	志	志	志

나라별 비교

중국 간체자	志 zhì	일본 약자	志 し

【부수자】心

【영 문】will, purpose, determination, ambition

【활용단어】

- 의지(意志): 어떤 일을 이루어 내려고 하는 마음의 상태나 작용.
- 웅지(雄志): 웅장(雄壯)한 뜻. 큰 뜻.
- 완물상지(玩物喪志): 쓸데없는 물건을 가지고 노는 데 정신이 팔려 소중한 자기의 의지(意志)를 잃는다는 뜻.

雪
눈 설

字源풀이

눈은 그 날리는 모습이 흰 깃털이 날리는 것 같음을 象形(상형)하여 甲骨文에서는 '𩂷'과 같이 그렸던 것인데, 눈은 손(ㅋ→又)으로 받을 수 있는 비(雨)라는 뜻에서 楷書體(해서체)의 '雪' 자가 된 것이다.

자형 변천

갑골문	금문	전서	예서	해서
				雪

나라별 비교

중국 간체자	일본 약자
雪 xuě, xuè	雪 せつ

【부수자】 雨
【영 문】 snow

【활용단어】
- 설욕(雪辱): 상대를 이김으로써 지난번 패배(敗北)의 부끄러움을 씻고 명예(名譽)를 되찾는 것.
- 서설(瑞雪): 상서로운 눈.
- 설상가상(雪上加霜): 눈 위에 또 서리가 내린다는 뜻.

案
책상 안

字源풀이

'편안할 안(安)'과 '나무 목(木)'의 형성자로, 편안(安)히 앉아 책을 읽는 목제(木)의 책상이란 뜻이다.

자형 변천

갑골문	금문	전서	예서	해서
				案

나라별 비교

중국 간체자	일본 약자
案 àn	案 あん

【부수자】 木
【영 문】 long table

【활용단어】
- 안건(案件): 토의(討議)하거나 연구(研究)하려고 글로 적어 놓은 거리.
- 방안(方案): 일을 처리해 나갈 방법에 관한 일.
- 거안제미(擧案齊眉): 밥상을 눈썹 높이로 들어 공손히 남편 앞에 가지고 간다는 뜻으로, 남편을 깍듯이 공경(恭敬)함을 일컫는 말.

583 熱 더울 열

字源풀이

'불 화(灬)'와 '심을 예(埶)'의 形聲字(형성자)로, 열은 모두 불로 인해 발생되고 땅에 심은 식물은 열로 생장하기 때문에 '덥다'의 뜻이다.

자형 변천

갑골문	금문	전서	예서	해서
		爇	爇	熱

나라별 비교

중국 간체자	热 rè	일본 약자	熱 ねつ

〔부수자〕灬

〔영 문〕hot, heated

〔활용단어〕
- 내열(耐熱): 높은 열을 견딤.
- 열사(熱砂): 뜨겁게 단 모래.
- 이열치열(以熱治熱): 열은 열로 다스리는 것, 즉 힘은 힘으로 물리침.

584 讀 읽을 독 / 구절 두

字源풀이

'말씀 언(言)'에 '팔 매(賣)'를 합한 글자로, 장사꾼이 물건을 팔기(賣) 위해서 외쳐대듯이 소리내어(言) 책을 '읽다'의 뜻이다.

자형 변천

갑골문	금문	전서	예서	해서
		讀	讀	讀

나라별 비교

중국 간체자	读 dú, dòu	일본 약자	読 とう, とく, どく

〔부수자〕言

〔영 문〕read, study

〔활용단어〕
- 독자(讀者): 책·신문·잡지 따위의 출판물(出版物)을 읽는 사람.
- 이두(吏讀): 신라 이후 한문 글자의 음과 새김을 빌어서 한문을 우리말식으로 적어 사용하던 맞춤법.
- 독서삼도(讀書三到): 독서하는 데는 눈으로 보고, 입으로 읽고, 마음으로 깨우쳐야 한다는 뜻.

585 科 과목 과

갑골문	금문	전서	예서	해서
		秜	科	科

字源풀이

'벼 화(禾)'와 '말 두(斗)'의 會意字(회의자)로, 곡식(禾)을 말(斗)로 헤아려 그 등급의 차이를 알므로 '등급', '품류'의 뜻인데 '과목'의 뜻으로도 쓰인다.

나라별 비교

중국 간체자	일본 약자
科 kē	科 か

〔부수자〕 禾
〔영 문〕 department, section, class

〔활용단어〕
- 과거(科擧): 옛날 문무관(文武官)을 뽑을 때에 보던 시험(試驗).
- 금과옥조(金科玉條): 금옥(金玉)과 같은 법률(法律)이라는 뜻으로, 소중히 여기고 지켜야 할 규칙이나 교훈.

586 擧 들 거

자형 변천

갑골문	금문	전서	예서	해서
		擧	擧	擧

字源풀이

'더불 여(與)'와 '손 수(手)'의 形聲字(형성자)로, 여럿이 더불어(與) 마음을 합하여 일제히 손(手)으로 '든다'는 뜻이다.

나라별 비교

중국 간체자	일본 약자
举 jǔ	挙 きょ

〔부수자〕 手
〔영 문〕 hold, take, pick up

〔활용단어〕
- 거론(擧論): 어떤 사항을 내놓아 논제(論題)로 삼음.
- 과거(科擧): 옛날 문무관(文武官)을 뽑을 때에 보던 시험.
- 일거양득(一擧兩得): 한 번 들어 둘을 얻음. 한 가지의 일로 두 가지의 이익을 보는 것.

587

及
미칠 급

字源풀이

본래 甲骨文(갑골문)에서 가는 사람을 뒤에서 손으로 잡는 모양을 본떠 '秀'의 자형을 만든 것인데, 뒤에 '미치다'의 뜻으로 되었다.

🌀 자형 변천

갑골문	금문	전서	예서	해서
𝄃		及	及	及

🌀 나라별 비교

중국 간체자	及 jí	일본 약자	及 きゅう

〖부수자〗又

〖영　문〗continue, proceed, extend

〖활용단어〗

- 급제(及第): 시험에 합격함. 과거에 합격함.
- 소급(溯及): 지나간 일에 거슬러 올라가서 미치게 함.
- 과유불급(過猶不及): 정도에 지나침은 정도에 미치지 못함과 같음.

588

第
차례 제

字源풀이

'대 죽(竹)'과 '아우 제(弟)'의 省字(생자)인 '弔'의 회의자로 簡冊(간책)을 묶을 때의 차례의 뜻이다. 弟는 화살에 끈을 매어 감을 때에 차례대로 하는 뜻을 취했다.

🌀 자형 변천

갑골문	금문	전서	예서	해서
		第	苐	第

🌀 나라별 비교

중국 간체자	第 dì	일본 약자	第 だい·てい

〖부수자〗竹

〖영　문〗sequence, order, rank, grade, degree

〖활용단어〗

- 제일(第一): 첫째. 가장 훌륭함.
- 등제(登第): 과거에 급제(及第)함. 등과(登科) 시험(試驗)에 급제함.
- 천하제일(天下第一): 세상에서 견줄 만한 것이 없음.

589 除 덜 제

갑골문	금문	전서	예서	해서
		除	除	除

나라별 비교

중국 간체자	除 chú	일본 약자	除 じ・じょ

【부수자】ß

【영 문】 mathematics – to divide, division

字源풀이

'언덕 부(阜→ß)'와 '천천히 서(徐)'의 省體(생체) '余'와의 形聲字(형성자)로, 대궐의 계단을 뜻한 것인데, 뒤에 '덜다'의 뜻으로 쓰였다.

【활용단어】

- 제외(除外): 범위 밖에 두어 빼어 놓음.
- 면제(免除): 책임이나 의무를 벗어나게 해줌.
- 가감승제(加減乘除): 덧셈, 뺄셈, 곱셈, 나눗셈.

---

590 授 줄 수

자형 변천

갑골문	금문	전서	예서	해서
		授	授	授

나라별 비교

중국 간체자	授 shòu	일본 약자	授 じゅ

【부수자】扌

【영 문】 give, confer

字源풀이

손으로 물건을 주고 받다의 뜻으로 '舟→受' 자를 만들었으나, 받다의 뜻으로만 쓰이게 되자 주다의 뜻으로 '授' 자를 만든 것이다.

【활용단어】

- 수업(授業): (학교 등에서) 학업이나 기술을 가르쳐 줌.
- 전수(傳授): 차례차례로 전하여 줌.
- 구전심수(口傳心授): 말과 마음으로 전하여 가르침.

591 壯 씩씩할 장

字源풀이

'나무조각 장(爿)'과 '선비 사(士)'의 形聲字(형성자)로, 심신이 건장한 대인의 뜻에서 '씩씩하다'의 뜻이 되었다.

자형 변천

갑골문	금문	전서	예서	해서
	壯	壯	壯	壯

나라별 비교

중국 간체자	일본 약자
壮 zhuàng	壮 そう

【부수자】士
【영 문】big, great, strong, robust

【활용단어】
- 장담(壯談): 아주 자신 있게 말함, 또는 그 말.
- 노익장(老益壯): 늙었지만 의욕이나 기력은 점점 좋아짐.
- 항우장사(項羽壯士): 항우와 같이 힘이 센 사람이라는 뜻으로, 힘이 몹시 세거나 의지가 굳은 사람을 비유해 이르는 말.

592 元 으뜸 원

字源풀이

'윗 상(上)'의 古字(고자) '二'와 '밑사람 인(儿)'의 合體字(합체자)로, 여러 사람의 '우두머리', '처음'이란 뜻이다. 사람의 머리 위를 나타내어 '으뜸'의 뜻으로 쓰였다.

자형 변천

갑골문	금문	전서	예서	해서
元	元	元	元	元

나라별 비교

중국 간체자	일본 약자
元 yuán	元 がん·げん

【부수자】人
【영 문】first, original, chief

【활용단어】
- 신원(身元): 개인이 살아 온 과정과 그에 대한 자료.
- 원단(元旦): 설날 아침.
- 원형이정(元亨利貞): 만물이 생기고 자라고 이루고 거둔다는 뜻으로 하늘이 갖추고 있는 네 가지 덕을 일컫는 말.

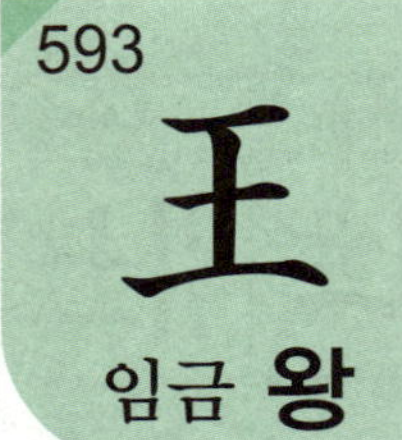

593 王 임금 왕

字源풀이

王(왕)자는 본래 큰 도끼를 들고 있는 모습으로써 왕의 권위를 象形(상형)한 글자이다.

자형 변천

갑골문	금문	전서	예서	해서
王	王	王	王	王

나라별 비교

중국 간체자	王 wáng, wàng	일본 약자	王 おう

【부수자】 玉

【영 문】 king, ruler

【활용단어】
- 근왕(勤王): 임금에게 충성을 다함.
- 왕기(王畿): 왕이 있는 서울 부근의 땅.
- 왕후장상(王侯將相): 제왕과 제후와 대장과 재상을 통틀어 일컫는 말.

※ '王'자는 하늘·땅·사람을 뜻한 '三'자형을 하나로 꿰어 이은 것이 '王(임금 왕)'자라고 설문해자에서 풀이한 것은 甲骨文(갑골문)에 '王, 王, 王' 등의 자형을 보면 잘못된 해석임을 알 수 있다.

594 幸 다행 행

字源풀이

小篆(소전)에 '幸'의 자형으로 본래 '夭(일찍 죽을 요)'와 '屰(거스를 역)'의 合體字(합체자)인데, '夭死(요사)'의 반대(屰)는 '다행'이라는 뜻이다.

자형 변천

갑골문	금문	전서	예서	해서
		幸	幸	幸

나라별 비교

중국 간체자	幸 xìng	일본 약자	幸 こう

【부수자】 干

【영 문】 well-being and happiness, fortunately, luckily

【활용단어】
- 천행(天幸): 하늘이 준 다행.
- 행복(幸福): 복된 좋은 운수. 생활의 만족과 삶의 보람을 느끼는 흐뭇한 상태.
- 천만다행(千萬多幸): 아주 다행함.

595 權 권세 권

'나무 목(木)'과 '황새 관(蔉)'의 形聲字(형성자)로, 본래 황색 꽃이 피는 나무의 뜻이었는데, 뒤에 '저울 추', 또 '권세'의 뜻으로 쓰이게 되었다.

자형 변천

갑골문	금문	전서	예서	해서
		權	權	權

나라별 비교

중국 간체자	权 quán	일본 약자	権 けん, ごん

【부수자】木

【영 문】power, authority

【활용단어】
- 권력(權力): 강제로 복종시키는 힘. 다스리는 사람이 다스림을 받는 사람에게 복종을 강요하는 힘.
- 유권자(有權者): 권리를 가진 자, 특히 선거권을 가진 자.
- 권불십년(權不十年): 권세는 10년을 넘지 못한다는 뜻으로, 권력은 오래가지 못하고 늘 변함.

596 命 목숨 명

'명령 령(令)'에 '입 구(口)'를 합한 글자로, 문서로 내리는 명령은 '令', 구두 명령은 '命'이나, 지금은 같이 쓰고, 나아가 '생명'의 뜻으로 쓰인다.

자형 변천

갑골문	금문	전서	예서	해서
命	命	命	命	命

나라별 비교

중국 간체자	命 mìng	일본 약자	命 みょう・めい

【부수자】口

【영 문】life, destiny

【활용단어】
- 명령(命令): 윗사람이 아랫사람에게 무엇을 하도록 시킴, 또는 그 내용.
- 망명(亡命): 정치적 탄압 따위를 피해 남의 나라로 가는 일.
- 작전명령(作戰命令): 군대의 작전 행동을 규정하는 명령.

597 勞 수고로울 로

字源풀이

'힘 력(力)'과 '등불 형(熒)'의 省體(생체) 인 '熒'의 合體字(합체자)로, 집에 불이 났을 때 진력하여 꺼야 함에서 '수고 롭다'의 뜻이다.

자형 변천

갑골문	금문	전서	예서	해서
	熒	熒	勞	勞

나라별 비교

중국 간체자	일본 약자
劳 / láo	労 / ろう

〖부수자〗力
〖영　문〗labor, work

〖활용단어〗
- 위로(慰勞): 고달픔을 풀도록 따뜻하게 대하여 줌. 괴로움이나 슬픔을 잊게 함.
- 과로(過勞): 지나치게 일을 하여 고달픔, 피로함.
- 심신피로(心身疲勞): 마음과 몸이 피로 상태.

598 臣 신하 신

字源풀이

임금 앞에 엎드려 있는 신하의 눈모양()을 그린 글자이다.

자형 변천

갑골문	금문	전서	예서	해서
臣	臣	臣	臣	臣

나라별 비교

중국 간체자	일본 약자
臣 / chén	臣 / しん·じん

〖부수자〗臣
〖영　문〗vassal, conquer, minister, official

〖활용단어〗
- 신복(臣服): 신하가 되어 복종함.
- 공신(功臣): 나라에 공을 세운 신하.
- 고굉지신(股肱之臣): 다리와 팔뚝에 비길 만한 신하라는 뜻으로, 임금이 가장 믿고 중히 여기는 신하.

599 低 낮을 저

자형 변천

갑골문	금문	전서	예서	해서
		低	低	低

나라별 비교

중국 간체자 → 低 dī

일본 약자 → 低 てい

〖부수자〗人

〖영 문〗low, to lower

〖활용단어〗

- 저속(低俗): 품위가 낮고 속됨.
- 심저(心低): 마음의 깊은 속.
- 고저장단(高低長短): 소리의 높낮이와 길이.

字源풀이

'사람 인(人)'과 '밑 저(氐)'의 形聲字(형성자)로, 사람이 땅을 향하여 굽혔을 때 키가 크지 않다는 데서 '낮다'의 뜻이다.

---

600 目 눈 목

자형 변천

갑골문	금문	전서	예서	해서
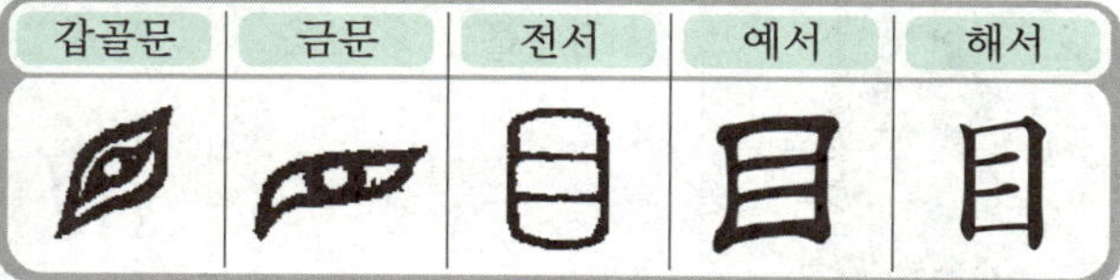		目	目	目

나라별 비교

중국 간체자 → 目 mù

일본 약자 → 目 ぼく · もく

〖부수자〗目

〖영 문〗eye

〖활용단어〗

- 맹목(盲目): 먼눈. 어두운 눈.
- 목적(目的): 이루려 하는 일, 또는 나아가려고 하는 방향.
- 괄목상대(刮目相對): 몰라보게 발전한 데 놀라 눈을 비비고 다시 봄.

字源풀이

눈의 모양을 象形(상형)하여 '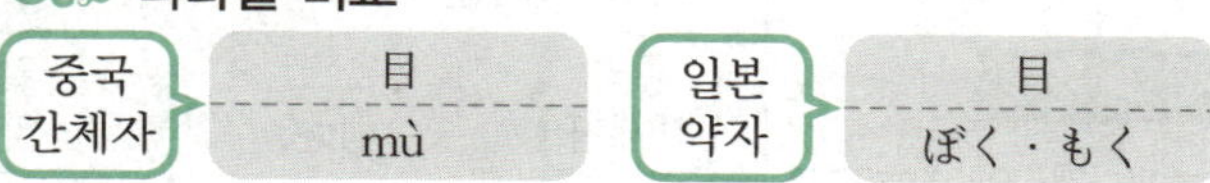'와 같이 그린 것인데, 뒤에 세워서 楷書體(해서체)의 '目'자가 된 것이다.

601 序 차례 서

字源풀이

'집 엄(广)'과 '줄 여(予)'의 形聲字(형성자)로, 안채와 사랑채에 東西(동서)로 쌓은 담을 뜻한 것인데, 구별을 주어(予) 담(广)을 순서대로 쌓는다는 데서 '차례'의 뜻이다.

자형 변천

갑골문	금문	전서	예서	해서
		庌	序	序

나라별 비교

중국 간체자	序 xù	일본 약자	序 じょ

〖부수자〗广

〖영　문〗preface, foreword

〖활용단어〗
- 서문(序文): 머리말. 서언(序言).
- 순서(順序): 정해진 차례.
- 공공질서(公共秩序): 여러 사람이 지켜야 할 일정한 차례와 규칙.

602 列 벌일 렬

字源풀이

본래 '𠛱'의 자형으로 '칼 도(刀)'와 '살 발린 뼈 알(歺)'의 形聲字(형성자)이다. 뒤에 '歺→歺→歹'의 형태로 바뀌었다. 본래 칼로 뼈와 살을 '분해하다'의 뜻이었는데, 뒤에 '나열하다'의 뜻이 되었다.

자형 변천

갑골문	금문	전서	예서	해서
		𠛱	列	列

나라별 비교

중국 간체자	列 liè	일본 약자	列 れつ

〖부수자〗刂

〖영　문〗display, line up

〖활용단어〗
- 반열(班列): 품계(品階)·신분·등급의 차례.
- 분열(分列): 따로따로 벌여 늘어섬. 따로따로 벌여 늘어서게 함. 부대가 사열단 앞을 행진하면서 예를 표하는 의식.
- 연공서열(年功序列): 근무 기간이나 나이가 많아짐에 따라 지위가 높아지고 봉급이 많아지는 일, 또는 그런 체계.

末

끝 말

字源풀이

‘末’자는 본래 나무를 象形(상형)한 ‘木(목)’자에 ‘本(본)’자와 마찬가지로 부호로써 나무의 끝부분을 가리키어 ‘木→末’과 같이 쓴 것인데, 楷書體(해서체)의 ‘末’자가 된 것이다.

자형 변천

갑골문	금문	전서	예서	해서
	朱	末	末	末

나라별 비교

중국 간체자	末 mò, me

일본 약자	末 ばつ・まつ

〖부수자〗 木

〖영 문〗 last, final, the end

〖활용단어〗

- 말단(末端): 맨 끄트머리. 조직에서 제일 아랫자리에 해당하는 부분.
- 전말(顚末): 어떤 일이 진행되어 온 처음부터 끝까지의 경위(經緯).
- 본말전도(本末顚倒): 일의 원래의 줄기를 잊어버리고 사소한 부분에만 사로잡히는 것.

位

자리 위

字源풀이

‘사람 인(亻)’과 ‘설립(立)’의 회의자로, 옛날 조정에서 신하(亻)는 임금의 앞에 좌우로 펼쳐 서는(立) 자리가 품계에 따라 정해져 있다는 데서 ‘자리’, ‘벼슬’을 뜻한다.

자형 변천

갑골문	금문	전서	예서	해서
佥	太	位	位	位

나라별 비교

중국 간체자	位 wèi

일본 약자	位 い

〖부수자〗 人

〖영 문〗 position, rank, location

〖활용단어〗

- 품위(品位): 직품과 지위(地位). 사람이 갖추고 있는 기품이나 위엄(威嚴), 또는 인격적(人格的) 가치(價値). 품격(品格).
- 단위(單位): 길이・질량(質量)・시간 등 어떤 양을 수치로 나타낼 때 비교 기준이 되도록 크기를 정한 양. 미터・그램・초 따위.
- 우선순위(優先順位): 어떤 것을 먼저 차지하거나 사용할 수 있는 차례나 위치.

605 訓 가르칠 훈

字源풀이

'말씀 언(言)'과 '내 천(川)'의 合體字(합체자)로, 냇물(川)이 들판을 꿰뚫어 가듯이 좋은 말(言)로 사람을 '가르치다'의 뜻이다.

자형 변천

갑골문	금문	전서	예서	해서
		訓	訓	訓

나라별 비교

중국 간체자	일본 약자
训 xùn	訓 きん·くん

〖부수자〗 言
〖영 문〗 lecture, instruct, teach

〖활용단어〗
- 정훈(政訓): 군대에서 군인의 교양과 군사에서의 선전·보도를 맡아보는 일.
- 훈시(訓示): 가르쳐 보임. 관청의 명령을 백성에게 알리던 게시. 집무상의 주의 사항을 상관이 하관에게 일러 보임.
- 시례지훈(詩禮之訓): 백어(伯魚)가 아버지인 공자로부터 시와 예를 배웠다는 옛일에서, 아들에게 주는 아버지의 교훈.

606 話 말씀 화

字源풀이

'말씀 언(言)'과 '입 막을 괄(昏)'의 形聲字(형성자)로, 본의는 '善言', 곧 착한 말이란 뜻이었는데, 뒤에 '말씀'의 뜻으로 쓰였다. 해서체에서 '話'의 자형이 되었다.

자형 변천

갑골문	금문	전서	예서	해서
		話	語	話

나라별 비교

중국 간체자	일본 약자
话 huà	話 わ

〖부수자〗 言
〖영 문〗 speech, talk, conversation

〖활용단어〗
- 화술(話術): 말재주. 말하는 기교(技巧).
- 일화(逸話): 세상에 널리 알려지지 않은 흥미 있는 이야기.
- 노변담화(爐邊談話): 화롯가에 둘러앉아서 서로 한가롭게 주고받는 이야기.

607 氷

얼음 빙

字源풀이

물(水)이 얼어 얼음
(氺→冫)이 된다는
뜻의 회의자인데,
'冰'에서 점을 하나
생략하여 '氷'으로
도 쓰인다.

자형 변천

갑골문	금문	전서	예서	해서
仌	仌	𣲝	冰	氷

나라별 비교

중국 간체자	일본 약자
冰 bīng	冰 ひょう

【부수자】 冫

【영　문】 ice, icicles, cold, frost

【활용단어】

- 빙산(氷山): 한대(寒帶) 지방의 빙하(氷河)에서 떨어져 나와 바다 위에 떠서 흐르는 큰 얼음 덩어리, 얼음의 산(山).
- 해빙(解氷): 얼음이 풀림. 국제간의 긴장이 완화(緩和)를 비유하여 이르는 말.
- 냉어빙인(冷語氷人): 남을 냉정하게 접대함을 이르는 말.

608 片

조각 편

字源풀이

조각이란 뜻을 나타
내기 위하여 '木'자
를 반으로 쪼개 놓
은 모양을 본떠 '片
→片(조각 편)'자가
된 것이다.

자형 변천

갑골문	금문	전서	예서	해서
片	片	片	片	片

나라별 비교

중국 간체자	일본 약자
片 piàn, piān	片 へん

【부수자】 片

【영　문】 piece, slice

【활용단어】

- 단편(斷片): 끊어지거나 쪼개진 조각. 토막진 일부분.
- 아편(阿片): 아직 덜 익은 양귀비 껍질을 칼로 에어서 흘러나오는 진을 모아 말린 갈색 물질.
- 일편단심(一片丹心): 오로지 한곳으로 향한, 한 조각의 붉은 마음.

【青出於藍】
청 출 어 람

쪽 풀에서 뽑아낸 푸른 물감이 쪽빛보다 더 푸르다는 뜻으로, 스승보다 제자(弟子)가 더 뛰어나거나 훌륭함.

青(푸를 청)　出(날 출)　於(어조사 어)　藍(쪽 람)

● 『筍子(순자)』 勸學篇(권학편)에 나오는 말이다.

"학문을 그만두어서는 안된다. 푸른색은 쪽 풀에서 취해 만들었지만 쪽빛보다 푸르고, 얼음은 물에서 만들어졌지만 물보다 차다.(學不可以已, 青取之於藍而青於藍, 氷水爲之而寒於水.)"

青出於藍(청출어람)은 青取之於藍而青於藍(청취지어람이청어람)을 사자로 간추려 만든 것이다.

쪽 풀은 염색에 쓰이는 푸른색 풀이다. 이것을 찧어 항아리에 물과 함께 넣어두면 푸른 물감이 나오는데, 이때 물감 색이 원래 쪽 풀의 색보다 더 푸르고 깨끗하다. 그래서 순자는 쪽 풀의 이런 점을 제자와 스승 사이에 비유했다. 곧 본래의 쪽빛은 스승에게, 쪽 풀에서 나온 청색은 제자에게 비유하여 제자가 스승보다 더 뛰어날 경우에 썼던 것이다.

田園浪漫 20

153	央線鐵路 앙 선 철 로	中央線 열차를 타고 中央線列車に乗り
154	廣湖近停 광 호 근 정	넓은 湖水 가까이 정차하니 広い湖水近くに停車した
155	靜川十景 정 천 십 경	고요한 냇가에 펼쳐진 十景 静かな川辺に広がる十景
156	舍宅淨潔 사 택 정 결	舍宅은 정결하다. 舍宅は浄潔で
157	漁村建校 어 촌 건 교	漁村에 學校를 세우고 漁村へ学校を建て
158	街頭書店 가 두 서 점	거리에는 書店이 열려 있다. 街には書店が開かれて
159	往西紅橋 왕 서 홍 교	서쪽으로 가니 紅橋가 아름다워 西に行くと紅橋がうつくしい
160	水波吹休 수 파 취 휴	물결을 따라 거닐며 휘파람 불려 쉬다. 波に沿って歩き口笛吹いて休む

609

央

가운데 **앙**

본래 형틀 가운데에 목을 끼우고 있는 모습을 본뜬 것인데, 뒤에 가운데의 뜻으로 쓰이게 되어 다시 '殃(재앙 앙)'을 만들었다.

자형 변천

갑골문	금문	전서	예서	해서

나라별 비교

중국 간체자	央 yāng	일본 약자	央 おう

【부수자】 大

【영 문】 the center, central, middle

【활용단어】
- 진앙(震央): 지진(地震)의 진원(震源)의 바로 위의 지점(地點). 곧 진원(震源)과 지심(地心)을 맺는 직선이 지구의 표면과 교차하는 점(點).
- 중앙(中央): 사방의 중심이 되는 곳, 가운데. 중심이 되는 중요한 곳.
- 중앙정부(中央政府): 지방 자치제가 확립된 행정 제도에서 전국의 행정을 통할(統轄)하는 최고 기관.

610

線

줄 **선**

'실 사(糸)'와 '샘 천(泉)'의 형성자로, 실(糸)이 샘물처럼 끊이지 않고 흘러가니 이어진다는 데서 실의 뜻이다. 綫과 (줄 선) 同字(동자)이다.

자형 변천

갑골문	금문	전서	예서	해서
		線	線	線

나라별 비교

중국 간체자	线 xiàn	일본 약자	線 せん

【부수자】 糸

【영 문】 line, threads, wires

【활용단어】
- 선로(線路): 기차나 전차의 바퀴가 굴러가는 레일 길. 궤도. 기차, 전차, 자동차 등이 다니는 노선.
- 시선(視線): 눈이 가는 방향. 눈동자의 중심점과 외계의 주시점(注視點)과를 잇는 직선. 주의나 관심.
- 적선지대(赤線地帶): 홍등가(紅燈街)를 달리 일컫는 말.

611 鐵
쇠 **철**

字源풀이

'쇠 금(金)'과 '클 질(載)'의 形聲字(형성자)로 '검은 쇠'의 뜻이다. '클 질(載)'은 '載'의 자형이 변형된 것인데, 많다의 뜻으로 쇠는 얻기 쉬운 금속이란 뜻이다.

자형 변천

갑골문	금문	전서	예서	해서
		鑯	鐵	鐵

나라별 비교

중국 간체자	铁 tiě	일본 약자	鉄 てつ

〖부수자〗 金

〖영 문〗 iron, firm

〖활용단어〗

- 철인(鐵人): 몸이나 힘이 무쇠처럼 강한 사나이.
- 제철(製鐵): 철광으로 철재, 특히 선철(銑鐵)을 만드는 공정.
- 철저마침(鐵杵磨鍼): 쇠공이를 갈아서 바늘을 만들다는 뜻으로, 정성을 다하여 노력하면 아무리 힘든 목표라도 달성할 수 있음.

612 路
길 **로**

字源풀이

'발 족(足)'과 '각각 각(各)'의 形聲字(형성자)로, 사람들이 저마다(各) 발(足)로 밟고 다니는 '길', '도로'를 뜻한다.

자형 변천

갑골문	금문	전서	예서	해서
	路	踚	路	路

나라별 비교

중국 간체자	路 lù	일본 약자	路 ろ

〖부수자〗 足

〖영 문〗 way, road, path

〖활용단어〗

- 노견(路肩): 도로의 유효폭(有效幅)의 양바깥쪽 노면.
- 기로(岐路): 갈림길.
- 노류장화(路柳墻花): 아무라도 꺾을 수 있는 길가의 버들과 담 밑의 꽃이라는 뜻으로 '창부(娼婦)'의 비유.

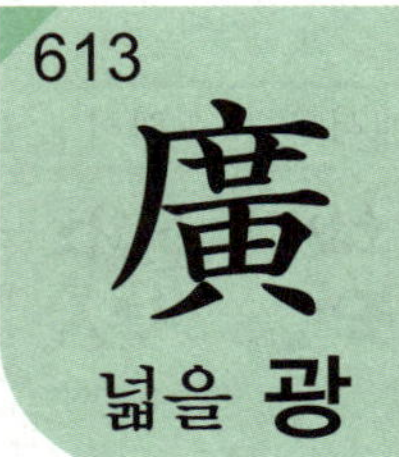

613 廣 넓을 광

字源풀이

'집 엄(广)'과 '누를 황(黃)'의 形聲字(형성자)로, '집이 넓다'의 뜻이다.

자형 변천

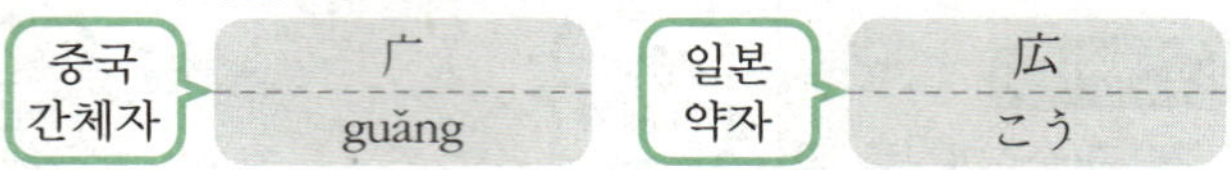

갑골문	금문	전서	예서	해서
	廣	廣	廣	廣

나라별 비교

중국 간체자	일본 약자
广 guǎng	広 こう

〖부수자〗广

〖영 문〗 wide, broad, spacious

〖활용단어〗

- 광고(廣告): 사람들에게 널리 알리는 일, 또는 그 표현물.
- 장광설(長廣舌): 길고도 세차게 잘하는 말. 쓸데없이 장황하게 늘어놓는 말.
- 광대무변(廣大無邊): 넓고 커서 끝이 없음.

---

614 湖 호수 호

字源풀이

'물 수(氵)'와 '턱밑 살 호(胡)'의 형성자로, 호수라는 뜻이다. 胡는 본래 소 목 밑에 늘어진 살을 뜻하는데, 호수는 목 밑의 살처럼 넓다는 뜻으로 취하였다.

자형 변천

갑골문	금문	전서	예서	해서
	湖	湖	湖	湖

나라별 비교

중국 간체자	일본 약자
湖 hú	湖 こ

〖부수자〗氵

〖영 문〗 lake

〖활용단어〗

- 호수(湖水): 큰 못. 육지가 우묵하게 패어 물이 괴어 있는 곳.
- 강호(江湖): 강과 호수. 자연, 넓은 세상. 벼슬을 아니한 자가 숨어사는 곳.
- 강호연파(江湖煙波): 강이나 호수 위에 안개처럼 뽀얗게 이는 잔물결 산수(山水)의 좋은 경치.

615 近 가까울 근

字源풀이

‘쉬엄쉬엄 갈 착(辶)’ 과 ‘자귀 근(斤)’의 形聲字(형성자)로, 나무를 자르려면 도끼(斤)를 들고 나무 가까이 가야 하기 때문에 ‘가깝다’의 뜻 이다.

자형 변천

갑골문	금문	전서	예서	해서
		訮	近	近

나라별 비교

중국 간체자	近 jìn

일본 약자	近 きん, こん

【부수자】辶

【영 문】near, recent

【활용단어】

- 근친(近親): 촌수가 가까운 일가.
- 접근(接近): 가까이 닿음.
- 근묵자흑(近墨者黑): 먹을 가까이하면 검어 진다는 뜻으로, 나쁜 사람을 가까이하면 그 버릇에 물들기 쉽다는 말.

---

616 停 머무를 정

字源풀이

‘사람 인(人)’과 ‘정 자 정(亭)’의 形聲字 (형성자)로, 정자(亭) 는 쉬는 곳이므로 ‘停’이 ‘머무르다’의 뜻이다.

자형 변천

갑골문	금문	전서	예서	해서
		停	停	停

나라별 비교

중국 간체자	停 tíng

일본 약자	停 てい

【부수자】人

【영 문】stop, pause, halt, stay

【활용단어】

- 정년(停年): 근무하던 직장에서 물러나도 록 정해진 나이.
- 정체(停滯): 사물의 상태가 나아가지 못하 고 한 자리에 머물러 그침.
- 정류장(停留場): 자동차·전차 따위가 사람 을 태우고 내리게 하려고 정류하는 일정 한 곳.

617 靜 고요할 정

갑골문	금문	전서	예서	해서
	靜	靜	靜	靜

字源풀이

'靑(푸를 청)'과 '다툴 쟁(爭)'의 形聲字(형성자)로, 본래 '밝게 알다(審)'의 뜻이 있었는데, 뒤에 '고요하다'의 뜻으로 쓰였다.

나라별 비교

중국 간체자 → 静 jìng

일본 약자 → 静 じょう・せい

〖부수자〗 靑

〖영 문〗 silent, peaceful, motionless

〖활용단어〗
- 정맥(靜脈): 정맥혈(靜脈血)을 심장으로 보내는 순환 계통의 하나.
- 동정(動靜): 일이나 현상이 벌어지고 있는 낌새. 움직이는 일과 가만히 있는 일.
- 유한정정(幽閒靜貞): 부녀의 마음씨가 얌전하고 정조가 바름.

618 川 내 천

자형 변천

갑골문	금문	전서	예서	해서
川	川	川	川	川

字源풀이

물줄기가 들판을 뚫고 흘러가는 굴곡된 모양을 象形(상형)하여 '巛, 巛, 巛'과 같이 그린 것인데, 楷書體(해서체)의 '川'으로서 '내'의 뜻이다.

나라별 비교

중국 간체자 → 川 chuān

일본 약자 → 川 せん

〖부수자〗 川

〖영 문〗 river, stream

〖활용단어〗
- 건천(乾川): 조금만 가물어도 마르는 내.
- 천렵(川獵): 냇물에서 하는 고기잡이.
- 산림천택(山林川澤): 산과 숲과 내와 못.

※ 부수자로 쓸 때는 다른 모양인 '巛(내 천)'으로도 쓰인다.

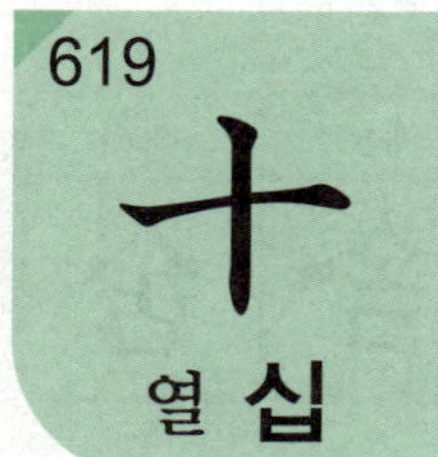

619 十 열 십

字源풀이

甲骨文(갑골문)에서 'ㅣ'의 형태로 표시하여, 가로 그어 'ㅡ(한 일)'로 표시한 것과 구별하여 쓴 것은 옛날 숫자를 헤아리던 산대를 세워서 열을 뜻했음을 그린 것이다.

자형 변천

갑골문	금문	전서	예서	해서
ㅣ	ㅣ	十	十	十

나라별 비교

중국 간체자 ─ 十 shí

일본 약자 ─ 十 じつ·じゅう

【부수자】 十

【영 문】 ten, tenth

【활용단어】

- 기십(幾十): 몇 십.
- 십오야(十五夜): 음력 보름날 밤.
- 십년지기(十年知己): 오래 전부터 친히 사귀어 온 친구.

※ 甲骨文에서 '五十'을, 곧 'ㄨ', '六十'을 곧 'ᄉ'의 형태로 표시한 것으로도 'ㅣ'이 '十'을 뜻했음을 알 수 있다. 小篆體에서 '十'의 형태로 바뀐 것이다.

620 景 볕 경

字源풀이

小篆(소전)에 '景'의 자형으로서 곧 '日'과 '京'의 形聲字(형성자)이다. 햇빛이 나면 물체의 그림자가 생기므로 본래는 '形'에 대한 '그림자'의 뜻이었는데, 뒤에 '볕'의 뜻으로 쓰이게 되었다.

자형 변천

갑골문	금문	전서	예서	해서
		景	景	景

나라별 비교

중국 간체자 ─ 景 jǐng

일본 약자 ─ 景 けい

【부수자】 日

【영 문】 a view, a scene, scenery

【활용단어】

- 경치(景致): 자연의 아름다운 모습.
- 풍경(風景): ① 어떤 상황이나 형편이나 분위기 가운데에 있는 어느 곳의 모습. ② 풍경화의 준말.
- 만추가경(晩秋佳景): 늦가을의 아름다운 경치.

※ 뒤에 그림자의 뜻으로 '景'에 '形'의 '彡'을 가하여 '影(그림자 영)'을 또 만들었다.

621

舍
집 사

字源풀이

본래 집의 옆모양을 본뜬 글자이다. 그 러므로 '舌(설)' 부수 자와는 관계없는 글 자이다.

자형 변천

갑골문	금문	전서	예서	해서
	舍	舍	舍	舍

나라별 비교

중국 간체자	舍 shè, shě	일본 약자	舎 しゃ

〖부수자〗 舌
〖영　문〗 house, inn

〖활용단어〗

- 사택(舍宅): 기업체나 기관에서 근무하는 직원을 위하여 그 기업체나 기관에서 지어놓은 살림집.
- 기숙사(寄宿舍): 학교나 공장 같은 기관에서 지어 그 인원이 공동으로 생활하게 하는 집.
- 작사도방(作舍道傍): '길가에 집을 짓는데 오고 가는 사람의 말이 많아서 결정하지 못함'이라는 뜻으로, 무슨 일에 여러 사람의 의견이 서로 달라서 얼른 결정하지 못함을 비유하여 이르는 말.

622

宅
집 댁/택

字源풀이

'집 면(宀)'과 '맡길 탁(乇)'의 形聲字(형성자)로, 집(宀)에 의지(乇)한다는 데서, 의지하고 사는 '집'을 뜻한다. '댁'으로도 읽는다.

자형 변천

갑골문	금문	전서	예서	해서
宅	宅	宅	宅	宅

나라별 비교

중국 간체자	宅 zhái, zhè	일본 약자	宅 たく

〖부수자〗 宀
〖영　문〗 house, dwelling, residence

〖활용단어〗

- 사택(舍宅): 기업체나 기관에서 근무하는 직원을 위하여 그 기업체나 기관에서 지어놓은 살림집.
- 누택(陋宅): 쓸쓸하고 누추한 집. 자기 집의 낮춤말.
- 만년지택(萬年之宅): 오래 견딜 수 있도록 아주 튼튼하게 기초를 하여 잘 지은 집.

623 淨
깨끗할 **정**

字源풀이

'다툴 쟁(爭)'과 '물
수(氵)'의 形聲字(형
성자)로, '깨끗하다'
의 뜻이다. 물로 때
를 씻어낼 때는 때
(垢)와 다투듯이 제
거해야 하므로 '爭'
을 취한 것이다.

자형 변천

갑골문	금문	전서	예서	해서
		淨	淨	淨

나라별 비교

중국 간체자	净 jìng	일본 약자	浄 じょう

〖부수자〗氵

〖영 문〗clean, pure, empty

〖활용단어〗

- 정수(淨水): 깨끗한 물. 물을 맑게 하는 일, 또는 맑힌 그 물.
- 명정(明淨): 밝고 맑음.
- 정송오죽(淨松汚竹): 깨끗한 땅에는 소나무를 심고, 지저분한 땅에는 대나무를 심음.

---

624 潔
깨끗할 **결**

字源풀이

'물 수(氵)'와 '삼 한
오리 결(絜)'의 形聲
字(형성자)로, 삼껍
질 묶음은 가지런하
고 물로 씻어 깨끗
해야 하므로 청정무
구, 곧 '깨끗하다'의
뜻이다.

자형 변천

갑골문	금문	전서	예서	해서
		潔	潔	潔

나라별 비교

중국 간체자	洁 jié	일본 약자	潔 けつ

〖부수자〗水

〖영 문〗clean, pure

〖활용단어〗

- 결백(潔白): 깨끗하고 흼. 욕심이 적고 마음이 맑음. 지조(志操)를 더럽힘 없이 깨끗함. 죄가 없음. 공명정대(公明正大)함.
- 청결(淸潔): 맑고 깨끗함.
- 순결무구(純潔無垢): 몸가짐이 깨끗하여 조금도 더러운 티가 없음.

625

漁

고기잡을 **어**

‘물 수(氵)’와 ‘고기
어(魚)’의 形聲字(형
성자)로, 본래는 물
(水)속에서 손(又)으
로 ‘물고기(魚)를 잡
다’의 자형이었는
데, 뒤에 ‘又’자가
생략되었다.

자형 변천

갑골문	금문	전서	예서	해서

나라별 비교

중국 간체자	漁 yú	일본 약자	漁 ぎょ·りょう

〖부수자〗 氵
〖영 문〗 fish, seek

〖활용단어〗
- 어로(漁撈): 고기잡이.
- 풍어(豊漁): 물고기가 많이 잡힘.
- 어부지리(漁父之利): 둘이 다투는 사이에 제삼자가 이득을 보는 것.

626

村

마을 **촌**

‘나무 목(木)’과 ‘마
디 촌(寸)’의 形聲
字(형성자)이지만,
본래는 小篆(소전)
에 ‘㔬’의 자형으로,
곧 ‘屯’(진칠 둔)과
‘邑’(고을 읍)의 合
體字(합체자)로 ‘시
골집’의 뜻이다.

자형 변천

갑골문	금문	전서	예서	해서

나라별 비교

중국 간체자	村 cūn	일본 약자	村 そん

〖부수자〗 木
〖영 문〗 village, native

〖활용단어〗
- 귀촌(歸村): 촌으로 돌아가거나 돌아옴.
- 촌장(村長): 한 마을의 일을 맡아보는 촌의 우두머리.
- 벽항궁촌(僻巷窮村): 궁벽한 곳에 있는 가난한 마을.

※ ‘屯’은 모여 머무는 뜻에서 ‘邨’은 곧 ‘마을’의 뜻이다.
‘村’은 ‘邨’의 俗字(속자)이지만, 현재 더 널리 쓰인다.

建
세울 **건**

字源풀이

'붓 율(聿)'과 '길게 걸을 인(廴)'의 合體字(합체자)이다. 聿은 律(법률 률)의 省體(생체)이고, 廴은 引(끌 인)의 古字(고자)로, 본래는 조정의 법도를 수립한다는 뜻이었는데, '세우다'의 뜻으로 쓰였다.

자형 변천

갑골문	금문	전서	예서	해서
	圉	建	建	建

나라별 비교

중국 간체자	建 jiàn	일본 약자	建 けん・こん, たつ・たてる

〖부수자〗 廴

〖영 문〗 build, stand

〖활용단어〗
- 건물(建物): 사람의 손으로 건조(建造)한 집 따위. 땅 위에 세운 집 따위.
- 재건(再建): 무너진 것을 다시 일으켜 세움. 단체나 모임 등을 다시 조직함.
- 의이건리(義以建利): 의(義)로써 이(利)의 근본을 삼음.

校
학교 **교**

字源풀이

본래는 '나무 목(木)'과 '사귈 교(交)'의 形聲字(형성자)로, 刑具(형구)를 나타낸 글자인데, 뒤에 '학교'의 뜻으로 쓰였다.

자형 변천

갑골문	금문	전서	예서	해서
		校	校	校

나라별 비교

중국 간체자	校 xiào, jiào	일본 약자	校 きょう, こう

〖부수자〗 木

〖영 문〗 school

〖활용단어〗
- 교단(校壇): 학교의 운동장에서 훈시하거나 지휘하거나 할 때 올라서는 단.
- 장교(將校): 육해공군에서 소위 이상의 무관.
- 교정기호(校正記號): 식자(植字) 조판(組版)상의 잘못된 점을 바로잡기 위한 지시를 문구(文句) 대신으로 나타내는 일정한 기호.

629 街 거리 가

字源풀이

'다닐 행(行)'과 '홀 규(圭)'의 형성자로, 동서남북으로 통하는 네거리를 뜻함. '圭(홀 규)'는 질 좋은 옥으로 大路(대로)는 평탄해야 함의 뜻으로 취하였다.

자형 변천

갑골문	금문	전서	예서	해서
		街	街	街

나라별 비교

중국 간체자	일본 약자
街 jiē	街 がい・かい, まち

【부수자】 行
【영 문】 a street, an avenue, a district, a center, a quarter

【활용단어】

- 가로수(街路樹): 가로의 미관(美觀)을 더하고 또 보건을 위하여 길거리의 양쪽에 줄지어 심은 나무를 통틀어 일컬음.
- 주택가(住宅街): 도회지(都會地)의 번잡한 상가나 공업 지대와 격리(隔離)되어 주택들로만 이루어진 조용한 거리.
- 삼일유가(三日遊街): 과거에 급제한 사람이 사흘 동안 좌주(座主)와 선진자(先進者)와 친척을 방문하던 일.

630 頭 머리 두

字源풀이

'머리 혈(頁)'과 '제기(祭器) 두(豆)'의 形聲字(형성자)로, '머리'의 뜻이다.

자형 변천

갑골문	금문	전서	예서	해서
		頭	頭	頭

나라별 비교

중국 간체자	일본 약자
头 tóu, tóu	頭 ず・と・とう

【부수자】 頁
【영 문】 head, top, first, chief

【활용단어】

- 두통(頭痛): 머리가 아픈 증세.
- 염두(念頭): 머릿속의 생각. 마음속.
- 거두절미(去頭截尾): 머리와 꼬리를 잘라버린다는 뜻으로, 앞뒤의 잔사설을 빼놓고 요점만을 말함. 앞뒤를 생략하고 본론으로 들어감.

631 書 글 서

'붓 율(聿)'과 '가로 왈(曰)'의 合體字(합체자)로, 말(曰)로 전해져 내려오는 것을 붓(聿)으로 옮겨 쓴다는 데서 '글', '책'의 뜻이다. 다른 풀이도 있다.

자형 변천

갑골문	금문	전서	예서	해서
		書	書	書

나라별 비교

중국 간체자	书 shū	일본 약자	書 しょ

〖부수자〗 曰
〖영　문〗 writing, book, write, letter

〖활용단어〗

- 서점(書店): 책을 팔거나 사는 가게.
- 단서(但書): 법률 조문이나 문서 등에서 본문 다음에 '단' 자를 쓰고 그 본문에 풀이나 조건, 예외 따위를 밝혀 정한 글.
- 금기서화(琴棋書畵): 속세(俗世)를 떠난 경지(境地)에서 금(琴)·기(棋)·서(書)·화(畵)를 즐기는 것을 그린 동양화(東洋畵)의 한 가지.

632 店 가게 점

'집 엄(广)'과 '점칠 점(占)'의 형성자로, 상점의 뜻이다. '店'은 본래 '坫' 字가 예서체에서 변형되었다. 坫에는 차지하다의 뜻도 있어 집(广) 안에 물건이 차지한 뜻으로 취하였다.

자형 변천

갑골문	금문	전서	예서	해서
		坫	店	店

나라별 비교

중국 간체자	店 diàn	일본 약자	店 てん

〖부수자〗 广
〖영　문〗 a commercial establishment, a shop, a store

〖활용단어〗

- 점포(店鋪): 가게. 상점.
- 백화점(百貨店): 여러 가지 상품을 갖춰 놓고 파는 큰 규모의 상점.
- 목로주점(木壚酒店): 술청에 목로(木壚)를 베풀고 술을 파는 집.

633

往

갈 **왕**

字源풀이

小篆(소전)에 '徍'의 자형만으로 볼 때, '조금 거릴 척(彳)'과 '임금 주(主)'의 形聲字(형성자)이다. '生'는 '坒(坒)'의 자형으로, 곧 止와 土의 合體字(합체자)로서 '땅 위를 걷다'의 뜻이기 때문에 '가다'의 뜻이다.

나라별 비교

중국 간체자	往 wǎng	일본 약자	往 おう

〖부수자〗 彳
〖영 문〗 depart, gone, to go toward

【활용단어】
- 왕복(往復): 갔다가 돌아옴.
- 내왕(來往): 오고 가고 함.
- 우왕좌왕(右往左往): 바른쪽으로 갔다 왼쪽으로 갔다 하며 종잡지 못함. 사방으로 왔다갔다 함.

634

西

서녘 **서**

字源풀이

본래 새의 둥지를 그리어 ''의 형태로 나타낸 것인데, 해가 기울어 서쪽으로 지게 되면, 새들이 둥지로 깃들게 됨으로 '서쪽'의 뜻으로 쓰이게 되어 楷書體(해서체)의 '西'자가 된 것이다.

나라별 비교

중국 간체자	西 xī	일본 약자	西 さい·せい

〖부수자〗 襾
〖영 문〗 west, westerm

【활용단어】
- 서과(西瓜): 수박.
- 영서(嶺西): 강원도 안의 대관령 서쪽 땅.
- 동분서주(東奔西走): 사방으로 이리저리 부산하게 돌아다님.

635

紅
붉을 홍

字源풀이

'실 사(糸)'와 '장인 공(工)'의 形聲字(형성자)로, 붉은색(桃紅)의 비단의 뜻에서 '붉다'의 뜻으로 쓰였다.

자형 변천

갑골문	금문	전서	예서	해서
		紅	紅	紅

나라별 비교

| 중국 간체자 | 红 hóng, gōng, |
| 일본 약자 | 紅 く・ぐ・こう |

〖부수자〗 糸

〖영 문〗 red, vermilion, rosy

〖활용단어〗

- 분홍(粉紅): 분홍빛. 분홍빛 물감.
- 홍삼(紅蔘): 수삼(水蔘)을 쪄서 말린 인삼.
- 동가홍상(同價紅裳): 같은 값이면 다홍치마라는 뜻. 같은 값이면 좋은 물건을 갖는다는 의미.

636

橋
다리 교

字源풀이

'나무 목(木)'과 '높을 교(喬)'의 形聲字(형성자)로, '喬'의 뜻이 높고 굽다는 데서, 수면에서 높이 무지개처럼 굽어 있는 모양의 '다리'란 뜻이다.

자형 변천

갑골문	금문	전서	예서	해서
		橋	橋	橋

나라별 비교

| 중국 간체자 | 桥 qiáo |
| 일본 약자 | 橋 きょう |

〖부수자〗 木

〖영 문〗 bridge

〖활용단어〗

- 교각(橋脚): 다리 기둥.
- 부교(浮橋): 배나 뗏목들을 여러 개 잇대어 잡아매고 널빤지를 깔아서 만들거나 교각이 없이 임시로 강 위로 놓은 다리.
- 양반답교(兩班踏橋): 양반들이 서민과 뒤섞이기를 꺼려 하루 앞당겨 음력 정월 14일에 다리 밟기를 하던 일.

637 水 물 수

字源풀이

물은 일정한 형체가 없으므로 흘러가는 물결의 모양을 象形(상형)하여 '淡, 氺, 氺'와 같이 그린 것인데, 楷書體(해서체)의 '水'자가 된 것이다.

자형 변천

갑골문	금문	전서	예서	해서

나라별 비교

중국 간체자	水 shuǐ	일본 약자	水 すい

[부수자] 水
[영 문] water, liquid

[활용단어]

- 수도(水道): 상수도와 하수도를 두루 이르는 말.
- 하수(河水): 강에 흐르는 물.
- 배수지진(背水之陣): 물을 등지고 진을 친다는 뜻으로, 물러설 곳이 없으니 목숨을 걸고 싸울 수밖에 없는 지경(地境)을 이르는 말. 물을 등지고 적과 싸울 진을 치는 진법(陣法).

638 波 물결 파

字源풀이

'물 수(水)'와 '가죽 피(皮)'의 형성자로, 물의 표피(皮)가 출렁이는 물결의 뜻이다.

자형 변천

갑골문	금문	전서	예서	해서

나라별 비교

중국 간체자	波 bō	일본 약자	波 は

[부수자] 氵
[영 문] waves, fluctuate

[활용단어]

- 파문(波紋): 수면(水面)에 이는 잔물결. 파륜(波輪). 물결 모양의 무늬. 파상문(波狀紋). 어떤 일로 인하여 다른 데에 문제를 일으키는 영향.
- 여파(餘波): 큰 물결이 지나간 뒤에 남는 잔물결. 어떤 일이 일어난 뒤에 남아 미치는 그 영향.
- 만경창파(萬頃蒼波): 만 이랑의 푸른 물결이라는 뜻으로, 한없이 넓고 푸른 바다.

639 吹 불 취

字源풀이

하품(欠: 하품 흠)하듯이 입(口)을 크게 벌리고 불다(吹)의 회의자이다.

자형 변천

갑골문	금문	전서	예서	해서

나라별 비교

중국 간체자	일본 약자
吹 chuī	吹 すい

〖부수자〗 口

〖영 문〗 blow, puff, break up

〖활용단어〗

- 취주악(吹奏樂): 경음악의 한 가지. 취주악기와 타악기로 구성되어 합주함. 군악(軍樂)이 대표적임.
- 고취(鼓吹): 북을 치고 피리를 붊. 용기와 기운을 북돋우어 일으킴. 의견이나 사상 등을 열렬히 주장하여 널리 선전함.
- 누진취영(鏤塵吹影): 먼지에 새기고 그림자를 입으로 분다는 뜻으로, 쓸데없는 헛된 노력을 이르는 말.

640 休 쉴 휴

字源풀이

'사람 인(人)'과 '나무 목(木)'의 會意字(회의자)로, 사람이 나무 밑에서 '쉬다'의 뜻이다.

자형 변천

갑골문	금문	전서	예서	해서

나라별 비교

중국 간체자	일본 약자
休 xiū	休 きゅう

〖부수자〗 人

〖영 문〗 rest, weal

〖활용단어〗

- 휴게소(休憩所): 사람들이 잠깐 머물러 쉬도록 베풀어 놓은 곳.
- 연휴(連休): 휴일이 이틀 이상 계속되는 일, 또는 그 휴일.
- 만사휴의(萬事休矣): 만 가지 일이 끝장이라는 뜻으로, 모든 일이 전혀 가망이 없는 상태임을 이르는 말.

畫龍點睛
화 룡 점 정

용을 그리는데 눈동자도 그려 넣는다는 뜻. 곧 사물의 가장 중요한 부분을 완성시킴.

畫(그림 화) 龍(용 룡) 點(점 찍을 점) 睛(눈동자 정)

● 南北朝(남북조) 시대, 南朝(남조)인 梁(양)나라에 張僧繇(장승요)라는 사람이 있었다. 右軍將軍(우군장군)과 吳興太守(오흥태수)를 지냈다고 하니 벼슬길에서도 立身(입신)한 편이지만 그는 붓 하나로 모든 사물을 실물과 똑같이 그리는 화가로 유명했다.

어느 날, 장승요는 金陵(금릉, 南京)에 있는 安樂寺(안락사)의 주지로부터 용을 그려 달라는 부탁을 받았다. 그는 절의 벽에다 검은 구름을 헤치고 이제라도 곧 하늘로 날아오를 듯한 두 마리의 용을 그렸다. 물결처럼 꿈틀대는 몸통, 갑옷의 비늘처럼 단단해 보이는 비늘, 날카롭게 뻗은 발톱에도 생동감이 넘치는 용을 보고 찬탄하지 않는 사람이 없었다.

그런데 한 가지 이상한 것은 용의 눈에 눈동자가 그려져 있지 않는 점이다. 사람들이 그 이유를 묻자, 장승요는 이렇게 대답했다.

"눈동자를 그려 넣으면 용은 당장 벽을 박차고 하늘로 날아가 버릴 것이오."

그러나 사람들은 그의 말을 믿으려 하지 않았다. 당장 눈동자를 그려 넣으라는 星火督促(성화독촉)에 견디다 못한 장승요는 한 마리의 용에 눈동자를 그려 넣기로 했다. 그는 붓을 들어 용의 눈에 '획' 하니 점을 찍었다. 그러자 돌연 벽 속에서 번개가 번쩍이고 천둥소리가 요란하게 울려 퍼지더니 한 마리의 용이 튀어나와 비늘을 번뜩이며 하늘로 날아가 버렸다. 그러나 눈동자를 그려 넣지 않은 용은 벽에 그대로 남아 있었다고 한다.

161 男女二形
남 녀 이 형
男女는 서로 다른 모습이지만
男女はお互い違う姿だが

162 然柔又親
연 유 우 친
만나면 부드럽고 서로 친밀하다.
会えばやさしく互いに親密だ

163 結婚式典
결 혼 식 전
백년가약을 맺는 결혼식전
百年の約束を結ぶ 結婚式典

164 慶賀歌舞
경 하 가 무
충심으로 慶賀하는 노래와 춤
心から慶賀する歌や舞

165 抱妻密計
포 처 밀 계
아내를 안고 둘만의 계획을 속삭이니
妻を抱き二人だけの計画をささやく

166 永歲興貴
영 세 흥 귀
영원히 尊貴한 삶을 이룩하잔다.
永遠に尊い生を成し遂げるように

167 走馬看花
주 마 간 화
말을 타고 꽃을 바라보니
馬に乗り花を眺め

168 星華浪順
성 화 낭 순
별은 빛나고 물결은 잔잔하다.
星は輝き波穏やかである

641 男 사내 남

字源풀이

甲骨文(갑골문)에 ' '의 자형으로, '밭 전(田)'에 본래 쟁기( )의 모양을 합한 글자인데, 뒤에 '力(힘 력)'의 글자로 변하였다. 곧 밭에서 쟁기질하는 것이 '남자'라는 뜻이다.

자형 변천

갑골문	금문	전서	예서	해서

나라별 비교

중국 간체자	男 nán	일본 약자	男 だん, なん

〖부수자〗 田

〖영　문〗 man, boy, son

〖활용단어〗

- 금남(禁男): 남자의 출입이나 접근을 금하는 것.
- 남계(男系): 아버지 쪽의 핏줄 계통.
- 남부여대(男負女戴): 물건을 남자는 등에 지고, 여자는 머리에 인다는 뜻으로 사람들이 '살 곳을 찾아 이리저리 떠돌아다니는 모양'을 이르는 말.

642 女 여자 녀

字源풀이

두 손을 모으고 얌전히 꿇어앉아 있는 모습을 象形(상형)하여 ' , , , '와 같이 그린 것인데, 楷書體(해서체)의 '女'자가 된 것이다.

자형 변천

갑골문	금문	전서	예서	해서

나라별 비교

중국 간체자	女 nǚ	일본 약자	女 じょ, にょ, にょう

〖부수자〗 女

〖영　문〗 woman

〖활용단어〗

- 여승(女僧): 여자 중.
- 숙녀(淑女): 교양과 예의와 품격을 갖춘 점잖은 여자.
- 무남독녀(無男獨女): 아들 없는 집안의 외딸.

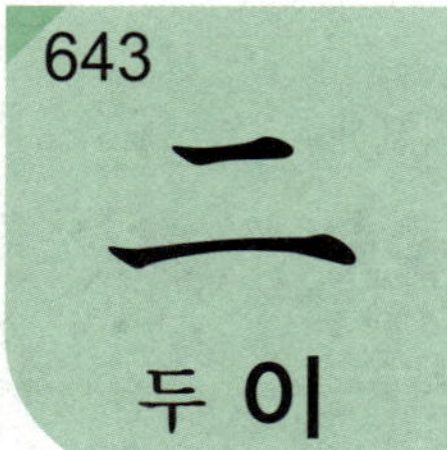

643 二 두 이

字源풀이

산대의 두 개를 가로놓은 것을 본뜬 글자이다.

자형 변천

갑골문	금문	전서	예서	해서
ニ	二	二	二	二

나라별 비교

중국 간체자	일본 약자
二 / èr	二 / じ・に

〖부수자〗 二
〖영 문〗 two, second, twice

〖활용단어〗
- 이등병(二等兵): 군대의 가장 아래 계급의 사병(士兵).
- 무이(無二): 다시없음, 둘도 없음.
- 유일무이(唯一無二): 둘이 아니고 오직 하나뿐이라는 뜻으로, 오직 하나밖에 없음.

---

644 形 모양 형

字源풀이

'삐친 삼(彡)'과 '평평할 견(幵)'의 合體字(합체자)로, 두 개를 합쳐 하나로 만들다에서 '모양을 본뜨다', '모양'의 뜻이 되었다.

자형 변천

갑골문	금문	전서	예서	해서
		形	形	形

나라별 비교

중국 간체자	일본 약자
形 / xíng	形 / ぎょう・けい

〖부수자〗 彡
〖영 문〗 contour, expression, description, to describe, manifest

〖활용단어〗
- 형국(形局): 어떤 일이 벌어진 그때의 형편이나 판국.
- 기형(畸形): 사물의 구조·생김새 따위가 비정상적으로 된 모양.
- 불가형언(不可形言): 말로는 이루 다 나타낼 수가 없음.

645 然 그럴 연

金文(금문)에 '然, 然' 등의 字形으로서 곧 '犬(견)', '肉(육)', '火(화)'의 會意字(회의자)이다.

자형 변천

갑골문	금문	전서	예서	해서
	然	然	然	然

나라별 비교

중국 간체자	然 rán	일본 약자	然 ぜん・ねん

〔부수자〕 灬

〔영 문〕 yes, permission, but

〔활용단어〕

- 연즉(然則): 그러면, 그런즉의 뜻을 나타내는 접속부사.
- 혼연일체(渾然一體): 사람들의 행동이나 사상 또는 의지 따위가 조그만 차이도 없이 완전히 한 덩어리로 뭉친 상태.

※ 본뜻은 '개를 불에 그슬린 고기'의 뜻이었는데, 자고로 개는 반드시 불에 그슬러 잡기 때문에 '그슬리다(태우다)'의 뜻으로 轉義되고, 또한 개고기를 먹고 나면 "개고기는 정말 맛있어, 역시 개고기야, 암 그렇지, 그렇지"하다 보니까 뒤에 '그럴 연'자로 轉義되자, 다시 '燃(태울 연)'자를 만들었다.

646 柔 부드러울 유

'창 모(矛)'와 '나무 목(木)'의 合體字(합체자)로, 창 자루로 사용하는 나무는 부드럽고 柔軟(유연)해야 한다는 데서 '부드럽다'의 뜻이다.

자형 변천

갑골문	금문	전서	예서	해서
		柔	柔	柔

나라별 비교

중국 간체자	柔 róu	일본 약자	柔 じゅう・にゅう

〔부수자〕 木

〔영 문〕 soft and tender, amiable

〔활용단어〕

- 유순(柔順): 성질이 부드럽고 온순(溫順)함.
- 온유(溫柔): 온화(溫和)하고 부드러움.
- 우유부단(優柔不斷): 어물어물하며 딱 잘라 결단을 못함.

647

又
또 우

甲骨文(갑골자)에 '⺕'의 자형으로, 원래 오른손의 형태를 상형한 것인데, 뒤에 '또'의 뜻으로 쓰였다.

자형 변천

갑골문	금문	전서	예서	해서
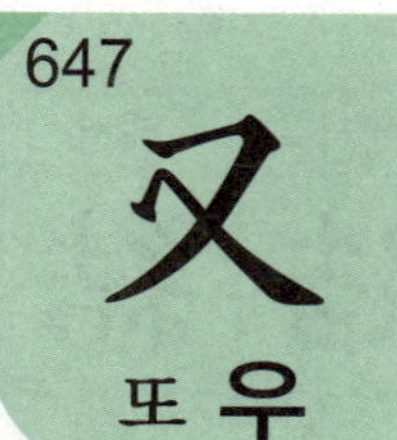				

나라별 비교

중국 간체자	又 yòu	일본 약자	又 ゆう

〖부수자〗 又

〖영 문〗 also, again, and

〖활용단어〗
- 우왈(又曰): 또 말하기를. 다시 이르되.
- 우중지(又重之): 더욱이. 뿐만 아니라.
- 일신우일신(日新又日新): 날로 새로워짐.

648

親
친할 친

字源풀이

'볼 견(見)'과 '쓸 신(辛)'의 변체(亲)의 形聲字(형성자)로, 눈으로 본 곳에 몸이 이르다(至)의 뜻이었는데, 서로 접하면 정도 돈독해지므로 '친하다'의 뜻이 되었다.

자형 변천

갑골문	금문	전서	예서	해서

나라별 비교

중국 간체자	亲 qīn, qìng	일본 약자	親 しん

〖부수자〗 見

〖영 문〗 parents, relative

〖활용단어〗
- 가친(家親): 남에게 자기의 아버지를 일컫는 말.
- 친구(親舊): 벗.
- 골육지친(骨肉之親): 부모와 자식, 형제와 자매들의 가까운 살붙이.

649 結 맺을 결

字源풀이

'실 사(糸)'와 '길할 길(吉)'의 形聲字(형성자)로, 실(糸)을 매듭지어 단단하게 묶듯이 좋은(吉) 일을 굳게 약속하니 '맺는다'의 뜻이다.

〖부수자〗 糸

〖영 문〗 join, knot

〖활용단어〗

- 결과(結果): 어떤 원인으로 인하여 이루어진 결말. 과일이 열매를 맺음.
- 타결(妥結): 두 편이 서로 좋도록 협의(協議)·절충(折衝)하여 일을 마무름. 또는 그 일.
- 결초보은(結草報恩): 풀을 묶어서 은혜를 갚는다라는 뜻으로, 죽어 혼이 되더라도 입은 은혜를 잊지 않고 갚음. 무슨 짓을 하여서든지 잊지 않고 은혜에 보답함.

650 婚 혼인 혼

字源풀이

'계집 녀(女)'에 '저물 혼(昏)'을 합한 글자로, 옛날에는 신랑이 신부(女)의 집으로 가서 해가 저문 저녁(昏) 무렵에 결혼하다는 데서 '혼인'의 뜻이다.

〖부수자〗 女

〖영 문〗 wed, marry

〖활용단어〗

- 혼례(婚禮): 혼인(婚姻)의 의례(儀禮). 결혼식.
- 성혼(成婚): 혼사를 치름.
- 결혼(結婚): 남녀가 정식으로 부부 관계를 맺음.

651

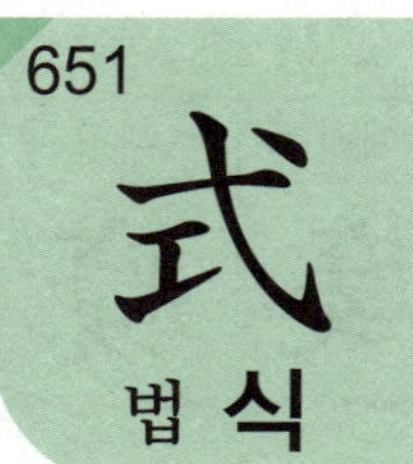

式
법 식

字源풀이

'弋(주살 익)'자는 본래 숫자를 표시한 산(算)가지로서, 만들 때는 자(工), 곧 법도의 표준을 따라 만들기 때문에 '법'의 뜻이다.

🌀 자형 변천

갑골문	금문	전서	예서	해서
		弍	式	式

🌀 나라별 비교

중국 간체자	式 shì	일본 약자	式 しき

[부수자] 戈

[영 문] ceremony, fashion, style

[활용단어]

- 식장(式場): 예식(禮式)을 거행하는 곳.
- 입식(立式): 부엌 따위에서 서서 일하도록 한 방식(方式).
- 이차방정식(二次方程式): 미지수(未知數)의 최고 멱(冪)이 2차항인 방정식.

652

典
법 전

字源풀이

본래 두 손으로 竹册(죽책)이나 玉册(옥책)을 받든 모습을 본뜬 것인데, '법' 또는 '규정'의 뜻으로 쓰이게 되었다.

🌀 자형 변천

갑골문	금문	전서	예서	해서
典	典	典	典	典

🌀 나라별 비교

중국 간체자	典 diǎn	일본 약자	典 てん

[부수자] 八

[영 문] a rule, a statute, a law

[활용단어]

- 전당포(典當鋪): 전당(典當)을 잡고 돈을 꾸어 주는 곳.
- 자전(字典): 많은 한자를 모아 낱낱이 그 뜻을 풀어놓은 책.
- 화촉지전(華燭之典): 화촉을 밝히는 의식(儀式)이란 뜻으로, 혼인식(婚姻式)을 달리 일컫는 말.

653 慶

경사 **경**

字源풀이

'사슴 록(鹿)'의 변형 자에 '마음 심(心)', '걸을 쇠(夊)'자가 합쳐진 글자이다. 경축하는 마음(心)으로 경사로운 일에 가는데(夊), 무늬(文: 紋)가 아름다운 사슴(鹿)의 가죽을 선물로 가지고 가는 데에서 유래한다.

자형 변천

갑골문	금문	전서	예서	해서
	蠯	慶	慶	慶

나라별 비교

중국 간체자	일본 약자
庆 qìng	慶 けい

【부수자】 心

【영 문】 festivity, blessing, joy

【활용단어】

- 경사(慶事): 축하할 만한 즐겁고 기쁜 일.
- 가경(家慶): 집안의 경사(慶事).
- 벽사진경(辟邪進慶): 사귀(邪鬼)를 쫓고 경사로운 일을 맞이함.

※ 慶의 가운데에 있는 '心'은 본래 '圉 → 솦 → 文'의 자형이 변형된 것이다.

---

654 賀

하례 **하**

字源풀이

'조개 패(貝)'와 '더할 가(加)'의 形聲字(형성자)로, 축하할 때 돈(조개)을 주는 풍습에서, 조개 패(貝)자를 취하여 '하례'의 뜻이 되었다.

자형 변천

갑골문	금문	전서	예서	해서
	賀	賀	賀	賀

나라별 비교

중국 간체자	일본 약자
贺 hè	賀 が

【부수자】 貝

【영 문】 congratulation

【활용단어】

- 하례(賀禮): 축하하는 예식(禮式).
- 치하(致賀): 남이 한 일에 대하여 고마움이나 칭찬의 뜻을 표시함.
- 근하신년(謹賀新年): '삼가 새해를 축하한다'는 뜻으로, 새해의 복을 비는 인사말.

655 歌
노래 가

'노래할 가(哥)' 자가 뒤에 兄의 뜻으로 쓰이자, '하품 흠(欠)'을 더하여 입을 벌리고(欠) 노래(哥)를 부르다의 形聲字(형성자)를 또 만들었다.

자형 변천

갑골문	금문	전서	예서	해서

나라별 비교

중국 간체자 → 歌 / gē

일본 약자 → 歌 / か

【부수자】欠
【영　문】song

【활용단어】
- 가수(歌手): 노래 부르는 것을 직업으로 삼는 사람.
- 교가(校歌): 그 학교의 기풍(氣風)을 발양(發揚)할 목적으로 제정(制定)하여 학생으로 하여금 부르게 하는 노래.
- 사면초가(四面楚歌): 사방에서 들리는 초(楚)나라의 노래라는 뜻으로, 적에게 둘러싸인 상태나 누구의 도움도 받을 수 없는 고립(孤立) 상태에 빠짐을 이르는 말.

656 舞
춤출 무

본래 '없을 무(無)' 자로서 춤추는 모습을 나타낸 글자인데, 춤출 때는 남녀노소의 구별이 없다 하여 '없다'의 뜻으로 변하자, '엇갈릴 천(舛)' 자를 더하여 '춤출 무(舞)' 자를 만들었다.

자형 변천

갑골문	금문	전서	예서	해서

나라별 비교

중국 간체자 → 舞 / wǔ

일본 약자 → 舞 / ぶ

【부수자】舛
【영　문】dance, prance, wave

【활용단어】
- 무용(舞踊): 춤.
- 고무(鼓舞): 북을 쳐 춤을 추게 함. 격려하여 기세(氣勢)를 돋움, 부추겨 용기가 생기게 함.
- 가무음곡(歌舞音曲): 노래와 춤과 음악.

657

抱
안을 포

字源풀이

‘손 수(扌)’와 ‘쌀
포(包)’의 형성자로,
손으로 둘러싸 안다
의 뜻이다.

자형 변천

갑골문	금문	전서	예서	해서
		抱	抱	抱

나라별 비교

중국 간체자	抱 bào	일본 약자	抱 ほう

〖부수자〗 扌

〖영 문〗 embrace, enfold

〖활용단어〗

- 포부(抱負): 마음속에 지닌 앞날에 대한 생각이나 계획, 희망, 자신.
- 회포(懷抱): 마음속에 품은 생각. 잊혀지지 않은 생각.
- 포복절도(抱腹絕倒): 배를 안고 넘어진다는 뜻. 몹시 우스워서 배를 안고 몸을 가누지 못할 만큼 웃음.

658

妻
아내 처

字源풀이

여자가 머리에 손
(크)으로 비녀(十)를
꽂은 모습을 본뜬
회의자로, 아내의
뜻이다.

자형 변천

갑골문	금문	전서	예서	해서
妻	妻	妻	妻	妻

나라별 비교

중국 간체자	妻 qī , qì	일본 약자	妻 さい

〖부수자〗 女

〖영 문〗 one’s formal or legal wife

〖활용단어〗

- 처가(妻家): 아내의 본집.
- 상처(喪妻): 아내의 상고(喪故)를 당함. 아내를 여읨.
- 조강지처(糟糠之妻): 지게미와 쌀겨로 끼니를 이어가며 고생을 같이 해온 아내란 뜻으로, 곤궁(困窮)할 때부터 간고(艱苦)를 함께 겪은 본처(本妻)를 흔히 일컬음.

659 密 빽빽할 밀

'뫼 산(山)'과 '편안
할 밀(宓)'의 형성자
로, 본래는 山中(산
중)에 3면이 높고
한 면만 평탄한 곳
의 뜻이었는데, 뒤
에 비밀한 곳의 뜻
으로 쓰였다.

자형 변천

갑골문	금문	전서	예서	해서
	圐	宮	密	密

나라별 비교

중국 간체자	密 mì	일본 약자	密 みつ

〖부수자〗 宀

〖영 문〗 dense, tight, close

〖활용단어〗

- 치밀(緻密): 자세하고 꼼꼼함. 썩 곱고 빽빽함. 피륙 등이 배고 톡톡함.
- 밀수(密輸): 숨겨서 몰래 들여옴.
- 정밀기계(精密機械): 공차(公差)가 아주 적고 극히 정밀하게 만들어진 기계.

---

660 計 셀 계

십(十)까지 말(言)을
할 수 있으니 숫자
를 헤아릴(計) 수 있
다는 뜻이다.

자형 변천

갑골문	금문	전서	예서	해서
		計	計	計

나라별 비교

중국 간체자	计 jì	일본 약자	計 けい

〖부수자〗 言

〖영 문〗 the total, the sum total

〖활용단어〗

- 계산(計算): 수량을 헤아림. 식의 운산으로 수치를 구해 내는 일.
- 통계(統計): 한데 몰아쳐서 셈함. 대량(大量) 관찰의 결과로서 얻어지는 숫자.
- 고식지계(姑息之計): 근본 해결책이 아닌 임시로 편한 것을 취하는 계책(計策). 당장의 편안함만을 꾀하는 일시적인 방편.

661

永
길 **영**

字源풀이

甲骨文(갑골문)에 '𣲖, 𣲖, 𣲖', 金文(금문)에 '𣲖, 𣲖, 𣲖' 등의 字形으로 사람이 헤엄치는 것을 나타낸 會意字(회의자)이다.

자형 변천

갑골문	금문	전서	예서	해서

나라별 비교

중국 간체자	永 yǒng	일본 약자	永 えい

【부수자】 水

【영 문】 long in time, everlasting, eternal

【활용단어】

- 반영구(半永久) : 거의 영구에 가까움을 가리키는 말.
- 영주권(永住權) : 일정한 자격을 갖춘 외국인에게 주는, 그 나라에서 영주할 수 있는 권리.
- 영원불멸(永遠不滅) : 영원히 없어지지 않음.

※ 뒤에 물줄기가 '길다'의 뜻으로 쓰이게 되자, '水(氵)'를 더하여 '泳(헤엄칠 영)'자를 또 만들었다. '永'을 강물줄기의 지류에서 '길다'의 뜻으로 轉義되었다고 보는 이도 있다.

662

歲
해 **세**

字源풀이

'걸음 보(步)'와 '개 술(戌)'의 形聲字(형성자)로, 한 해의 처음을 나타낸 글자이다. 고유한 우리말의 '설, 살'과 '歲'가 동 어원임을 알 수 있다.

자형 변천

갑골문	금문	전서	예서	해서

나라별 비교

중국 간체자	岁 suì	일본 약자	歲 さい・せい

【부수자】 止

【영 문】 year, age

【활용단어】

- 과세(過歲) : 설을 쇰.
- 세배(歲拜) : 섣달 그믐이나 정초(正初)에 웃어른께 인사로 하는 절.
- 세한삼우(歲寒三友) : 겨울철의 세 벗, 즉 소나무・대나무・매화나무.

663 興 일 흥

字源풀이

본래 네 손으로 우물 틀을 드는 모양을 본뜬 상형자인데, 일어나다의 뜻으로 쓰이게 되었다.

자형 변천

갑골문	금문	전서	예서	해서

나라별 비교

중국 간체자	兴 xīng, xìng	일본 약자	興 きょう·こう

〖부수자〗 臼

〖영　문〗 rise, happen, cheerful

〖활용단어〗

- 흥미(興味): 흥을 느끼는 재미. 어떠한 사물에 대한 특별한 관심을 기울이는 감정.
- 진흥(振興): 침체된 상태에서 떨쳐 일으킴.
- 흥미진진(興味津津): 흥미가 넘칠 만큼 많다는 뜻.

664 貴 귀할 귀

字源풀이

'蕢(풀그릇 귀)'의 古字(고자)인 '臾'와 '조개 패(貝)'의 形聲字(형성자)로, '물가가 비싸다'의 뜻이었는데, '귀하다'의 뜻이 되었다.

자형 변천

갑골문	금문	전서	예서	해서

나라별 비교

중국 간체자	贵 guì, guǐ	일본 약자	貴 き

〖부수자〗 貝

〖영　문〗 expensive, highly

〖활용단어〗

- 귀견(貴見): 상대방 의견의 높임말.
- 고귀(高貴): 지위가 높고 귀함. 값이 비쌈.
- 권문귀족(權門貴族): 권세가 있는 집안의 귀족.

665

走

달아날 주

字源풀이

甲骨文(갑골문)에 '𡚽', 金文(금문)에 '𧺆'의 자형으로 사람이 달려가는 모양을 본뜬 글자이다.

자형 변천

갑골문	금문	전서	예서	해서
	𧺆	走	走	走

나라별 비교

중국 간체자	일본 약자
走 zǒu	走 そう

〖부수자〗 走

〖영 문〗 to walk, to go on foot, to run

〖활용단어〗

- 질주(疾走): 빨리 달림.
- 활주(滑走): 미끄러져 내달음.
- 동분서주(東奔西走): 동쪽으로 뛰고 서쪽으로 뛴다는 뜻으로, 사방으로 이리저리 바삐 돌아다님.

666

馬

말 마

字源풀이

말의 옆모양에서도 특히 말목의 긴 갈기털을 강조하여 '𢒠, 𢒨, 馬, 𢒣'와 같이 그린 것인데, 楷書體(해서체)의 '馬' 자가 된 것이다.

자형 변천

갑골문	금문	전서	예서	해서
𢒠	𢒨	馬	馬	馬

나라별 비교

중국 간체자	일본 약자
马 mǎ	馬 ば・め

〖부수자〗 馬

〖영 문〗 horse

〖활용단어〗

- 승마(乘馬): 말을 탐.
- 야생마(野生馬): 야생하는 말, 야생적인 성질을 가진 말.
- 오언성마(烏焉成馬): 글자 모양이 비슷하기 때문에 혼동하여 다른 자를 씀.

667 看 볼 간

字源풀이

눈(目) 위에 손(手)을 얹어 햇빛을 가리고 멀리 '보다'의 뜻이다.

자형 변천

갑골문	금문	전서	예서	해서
	看	看	看	看

나라별 비교

중국 간체자	看 kàn, kān	일본 약자	看 かん

【부수자】目

【영 문】 see, look

【활용단어】
- 간판(看板): 상점 등에 내 건 표지.
- 병간(病看): 앓는 사람을 잘 보살펴 구호(救護)함.
- 주마간산(走馬看山): '말을 타고 달리면서 산을 바라본다' 는 뜻으로, 바빠서 자세히 살펴보지 않고 대강 보고 지나감을 이름.

668 花 꽃 화

字源풀이

'풀 초(艹)와 '될 화(化)'의 형성자이다. 본래 꽃을 뜻하던 '華' 자가 '빛나다'의 뜻으로 쓰이게 되자 다시 '花'를 만들었다.

자형 변천

갑골문	금문	전서	예서	해서
	花	花	花	花

나라별 비교

중국 간체자	花 huā	일본 약자	花 か·け

【부수자】艹

【영 문】 flower, blossom

【활용단어】
- 낙화(落花): 떨어진 꽃, 또는 꽃이 떨어짐.
- 조화(造花): 종이나 헝겊 따위로 꽃처럼 만든 것.
- 금상첨화(錦上添花): 비단 위에 꽃을 더한다라는 뜻으로, 좋은 일 위에 좋은 일이 더하여지는 것.

669 星
별 성

字源풀이

본래 별들의 모양을 본떠 '✿'의 형태로 '별'을 뜻한 글자인데, 뒤에 '생(生)'을 더하여 형성자로 만들었다.

자형 변천

갑골문	금문	전서	예서	해서

나라별 비교

중국 간체자	星 xīng	일본 약자	星 しょう・せい

〖부수자〗 日

〖영 문〗 stars, spark

〖활용단어〗

- 성상(星霜): 세월. 성(星)은 1년에 하늘을 한 번 돌고, 상(霜)은 1년에 한 철 내린다는 뜻에서 온 말.
- 장성(將星): 장군(將軍)의 미칭(美稱). 어떤 사람에게든지 각각 그 응한 별. 하괴성(河魁星).
- 일월성신(日月星辰): 해와 달과 별.

---

670 華
빛날 화

字源풀이

金文(금문)에 '✿, ✿, ✿' 등의 자형으로서 꽃이 핀 모양을 그린 象形字(상형자)이다. 뒤에 '華'의 뜻이 '빛나다'로 쓰이게 되자 形聲字(형성자)로서의 '花'(꽃 화)자를 또 만든 것이다.

자형 변천

갑골문	금문	전서	예서	해서

나라별 비교

중국 간체자	华 huá, huà	일본 약자	華 か・け・げ

〖부수자〗 艹

〖영 문〗 shine, glory

〖활용단어〗

- 번화(繁華): 화려하고 번성함.
- 화교(華僑): 외국에 가서 사는 중국 사람.
- 염화미소(拈華微笑): 마음에서 마음으로 전하는 일을 뜻하는 말.

浪
물결 랑

字源풀이

물 수(氵)와 어질 량
(良)의 형성자로, 물
결의 뜻이다.

자형 변천

갑골문	금문	전서	예서	해서
		浪	浪	浪

나라별 비교

중국 간체자	浪 làng	일본 약자	浪 ろう

〖부수자〗 氵

〖영 문〗 wave

〖활용단어〗

- 낭비(浪費): 재물(財物)·시간 따위를 헛되이 헤프게 쓰는 것.
- 격랑(激浪): 센 물결, 거센 파도.
- 허무맹랑(虛無孟浪): 말하기 어려울 만큼 비고 거짓되어 실상(實相)이 없음. 허황(虛荒)되고 실상이 없음.

順
순할 순

字源풀이

사람의 얼굴(頁: 머
리 혈)에 七情(칠
정, 喜·怒·哀·樂·
愛·惡·慾)이 물줄
기(川:내 천)가 흘
러가듯이 잘 나타
나기 때문에 '順理
(순리)'의 뜻이다.

자형 변천

갑골문	금문	전서	예서	해서
	順	順	順	順

나라별 비교

중국 간체자	順 shùn	일본 약자	順 じゅん

〖부수자〗 頁

〖영 문〗 follow, obedient

〖활용단어〗

- 이순(耳順): 나이 60세를 이르는 말로, 공자(孔子)가 60세가 되어 천지(天地) 만물의 이치에 통달하게 되고, 듣는 대로 모두 이해하게 된 데서 온 말.
- 필순(筆順): 글씨, 특히 한자를 쓸 때에 붓을 놀리는 순서.
- 순천자존(順天者存): 천리(天理)에 따르는 자는 오래 번성(繁盛)함.

伯牙絕絃
백 아 절 현

백아가 거문고의 줄을 끊었다는 뜻. 곧 서로 마음이 통하는 절친한 벗
[知己]의 죽음을 이르는 말. 친한 벗을 잃은 슬픔.

伯(맏 백) 牙(어금니 아) 絶(끊을 절) 絃(악기 줄 현)

●春秋時代(춘추시대), 거문고의 명수로 이름 높은 伯牙(백아)에게는
그 소리를 누구보다 잘 감상해 주는 친구 鍾子期(종자기)가 있었다. 백아
가 거문고를 타며 높은 산과 큰 강의 분위기를 그려내려고 시도하면 옆
에서 귀를 기울이고 있던 종자기의 입에서는 탄성이 연발한다.

"아, 멋지다. 하늘 높이 우뚝 솟는 그 느낌은 마치 泰山(태산)같군."

"응, 훌륭해. 넘칠 듯이 흘러가는 그 느낌은 마치 黃河(황하)같군."

두 사람은 그토록 마음이 통하는 연주자였고 청취자였으나 불행히도
종자기는 병으로 죽고 말았다. 그러자 백아는 절망한 나머지 거문고의
줄을 끊고 다시는 연주하지 않았다고 한다.

知己(지기)를 가리켜 知音(지음)이라고 일컫는 것은 이 고사에서 나온
말이다.

169	獨島燈火 독 도 등 화	獨島의 등대불은 獨島の燈台の明かりは
170	煙海素醫 연 해 소 의	안개 낀 바다에 白衣 의사와 같다. 霧が立ち込める海に白衣の医者のようだ
171	外貨限許 외 화 한 허	外貨를 제한해서 허용함은 外貨を制限して許容することは
172	消産市場 소 산 시 장	시장의 소비 생산을 조절함이다. 市場の消費生産を調節することだ
173	單刀直入 단 도 직 입	홀로 직접 뛰어 들어 一人で直接飛び込んで
174	弓射決戰 궁 사 결 전	활을 쏘아 生死를 걸고 싸우니 弓を打ち生死をかけ戦うに
175	都城移動 도 성 이 동	都城은 옮겨 가고 都城が移動して
176	物價急變 물 가 급 변	물가는 急變하였다. 物価が急変してしまった

673 獨 홀로 독

字源풀이

'개 견(犭)'과 '벌레 촉(蜀)'의 形聲字(형성자)로, 개(犬)나 촉(蜀)이란 벌레, 곧 누에는 먹이를 다 먹어야 떠나 홀로 있으므로 '홀로'의 뜻이다.

자형 변천

갑골문	금문	전서	예서	해서
		獨	獨	獨

나라별 비교

중국 간체자	独 dú	일본 약자	独 どく

【부수자】 犭
【영　문】 alone, single, only

【활용단어】
- 독점(獨占): 혼자서 모두 가지거나 누리는 것.
- 고독(孤獨): 주위에 마음을 함께 할 사람이 없어 혼자 동떨어져 있음을 느끼는 상태.
- 유아독존(唯我獨尊): 이 세상에 나보다 존귀한 사람은 없다는 말.

674 島 섬 도

字源풀이

'뫼 산(山)'과 '새 조(鳥)'가 합쳐진 글자로, 새(鳥)가 모여 쉬는 바다 위의 산(山)이 '섬'이라는 뜻이다.

자형 변천

갑골문	금문	전서	예서	해서
		島	島	島

나라별 비교

중국 간체자	岛 dǎo	일본 약자	島 とう

【부수자】 山
【영　문】 island

【활용단어】
- 도서(島嶼): 크고 작은 섬들.
- 낙도(落島): 뭍에서 멀리 떨어진 작은 섬.
- 절해고도(絕海孤島): 육지에서 아주 멀리 떨어져 있는 외로운 섬.

燈
등불 등

字源풀이

'불 화(火)'와 '오를 등(登)'의 形聲字(형성자)로, 불(火)을 켜서 높은 데 올려(登) 놓아 비추게 하는 '등잔'을 뜻한다.

자형 변천

갑골문	금문	전서	예서	해서
	𤎩	燈	燈	燈

나라별 비교

중국 간체자	灯 dēng	일본 약자	灯 とう

〖부수자〗火
〖영 문〗lamp, lantern

〖활용단어〗
- 등유(燈油): 등불을 켜거나 난로를 피우는 데 쓰는 기름.
- 소등(消燈): 등불을 끔.
- 등하불명(燈下不明): '등잔 밑이 어둡다'는 뜻으로 가까이 있는 것이 도리어 알아내기 어려움을 이르는 말.

火
불 화

字源풀이

불꽃을 튀기며 활활 타는 모양을 象形(상형)하여 '𤆄, 𤆄, 𤆄, 火'와 같이 나타낸 것인데, 楷書體(해서체)의 '火'자가 되었다.

자형 변천

갑골문	금문	전서	예서	해서
火	火	火	火	火

나라별 비교

중국 간체자	火 huǒ	일본 약자	火 か

〖부수자〗火
〖영 문〗fire

〖활용단어〗
- 내화(耐火): 불에 타지 않고 견딤.
- 화산대(火山帶): 화산의 분포가 일정 지역에 띠 모양으로 벌여 있는 지대.
- 명약관화(明若觀火): 불을 보는 것처럼 분명함.

煙
연기 **연**

字源풀이

'불 화(火)'와 '막을
인(垔)'의 형성자로,
연기의 뜻이다. 垔은
堙(막을 인)의 初文
(초문)으로 불을 땔
때 연통으로 나오는
연기의 뜻으로 취하
였다.

자형 변천

갑골문	금문	전서	예서	해서
		煙	煙	煙

나라별 비교

중국 간체자	烟 yān, yīn	일본 약자	煙 えん

【부수자】 火

【영　문】 smoke, tobacco

【활용단어】

- 연기(煙氣): 물건이 불에 탈 때에 일어나는 흐릿한 기체(氣體)나 그 기운(氣運).
- 금연(禁煙): 담배를 끊음. 담배를 못 피우게 함.
- 연하일휘(煙霞日輝): 안개와 노을과 빛나는 햇살.

海
바다 **해**

字源풀이

'물 수(氵)'와 '매양
매(每)'의 形聲字(형
성자)로, 모든(每)
강물이 다 모이는
곳이 '바다'라는 뜻
이다.

자형 변천

갑골문	금문	전서	예서	해서
	海	海	海	海

나라별 비교

중국 간체자	海 hǎi	일본 약자	海 かい

【부수자】 氵

【영　문】 sea, ocean

【활용단어】

- 해변(海邊): 바다와 땅이 서로 잇닿은 곳이나 그 근처.
- 심해(深海): 깊은 바다. 대개 해면으로부터 200m 이상.
- 상전벽해(桑田碧海): 뽕밭이 변하여 푸른 바다가 된다는 뜻.

679

素
본디 소

갑골문	금문	전서	예서	해서
	𣏸	𥾟	素	素

字源풀이

‘실 사(糸)’와 ‘드리울 수(垂)’의 변형자로, 본의는 ‘흰색의 고운 비단’의 뜻이었는데, 뒤에 ‘바탕, 희다, 소박하다’의 뜻으로 쓰인다.

나라별 비교

중국 간체자	일본 약자
素	素
sù	す·そ

〖부수자〗 糸

〖영　문〗 pure white silk, white, plain

〖활용단어〗

- 간소(簡素): 간략하고 수수함.
- 소망(素望): 본디부터의 희망.
- 수소폭탄(水素爆彈): 중수소의 핵융합으로 헬륨 원자가 형성될 때 나오는 에너지를 이용한 폭탄.

680

醫
의원 의

갑골문	금문	전서	예서	해서
	醫	醫	醫	醫

字源풀이

본래 몸에 박힌 화살(矢)을 술(酉: 酒의 本字)로 소독하고 도구(殳)로 빼내는 것으로써 ‘의사’의 뜻을 나타낸 글자이다.

나라별 비교

중국 간체자	일본 약자
医	医
yī	い

〖부수자〗 酉

〖영　문〗 doctor, physician, medicine

〖활용단어〗

- 의료(醫療): 의술(醫術)로 병을 고치는 일.
- 어의(御醫): 임금의 병을 치료하던 의원.
- 동의보감(東醫寶鑑): 조선 선조(宣祖) 때 허준(許浚)이 편찬한 한방(韓方) 의서(醫書).

681 外 바깥 외

字源풀이

甲骨文(갑골문)에 'ꓩ'의 형태로서 정해 놓은 경계선 밖으로 나간 것을 가리킨 것이다. 뒤에 '外'의 자형으로 바뀐 것이다.

〖부수자〗 夕

〖영 문〗 out, outside

〖활용단어〗

- 외화(外貨): 외국 화폐.
- 국외(國外): 한 나라의 영토(領土) 밖의 땅.
- 외유내강(外柔內剛): 겉으로 보기에는 부드러우나 속은 꿋꿋하고 강함.

682 貨 재물 화

字源풀이

'될 화(化)'와 '조개 패(貝)'의 형성자로, 돈으로 바꿀 수 있는 '재물'의 뜻이다. 貨는 化의 누증자이다.

〖부수자〗 貝

〖영 문〗 commodities, goods, products

〖활용단어〗

- 화물(貨物): 운반할 수 있는 물품(物品)의 총칭.
- 재화(財貨): 재물. 사람의 욕망을 만족시키는 물질.
- 보화난수(寶貨難售): 값비싼 보물이 쉽게 팔리지 않는다는 뜻으로, 훌륭한 사람은 기량(器量)이 크므로 남에게 등용(登用·登庸)되기 어렵다는 말.

683 限 막을 한

字源풀이

'언덕 부(阜→阝)'와 '그칠 간(艮)'의 형성자로, 언덕(阜)이 가로막혀 나아갈 수 없어 본래 막히다의 뜻인데, 한정되다의 뜻으로도 쓰인다.

자형 변천

갑골문	금문	전서	예서	해서
	𨻳	䢜	阻	限

나라별 비교

중국 간체자	限 xiàn	일본 약자	限 げん

【부수자】 阝

【영　문】 boundary, limits

【활용단어】

- 한계(限界): 땅의 경계. 사물의 정해 놓은 범위.
- 권한(權限): 권리의 한계. 행정 기관의 정당한 사무 범위. 직권(職權)이 미치는 범위.
- 산정무한(山情無限): 산의 정경(情景)이 한없음.

---

684 許 허락 허

字源풀이

'말씀 언(言)'과 '낮 오(午)'의 형성자로, 말을 듣고 허락하다의 뜻이다. '午'에는 관통의 뜻이 있어 피차의 뜻이 통하므로 취하였다.

자형 변천

갑골문	금문	전서	예서	해서
	許	許	許	許

나라별 비교

중국 간체자	许 xǔ	일본 약자	許 きょ

【부수자】 言

【영　문】 promise, permit

【활용단어】

- 허용(許容): 허락하여 받아들임.
- 불허(不許): 허락하지 아니함.
- 면허개전(免許皆傳): 스승이 예술이나 무술(武術)의 깊은 뜻을 모두 제자에게 전해 줌을 이르는 말.

685 消 사라질 소

'물 수(氵)'와 '꺼질 소(肖)'의 形聲字(형성자)로, 물이 부단히 흙을 깎아 없어지게 하다의 뜻이다.

자형 변천

갑골문	금문	전서	예서	해서
		消	消	消

나라별 비교

중국 간체자	消 xiāo	일본 약자	消 しょう

【부수자】 氵
【영 문】 vanish, disappear

【활용단어】
- 소독(消毒): 약물(藥物)이나 열 등으로 병원균(病原菌)을 죽이거나 힘을 못 쓰게 하는 일.
- 말소(抹消): 기록되어 있는 사실을 지워 없애는 것.
- 소화불량(消化不良): 소화기의 병증(病症).

---

686 産 낳을 산

'선비 언(彦: 产)'과 '날 생(生)'의 形聲字(형성자)로, 아이를 '낳다(生)'의 뜻이다.

자형 변천

갑골문	금문	전서	예서	해서
	産	産	産	産

나라별 비교

중국 간체자	产 chǎn	일본 약자	産 さん

【부수자】 生
【영 문】 give birth to, bear

【활용단어】
- 산물(産物): 일정한 곳에서 생산(生産)되어 나오는 물건. 어떤 것에 의하여 생겨나는 사물. 산출물(産出物).
- 재산(財産): 개인이나 가정, 단체가 소유하는 재물(財物). 경제적(經濟的) 가치(價値)가 있는 유형(有形), 무형(無形)의 온갖 것.
- 탕진가산(蕩盡家産): 집안의 재산을 모두 써서 없애 버림.

687

市
저자 시

字源풀이

교외에 울타리를 치
고 물건을 사고파는
사람이 모이는 곳을
나타내어 '저자', 곧
'시장'의 뜻이다.

자형 변천

갑골문	금문	전서	예서	해서
	巿	帯	市	市

나라별 비교

중국 간체자	市 shì	일본 약자	市 し

〖부수자〗 巾
〖영 문〗 market

〖활용단어〗

- 시가(市價): 시장에서 물건을 팔고 사는 금새. 장시세(時勢).
- 시가(市街): 상점이 죽 늘어 서 있는 거리. 도시의 큰 거리.
- 문전성시(門前成市): 대문 앞이 저자를 이룬다는 뜻으로, 세도가나 부잣집 문 앞이 방문객으로 저자(市)를 이루다시피 함을 이르는 말.

688

場
마당 장

字源풀이

'흙 토(土)'와 '볕
양(昜: 陽의 古字)'
의 形聲字(형성자)
로, 햇빛(日)이 잘
들어오는 양지바른
땅(土)이란 데서 '마
당'의 뜻이다.

자형 변천

갑골문	금문	전서	예서	해서
田	埸	場	場	場

나라별 비교

중국 간체자	场 chǎng, cháng	일본 약자	場 じょう

〖부수자〗 土
〖영 문〗 stage, farm, an area of level ground

〖활용단어〗

- 장면(場面): 영화나 연극 등의 한 정경(情景).
- 장내(場內): 어떠한 처소(處所)의 안. 장중(場中).
- 자본시장(資本市場): 금융 시장 중, 장기 자금의 수요와 공급이 이루어지는 시장.

689

單

홑 **단**
종족이름 **선**

사람이 놀래어 부르
짖는 소리(吅: 부르
짖을 현)가 크다는
뜻이었는데, 지금은
하나 곧 홑의 뜻으
로 쓰인다.

자형 변천

갑골문	금문	전서	예서	해서
		單	単	單

나라별 비교

중국 간체자	单 dān, chán	일본 약자	単 たん

【부수자】 口

【영 문】 single,
individual,
alone

【활용단어】

- 단순(單純): 복잡하지 않고 간단함.
- 간단(簡單): 간략하고 또렷함. 어수선하거
나 복잡함이 없이 짤막함.
- 혈혈단신(孑孑單身): 의지할 곳 없는 외로
운 홀몸.

690

刀

칼 도

칼의 모양인 '刀'의
형태를 그린 글자
로, 칼 도(刀)가 다
른 글자의 방으로
쓰일 때는 'リ'의
자형으로 쓰인다.

자형 변천

갑골문	금문	전서	예서	해서
		刀	刀	刀

나라별 비교

중국 간체자	刀 dāo	일본 약자	刀 とう

【부수자】 刀

【영 문】 knife,
sword

【활용단어】

- 도공(刀工): 칼을 만드는 사람.
- 면도(面刀): 얼굴에 있는 잔털이나 수염을
깎는 일. 면도칼.
- 쾌도난마(快刀亂麻): 어지럽게 뒤얽힌 사물
을 단번에 명쾌하게 처리함.

691 直 곧을 **직**

字源풀이

甲骨文(갑골문)에 '' 의 자형으로, 본래 눈의 시선이 똑바로 보는 것을 나타낸 것인데, '곧다'의 뜻이 되었다.

자형 변천

갑골문	금문	전서	예서	해서

나라별 비교

중국 간체자	直 zhí	일본 약자	直 じき・ちょく

〖부수자〗目
〖영 문〗continuous, uninterrupted, stiff

〖활용단어〗
- 직설(直說): 곧이곧대로 하거나 있는 그대로 말함. 또는 그런 일.
- 수직(垂直): 똑바로 드리운 모양. 수평(水平)에 대하여 직각을 이룬 상태.
- 불문곡직(不問曲直): 굽음과 곧음을 묻지 않는다는 뜻.

692 入 들 **입**

字源풀이

풀이나 나무의 뿌리가 땅으로 들어가는 모양을 가리키어 'ㅅ, 人'의 형태로 나타낸 것인데, 楷書體(해서체)의 '入'자가 된 것이다. 송곳이 뚫고 들어가는 것으로 풀이하는 이도 있다.

자형 변천

갑골문	금문	전서	예서	해서

나라별 비교

중국 간체자	入 rù	일본 약자	入 じゅ・にゅう

〖부수자〗入
〖영 문〗enter

〖활용단어〗
- 가입(加入): 단체나 조직 따위에 들어감.
- 개입(介入): 어떤 일에 끼어듦.
- 본제입납(本第入納): 자기 집에 편지할 때에 겉봉 표면에 자기 이름을 쓰고 그 밑에 쓰는 말.

693

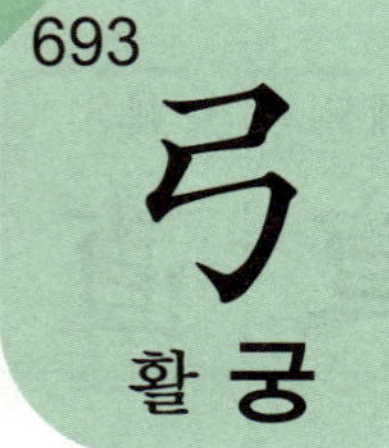

弓
활 궁

字源풀이

활의 모양을 象形
(상형)하여 '⟩, ⟨,
⟨'과 같이 그린 것
인데, 楷書體(해서
체)의 '弓(활 궁)'자
가 된 것이다.

자형 변천

갑골문	금문	전서	예서	해서

나라별 비교

중국 간체자	弓 gōng	일본 약자	弓 きゅう

[부수자] 弓
[영 문] bow

[활용단어]
- 궁술(弓術): 활을 쏘는 온갖 기술.
- 맥궁(貊弓): 고구려의 소수맥(小水貊)에서 나던 좋은 활.
- 궁절시진(弓折矢盡): 활은 부러지고 화살은 다 없어진다는 뜻으로, 힘이 다하여 어찌 할 도리(道理)가 없음.

694

射
쏠 사

字源풀이

甲骨文(갑골문)에 '⟨'
의 자형으로 볼 때, 화
살을 發射(발사)하기
위해 활(弓)에 올려놓
은 화살을 그리어 '쏘
다'의 뜻을 나타낸 글
자인데, 활(弓)과 화살
의 모습이 몸 신(身)자
로 변해 버린 것이다.

자형 변천

갑골문	금문	전서	예서	해서

나라별 비교

중국 간체자	射 shè	일본 약자	射 しゃ·せき

[부수자] 寸
[영 문] shoot, archery

[활용단어]
- 사격(射擊): 총, 대포(大砲) 따위를 쏨.
- 복사(伏射): 소총 사격법의 한 가지.
- 사어지천(射魚指天): 고기를 잡으려고 하늘을 향해 쏜다는 뜻으로, 불가능한 일을 하려 함을 이르는 말.

695 決 결단할 결

字源풀이

'물 수(氵)'와 '결단할 쾌(夬)'의 形聲字(형성자)로, 홍수의 범람을 막기 위해 상류 둑을 끊어 터 놓는다는 데서 '끊다', '결단하다'의 뜻이다.

자형 변천

갑골문	금문	전서	예서	해서
		決	決	決

나라별 비교

중국 간체자	決 jué	일본 약자	決 けつ

[부수자] 水
[영 문] decision

[활용단어]
- 결정(決定): 마지막으로 작정함, 일의 매듭을 지음. 법원(法院)에서 행하는 판결(判決) 및 명령 이외의 판결.
- 해결(解決): 얽힌 일을 풀어 처리함. 문제를 풀어서 결말을 지음. 안어울림음을 어울림음으로 이끄는 일 따위.
- 결사보국(決死報國): 죽을 각오를 하고 나라의 은혜에 보답함.

696 戰 싸움 전

字源풀이

'창 과(戈)'와 '홑 단(單)'의 형성자로, 무기를 들고 적과 싸우다의 뜻이다. 單은 大의 뜻으로, 곧 대형 무기로 싸우다의 뜻이다.

자형 변천

갑골문	금문	전서	예서	해서
串	戰	戰	戰	戰

나라별 비교

중국 간체자	战 zhàn	일본 약자	戦 せん

[부수자] 戈
[영 문] contend, to shudder, to shiver, to tremble

[활용단어]
- 전선(戰船): 싸움에 쓰는 모든 배.
- 도전(挑戰): 싸움을 걸거나 돋움. 비유적으로, 어려운 사업이나 기록 경신(更新)에 맞섬.
- 연전연승(連戰連勝): 싸울 때마다 빈번히 이김.

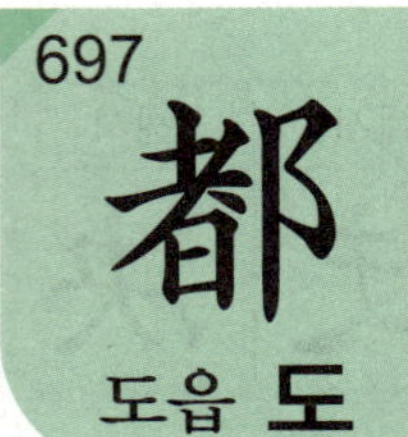

697 都 도읍 도

字源풀이

'고을 읍(邑→阝)'과 '놈 자(者)'의 형성자로, 본래 宗廟(종묘)가 있는 곳의 뜻이었는데, 도읍의 뜻이 되었다.

자형 변천

갑골문	금문	전서	예서	해서
	都	都	都	都

나라별 비교

중국 간체자	일본 약자
都 dū, dōu	都 つ, と

〖부수자〗邑
〖영 문〗 city, capital, metropolis

〖활용단어〗
- 도심(都心): 도시의 중심부.
- 천도(遷都): 도읍(都邑)을 옮김.
- 부마도위(駙馬都尉): 임금의 사위에게 주던 칭호.

698 城 성 성

字源풀이

'흙 토(土)'와 '이룰 성(成)'의 形聲字(형성자)로, 고대에는 흙으로 성을 쌓았기 때문에 '흙 토(土)'자를 취하였다.

자형 변천

갑골문	금문	전서	예서	해서
	城	城	城	城

나라별 비교

중국 간체자	일본 약자
城 chéng	城 じょう

〖부수자〗土
〖영 문〗 castle, a city wall

〖활용단어〗
- 간성(干城): 방패와 성의 뜻으로 나라를 지키는 미더운 군대나 인물을 일컫는 말.
- 성황(城隍): '서낭'의 원말, 서낭신이 붙어 있다는 나무.
- 고성낙일(孤城落日): 남의 도움이 없이 고립된 상태.

移
옮길 이

字源풀이

'벼 화(禾)'와 '많을 다(多)'의 형성자로, 移의 古音이 'dia'로서 'ie'로 변한 것이다.

자형 변천

갑골문	금문	전서	예서	해서
		移	移	移

나라별 비교

중국 간체자	移 / yí	일본 약자	移 / い

【부수자】禾

【영　문】change, alter, shift, transmit

【활용단어】

- 이전(移轉): 사물의 소재나 주소를 다른 곳으로 옮김. 권리(權利) 따위를 넘겨주거나 넘겨받는 것. 이사(移徙).
- 이사(移徙): 집을 옮김.
- 이목지신(移木之信): 위정자(爲政者)가 나무 옮기기로 백성을 믿게 한다는 뜻으로, 신용을 지킴을 이르는 말. 남을 속이지 아니함.

動
움직일 동

字源풀이

'무거울 중(重)'과 '힘 력(力)'의 形聲字(형성자)로, 무거운 것(重)을 들 때는 힘(力)을 다해야 '움직인다'는 뜻이다.

자형 변천

갑골문	금문	전서	예서	해서
動	動	動	動	動

나라별 비교

중국 간체자	动 / dòng	일본 약자	動 / どう

【부수자】力

【영　문】move, act, arouse

【활용단어】

- 동력원(動力源): 수력·전력·화력 따위와 같이 동력의 근원이 되는 에너지.
- 가동(稼動): 사람이나 기계 따위가 움직여 일하는 것.
- 확고부동(確固不動): 확고하여 흔들리거나 움직이지 않음.

701

物
만물 물

'소 우(牛)'와 '말 물(勿)'의 形聲字(형성자)로, 본래는 잡색의 소(牛)를 나타낸 것인데, 뒤에 '물건'의 뜻으로 쓰였다.

자형 변천

갑골문	금문	전서	예서	해서

나라별 비교

중국 간체자	일본 약자
物 wù	物 ぶつ・もつ

【부수자】牛

【영 문】substance, thing

【활용단어】

- 물질(物質): 물체를 이루는 실질. 물건의 본바탕.
- 사물(私物): 개인이 사사로이 소유하는 물건, 사유물.
- 견물생심(見物生心): 실물을 보면 욕심이 생김.

702

價
값 가

'사람 인(亻)'과 '장사 고(賈)'의 形聲字(형성자)로, 사람들이 사고 팔 때 물건의 가치를 정하기 때문에 '값'의 뜻이 되었다.

자형 변천

갑골문	금문	전서	예서	해서
		價	價	價

나라별 비교

중국 간체자	일본 약자
价 jià, jiè, jiè	価 か, あたい

【부수자】人

【영 문】price, value

【활용단어】

- 가격(價格): 물건이 지니고 있는 가치를 돈으로 나타낸 것. 값.
- 주가(株價): 주식이나 주권(株券)의 값.
- 동가홍상(同價紅裳): '같은 값이면 다홍치마'라는 뜻으로, 같은 조건이라면 좀 더 낫고 편리한 것을 택함.

703 急 급할 급

字源풀이

'미칠 급(⻖→及)'과 '마음 심(心)'의 形聲字(형성자)로, 본래는 '작은 옷'의 뜻이었는데, 쫓기는(及) 마음(心)이라는 데서 '급하다'의 뜻이다.

자형 변천

갑골문	금문	전서	예서	해서
		急	急	急

나라별 비교

중국 간체자	일본 약자
急 jí	急 きゅう

【부수자】 心
【영 문】 quick, hurried, anxious

【활용단어】
- 급구(急救): 급히 구원함.
- 긴급(緊急): 매우 급함. 요긴하고 급함.
- 초미지급(焦眉之急): 눈썹에 불이 붙은 것과 같이 매우 위급함.

704 變 변할 변

字源풀이

小篆(소전)에 '變'의 자형으로, '말잇대일 련(䜌)'과 칠 복(攴)의 形聲字(형성자)로, 쳐서(攴) 이어지도록(䜌) 하다의 뜻이었는데, '고치다', '변하다'의 뜻이 되었다.

자형 변천

갑골문	금문	전서	예서	해서
	變	變	變	變

나라별 비교

중국 간체자	일본 약자
变 biàn	変 へん

【부수자】 言
【영 문】 change, different

【활용단어】
- 변장(變裝): 옷차림이나 모습을 다르게 꾸밈.
- 이변(異變): 이상과 변고. 괴이한 변고.
- 임기응변(臨機應變): 그때그때 처한 형편에 따라 알맞게 처리함.

董狐直筆
동 호 직 필

'동호의 直筆'이라는 뜻. 곧 정직한 기록. 기록을 맡은 이가 직필하여 조금도 거리낌이 없음을 이름. 권세를 두려워하지 않고 사실을 그대로 적어 역사에 남기는 일.

董(바로잡을 동)　狐(여우 호)　直(곧을 직)　筆(붓 필)

● 春秋時代(춘추시대), 晉(진)나라에 있었던 일이다. 대신인 趙穿(조천)이 무도한 靈公(영공)을 시해했다. 당시 재상격인 正卿(정경) 趙盾(조돈)은 영공이 시해되기 며칠 전에 그의 해학을 피해 망명 길에 올랐으나 국경을 넘기 직전에 이 소식을 듣고 도읍으로 돌아왔다. 그러자 史官(사관)인 董狐(동호)가 공식 기록에 이렇게 적었다.

"조돈, 그 군주를 시해하다."

조돈이 이 기록을 보고 항의하자 동호는 이렇게 말했다.

"물론, 대감이 분명히 하수인은 아닙니다. 그러나 대감은 당시 국내에 있었고, 또 도읍으로 돌아와서도 범인을 처벌하거나 처벌하려 하지도 않았습니다. 그래서 대감은 공식적으로는 弑害者(시해자)가 되는 것입니다."

조돈은 그것을 도리라 생각하고 그대로 뒤집어쓰고 말았다. 훗날 공자는 이 일에 대해 이렇게 말했다.

"동호는 훌륭한 사관이었다. 법을 지켜 올곧게 직필했다. 趙宣子(조선자)도 훌륭한 대신이었다. 법을 바로잡기 위해 오명을 감수했다. 유감스러운 일이다. 국경을 넘어 외국에 있었더라면 책임은 면했을 텐데……."

177 軍部發表
군 부 발 표
軍部에서 발표하기를
軍部の発表では

178 暗執極刑
암 집 극 형
刑法의 판결없이 극형에 처했다고
刑法の判決なく極刑に処したと

179 兵卒混忙
병 졸 혼 망
병사들은 혼란 속에 분망히
兵士たちは混乱の中でせわしく

180 破眠等號
파 면 등 호
잠을 깨고 軍號를 기다린다.
眠りから覚め軍号を待つ

181 屋前殺傷
옥 전 살 상
집 앞에서 살상하는 것은
家の前で殺傷することは

182 太端重惡
태 단 중 악
너무 극단의 惡行이다.
あまりに極端な悪行だ

183 浴室病去
욕 실 병 거
浴室에서 病死하니
浴室で病死すると

184 參祭泣喪
참 제 읍 상
祭典에 참석하여 눈물로 問喪하다.
祭典に参席し涙して喪を問う

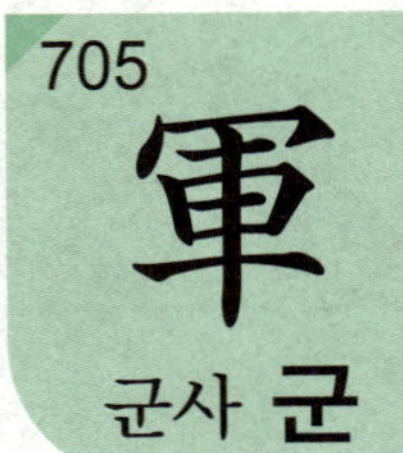

705 軍 군사 군

字源풀이

金文(금문)에 '軍'의 자형으로, 곧 '집 면(宀)'과 '수레 거(車)'의 會意字(회의자)로서 집(宀) 밑에 병사와 수레가 머물고 있다는 것에서 '병영', '군사'의 뜻이다.

자형 변천

갑골문	금문	전서	예서	해서
		軍	軍	軍

나라별 비교

중국 간체자	일본 약자
军 jūn	軍 ぐん

〖부수자〗 車
〖영　문〗 military, forces

〖활용단어〗
- 군대(軍隊): 일정한 조직 편제를 가진 군인의 집단.
- 적군(敵軍): 적국(敵國)의 군사(軍士).
- 군령태산(軍令泰山): 군대의 명령은 태산같이 무거움.

706 部 떼 부

字源풀이

'고을 읍(邑)'과 '떼 부(咅)'의 형성자로, 본래는 감숙성의 한 지명이었는데 지금은 나누다, 떼, 부락 등의 뜻으로 쓰인다.

자형 변천

갑골문	금문	전서	예서	해서
		部	部	部

나라별 비교

중국 간체자	일본 약자
部 bù	部 ぶ

〖부수자〗 阝
〖영　문〗 department, section

〖활용단어〗
- 부분(部分): 전체를 몇으로 나눈 것의 하나하나.
- 일부(一部): 전체의 한 부분. 한 번.
- 반부논어(半部論語): 반 권의 논어라는 뜻으로, 학습의 중요함을 이르는 말. 자신의 지식을 겸손하게 이르는 말.

707 發 필 **발**

갑골문	금문	전서	예서	해서

字源풀이

'걸음 발(癶)'과 '활
궁(弓)', '창 수(殳)'
의 形聲字(형성자)
로, 본래 화살이 활
을 '떠나다'의 뜻이
었는데, '피다'의
뜻이 되었다.

나라별 비교

중국 간체자	发 fā	일본 약자	発 はつ・ほつ

〖부수자〗 癶

〖영 문〗 shoot, launch, publish

〖활용단어〗

- 발명(發明): 전에 없던 물건 또는 무슨 방법을 새로 만들어 내거나 연구하여 냄.
- 출발(出發): 길을 떠남. 일을 시작하여 나감.
- 일촉즉발(一觸卽發): 한 번 닿기만 하여도 곧 폭발한다는 뜻.

708 表 겉 **표**

자형 변천

갑골문	금문	전서	예서	해서

字源풀이

'옷 의(衣)'자에 '털
모(毛)'가 합쳐진 글
자(裘)로, 옷(衣)에
털(毛)이 나 있는 부
분이 겉이므로 '겉
옷'이나 '겉'이란
의미가 되었다.

나라별 비교

중국 간체자	表 biǎo	일본 약자	表 ひょう

〖부수자〗 衣

〖영 문〗 outside, appearance, exteriors

〖활용단어〗

- 표결(表決): 의안(議案)에 대한 가부(可否)의 의사(意思)를 표시하여 결정하는 일.
- 발표(發表): 널리 드러내어 세상에 알림.
- 비례대표(比例代表): 비례 대표제 선거에서, 정당(政黨)의 득표 수에 따라 선출(選出)되는 대의원(代議員).

709 暗
어두울 암

'日(날 일)'과 '音(소리 음)'의 形聲字(형성자)로, 어두운 暗黑(암흑) 속에서는 소리(音)로 상대방을 구분한다는 뜻에서 '어둡다'의 뜻이다.

자형 변천

갑골문	금문	전서	예서	해서
		暗	暗	暗

나라별 비교

중국 간체자	暗 àn	일본 약자	暗 あん

〖부수자〗 日
〖영 문〗 dim, dark, obscure

〖활용단어〗
- 암기(暗記): 외어서 잊지 아니함.
- 명암(明暗): 밝음과 어두움.
- 암중모색(暗中摸索): 어두운 가운데서 더듬어 찾음. 어림만 대고 막연히 어떤 일을 알아내려 함.

---

710 執
잡을 집

꿇어 앉아 있는 사람(丸)의 두 손에 수갑(幸)을 채운 죄수를 잡아 놓은 모습이다.

자형 변천

갑골문	금문	전서	예서	해서
執	執	執	執	執

나라별 비교

중국 간체자	执 zhí	일본 약자	執 しつ·しゅう

〖부수자〗 土
〖영 문〗 hold, grasp, maintain

〖활용단어〗
- 집착(執着): 어떤 것에 마음이 늘 쏠려 떨치지 못하고 매달리는 일.
- 고집(固執): 자기의 의견만 굳게 내세움.
- 고집불통(固執不通): 고집이 세어 조금도 변통성(變通性)이 없음. 또는 그 사람.

711

極

극진할 극

'나무 목(木)'에 '빠를 극(亟)'을 합한 형성자로, 용마루(木)를 올리는 일은 위험하니 빨리(亟) 정성을 다해서 해야 한다는 데서 '지극하다', '극도'의 뜻이다.

🌀 자형 변천

갑골문	금문	전서	예서	해서
		極	極	極

🌀 나라별 비교

중국 간체자	极 jí	일본 약자	極 きょく, ごく

〖부수자〗 木

〖영 문〗 extreme, highest, utmost

〖활용단어〗

- 극단(極端): 맨 끄트머리. 중용을 벗어나 한쪽으로 치우치는 일.
- 극빈(極貧): 몹시 가난함.
- 극락정토(極樂淨土): 아미타불(阿彌陀佛)이 살고 있다는 정토(淨土)로, 괴로움이 없으며 지극히 안락하고 자유로운 세상.

712

刑

형벌 형

본래 '칼 도(刂)'와 '우물 정(井)'의 會意字(회의자)로, 마을의 공동우물을 사용하는 데는 서로 지켜야 할 법도가 있으므로 '井'은 법을 뜻한다. 죄인을 법에 따라 '형벌한다'는 뜻이다.

🌀 자형 변천

갑골문	금문	전서	예서	해서
	井	刑	刑	刑

🌀 나라별 비교

중국 간체자	刑 xíng	일본 약자	刑 ぎょう・けい

〖부수자〗 刂

〖영 문〗 penalty, punishment

〖활용단어〗

- 교수형(絞首刑): 목을 옭아 죽이는 형벌.
- 형벌(刑罰): 나라에서 죄지은 사람에게 주는 벌.
- 사복형사(私服刑事): 범죄 수사, 잠복, 미행 등을 위하여 사복을 입고 근무하는 경찰관.

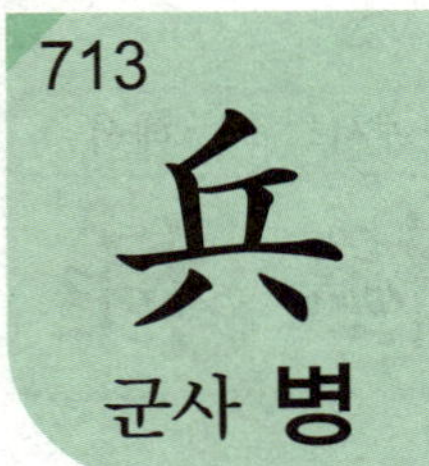

713 兵
군사 병

甲骨文(갑골문)에 '兵'의 형태로, 두 손으로 자귀를 잡은 모양을 본뜬 것인데. '병사'의 뜻으로 쓰이게 되었다.

자형 변천

갑골문	금문	전서	예서	해서
				兵

나라별 비교

중국 간체자	兵 bīng	일본 약자	兵 ひょう·へい

【부수자】八
【영 문】arms, weapons, soldier

【활용단어】

- 모병(募兵): 병정을 널리 구하여 모음.
- 병역(兵役): 백성이 의무로 군적에 편입되어 군무에 종사하는 일.
- 부국강병(富國强兵): 나라를 경제적으로 부유하게 하고 군대를 강하게 함. 부유한 나라와 강한 군대.

714 卒
군사 졸

본래 '옷 의(衣)'와 '한 일(一)'의 指事字(지사자)로, 一로써 일반 옷과는 다른 염색한 옷이란 것을 가리킨 것이다. 짙은 염색을 한 옷을 입은 죄인 중에 公役(공역)을 하는 사람을 뜻한다. 병졸의 뜻이 되었다.

자형 변천

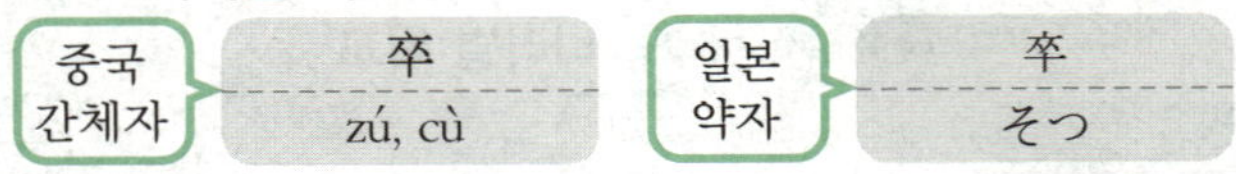

갑골문	금문	전서	예서	해서
			卒	卒

나라별 비교

중국 간체자	卒 zú, cù	일본 약자	卒 そつ

【부수자】十
【영 문】soldier, dead, servant

【활용단어】

- 졸업(卒業): 일정한 규정이 있는 학업을 마침.
- 역졸(驛卒): 역에서 심부름하던 사람.
- 오합지졸(烏合之卒): 까마귀가 모인 것 같은 무리라는 뜻으로, 질서 없이 어중이떠중이가 모인 군중(群衆), 또는 제각기 보잘 것없는 수많은 사람.

715 混 섞일 혼

'물 수(氵)'와 '벌레 곤(昆)'의 形聲字(형성자)로, 여러 강물이 합쳐서 흘러감의 뜻에서 '섞이다'의 뜻이다.

자형 변천

갑골문	금문	전서	예서	해서
		混	混	混

나라별 비교

중국 간체자	混 hùn, hún	일본 약자	混 こん

〖부수자〗 氵

〖영 문〗 mix, confuse

〖활용단어〗

- 혼돈(混沌): 사물이 뒤섞여 갈피를 잡을 수 없는 상태.
- 혼전(混戰): 서로 뒤섞여서 어지럽게 싸움.
- 혼성부대(混成部隊): 보병을 주력으로 하여 여러 병과의 병사를 섞어 이루어진 부대. 두 나라 이상의 병사로 구성된 단일 부대.

716 忙 바쁠 망

'마음 심(忄)'과 '망할 망(亡)'의 形聲字(형성자)로, 마음(忄)을 잊어버릴(亡) 정도로 바쁘다(忙)는 뜻이다.

자형 변천

갑골문	금문	전서	예서	해서
		忙	忙	忙

나라별 비교

중국 간체자	忙 máng	일본 약자	忙 ぼう

〖부수자〗 心

〖영 문〗 busy, hurry

〖활용단어〗

- 다망(多忙): 매우 바쁨. 일이 매우 많음.
- 망중(忙中): 바쁜 가운데.
- 다사다망(多事多忙): 일이 많아 몹시 바쁨. 눈코 뜰 사이 없이 바쁨.

717 破 깨뜨릴 파

'돌 석(石)'과 '가죽 피(皮)'의 形聲字(형성자)로, 짐승에서 가죽을 벗기어 살과 분리하듯이 돌을 '깨다'의 뜻이다.

자형 변천

갑골문	금문	전서	예서	해서
		破	破	破

나라별 비교

중국 간체자	破 pò	일본 약자	破 は

〔부수자〕 石
〔영 문〕 break, dilapidated

〔활용단어〕

- 파격(破格): 격식을 깨뜨림, 또는 그리된 격식.
- 난파(難破): 배가 풍랑을 만나거나 암초에 부딪치거나 하여 깨어짐.
- 각개격파(各個擊破): 적이 유기적으로 통합되어 있지 않은 틈을 타서 그 낱낱을 따로따로 격파함.

718 眠 잘 면

'눈 목(目)'과 '백성 민(民)'의 形聲字(형성자)이다. '民'은 '泯'(어두울 민)의 省體(생체)로, 눈을 감아 혼미상태로 된다는 의미로 '자다'의 뜻이 되었다.

자형 변천

갑골문	금문	전서	예서	해서
		眠	眠	眠

나라별 비교

중국 간체자	眠 mián	일본 약자	眠 みん

〔부수자〕 目
〔영 문〕 sleep

〔활용단어〕

- 동면(冬眠): 동물이 겨울 동안 땅속, 물속 등에서 생활 활동을 멈추고 수면 상태에 있는 현상.
- 불면(不眠): 잠을 자지 않는 것. 잠을 자지 못하는 것.
- 고침안면(高枕安眠): 근심 없이 안심하고 잘 잠.

719 等 무리 등

字源풀이

'대 죽(竹)'과 '관청 시(寺)'의 會意字(회의자)로, 옛날 관청(寺)에서 대나무(竹) 쪽에 쓴 竹簡(죽간)을 같은 것끼리 정리한다는 데서 '같은 것', '무리' 등의 뜻이다.

【부수자】竹

【영 문】rank, grade, same, equal

【활용단어】

- 등분(等分): 등급의 구분. 똑같이 나눔, 또는 그 분량.
- 대등(對等): 서로 맞먹거나 같음.
- 평등주의(平等主義): 모든 것을 차별을 두지 않고 대하는 주의.

---

720 號 이름 호

字源풀이

'이름 호(号)'와 '범 호(虎)'의 회의자로, 号는 본래 아플 때 크게 우는 소리의 뜻이고, 號는 号의 누증자이다. 범(虎)의 울음소리도 우렁차게 부르짖는 데서 '부르다'의 뜻이다.

【부수자】虍

【영 문】call, command, title

【활용단어】

- 호령(號令): 지휘하여 명령함. 큰 소리로 꾸짖음. 주로 단체 행동에, 어떤 동작을 일제히 하도록 하는 간단하게 규정된 말.
- 번호(番號): 차례를 나타내는 횟수. 순번의 수를 외치는 일, 또는 그 구령.
- 호령여한(號令如汗): 한번 내린 명령은 다시 취소하기 어려움.

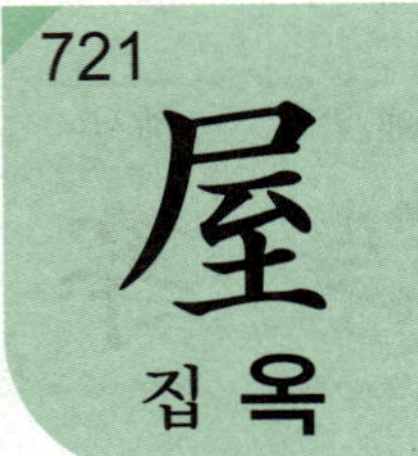

721 屋 집 옥

사람(尸→尸)이 머물러(至) 사는 곳이 '집'이란 뜻이다.

자형 변천

갑골문	금문	전서	예서	해서
		屋	屋	屋

나라별 비교

중국 간체자	屋 wū	일본 약자	屋 おく

【부수자】尸

【영 문】house, room, shelter

【활용단어】

- 누옥(陋屋): 누추한 집. 자기 집을 낮추어 일컫는 말.
- 옥개(屋蓋): 지붕. 지붕 돌.
- 옥상가옥(屋上架屋): 지붕 위에 거듭 집을 세움. 물건이나 일을 부질없이 거듭하는 것의 비유.

722 前 앞 전

字源풀이

본래 배 위에 발을 올려놓으면 앞으로 나아감에서 '앞'의 뜻으로 쓰인 글자이다. '前'자는 본래 '歬'의 자형으로서 '刂(칼 도)'자는 隷書體(예서체)에서부터 더해진 것이다.

자형 변천

갑골문	금문	전서	예서	해서
歬	歬	歬	前	前

나라별 비교

중국 간체자	前 qián	일본 약자	前 ぜん

【부수자】刂

【영 문】front, forward, before

【활용단어】

- 전임(前任): 전에 그 임무를 맡았던 사람.
- 등전(燈前): 등불 앞. 등불 가까운 곳.
- 전대미문(前代未聞): 지난 시대에는 들어 본 적이 없다는 뜻으로, 매우 놀랍거나 새로운 일을 이르는 말.

723

殺

죽일 **살**
감할 **쇄**

字源풀이

'창 수(殳)'와 '㣇(朮: 삽주뿌리 출)'의 形聲字(형성자)로, 창(殳)으로 사람을 '죽이다'의 뜻이다.

자형 변천

갑골문	금문	전서	예서	해서
	杀	殺	殺	殺

나라별 비교

중국 간체자	杀 shā, shài	일본 약자	殺 さい·さつ·せつ

〖부수자〗 殳
〖영 문〗 kill, slaughter, destrory

〖활용단어〗
- 박살(撲殺): 때려죽임.
- 살상(殺傷): 죽이거나 상하게 함.
- 교각살우(矯角殺牛): 뿔을 바로잡으려다 소를 죽인다는 뜻으로, 결점이나 흠을 고치려다가 그 정도가 지나쳐서 도리어 일을 그르친다는 말.

724

傷

상할 **상**

字源풀이

'사람 인(亻)'과 '剔(陽의 古字인 '昜'과 同字)의 形聲字(형성자)로, 몸의 상처의 뜻인데, 상처는 잘 나타나므로 밝게 나타나다의 뜻을 가진 '昜'자를 취한 것이다.

자형 변천

갑골문	금문	전서	예서	해서
		傷	傷	傷

나라별 비교

중국 간체자	伤 shāng	일본 약자	傷 しょう

〖부수자〗 人
〖영 문〗 injury, grief, hurt

〖활용단어〗
- 상해(傷害): 상처를 내어 해를 입힘.
- 감상(感傷): 슬프게 느끼어 마음 아파함. 대수롭지 아니한 일에도 쉬이 감동하고 지나치게 슬퍼하는 마음의 경향.
- 애이불상(哀而不傷): 슬퍼하되 도를 넘지 아니함.

725

太
클 태

字源풀이

金文(금문)에 '', 소전에 '太'의 형태로 위의 ''는 '人'의 상형자, 아래의 '一'은 물의 지사자로 발이 진흙물에 빠져 있어 설 수 없는 모습을 가리킨 지사자로 미끄럽다의 뜻.

자형 변천

갑골문	금문	전서	예서	해서
	太	太	太	太

나라별 비교

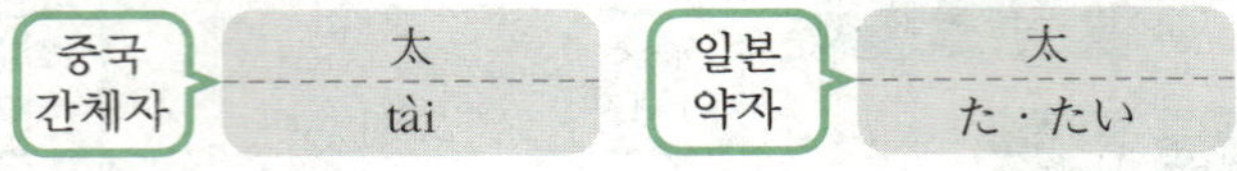

중국 간체자	太 tài	일본 약자	太 た·たい

【부수자】大
【영 문】very big or large

【활용단어】
- 태극기(太極旗): 대한 민국의 국기.
- 흑태(黑太): 껍질 빛깔이 검은 콩.
- 태평연월(太平烟月): 세상이 평화롭고 안락(安樂)한 때.

※ '泰'(클 태)의 古字(고자). 한국에서 '콩'의 뜻으로 쓰는 것은 속칭.

726

端
끝 단

字源풀이

'설 립(立)'과 '끝 단(耑)'의 形聲字(형성자)로, 본의는 '몸이 단정하다'의 뜻이었는데, '耑'자는 풀싹이 곧게 땅을 뚫고 나온다는 뜻에서 '곧다', '끝'의 뜻이 되었다.

자형 변천

갑골문	금문	전서	예서	해서
		端	端	端

나라별 비교

중국 간체자	端 duān	일본 약자	端 たん

【부수자】立
【영 문】end

【활용단어】
- 첨단(尖端): 물건의 뾰족한 끝. 시대의 사조(思潮), 유행 같은 것에 앞장서는 일.
- 발단(發端): 일이 생김 또는 벌어짐. 그 일의 첫머리.
- 수서양단(首鼠兩端): 진퇴, 거취를 결정하지 못하는 상태.

727

重
무거울 **중**

金文(금문)에 '𤫊'의 자형으로 줄기 정(壬)과 동녘 동(東)의 形聲字(형성자)이다.

자형 변천

갑골문	금문	전서	예서	해서
	𤫊	𤾼	重	重

나라별 비교

중국 간체자	重 zhòng, chóng	일본 약자	重 じゅう・ちょ

【부수자】里
【영 문】heavy, weighty, weight

【활용단어】
- 중기관총(重機關銃): 경기관총보다 무겁고 화력이 센 기관총.
- 권토중래(捲土重來): '땅을 마는 것 같은 세력으로 다시 온다'는 뜻으로, 한번 실패했다가 힘을 회복하여 다시 쳐들어옴.

※ 줄기 정(壬)은 '𡈼'의 자형으로 사람(亻)이 흙더미(土) 위에 서 있는 모습으로서 땅 위에 있으면 땅이 두터움을 알게 되므로 '두텁다'의 뜻이었는데, 뒤에 '무겁다'의 뜻이 되었다.

728

惡
모질 **악**
미워할 **오**

'추할 아(亞)'와 '마음 심(心)'의 形聲字(형성자)로, 의식적인 추악(亞)한 행위는 용서할 수 없다는 데서, '나쁘다', '악하다'의 뜻이다.

자형 변천

갑골문	금문	전서	예서	해서
		惡	惡	惡

나라별 비교

중국 간체자	恶 è, ě, wū, wù	일본 약자	悪 あく, お

【부수자】心
【영 문】bad, evil, hate

【활용단어】
- 간악(奸惡): 간사하고 악독함.
- 악몽(惡夢): 불길한 꿈.
- 간악무도(奸惡無道): 간악하고 무지막지함.

※ '미워하다', '싫어하다'의 뜻일 경우는 '오'로 읽는다.

729 浴 — 몸씻을 욕

字源풀이

'물 수(水)'와 '골 곡(谷)'의 形聲字(형성자)로, 몸을 씻다의 뜻이다. 옛날에는 산골짜기에서 목욕했으므로 '谷'을 취했다.

자형 변천

갑골문	금문	전서	예서	해서
		浴	浴	浴

나라별 비교

중국 간체자	일본 약자
浴 yù	浴 よく

【부수자】 氵

【영　문】 bathe, bath, wash

【활용단어】

- 욕실(浴室): 목욕할 수 있는 방.
- 목욕(沐浴): 머리를 감으며 몸을 씻는 일.
- 목욕재계(沐浴齋戒): 제사(祭祀)를 지내거나 신성(神聖)한 일 따위를 할 때, 목욕해서 몸을 깨끗이 하고 마음을 가다듬어 부정을 피함.

---

730 室 — 방 실

字源풀이

집 안(宀: 집 면)에서 사람이 머무는 곳(至)이, 곧 방이란 뜻이다.

자형 변천

갑골문	금문	전서	예서	해서
室	室	室	室	室

나라별 비교

중국 간체자	일본 약자
室 shì	室 しつ

【부수자】 宀

【영　문】 room, home

【활용단어】

- 실장(室長): 그 방의 장(長). 일실(一室)의 장(長).
- 잠실(蠶室): 누에를 치는 방(房).
- 고대광실(高臺廣室): 높은 누대(樓臺)와 넓은 집이라는 뜻으로, 크고도 좋은 집을 이르는 말.

731 病 병 병

자형 변천

갑골문	금문	전서	예서	해서
		牁	病	病

나라별 비교

중국 간체자	病 bìng	일본 약자	病 びょう・へい

〖부수자〗 疒

〖영 문〗 illness, disease

字源풀이

'병질 녁(疒)'은 사람(人→亠)이 침상(爿→丬)에 누워 있음을 나타낸 것이고, '남녘 병(丙)'은 '火'의 뜻으로 병이 점점 심하여 열이 나다에서 '병'의 뜻이다.

〖활용단어〗

- 간병(看病): 병구완.
- 병가(病暇): 병으로 말미암아 얻는 휴가.
- 동병상련(同病相憐): 처지가 서로 비슷한 사람끼리 서로 동정하고 도움.

732 去 갈 거

자형 변천

갑골문	금문	전서	예서	해서
㚔	㚔	去	去	去

나라별 비교

중국 간체자	去 qù	일본 약자	去 きょ, こ

〖부수자〗 厶

〖영 문〗 go, leave

字源풀이

'去'자는 甲骨文(갑골문)에 '㚔'의 형태로, 사람이 문턱을 나가는 상태를 본뜬 글자이다.

〖활용단어〗

- 거취(去就): 물러감과 나아감. 직장 따위에서 일신 상의 진퇴(進退).
- 과거(過去): 지나간 때. 현재에 앞선 때. 지난적. 삼세(三世)의 하나로 출생하기 전. 전생(前生). 전세(前世).
- 거두절미(去頭截尾): 머리와 꼬리를 잘라버린다는 뜻으로, 앞뒤의 잔 사설을 빼놓고 요점만을 말함. 앞뒤를 생략하고 본론으로 들어감.

733

參
참여할 **참**

사람(人)의 머리 위에 있는 3개의 별을 그린 회의자로, 밝게 빛을 내는 별(㿟星)이란 뜻이다. 㿟星(진성)은 세 개의 별로 되어 있어 '셋'의 뜻이다. 뒤에 참가하다의 뜻으로 쓰였다.

자형 변천

갑골문	금문	전서	예서	해서
	〔금문〕	〔전서〕	〔예서〕參	參

나라별 비교

중국 간체자	参 cān, cēn, shēn	일본 약자	参 さん・しん

【부수자】 厶

【영　문】 to take part in

【활용단어】

- 참석(參席): 자리에 참여함.
- 불참(不參): 어떠한 자리에 참석하지 아니함.
- 면벽참선(面壁參禪): 벽을 향하고 앉아 마음을 가다듬어 참선(參禪) 수행(修行)하는 일.

※ 中國에서는 인삼의 뜻으로도 쓰인다.

734

祭
제사 **제**

'보일 시(示)'와 '고기 육(肉→夕)', '오른손 우(又)'의 회의자이다. 손으로 제수품인 고기를 들어 神에게 올리는 형태로 제사의 뜻이다.

자형 변천

갑골문	금문	전서	예서	해서
〔갑골문〕	〔금문〕	〔전서〕	〔예서〕祭	祭

나라별 비교

중국 간체자	祭 jì	일본 약자	祭 さい

【부수자】 示

【영　문】 worship, wield, to offer sacrifices to

【활용단어】

- 제기(祭器): 제사(祭祀) 때에 쓰이는 그릇. 유기(鍮器), 사기(沙器), 목기(木器) 등이 있음.
- 축제(祝祭): 축하(祝賀)의 제전(祭典). 축하(祝賀)와 제사(祭祀) 경축(慶祝)하여 벌이는 큰 잔치.
- 관혼상제(冠婚喪祭): 관례(冠禮)·혼례(婚禮)·상례(喪禮)·제례(祭禮)의 네 가지 예를 두고 말함.

735 泣 울 읍

字源풀이

'물 수(氵)'와 '설 립(立)'의 형성자로, 서 있는 사람(立)이 눈물(氵)을 흘리는 모습으로 소리내지 않고 눈물 흘리다의 뜻이다.

나라별 비교

| 중국 간체자 | 泣 qì |
| 일본 약자 | 泣 きゅう |

【부수자】氵

【영 문】weep, to come to tears without crying

【활용단어】

- 읍소(泣訴): 눈물로써 간절히 하소연함.
- 감읍(感泣): 감격하여 욺.
- 읍참마속(泣斬馬謖): 눈물을 머금고 마속의 목을 벤다는 뜻으로, 사랑하는 신하(臣下)를 법대로 처단(處斷)하여 질서를 바로잡음을 이르는 말.

---

736 喪 잃을 상

字源풀이

小篆(소전)에 '喪'의 자형으로, '울 곡(哭)'과 '도망할 망(亡)'의 合體字(합체자)로, 이 세상을 떠나 다시는 만날 수 없는, 곧 亡者(망자)를 생각하여 울다에서 '잃다'의 뜻이다.

나라별 비교

| 중국 간체자 | 丧 sāng, sàng |
| 일본 약자 | 喪 そう |

【부수자】口

【영 문】death, dying

【활용단어】

- 문상(問喪): 남의 죽음에 대하여 슬퍼하는 뜻을 드러내어 상주(喪主)를 위문함, 또는 그 위문.
- 상복(喪服): 상중에 있는 상제나 복인이 입는 예복.
- 낙담상혼(落膽喪魂): 몹시 놀라서 넋을 잃음.

道不拾遺
도 불 습 유

길에 떨어진 것을 줍지 않는다는 말로, 법이 잘 지켜져 나라가 태평하다는 뜻.

道(길 도) 不(아닐 불) 拾(주을 습) 遺(남길 유)

●秦(진)은 일찍부터 法家(법가)를 등용해 富國强兵(부국강병)을 이룬 나라다. 孝公(효공)이 상앙을 등용해 두 번에 걸쳐 變法(변법)을 실시하자 秦은 盤石(반석) 위에 서게 됐다. 상앙이 사용했던 방법은 간단했다. 苛酷(가혹)하리만큼 엄한 벌을 세워 백성들을 꼼짝 못하게 하는 것이었다. 물론 여기에는 왕족도 예외가 있을 수 없었다. 과연 그가 憲法(헌법)의 초안을 올리자 孝公은 고개를 절레절레 흔들었다. 그대로 했다가는 한 사람도 남아나지 못할 것 같았던 것이다.

아니나 다를까. 법이 공포되자 아우성이었다. 혹자는 칭찬하고, 혹자는 비난했다. 상앙은 둘 다 잡아다 엄벌에 처했다. 이때부터 법에 대해 曰可曰否(왈가왈부)하는 사람은 자취를 감추고 말았다. 이렇게 해놓고 법을 시행하자 백성들은 손가락 하나로 움직였으며, 백성 중 감히 법을 어기는 자는 아무도 없었다.

법을 시행한지 10년, 백성들은 크게 기뻐했으며 집집마다 넉넉했고 戰爭(전쟁)에 勇敢(용감)했으며 나라는 크게 興盛(흥성)했다. 당시의 사회 상황을 司馬遷(사마천)은 『史記(사기)』에서 이렇게 말했다.

"길에 떨어진 물건도 줍는 사람이 없었으며〔道不拾遺(도불습유)〕, 산에는 도적이 사라졌다〔山無盜賊(산무도적)〕." 후에 秦始皇(진시황)은 이를 바탕으로 전국을 통일하게 된다. 道不拾遺(도불습유)는 철저한 준법정신을 뜻하기도 한다.

屬文要法 24

朱

붉을 주

字源풀이

본래 구슬을 실에 꿴 모양을 象形(상형)하여 '米, 米, 米'의 형태로 나타낸 것인데, 楷書體(해서체)의 '朱'자가 된 것이다.

자형 변천

갑골문	금문	전서	예서	해서
米	米	米	米	朱

나라별 비교

중국 간체자	朱 zhū	일본 약자	朱 しゅ

〖부수자〗 木

〖영 문〗 red, vermilion

〖활용단어〗

- 주작(朱雀): 남쪽 방위를 맡고 있다는 신을 상징하는 짐승.
- 주안(朱顏): 미인의 얼굴빛. 술 취한 붉은 얼굴.
- 근주자적(近朱者赤): 주사(朱砂) 가까이 있는 사람은 붉게 물이 든다. 사람은 그가 가까이하는 사람에 따라 그 영향을 받아서 반드시 변한다.

※ 옛날 구슬의 대부분이 붉은색이었기 때문에 본래 실에 꿴 구슬의 뜻이 '붉다'의 뜻으로 바뀐 것이다. 부득이 구슬을 뜻하는 '珠(구슬 주)'를 또 만들었다.

門

문 문

字源풀이

쌍문의 모양을 象形(상형)하여 '䀹, 䀼, 門'와 같이 그린 것인데, 楷書體(해서체)의 '門(문 문)'자가 된 것이다.

자형 변천

갑골문	금문	전서	예서	해서
門	門	門	門	門

나라별 비교

중국 간체자	门 mén	일본 약자	門 もん

〖부수자〗 門

〖영 문〗 door, gateway

〖활용단어〗

- 동문(同門): 같은 학교나 같은 스승 밑에서 배움, 혹은 그 동무.
- 문루(門樓): 궁문·성문·지방관아 따위의 바깥문 위에 지은 다락집.
- 정문일침(頂門一鍼): 정수리에 침을 준다는 말로 잘못의 급소를 찔러 충고하는 것.

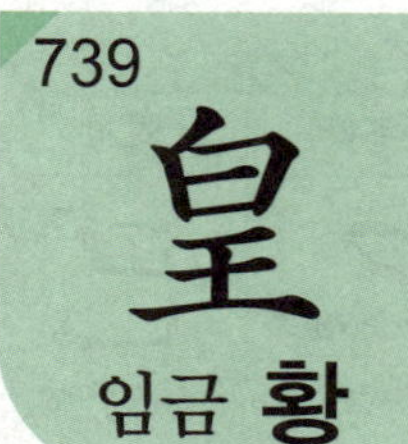

皇
임금 황

字源풀이

金文(금문)에 '<img>' 의 자형으로 볼 때, 왕이 머리 위에 면류관을 쓰고 단정히 앉아 있는 모습을 그리어 '임금'의 뜻을 나타낸 글자이다.

자형 변천

갑골문	금문	전서	예서	해서
	崝	皇	皇	皇

나라별 비교

중국 간체자	皇 huáng	일본 약자	皇 おう・こう

【부수자】 白

【영 문】 imperial, royal, an emperor

【활용단어】
- 황국(皇國): 황제가 다스리는 나라.
- 천황(天皇): 옥황상제. 일본에서 임금을 이르는 말.
- 진시황제(秦始皇帝): 중국의 통일 왕조 진(秦)의 시조.

井
우물 정

字源풀이

본래 우물의 난간을 그리고, 가운데 우물을 표시한 것인데 뒤에 점을 생략한 글자이다.

자형 변천

갑골문	금문	전서	예서	해서
井	井	井	井	井

나라별 비교

중국 간체자	井 jǐng	일본 약자	井 しょう・せい

【부수자】 二

【영 문】 well

【활용단어】
- 정연(井然): 짜임새와 조리가 있음.
- 견정(肩井): 팔을 펴면 오목해지는 어깨 위의 가장 높은 곳.
- 좌정관천(坐井觀天): 우물 속에 앉아 하늘을 쳐다본다는 뜻으로, 견문(見聞)이 매우 좁음을 말함. 세상 물정(物情)을 너무 모름.

741 已 이미 이

字源풀이

'뱀 사(巳)'와 '이미 이(已)'가 甲骨文(갑골문)에 'ᠻ', 金文(금문)에 'ᠻ', 小篆(소전)에 'ᠻ'의 자형으로 같은 형태였는데, '뱀'을 象形(상형)한 것이다. 뒤에 楷書體(해서체)에서 구별하여 썼다. '已(이미 이)', '巳(뱀 사)'로 구별한다.

자형 변천

갑골문	금문	전서	예서	해서
ᠻ	ᠻ	ᠻ	已	已

나라별 비교

중국 간체자	일본 약자
已 yǐ	已 い

【부수자】 己
【영 문】 already, cease

【활용단어】
- 이결(已決): 이미 결정하거나 결정.
- 이구(已久): 이미 오래됨.
- 만부득이(萬不得已): 어쩔 수 없이.

---

742 淺 얕을 천

字源풀이

'물 수(氵)'와 '적을 전(戔)'의 형성자로, 물이 얕다의 뜻이다. 戔에는 細少(세소)의 뜻이 있다.

자형 변천

갑골문	금문	전서	예서	해서
	淺	淺	淺	淺

나라별 비교

중국 간체자	일본 약자
浅 qiǎn, jiān	浅 せん

【부수자】 氵
【영 문】 shallow, narrow and small

【활용단어】
- 천박(淺薄): 학문이나 생각이 얕음.
- 비천(鄙淺): 야비하고 천박하다.
- 과문천식(寡聞淺識): 듣고 보고 한 것이 적고 지식이 얕음.

743

閉
닫을 폐

字源풀이

문(門)에 빗장을 질러놓은 모습을 본떠 만든 글자이다. 金文(금문)에 '閉'의 자형으로 보아도 빗장으로 문을 잠근 것임을 알 수 있다.

자형 변천

갑골문	금문	전서	예서	해서
	閉	閉	閉	閉

나라별 비교

중국 간체자	闭 bì	일본 약자	閉 へい

【부수자】門
【영　문】close, shut, end

【활용단어】
- 폐막(閉幕): 연극, 음악회 등을 다 마치고 막을 내림. 일반적으로 어떤 일이 끝남을 비유(比喩·譬喩)하여 이르는 말.
- 밀폐(密閉): 샐 틈이 없이 꼭 막거나 닫음.
- 금구폐설(金口閉舌): 귀중한 말을 할 수 있는 입을 다물고 혀를 놀리지 않는다는 뜻으로, 침묵함을 이르는 말.

744

使
하여금 사

字源풀이

'사람 인(人)'과 '벼슬아치 리(吏)'의 合體字(합체자)로, 관리가 임금의 명을 받들어 일을 하다. 또는 그 사람의 뜻에서 '하여금'의 뜻이 되었다.

자형 변천

갑골문	금문	전서	예서	해서
使	使	使	使	使

나라별 비교

중국 간체자	使 shǐ, shì	일본 약자	使 し

【부수자】人
【영　문】use, employ, to make

【활용단어】
- 대사(大使): 나라를 대표하여 다른 나라에 가서 외교를 맡아보는 최고 직급, 또는 그 사람.
- 사명(使命): 사신이나 사절이 받든 명령. 맡겨진 임무.
- 차풍사선(借風使船): 바람을 빌려 배를 빨리 달린다는 뜻으로, 남의 힘을 빌려 제 이익(利益)을 꾀함을 이르는 말.

745 淸 맑을 청

'물 수(氵)'와 '푸를 청(靑)'의 形聲字(형성자)로, 물(水)이 푸르게(靑) 보여 '맑고 깨끗하다'의 뜻이다.

자형 변천

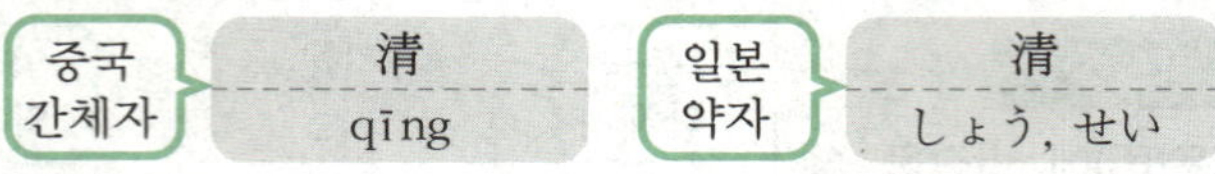

갑골문	금문	전서	예서	해서

나라별 비교

중국 간체자	清 qīng	일본 약자	清 しょう, せい

【부수자】 氵

【영 문】 clean, pure

【활용단어】

- 숙청(肅淸): 불순한 이들을 없앰.
- 청결(淸潔): 맑고 깨끗함.
- 청렴결백(淸廉潔白): 마음이 맑고 깨끗하며 재물 욕심이 없음.

746 慈 사랑 자

'마음 심(心)'과 '검을 자(玆)'의 형성자로, 마음이 화해롭다의 뜻이다. '玆'의 형태로 풀이 무성함을 뜻하는데, 애써 도와 기르다의 뜻으로 아이를 사랑하다의 뜻으로 쓰였다.

자형 변천

갑골문	금문	전서	예서	해서

나라별 비교

중국 간체자	慈 cí	일본 약자	慈 じ

【부수자】 心

【영 문】 kind, loving, merciful

【활용단어】

- 자친(慈親): 인자(仁慈)한 애정(愛情)으로 길러주는 어버이의 뜻으로, 남에게 대해 자기 어머니를 일컫는 말.
- 자비심(慈悲心): 사랑하고 가엾게 여기는 마음. 중생(衆生)에게 자비(慈悲)를 베푸는 마음.
- 대자대비(大慈大悲): 넓고 커서 가없는 자비(慈悲). 특히 관음(觀音) 보살(菩薩)이 중생(衆生)을 사랑하고 불쌍히 여기는 마음.

偉
거룩할 위

字源풀이

'가죽 위(韋)'와 '사람 인(亻)'의 形聲字(형성자)로, 위대하다의 뜻이다.

자형 변천

갑골문	금문	전서	예서	해서
		偉	偉	偉

나라별 비교

중국 간체자	伟 wěi	일본 약자	偉 い

【부수자】 人

【영 문】 great, big, extraordinary

【활용단어】
- 위대(偉大): 뛰어나고 훌륭함.
- 위업(偉業): 위대한 사업이나 업적.
- 용모괴위(容貌魁偉): 얼굴과 몸매가 뛰어나게 크고 씩씩하고 훌륭함.

容
얼굴 용

字源풀이

'집 면(宀)'과 '계곡 곡(谷)'의 合體字(합체자)로, 둘 다 안에 사물을 담다의 뜻에서 '수용하다', 나아가 '얼굴'의 뜻이 되었다.

자형 변천

갑골문	금문	전서	예서	해서
	㑀	窗	宭	容

나라별 비교

중국 간체자	容 róng	일본 약자	容 よう

【부수자】 宀

【영 문】 contain, hold, allow, permit

【활용단어】
- 관용(寬容): 너그럽게 용서하거나 받아들임.
- 용모(容貌): 사람의 얼굴 모양.
- 화용월태(花容月態): 아름다운 여자의 고운 용태(容態)를 이르는 말.

749 福 복 복

字源풀이

'볼 시(示)'와 '찰 복(畐)'의 形聲字(형성자)로, 술이 든 항아리(畐)를 신(示)에게 바치며 소원을 빌어 바라는 바를 얻는다는 데서 '복'의 뜻이다.

자형 변천

갑골문	금문	전서	예서	해서
祊	福	福	福	福

나라별 비교

중국 간체자	福 fú	일본 약자	福 ふく

【부수자】 示
【영 문】 happiness, good fortune

【활용단어】
- 음복(飲福): 제사를 마치고 제관이 제사에 쓴 술이나 다른 제물을 먹음.
- 복조리(福笊籬): 음력 정월(正月) 초하룻날 새벽에 사서 벽에 걸어두는 조리.
- 전화위복(轉禍爲福): 화가 바뀌어 오히려 복이 된다는 뜻.

---

750 到 이를 도

字源풀이

金文(금문)에는 '到'의 형태로 이를 지(至)에 칼 도(刂)가 아니라 사람(人)이 어느 곳에 이르다(至)의 뜻이다.

자형 변천

갑골문	금문	전서	예서	해서
	到	到	到	到

나라별 비교

중국 간체자	到 dào	일본 약자	到 とう

【부수자】 刀
【영 문】 reach, arrive

【활용단어】
- 도달(到達): 정한 곳에 다다름. 목적한 데에 미침.
- 쇄도(殺到): 세차게 몰려듦.
- 수도어행(水到魚行): 물이 흐르면 고기가 다닌다는 뜻으로, 무슨 일이나 때가 되면 이루어짐.

751

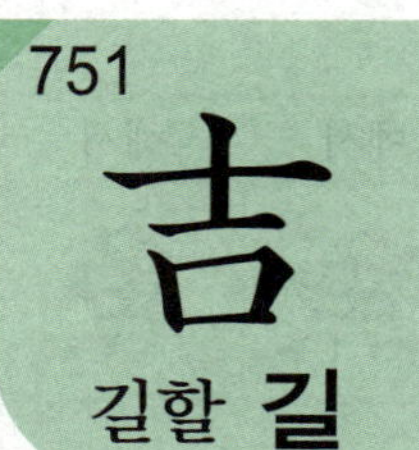

吉
길할 **길**

字源풀이

'선비 사(士)'와 '입 구(口)'의 會意字(회의자)로, 선비의 말 (口)은 길하다의 뜻 이다.

갑골문	금문	전서	예서	해서

나라별 비교

중국 간체자	吉 jí	일본 약자	吉 きち, きつ

[부수자] 口

[영 문] good, lucky, fortunate

[활용단어]

- 길흉(吉凶): 좋은 일과 언짢은 일.
- 불길(不吉): 재수나 운수(運數) 따위가 길하지 못함. 좋지 아니함.
- 길상선사(吉祥善事): 매우 기쁘고 좋은 일.

752

音
소리 **음**

字源풀이

小篆體(소전체)에 '音' 의 자형으로, 본래는 '말씀 언(言)' 자에 '한 일(一)' 자를 더해서 말 속에 '소리'가 있음을 나타낸 글자 이다.

자형 변천

갑골문	금문	전서	예서	해서

나라별 비교

중국 간체자	音 yīn	일본 약자	音 いん・おん

[부수자] 音

[영 문] sound, voice, tone

[활용단어]

- 득음(得音): 노래나 음악의 곡조가 썩 아름다운 지경에 이름.
- 음성(音聲): 사람의 발음 기관에서 생기는 음향(音響).
- 동음이자(同音異字): 발음은 같으나 글자가 다름. 또는 그 글자.

753

魚
고기 어

字源풀이

물고기의 옆모양을 象形(상형)하여 '𤉬, 𩵋, 𩼚, 𩵋'와 같이 그린 것인데, 楷書體(해서체)의 '魚'자가 된 것이다.

자형 변천

갑골문	금문	전서	예서	해서

나라별 비교

중국 간체자	鱼 yú	일본 약자	魚 ぎょ

【부수자】 魚
【영　문】 fish

【활용단어】
- 문어(文魚): 낙지과의 연체동물. 발 끝까지의 길이 3m쯤으로, 낙지류 중 가장 크다.
- 어망(魚網): 물고기를 잡는 그물.
- 수어지교(水魚之交): 물과 물고기의 관계와 같이 매우 친근한 사이.

754

豆
콩 두

字源풀이

본래 그릇 가운데 굽이 높은 그릇의 모양을 象形(상형)하여 '豆, 豆, 豆'와 같이 그린 것인데, 楷書體(해서체)의 '豆(두)'로 되고, 그 뜻도 변하여 '豆(콩 두)'자가 되었다.

자형 변천

갑골문	금문	전서	예서	해서

나라별 비교

중국 간체자	豆 dòu	일본 약자	豆 ず・とう

【부수자】 豆
【영　문】 bean, pea

【활용단어】
- 녹두(綠豆): 밭에 심는 콩과의 한해살이풀.
- 두부(豆腐): 물에 불린 콩을 매에 갈아 베자루에 넣고 짜낸 콩물을 익힌 다음 간수를 쳐서 엉기게 한 식품.
- 종두득두(種豆得豆): 콩을 심으면 반드시 콩이 나온다는 뜻으로, 원인에 따라 결과가 생김을 이르는 말.

755 果 실과 과

字源풀이

'木(나무 목)'에 열매를 표시한 '⊕'의 부호를 더하여 '𦲷, 𦹀'와 같이 나타낸 것인데, 楷書體(해서체)의 '果'자로 '실과'의 뜻이다.

🌀 자형 변천

갑골문	금문	전서	예서	해서
				果

🌀 나라별 비교

중국 간체자	果 guǒ	일본 약자	果 か

〖부수자〗 木

〖영 문〗 result, fruit

〖활용단어〗

- 견과(堅果): 단단한 껍질과 깍정이에 싸여 있는 나무 열매. 도토리·밤·은행·호두 등.
- 과즙(果汁): 과일을 짜낸 물.
- 인과응보(因果應報): 사람이 과거에 지은 업의 선악에 따라서 과보가 있음.

---

756 菜 나물 채

字源풀이

'풀 초(艹)'와 '캘 채(采)'의 形聲字(형성자)로, 손(爪)으로 뜯은 '나물'의 뜻이다.

🌀 자형 변천

갑골문	금문	전서	예서	해서
				菜

🌀 나라별 비교

중국 간체자	菜 cài	일본 약자	菜 さい

〖부수자〗 艹

〖영 문〗 vegetables, greens

〖활용단어〗

- 백채(白菜): 배추. 배추를 잘게 썰어 갖은 양념과 고기를 넣고 주물러 볶은 나물.
- 채식(菜食): 푸성귀로 만든 반찬만 먹음.
- 박주산채(薄酒山菜): 맛이 변변하지 못한 술과 산나물. 자기가 내는 술과 안주를 겸손하게 이르는 말.

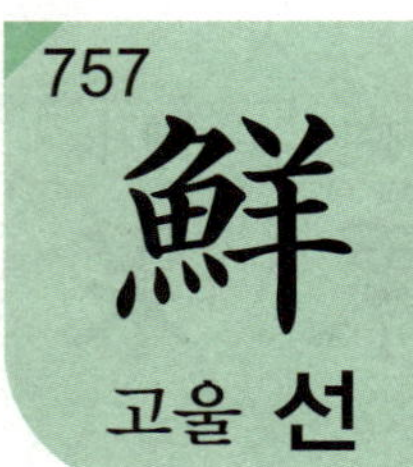

757 鮮
고울 선

字源풀이

‘물고기 어(魚)’와 ‘양 양(羊)’의 회의자로, 원래는 물고기 이름이었으나, 뒤에 신선하다, 곱다의 뜻으로 쓰이고, 고운 것은 드물기 때문에 드물다의 뜻으로도 쓰인다.

자형 변천

갑골문	금문	전서	예서	해서
	羹	鮮	鮮	鮮

나라별 비교

중국 간체자	鲜 xiān, xiǎn	일본 약자	鮮 せん

【부수자】魚
【영　문】fresh, new

【활용단어】

- 선명(鮮明): 산뜻하고 뚜렷함. 깨끗하고 밝음.
- 신선(新鮮): 새롭고 산뜻함. (채소나 생선 따위가) 싱싱함.
- 누견불선(屢見不鮮): 자주 대하니 신선함이 없다는 뜻으로, 너무 자주 보아 전혀 새롭지 않음.

---

758 貝
조개 패

字源풀이

조개 모양(𧴪, 𥇡)을 그린 글자로, 옛날에는 조개로 화폐를 사용한데서 ‘재물’의 뜻으로 쓰는 글자이다.

자형 변천

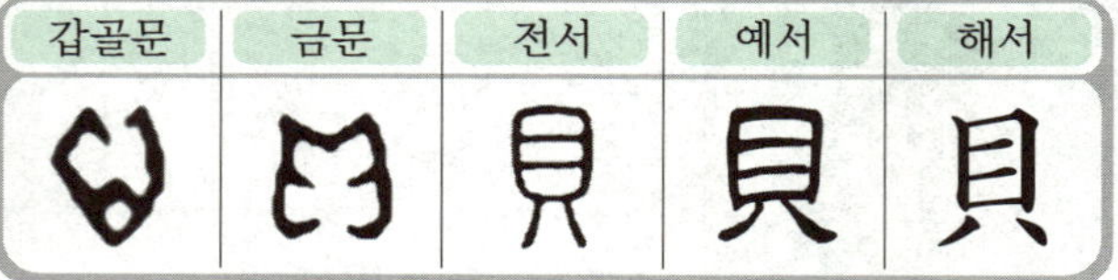

갑골문	금문	전서	예서	해서
		貝	貝	貝

나라별 비교

중국 간체자	贝 bèi	일본 약자	貝 はい・ばい

【부수자】貝
【영　문】shell, cowries, valuable

【활용단어】

- 패물(貝物): 산호(珊瑚), 호박(琥珀), 수정(水晶), 대모(玳瑁) 등으로 만든 물건.
- 어패(魚貝): 물고기와 조개.
- 금은보패(金銀寶貝): ‘금은보배’의 원말. 금, 은, 옥, 진주 따위의 매우 귀중한 물건.

759 味 맛 미

字源풀이

'입 구(口)'와 '아닐 미(未)'의 形聲字(형성자)로, 사람이 입(口)으로 맛을 알기 때문에 '맛'의 뜻이다.

자형 변천

갑골문	금문	전서	예서	해서
		味	味	味

나라별 비교

중국 간체자	일본 약자
味 wèi	味 み

〖부수자〗 口
〖영 문〗 taste

〖활용단어〗
- 묘미(妙味): 신비롭고 좋은 맛. 미묘한 취미.
- 미각(味覺): 맛감각.
- 흥미진진(興味津津): 흥미가 넘칠 만큼 많다는 뜻.

760 料 헤아릴 료

字源풀이

'쌀 미(米)'에 '말 두(斗)'를 합한 글자로, 화폐가 없던 시대에 말(斗)을 가지고 쌀(米)을 센다 하여 '헤아리다'의 뜻이다.

자형 변천

갑골문	금문	전서	예서	해서
	料	料	料	料

나라별 비교

중국 간체자	일본 약자
料 liào	料 りょう

〖부수자〗 斗
〖영 문〗 conjecture, estimate, stuff

〖활용단어〗
- 급료(給料): 월급·일급 등을 통틀어 일컫는 말 따위.
- 비료(肥料): 토지의 생산력을 높이고 식물의 생장을 촉진시키기 위하여 경작지에 뿌려 주는 영양 물질, 거름.
- 유산음료(乳酸飲料): 유산을 함유하는 청량음료의 한 가지.

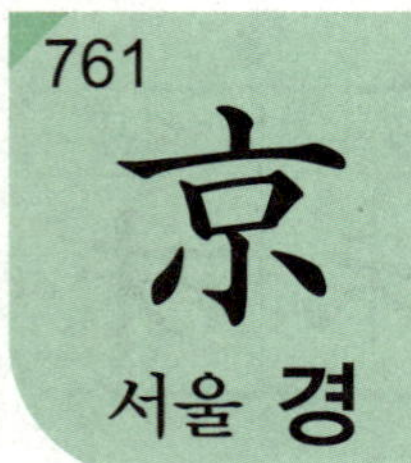

761 京 서울 경

字源풀이

본래 성을 쌓고 큰 집을 지은 모양을 본뜬 것으로, 뒤에 '서울'이라는 뜻으로 쓰였다.

자형 변천

갑골문	금문	전서	예서	해서

나라별 비교

중국 간체자	京 jīng	일본 약자	京 きょう, きん, けい

【부수자】 亠
【영　문】 capital

【활용단어】
- 상경(上京): 시골에서 서울로 올라옴.
- 북경(北京): 중국의 수도.
- 경화귀객(京華貴客): 번화(繁華)한 서울에서 온 귀한 손님.

762 始 비로소 시

字源풀이

'계집 녀(女)'에 '기쁠 이(怡)'의 '台'를 합한 形聲字(형성자)로, 생명체의 시작은 어머니(女)로서 만물의 '시작'이 된다는 뜻이다.

자형 변천

갑골문	금문	전서	예서	해서

나라별 비교

중국 간체자	始 shǐ	일본 약자	始 し

【부수자】 女
【영　문】 start, begin

【활용단어】
- 개시(開始): 처음으로 시작함.
- 금시초문(今始初聞): 이제야 비로소 처음으로 들음.
- 시종일관(始終一貫): 처음에서 끝까지 한결같이 함.

763 技 재주 기

갑골문	금문	전서	예서	해서
		技	技	技

나라별 비교

중국 간체자	技 jì	일본 약자	技 ぎ

【부수자】 扌

【영 문】 skill, ingenuity, dexterity

字源풀이

'손 수(扌)'와 '가지 지(支)'의 形聲字(형성자)이다. 손(扌)으로 대나무가지(支)를 이용하여 무엇을 만드는 기교에서 '재주'의 뜻으로 쓰인다.

【활용단어】

- 연기(演技): 관객 앞에서 연극이나 영화에서 배우가 베푸는 재주.
- 기교(技巧): 솜씨가 아주 묘함.
- 기공(技工): 손으로 가공(加工)하는 기술, 솜씨.

764 種 씨 종

자형 변천

갑골문	금문	전서	예서	해서
		種	種	種

나라별 비교

중국 간체자	种 zhǒng, zhòng	일본 약자	種 しゅ

【부수자】 禾

【영 문】 seeds of grain, descendants, posterity, a species

字源풀이

'벼 화(禾)'와 '무거울 중(重)'의 形聲字(형성자)로, 본의는 먼저 심고 늦게 익는 벼의 일종을 가리킨 것인데, '곡식의 씨앗을 심다, 종자'의 뜻이 되었다.

【활용단어】

- 육종(育種): 유용한 동식물을 육성(育成)하는 일.
- 이종(移種): 모종을 옮겨 심음.
- 예방접종(豫防接種): 돌림병에 면역시키기 위하여, 몸에 예방약을 넣어 주는 일.

765 全

온전 전

字源풀이

'入(들 입)'과 '구슬 옥(王→玉)'의 會意字(회의자)로 玉, 즉 보배는 집안에 잘 보관하여 손상되지 않게 해야 함으로 '완벽' 곧 '온전'의 뜻으로 쓰였다.

자형 변천

갑골문	금문	전서	예서	해서
		全	全	全

나라별 비교

중국 간체자	全 quán	일본 약자	全 ぜん

【부수자】 入
【영 문】 perfect, total, all

【활용단어】
- 전군(全軍): 한 나라 군대의 전체.
- 건전(健全): 건실하고 완전함. 건강하고 병이 없음.
- 문무겸전(文武兼全): 문과 무를 다 갖추고 있음.

766 的

과녁 적

字源풀이

小篆(소전)에 '旳'의 자형으로, 본래 '날 일(日)'과 '구기 작(勺)'의 形聲字(형성자)로서 '밝다'의 뜻이다. 뒤에 '的'의 자형으로 바뀌고 뜻도 '과녁'이 되었다.

자형 변천

갑골문	금문	전서	예서	해서
		旳	的	的

나라별 비교

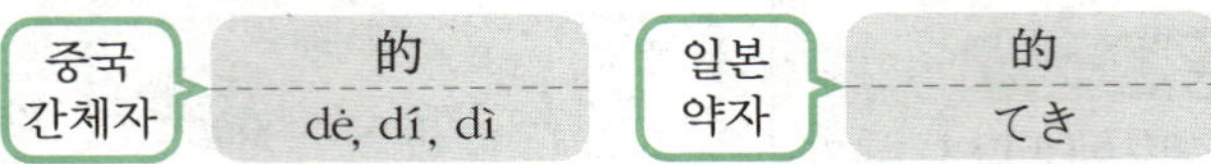

중국 간체자	的 de, dí, dì	일본 약자	的 てき

【부수자】 白
【영 문】 target, goal

【활용단어】
- 관적(貫的): 과녁.
- 목적(目的): 이루려 하는 일, 또는 나아가려고 하는 방향.
- 명지적견(明智的見): 환하게 알고 똑똑히 봄. 밝은 지혜가 적확한 견해.

767 借 빌릴 차

'사람 인(人)'과 '옛
석(昔)'의 형성자로,
빌리다의 뜻이다.

자형 변천

갑골문	금문	전서	예서	해서
		僭	借	借

나라별 비교

중국 간체자	借 jiè	일본 약자	借 しゃく

【부수자】 人
【영 문】 lend, borrow

【활용단어】
- 임차(賃借): 요금을 주고 빌리는 일.
- 차용(借用): 물건이나 돈을 빌리거나 꾸어 씀.
- 차계기환(借鷄騎還): 닭을 빌려 타고 돌아 간다는 뜻으로, 손님을 박대(薄待)하는 것 을 빗대어 이르는 말.

768 推 밀 추

'손 수(扌)'와 '새
추(隹)'의 형성자로,
손으로 밀다의 뜻이
다. 새(隹)는 밖으로
향해 날기를 좋아하
므로 밖으로 밀다의
뜻으로 쓰였다.

자형 변천

갑골문	금문	전서	예서	해서
		推	推	推

나라별 비교

중국 간체자	推 tuī	일본 약자	推 すい

【부수자】 扌
【영 문】 push, shove

【활용단어】
- 추진(推進): 밀고 나아감.
- 고추(考推): 살피어 미룸.
- 추기급인(推己及人): 자기 마음을 미루어 보아 남에게도 그렇게 대하거나 행동한다 는 뜻으로, '제 배 부르면 남의 배고픈 줄 모른다' 는 속담과 그 뜻이 일맥상통함.

仁者無敵

인 자 무 적

인자한 사람에게는 적이 없다는 말이다.

仁(어질 인) 者(놈 자) 無(없을 무) 敵(원수 적)

● 『孟子(맹자)』 梁惠王(양혜왕) 章句上篇(장구상편)에 나온다.

양혜왕이 맹자에게 전쟁에서 진 치욕을 어떻게 하면 씻을 수 있는지를 묻자, 맹자는 仁慈(인자)한 정치를 해서 형벌을 가볍게 하고, 세금을 줄이며, 농사철에는 농사를 짓게 하고, 장정들에게는 효성과 우애와 충성과 신용을 가르쳐 부형과 윗사람을 섬기게 한다면, 몽둥이를 들고서도 秦(진)나라와 楚(초)나라의 견고한 군대를 이길 수 있다고 대답한 뒤 다음과 같이 말하였다.

"저들은 백성들이 일할 시기를 빼앗아 밭을 갈지 못하게 함으로써 부모는 추위에 떨며 굶주리고, 형제와 처자는 뿔뿔이 흩어지고 있습니다. 저들이 백성을 도탄에 빠뜨리고 있는데, 왕께서 가서 정벌한다면 누가 감히 대적하겠습니까? 그래서 이르기를 '인자한 사람에게는 적이 없다. 〔仁者無敵(인자무적)〕'고 하는 것입니다. 왕께서는 의심하지 마십시오."

769

暮
저물 **모**

날 일(日)과 말 막(莫)의 형성자로, '저물다'는 뜻이다. 본래 초원으로 지는 해의 모양(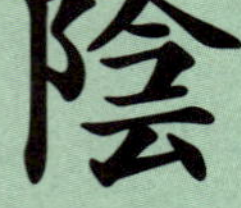)을 그리어 '莫'의 자형을 만들었는데, 뒤에 말다의 뜻으로 변하자 '暮'를 다시 만들었다.

자형 변천

갑골문	금문	전서	예서	해서
茻	茻	暮	暮	暮

나라별 비교

중국 간체자	暮 mù	일본 약자	暮 ぼ

【부수자】 日

【영 문】 dark, set

【활용단어】

- 일모도원(日暮途遠): 날은 저물었는데 갈 길은 멀다는 뜻으로, 이미 늙어 앞으로 목적한 것을 쉽게 달성하기 어렵다는 말.
- 세모(歲暮): 세밑.
- 조령모개(朝令暮改): '아침에 내린 명령을 저녁에 바꾼다'는 뜻으로, '명령을 자주 뒤바꿈'을 이르는 말.

770

陰
그늘 **음**

'언덕 阝(阝: 阜)'에 '이를 운(云: 雲의 本字)'과 '이제 금(今)'의 形聲字(형성자)로, 구름(云)이 해를 가려 그늘이 진다는 데서 '그늘'의 뜻이다.

자형 변천

갑골문	금문	전서	예서	해서
	侌	陰	陰	陰

나라별 비교

중국 간체자	阴 yīn	일본 약자	陰 いん·おん

【부수자】 阝

【영 문】 shaded by trees, shady

【활용단어】

- 음모(陰謀): 남몰래 못된 일을 꾸밈, 또는 그런 꾀.
- 촌음(寸陰): 썩 짧은 시간.
- 녹음방초(綠陰芳草): 우거진 나무 그늘과 꽃다운 풀.

771

長
긴 장

본래 머리털이 긴 노인이 지팡이를 짚고 가는 모습을 그려 '長, 長, 長'의 형태로, '어른'의 뜻으로 쓴 것인데, '길다', '오래다'의 뜻으로도 쓰인다.

자형 변천

갑골문	금문	전서	예서	해서
長	長	長	長	長

나라별 비교

중국 간체자	长 cháng, zhǎng	일본 약자	長 ちょう

〖부수자〗 長

〖영 문〗 long, length, forte, old, long

〖활용단어〗

- 경장(敬長): 웃어른을 공경함.
- 장고(長考): 오랫동안 깊이 생각함.
- 교학상장(教學相長): 가르쳐 주거나 배우거나 다 나의 학업을 증진시킨다는 뜻.

772

恨
한할 한

'마음 심(心)'과 '그칠 간(艮)'의 形聲字(형성자)로, '원망하다'의 뜻이다. '艮'의 小篆體(소전체)는 '艮'의 자형으로, 곧 '눈 목(目)'과 '비수 비(匕)'의 合體字(합체자)로 '화난 눈'의 뜻이다.

자형 변천

갑골문	금문	전서	예서	해서
		恨	恨	恨

나라별 비교

중국 간체자	恨 hèn	일본 약자	恨 こん

〖부수자〗 心

〖영 문〗 hate, regret, resent

〖활용단어〗

- 원한(怨恨): 원통하고 한 되는 생각.
- 한탄(恨歎): 원망하거나 또는 뉘우침이 있을 때 한숨짓는 탄식.
- 망국지한(亡國之恨): 나라가 망함에 대한 한.

773 悲 슬플 비

갑골문	금문	전서	예서	해서
		悲	悲	悲

나라별 비교

중국 간체자	悲 bēi	일본 약자	悲 ひ

〖부수자〗 心

〖영 문〗 sad, sorrowful, woeful

字源풀이

'아닐 비(非)'와 '마음 심(心)'의 형성자로 슬프다의 뜻이다. 바라는 바가 아닌(非) 일이 생길 때 슬프다는 데서 非(비)를 취한 것이다.

활용단어

- 비명(悲鳴): 갑작스러운 위험이나 두려움 때문에 지르는 외마디 소리.
- 자비(慈悲): 사랑하고 불쌍히 여김.
- 풍목지비(風木之悲): 효도하고자 하나 부모가 이미 돌아가셔서 효양할 길이 없어 한탄(恨歎)함을 비유)해 이르는 말.

---

774 唱 부를 창

자형 변천

갑골문	금문	전서	예서	해서
		唱	唱	唱

나라별 비교

중국 간체자	唱 chàng	일본 약자	唱 しょう

〖부수자〗 口

〖영 문〗 sing, chant, crow

字源풀이

'입 구(口)'와 '번창할 창(昌)'의 形聲字(형성자)로, '昌(창성 창)'의 累增字(누증자)이다.

활용단어

- 창가(唱歌): 곡조에 맞추어 노래를 부름, 또는 그 노래.
- 합창(合唱): 많은 사람이 소리를 맞추어서 노래를 부름.
- 천하명창(天下名唱): 세상에 드문 소리꾼.

775

烈
매울 **렬**

字源풀이

'불 화(火)'와 '벌릴 렬(列)'의 형성자로, 불길이 거세다의 뜻이다. 불길이 강하면 물체가 해체되므로 列을 취하였다.

자형 변천

갑골문	금문	전서	예서	해서
		熒	烈	烈

나라별 비교

중국 간체자	일본 약자
烈 liè	烈 れつ

〖부수자〗 灬

〖영 문〗 fiery, acute

〖활용단어〗

- 치열(熾烈): 세력(勢力)이 불길같이 맹렬(猛烈)함.
- 열녀(烈女): 고난이나 죽음을 무릅쓰고, 절개(節概·節介)를 지키어 남의 모범이 될 만한 여자
- 순국열사(殉國烈士): 나라를 위해 목숨을 바치며 싸운 열사(烈士).

776

婦
부인 **부**

字源풀이

'계집 녀(女)'와 '비 추(帚)'의 合體字(합체자)로, 빗자루(帚)를 들고 집안을 청소하는 여자(女)가 '아내', '며느리'라는 뜻이다.

자형 변천

갑골문	금문	전서	예서	해서
婦	婦	婦	婦	婦

나라별 비교

중국 간체자	일본 약자
妇 fù	婦 ふ

〖부수자〗 女

〖영 문〗 woman, female, wife

〖활용단어〗

- 부덕(婦德): 여자가 지켜야 할 떳떳하고 옳은 도리(道理).
- 고부(姑婦): 시어머니와 며느리.
- 청상과부(靑孀寡婦): 나이가 젊어서 남편을 여읜 여자.

777 油
기름 유

字源풀이

'물 수(氵)'와 '말미암을 유(由)'의 形聲字(형성자)로, 본래 강물 이름이었는데, 뒤에 '기름'의 뜻으로 쓰였다.

자형 변천

갑골문	금문	전서	예서	해서
		油	油	油

나라별 비교

중국 간체자	일본 약자
油 yóu	油 ゆ・ゆう

【부수자】氵
【영 문】oil

【활용단어】

- 유정(油井): 석유를 뽑아 내기 위하여 땅을 판 우물.
- 원유(原油): 땅속에서 뽑아 낸 뒤에 아직 정제하지 아니한 그대로의 기름. 주성분은 탄화수소이다.
- 휘발유(揮發油): 원유를 증류하거나 열 또는 화학적 처리를 하여 얻는 기름.

778 紙
종이 지

字源풀이

'실 사(糸)'와 '뿌리 씨(氏)'의 形聲字(형성자)로, 옛날에는 낡은 베옷을 삶아 종이를 만들었기 때문에 '종이'의 뜻이 되었다.

자형 변천

갑골문	금문	전서	예서	해서
		紙	紙	紙

나라별 비교

중국 간체자	일본 약자
纸 zhǐ	紙 し

【부수자】糸
【영 문】paper

【활용단어】

- 마분지(馬糞紙): 짚을 원료로 하여 만든 빛이 누르고 품질이 낮은 종이. 얇은 것도 있고 두꺼운 것도 있다.
- 갱지(更紙): 품질이 낮은 종이의 한 가지.
- 낙양지귀(洛陽紙貴): 낙양의 종이가 귀해졌다는 뜻으로, 문장이나 저서가 호평을 받아 잘 팔림을 이르는 말.

779 記 기록 기

‘말씀 언(言)’과 ‘몸 기(己)’의 形聲字(형성자)로, ‘己’는 곧 ‘紀’로서 사실을 조목조목 분별하여 ‘기록하다’의 뜻이다.

자형 변천

갑골문	금문	전서	예서	해서
		記	記	記

나라별 비교

중국 간체자	记 / jì	일본 약자	記 / き

【부수자】言

【영　문】remember, record

【활용단어】

- 기술(記述): 사물의 내용을 적어 설명함. 또는 그 기록.
- 등기(登記): 민법에서의 권리나 사실을 널리 밝히려고 일정한 사항을 적어 놓은 장부.
- 박문강기(博聞强記): 사물을 널리 알고 잘 기억함.

780 言 말씀 언

본래 입에 피리 같은 악기를 물고 소리를 내는 모양을 가리키어 ‘舌, 舌, 舌’의 형태로 나타낸 것인데, 소리가 말씀하다의 뜻으로 변하여 楷書體(해서체)의 ‘言(말씀 언)’자가 된 것이다.

자형 변천

갑골문	금문	전서	예서	해서
言	言	言	言	言

나라별 비교

중국 간체자	言 / yán	일본 약자	言 / げん · ごん

【부수자】言

【영　문】speech, words, to speak, language

【활용단어】

- 감언(甘言): 남의 비위에 맞추어 하는 달콤한 말.
- 언론(言論): 말로나 글로써 의사를 발표하는 일, 또는 그 말이나 글.
- 교언영색(巧言令色): 아첨(阿諂)하느라고 교묘(巧妙)하게 꾸며대는 말과 알랑거리는 태도.

泰
클 태

字源풀이

'큰 대(大)', '물 수(水)', '들 공(廾)'의 形聲字(형성자)이다. 물속에 손이 있을 때 매우 미끄러우므로 본의는 '미끄럽다'의 뜻이었는데, 뒤에 '크다'의 뜻이 되었다.

자형 변천

갑골문	금문	전서	예서	해서
		𢑥	泰	泰

나라별 비교

중국 간체자	泰 tài	일본 약자	泰 たい

〖부수자〗 水
〖영 문〗 great, big, quiet

〖활용단어〗
- 태평(泰平): 걱정 없고 편안한 상태.
- 안태(安泰): 편안하고 태평함.
- 태연자약(泰然自若): 태연하고 천연스러움.

品
성품 품

字源풀이

'입 구(口)' 셋을 합한 글자로, 여러 사람이 모여서 옳으니 그르니 한다는 데서 '품평'의 뜻과 좋은 물품을 평한다는 데서 '물건'의 뜻이다.

자형 변천

갑골문	금문	전서	예서	해서
品	品	品	品	品

나라별 비교

중국 간체자	品 pǐn	일본 약자	品 ひん・ほん

〖부수자〗 口
〖영 문〗 personality, character, an article, a commodity

〖활용단어〗
- 품격(品格): 물건의 좋고 나쁨의 정도. 품위(品位).
- 품귀(品貴): 물건이 귀함.
- 품계(品階): 옛 벼슬아치의 직품과 관계.

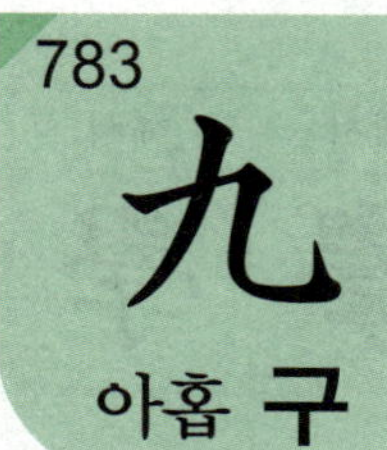

783 九 아홉 구

字源풀이

본래 낚시의 형태를 象形(상형)하여 '**ζ**, **ξ**, **ξ**'와 같이 그린 **象形字**(상형자)인데, 이미 **甲骨文**(갑골문)에서부터 숫자의 아홉을 뜻하는 글자로 빌려 쓰이게 되었으며, **楷書體**(해서체)의 '**九**'자가 된 것이다.

🌀 자형 변천

갑골문	금문	전서	예서	해서
ζ	ξ	九	九	九

🌀 나라별 비교

중국 간체자	일본 약자
九 jiǔ	九 きゅう, く

〖부수자〗乙
〖영 문〗nine

〖활용단어〗

- 구중(九重): 아홉 겹, 또는 여러 겹. 구중궁궐(九重宮闕)의 준말.
- 구경(九卿): 조선 때, 육조(六曹)의 각 판서(判書)와 좌참찬(左參贊)·우참찬(右參贊)·한성판윤(漢城判尹)을 아울러 일컫던 말.
- 구곡간장(九曲肝腸): '굽이굽이 서린 창자'라는 뜻으로, '깊고 깊은 마음속'을 비유하는 말.

784 番 갈마들 번

字源풀이

'밭 전(田)'과 '분별할 변(釆)'의 **形聲字**(형성자)로, 누구의 밭(田)인지를 분별(釆)하기 위해, 차례대로 번호를 매겨 번지를 정하는 데에서 유래한다.

🌀 자형 변천

갑골문	금문	전서	예서	해서
	番	番	番	番

🌀 나라별 비교

중국 간체자	일본 약자
番 fān, pān	番 ばん

〖부수자〗田
〖영 문〗order in series, time

〖활용단어〗

- 저번(這番): 요전의 그때. 거번(去番).
- 불침번(不寢番): 자지 않고 번갈아 실내의 경비 안전을 맡는 일.
- 순번(順番): 차례로 드는 번, 순서 차례.

※ '釆' 자와 '采'(캘 채)자를 구별해야 한다.

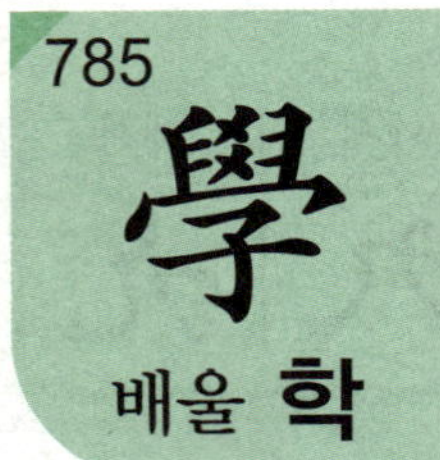

785 學 배울 학

字源풀이

본래 아이가 책상 (几: 책상 궤) 위에서 산가지(爻: 산가지의 象形)를 두 손(臼: 두 손의 象形)으로 들고 셈을 배운다는 데서 '배우다'의 뜻으로 쓰였다. 여러 가지 설이 있다.

자형 변천

갑골문	금문	전서	예서	해서

나라별 비교

중국 간체자	学 xué	일본 약자	学 がく

【부수자】子

【영 문】learn, study, academic

【활용단어】

- 보학(譜學): 각 성씨의 계보에 관한 지식이나 학문.
- 고학(苦學): 수학비를 벌어 가며 고생스럽게 배움.
- 곡학아세(曲學阿世): 그른 학문으로 세상 사람에게 아첨함.

786 窓 창문 창

字源풀이

窓의 본자는 '囱→窗→窓'으로서, 벽에 구멍(穴)을 내어 밝은 빛을 받아들이게 한 것이 '창문'이라는 뜻이다.

자형 변천

갑골문	금문	전서	예서	해서

나라별 비교

중국 간체자	窗 chuāng	일본 약자	窓 そう

【부수자】穴

【영 문】window

【활용단어】

- 창문(窓門): 공기나 빛이 들어올 수 있도록 벽에 만들어 놓은 작은 문.
- 동창(同窓): 동창생. 같은 학교에서 공부를 한 관계.
- 형창설안(螢窓雪案): 반딧불이 비치는 창과 눈에 비치는 책상이라는 뜻으로, 어려운 가운데서도 학문에 힘씀을 비유(比喻·譬喻)한 말.

787

衣

옷 의

字源풀이

웃옷의 모양을 象形(상형)하여 '[illegible], [illegible]'와 같이 그린 것인데, 楷書體(해서체)의 '衣(옷 의)' 자가 된 것이다.

자형 변천

갑골문	금문	전서	예서	해서

나라별 비교

중국 간체자	衣 / yī, yì	일본 약자	衣 / い・え

[부수자] 衣

[영　문] clothing, dress, apparel

[활용단어]

- 갈의(葛衣): 칡베(갈포)로 만든 옷.
- 당의정(糖衣錠): 먹기 좋게 겉을 당분 있는 것으로 싼 알약.
- 금의환향(錦衣還鄕): 비단옷을 입고 고향으로 돌아가거나 돌아옴이라는 뜻으로, 출세하여 고향으로 돌아가거나 돌아옴.

788

服

옷 복

字源풀이

小篆(소전)에 '[illegible]'의 자형으로, 본래 배 주(舟)에 다스릴 복(𠬝)을 합한 形聲字(형성자)로, 배를 움직여 앞으로 나아가도록 다스리는 것을 뜻한 글자인데, '입다'의 뜻으로 쓰였다.

자형 변천

갑골문	금문	전서	예서	해서

나라별 비교

중국 간체자	服 / fú	일본 약자	服 / ふく

[부수자] 月

[영　문] clothes, dress

[활용단어]

- 감복(感服): 감동하여 탄복(歎服)함.
- 복용(服用): 약을 먹음.
- 미복잠행(微服潛行): 남이 알아보지 못하게 미복으로 넌지시 다님.

789 究 연구할 구

갑골문	금문	전서	예서	해서
		究	究	究

字源풀이

'구멍 혈(穴)'과 '아홉 구(九)'의 형성자로, 굴(穴)의 밑바닥까지 이르다에서 窮究(궁구)하다의 뜻이다. 九는 數의 極을 뜻함에서 취해졌다.

나라별 비교

중국 간체자	究 jiū	일본 약자	究 きゅう

【부수자】穴

【영 문】study, examine

【활용단어】

- 구경(究竟): 궁극(窮極), 사리(事理)의 마지막. 필경.
- 연구(研究): 깊이 조사하여 밝힘.
- 구경부정(究竟不淨): 사람이 죽으면 그 육신(肉身)은 땅에 묻히어 흙이 되고, 벌레가 먹으면 똥이 되는 등 신체의 종말(終末)이 깨끗하지가 못하다는 말.

790 姓 성씨 성

자형 변천

갑골문	금문	전서	예서	해서
	姓	姓	姓	姓

字源풀이

여자(女)가 낳은(生) 아이에게 자신의 성(姓)을 따르게 한 모계사회에서 유래한 글자이다.

나라별 비교

중국 간체자	姓 xìng	일본 약자	姓 しょう・せい

【부수자】女

【영 문】family, surname

【활용단어】

- 성함(姓銜): 성명의 경칭(敬稱).
- 역성(易姓): 나라의 왕조(王朝)가 바뀜.
- 불취동성(不娶同姓): 성이 같은 사람끼리는 혼인을 아니 함.

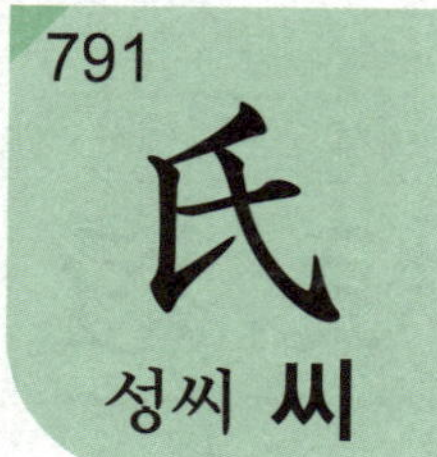

791 氏 성씨 씨

字源풀이

씨에서 뿌리와 싹이 조금 나온 모양인 'ᄼ, ᄿ'의 형태를 그린 글자인데, 뒤에 '씨족', '성(姓)'의 뜻으로 쓰였다.

자형 변천

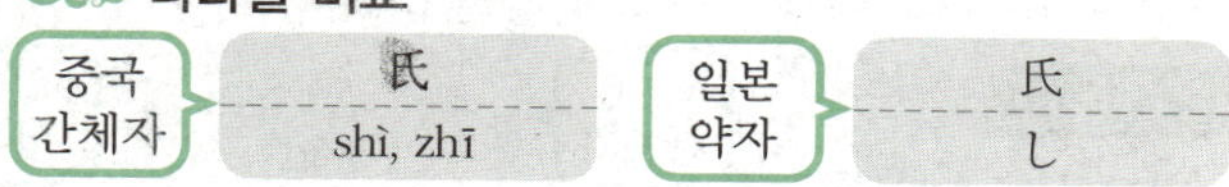

갑골문	금문	전서	예서	해서
ᄼ	ᄿ	氏	氏	氏

나라별 비교

중국 간체자	일본 약자
氏 shì, zhī	氏 し

【부수자】氏
【영 문】family name, surname

【활용단어】
- 씨족(氏族): 원시(原始) 사회에서 같은 조상을 가진 여러 가족의 성원으로 구성되어, 그 조상의 직계(直系)를 수장으로 하는 사회 집단.
- 성씨(姓氏): '성(姓)'을 높여 부르는 말.
- 창씨고씨(倉氏庫氏): 어떤 사물이 오래도록 변하지 않음을 이르는 말.

792 證 증거 증

字源풀이

'말씀 언(言)'과 '오를 등(登)'의 형성자로, 말로써 사실을 명백하게 알리다의 뜻에서 증명하다의 뜻이다. 登은 더하다의 뜻이 있어 실상을 더하여 증명하다로 쓰였다.

자형 변천

갑골문	금문	전서	예서	해서
		證	證	證

나라별 비교

중국 간체자	일본 약자
证 zhèng	証 しょう

【부수자】言
【영 문】evidence, proof, certificate

【활용단어】
- 증언(證言): 사실을 증명하는 말. 증인의 진술(陳述).
- 방증(傍證): 어떤 일의 진상(眞相)을 밝혀 주는 간접적인 증거.
- 단문고증(單文孤證): 한 쪽의 문서(文書), 한 개의 증거라는 뜻으로, 불충분한 증거를 말함.

短
짧을 **단**

字源풀이

'화살 시(矢)'에 '콩 두(豆)'를 합한 글자로, 옛날에 가로로 재는 것은 화살(矢)이 가장 짧고, 세로로 재는 것은 콩(豆)이 가장 짧다는 데서 '짧다'의 뜻으로 쓰였다.

자형 변천

갑골문	금문	전서	예서	해서
		短	短	短

나라별 비교

중국 간체자	일본 약자
短 duǎn	短 たん

【부수자】 矢

【영　문】 short, brief, mistakes

【활용단어】

- 절장보단(絶長補短): 긴 것을 잘라서 짧은 것에 보태어 부족함을 채운다는 뜻.
- 단간(短簡): 짧게 쓴 편지.
- 십지유장단(十指有長短): 열 손가락에는 제각기 길고 짧음이 있다는 뜻.

枝
가지 **지**

字源풀이

'나무 목(木)'과 '가를 지(支)'의 形聲字(형성자)로, '나뭇가지'의 뜻이다.

자형 변천

갑골문	금문	전서	예서	해서
		枝	枝	枝

나라별 비교

중국 간체자	일본 약자
枝 zhī, qí	枝 し

【부수자】 木

【영　문】 the branches of a tree, a branch, limbs, to branch off

【활용단어】

- 삽지(揷枝): 꺾꽂이.
- 지엽(枝葉): 가지와 잎. 중요하지 않은 끄트머리의 부분.
- 금지옥엽(金枝玉葉): 금 가지와 옥 잎 사귀라는 뜻으로, 임금의 집안과 자손, 또는 귀여운 자손을 소중하게 일컫는 말.

795 散 흩을 산

본래의 자형은 '㪔'의 형태로 수풀(林)을 쳐서(攴; 칠 복) 나무들의 줄기와 잎이 떨어져 분산된다는 뜻이다.

자형 변천

갑골문	금문	전서	예서	해서
				散

나라별 비교

중국 간체자	散 sǎn, sàn	일본 약자	散 さん

[부수자] 攴
[영문] scatter, disperse

[활용단어]

- 산보(散步): 바람을 쐬기 위하여 이리저리 거닒. 소풍(逍風).
- 무산(霧散): 안개가 걷힘. 안개가 걷히는 것처럼 흔적(痕跡·痕迹)없이 사라짐.
- 풍비박산(風飛雹散): 바람이 불어 우박(雨雹)이 이리저리 흩어진다는 뜻으로, 엉망으로 깨어져 흩어져 버림. 사방으로 흩어짐. '풍지박산'은 잘못된 말임.

796 香 향기 향

'벼 화(禾)'와 '달 감(甘)'의 合體字(합체자)로, '향기'의 뜻이다.

자형 변천

갑골문	금문	전서	예서	해서
				香

나라별 비교

중국 간체자	香 xiāng	일본 약자	香 きょう·こう

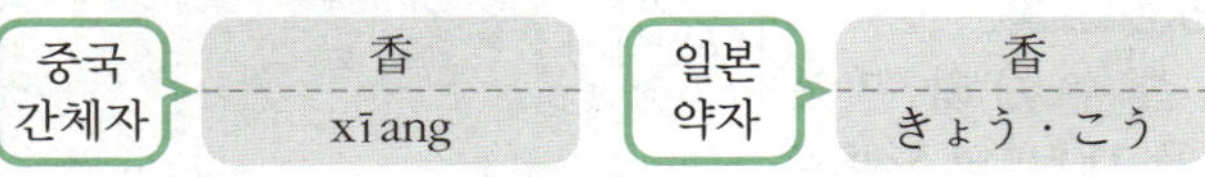

[부수자] 香
[영문] sweet-smelling, fragrant, aromatic

[활용단어]

- 묵향(墨香): 먹에서 나는 향기로운 냄새.
- 향로(香爐): 향을 피우는 데 쓰는 자그마한 화로.
- 분향재배(焚香再拜): 향을 피우고 두 번 절을 함.

797 投 던질 **투**

字源풀이

'손 수(扌)'와 '창 수(殳)'의 形聲字(형성자)이다. 손으로 창(殳)을 '던지다'의 뜻이다.

자형 변천

갑골문	금문	전서	예서	해서
		投	投	投

나라별 비교

중국 간체자	投 tóu	일본 약자	投 とう

【부수자】 扌

【영 문】 throw, pitch, toss

【활용단어】

- 실투(失投): 야구 따위에서 공을 잘 못 던짐.
- 투고(投稿): 실어 달라고 신문이나 잡지 등에 원고를 써서 보냄.
- 선발투수(先發投手): 야구에서 경기를 시작할 때부터 던지는 투수.

798 指 손가락 **지**

字源풀이

'손 수(扌)'와 '맛있을 지(旨)'의 形聲字(형성자)로, 옛날에는 수저가 없어 손가락으로 찍어 맛을 보았기 때문에 '旨(맛있을 지)'를 취하여 '손가락'의 뜻을 나타내었다.

자형 변천

갑골문	금문	전서	예서	해서
		指	指	指

나라별 비교

중국 간체자	指 zhǐ	일본 약자	指 し

【부수자】 扌

【영 문】 finger, indicate

【활용단어】

- 지정(指定): 분명히 그렇게 가리켜 정하는 것.
- 약지(藥指): 가운뎃손가락과 새끼손가락 사이의 손가락.
- 지록위마(指鹿爲馬): 사슴을 가리켜 말이라고 한다는 뜻으로, 사실이 아닌 것을 사실로 만들어 강압으로 인정하게 함.

799 展 펼 전

字源풀이

小篆(소전)에 '屪'의 자형으로 '尸(주검 시 라고 하지만, 실은 사 람의 굽힌 모습)'와 '襄(붉은 옷 전)'의 省 體(생체)인 '襄'의 形 聲字(형성자)로, 본의는 '구르다'였는데, 뒤에 '펴다'의 뜻이 되었다.

자형 변천

갑골문	금문	전서	예서	해서
		屪	屪	展

나라별 비교

중국 간체자	展 zhǎn	일본 약자	展 てん

【부수자】尸

【영　문】to open, to stretch, to extend

【활용단어】
- 개인전(個人展): 개인적으로 개최하는 전람회(展覽會).
- 공모전(公募展): 공개 모집한 작품의 전람회.
- 발전(發展): 한 상태로부터 더 잘 되고 좋아지는 상태로 일이 옮아가는 과정.

800 圓 둥글 원

字源풀이

'에울 위(○→口)'와 '수효 원(員)'의 形 聲字(형성자)로, 둥글게 둘러 싸여 '둥글다'의 뜻이다.

자형 변천

갑골문	금문	전서	예서	해서
		圓	圓	圓

나라별 비교

중국 간체자	圆 yuán	일본 약자	円 えん

【부수자】口

【영　문】round, circular

【활용단어】
- 반원(半圓): 원을 2등분으로 한 것의 절반.
- 원만(圓滿): 일이 잘 되어서 순조로움. 모난 데가 없이 둥글둥글하고 부드러움.
- 원탁회의(圓卓會議): 자리의 차례가 없이 둥근 탁자에 둘러앉아 하는 회의.

801

特

특별할 특

'소 우(牛)'와 '절
사(寺)'의 會意字(회
의자)이다. '寺(시)'
는 본래 관청의 뜻
으로, 일반 집과는
다르듯이 수소(牡
牛)는 크고 씩씩하
다는 뜻에서 '특별
하다'의 뜻이다.

자형 변천

갑골문	금문	전서	예서	해서
		特	特	特

나라별 비교

중국 간체자	特 tè	일본 약자	特 とく

【부수자】牛

【영 문】special, unique, peculiar

【활용단어】

- 독특(獨特): 다른 것과 견줄 것이 없을 만큼 특별하게 다름.
- 특가품(特價品): 특별히 싸게 파는 물품.
- 특별(特別): 보통과 아주 다름.

802

研

갈 연

'돌 석(石)'과 '평평
할 견(幵)'의 형성자
로, 돌로 물체를 평
평하게 갈다의 뜻이
다.

자형 변천

갑골문	금문	전서	예서	해서
		研	研	研

나라별 비교

중국 간체자	研 yán, yàn	일본 약자	研 けん, げん

【부수자】石

【영 문】grind, sharpen

【활용단어】

- 연마(研磨): 갈고 닦음. 노력을 거듭하여 정신이나 학문, 기술을 닦음. 어떤 분야를 깊이 연구함.
- 찬연(鑽研): 깊이 힘써 연구함.
- 단야연마(鍛冶研磨): 단련하고 또 단련하여 갈고 닦음.

803

次
버금 **차**

字源풀이

'두 이(二)'와 '하품 흠(欠)'의 형성자로, 첫째가 되지 못하고 버금의 뜻이다.

🌀 자형 변천

갑골문	금문	전서	예서	해서

🌀 나라별 비교

중국 간체자	일본 약자
次 cì	次 し·じ

【부수자】 欠

【영 문】 order, sequence

【활용단어】

- 차례(次例): 순서있게 벌여 나가는 관계나 그 관계에서 본 하나. 여럿을 각각 선후(先後)로 구분하여 벌인 것.
- 차원(次元): 평면은 2차원, 통상(通常)의 공간은 3차원이지만, n차원이나 무한(無限) 차원의 공간도 생각할 수 있음.
- 약식절차(略式節次): 재판하여 형을 매기는, 간편한 특별 형사(刑事) 소송(訴訟) 절차.

804

例
본보기 **례**

字源풀이

'사람 인(人)'과 '벌일 렬(列)'의 형성자로, 서로 비교하다의 뜻이다. 뒤에 법식, 규칙, 본보기의 뜻으로도 쓰인다.

🌀 자형 변천

갑골문	금문	전서	예서	해서

🌀 나라별 비교

중국 간체자	일본 약자
例 lì	例 れい

【부수자】 亻

【영 문】 regulation, rule, practice, example

【활용단어】

- 예외(例外): 일반적인 규정이나 정례(定例)에서 특수하게 벗어 나는 일.
- 사례(事例): 일의 전례(前例). 일의 실례(實例).
- 고례시상(考例施賞): 전례(前例)를 참고하여 상을 줌.

805 題 제목 제

자형 변천

갑골문	금문	전서	예서	해서
	題	題	題	題

字源풀이

‘머리 혈(頁)’과 ‘바를 시(是)’의 形聲字(형성자)로, 본의는 얼굴(頁)의 ‘이마’의 뜻이었는데, 뒤에 ‘제목’의 뜻이 되었다.

나라별 비교

중국 간체자	題 / tí	일본 약자	題 / だい

〖부수자〗頁

〖영 문〗 a subject, the title of a composition or speech

〖활용단어〗

- 제호(題號): 책 따위의 제목.
- 시제(詩題): 시의 제목. 시의 제재(題材).
- 선결문제(先決問題): 어떤 것보다도 앞서 해결하여야 할 문제.

---

806 黑 검을 흑

자형 변천

갑골문	금문	전서	예서	해서
	黑	黑	黑	黑

字源풀이

아궁이에 불을 땔 때 굴뚝에 그을음이 생겨 ‘검정색’이 되는 것을 나타낸 글자이다.

나라별 비교

중국 간체자	黑 / hēi	일본 약자	黑 / きょう

〖부수자〗黑

〖영 문〗 black, dark, gloomy

〖활용단어〗

- 암흑(暗黑): 어둡고 캄캄함. 정신상 혹은 생활상 불안하고 비참한 일이 존재하는 일.
- 칠흑(漆黑): 옻칠처럼 검고 광택이 있음. 또는 그 빛깔.
- 근묵자흑(近墨者黑): 먹을 가까이 하면 검어진다라는 뜻으로, 나쁜 사람과 가까이 하면 나쁜 데 물들기 쉽다는 말.

807 午 낮 오

字源풀이

甲骨文(갑골문)에 ' ' 의 자형으로, 절굿공이의 모양을 본뜬 것인데, 뒤에 地支(지지)의 뜻으로 변하였다. 다시 '杵(절굿공이 저)'를 만들었다.

자형 변천

갑골문	금문	전서	예서	해서
		牛	午	午

나라별 비교

중국 간체자	午 wǔ	일본 약자	午 ご

〖부수자〗 十

〖영 문〗 noon, high noon

〖활용단어〗

- 정오(正午): 낮의 열두 시.
- 단오(端午): 민속에서 '음력 오월 초닷샛날'을 명절로 이르는 말.
- 갑오경장(甲午更張): 고종 31(갑오, 1894)년에 개화당이 정권을 잡고 재래의 문물제도를 근대식으로 고친 정치 개혁.

※ 地支의 午는 시간으로 오전 11시에서 오후 1시까지를 가리키므로 '낮 오'라고 일컫게 되었다.

808 眼 눈 안

字源풀이

'눈 목(目)'과 '그칠 간(艮)'의 形聲字(형성자)로, '눈'의 뜻이다. 눈은 좌우로 있어 뜨고 감음이 항상 상대적이기 때문에 견주다의 뜻을 가진 '艮'을 취하였다.

자형 변천

갑골문	금문	전서	예서	해서
		眼	眼	眼

나라별 비교

중국 간체자	眼 yǎn	일본 약자	眼 がん・げん

〖부수자〗 目

〖영 문〗 eye, look, glance

〖활용단어〗

- 안목(眼目): 사물을 분별하는 견식(見識).
- 심미안(審美眼): 아름다움을 살펴 찾는 안목.
- 안하무인(眼下無人): 눈 아래에 사람이 없다는 뜻으로, 방자(放恣)하고 교만하여 다른 사람을 업신여김을 이르는 말.

463

한·중·일 韓中日 공통漢字 **808**字

초판 1쇄 발행 2014년 7월 21일
초판 3쇄 발행 2019년 7월 30일

저   자 | 陳泰夏
기   획 | 田光培
발행자 | 김동구
디자인 | 이명숙 · 양철민
발행처 | 명문당(1923. 10. 1 창립)
주   소 | 서울시 종로구 윤보선길 61(안국동)
　　　　　우체국 010579-01-000682
전   화 | 02)733-3039, 734-4798(영), 733-4748(편)
팩   스 | 02)734-9209
Homepage | www.myungmundang.net
E-mail | mmdbook1@hanmail.net
등   록 | 1977. 11. 19. 제1~148호

ISBN 979-11-85704-05-0 (13710)
15,000원

* 낙장 및 파본은 교환해 드립니다.
* 불허복제
* 저자와의 협약에 의하여 인지 생략함.

계림유사연구 鷄林類事硏究

『鷄林類事』는 훈민정음 창제 이전의 고려시대의 언어를 연구할 수 있는 유일무이한 보전이다. 석학 진태하 교수의 필생 역작인 『계림유사연구』가 45년 만에 한국어 번역본으로 출간되었다.

• 陳泰夏 著 / 신국판(양장) / 808쪽 / 값 **50,000**원

『鷄林類事(계림유사)』는 북송의 孫穆(손목)이 서장관으로서 고려 숙종 8년(1103)에 고려에 와서 직접 보고 들은 바를 기행문으로 엮은 책이다. 특히 이 책에 고려 어휘 361어 항이 한자음으로 표기되어 있어 고려시대 언어를 연구하는데 유일무이한 보전이라고 할 수 있다. 陳泰夏(진태하) 교수는 이 논문에서 20여 개 단어의 뜻을 새로 찾았다. 일례로 '明日日轄載(명일왈할제)'로 적혀 있는 것은 '할'의 송나라 시대 발음이 '하'였던 것에 비추어 '내일'의 순수 우리말이 '하제'라는 사실을 밝혔다. 진태하 교수의 필생의 역작인 『계림유사연구』가, 그동안 중국어로 되어 있던 것을 우리 독자들을 위하여 한국어로 번역하여 세상에 다시 선보인다.